公共预算研究系列
Public Budgeting Research Series
丛书主编：马　骏

中国公共预算研究

第三届学术会议论文集（2010·北京）

China's Public Budgeting Research

谢庆奎　马　骏　牛美丽　主编

中央编译出版社
Central Compilation & Translation Press

目 录

编者序 …………………………………………………………… / 1

公共预算与国家治理

政治问责的三条道路：欧洲、美国和中国 …………………… 马 骏 / 3
主权财富的政府治理研究 ……………………………………… 钱元强 / 34
宪法财产权基础上的纳税人权利 ……………………………… 陶 庆 / 61
美国预算制度及相关立法的简要回顾 ………… 许云霄 陈立齐 / 74
促进民族地区发展的财政体制和政策 ………………………… 马海涛 / 84

预算改革与公共支出

预算满意度及其影响因素的实证研究 ………… 牛美丽 邝艳华 / 107
中国绩效预算改革的雄心与现实：来自南部
　某省份的调查 ………………………………………………… 邝艳华 / 124
行政成本与公共服务的财政支出
　——以2002—2006年财政医疗卫生支出为例
　………………………………………………… 林挺进 袁文蔚 / 144

中国行政成本省际差异研究
——基于朱镕基政府时期（1998—2003年）数据分析
.... 张 炎 / 160

预算执行

基层国税预算单位实行国库集中支付制度的
　问题及对策 .... 孙玉栋　王丽晶 / 193
"预算调整"决策权配置研究 .... 徐曙娜 / 208
政府决算问题研究 .... 邓淑莲　彭 军 / 225

人大预算监督与审计

部门预算审查监督的温岭实践 .... 张学明 / 247
论地方人大预算变更监督的制度设计与行动策略 ...... 林慕华 / 259
县级预算过程中的人大：J县的经验 .... 曾 明 / 274

预算公开与透明

财政信息公开法制建设的国际比较与借鉴 .... 李 燕 / 293
中国特色的政府预算透明度研究 .... 王淑杰 / 309
基于政府门户网站视角的预算公开信息评价 .... 魏 陆 / 324
财政透明度的限度与效率：对一个分析
　框架的诠释 .... 凌 岚　张 玲 / 341
我国财政信息公开制度构建研究 .... 王 晟 / 354

地方政府财政风险控制

中国地区财力均等化的库兹涅兹拐点到来了吗？
　财税包干、分税制和地区财力均等化 .... 张 光　庄玉乙 / 375
中国地方政府债务风险的预算管理与分权体制完善 .... 韩增华 / 401
地方政府财政破产与财政重建的一般过程分析及启示 .. 李 琦 / 418
地方政府破产与财政重建：日本夕张市的个案研究 .... 孙 悦 / 434

公共预算与社会政策

转型财政学与中国特色公共福利财政制度框架建设 ………… 刘继同 / 473
新型农村养老保险财政管理问题研究
　　——以一个省会城市四个县区的改革试点为例 ………… 范永茂 / 484
中央政府卫生部门预算制度与医药卫生体制
　　改革研究 ………………………………………………… 缪建春 / 500
新型农村合作医疗财政政策的相关思考
　　——基于辽宁省 W 县的调研 …………………………… 崔惠玉 / 520

编 者 序

"中国公共预算研究"全国学术研讨会从第一届的"广东·南海"到第二届的"湖南·长沙",再到第三届的"首都·北京",自南向北走过了六个春秋。研讨会的成功举办不仅推动了中国政治学与公共管理学科对国内外公共预算理论与实践的进一步关注与深入研究,而且为各位从不同角度研究公共预算的专家学者提供了良好的交流平台。不仅显著提升了中国公共预算的研究水平,同时也为中国公共预算改革提供了全面丰富的理论指导和智力支持,进一步有效促进了中国公共预算改革的长足发展。

此次第三届"中国公共预算研究"研讨会由中山大学中国公共管理研究中心、中山大学政治与公共事务管理学院、北京大学政治发展与政府管理研究所共同举办,于2010年10月13—14日在北京举行。这次会议继续沿着第一届所形成的"南海共识"道路,进一步深入探讨中国公共预算各个方面的理论建设与实践发展。会议不仅有来自北京大学、中国人民大学、复旦大学、中山大学、南洋理工大学等高校的40多位专家学者积极参与,还吸引了很多从事实际预算工作的实践者。一方面,专家学者们从不同研究视角对公共预算理论与实践发展进行深入探讨;另一方面,来自全国各地的预算实践者们则提供了非常宝贵的预算实践经验。这种理论与经验的结合与碰撞,极大拓展和提升了中国公共预算研究的范围与方法。

在此基础上,本书共收录了28篇会议论文,主要围绕"公共预算与国家治理""预算改革与公共支出""预算执行""人大预算监督与审计""预算公开与透明""地方政府财政风险控制""公共预算与社会政策"这七个主题展开探讨。其中许多研究成果视角宏大、角度新颖、引人深思。第一个主题讨论了如何通过公共预算制度来推动现在国家治理体系的建立与发展；第二个主题总结了现阶段我国预算改革的进展、成就与问题，并从不同角度分析了我国的财政支出；第三个主题围绕"预算执行"展开，分析了国库集中支付制度"预算调整"及政府决算等具体问题；第四个主题介绍了浙江温岭的部门预算审查监督实践，并探讨了我国地方人大预算监督的制度设计与行为模式；第五个主题总结了预算信息公开法制建设的国际经验，分析和评价了中国政府预算透明度并提出了相应对策；第六个主题解释了为何我国地区财力均等化的库兹涅茨拐点已经到来，对如何完善我国地方政府债务风险下的预算管理体制给出了相应建议，并通过对比日本经验提出了地方政府破产与财政重建问题；第七个主题主要围绕"公共预算与社会政策"主题，提出了建设中国特色的公共福利财政制度框架，分析了新型农村养老保险的财政管理问题，从卫生财政学视角讨论了中央政府卫生部门的预算制度与医药卫生体制改革，并深入探讨了新型农村合作医疗的财政政策。

以上各位与会学者和实践者的扎实研究不仅激发了众多研究者对政治、行政与预算学科进行深入探究的动力，同时也为具有不同视角、来自不同地域甚至不同学科的学者们举行这样一场公共预算研究盛会提供了非常广阔的平台与难得的机会。

最后，我们衷心感谢各位与会学者和实践者对第三届"中国公共预算研究"研讨会及其论文集出版的大力支持，同时由衷感谢为此付出无限热忱、时间与汗水的会议组织者、会务老师及论文集编辑的老师和同学们。希望我们继续共同努力，不断将中国公共预算前沿研究与中国公共预算改革实践推向前进！

编者
2011 年 10 月

公共预算研究系列
Public Budgeting Research Series

公共预算与国家治理

政治问责的三条道路：欧洲、美国和中国[*]

马 骏[**]

前 言

建立一个对人民负责的政府，是现代国家治理的核心问题。然而，最大的挑战是：运用什么样的问责机制才能实现这个目标。长期以来，政治问责理论几乎都是基于西方经验而形成的，并都隐含着这样一个假定：要实现政治问责首先必须建立选举民主，离开选举民主，任何关于政治问责的讨论都是毫无意义的（Ma, 2009）。在此背景下，政治问责的研究者们也倾向于采取演绎的分析方法来研究非西方世界的问责实践。他们通常只是简单地将现存的、主要是基于西方经验——在很多情况下是盎格鲁—美国经验——而构建起来的问责理论运用到那些"外邦世界"。常常地，虽然他们还没有认真研究非西方世界的实践，他们就预先假设这些地方不可能存在问责制度。而他们之所以这样自信地得出结论，仅仅因为那些实践与他们所理解的西方国家的政治问责方式不

---

[*] 此文已发表于《中国社会科学》2010年第5期。
[**] 马骏，男，教授，中山大学中国公共管理研究中心主任，研究方向为国家建设、公共管理、公共预算、财政史、行政史。

一致。显然，这种研究方法是很成问题的。它蒙蔽了研究者的眼睛，使他们的理论触觉变得迟钝，对那些理论意义深远但不同于现有理论假设的问责实践视而不见，从而失去了进一步发展理论的机会。因此，在研究非西方世界的政治问责实践时，需要放弃演绎的方法，转而采用归纳的方法（Dowdle，2006）。

最近，一些学者开始超越西方的经验，探索其他实现政治问责的途径。其中，尤以中国30多年的大国转型经验最引人注目。多德（Dowdle，2006）运用归纳的方法研究了中国的全国人大从1993年到2000年在修改《大气污染防治法》过程中扮演的角色。在他看来，尽管中国的选举制度和民主制度仍需完善，但全国人大与其他国家的立法机构一样，也在积极地与其他立法行动者一起制定法律以回应社会需求，解决社会问题（Dowdle，2006）。杨大力也认为，经过20多年的国家重建，尽管中国的选举民主仍然有待完善，但是宪制主义的转向为"横向问责"制度的发展开辟了空间。比如，人大在立法、人事任免以及预算监督领域开始发挥越来越积极的作用，审计监督日渐兴起，等等（Yang，2004：259 - 260）。马骏认为，对于实现政治问责来说，财政问责是最具实质性的。尽管中国的选举制度仍需完善，但是，1999年预算改革以来，三种财政问责机制开始出现：政府内部的官僚问责，以人大预算监督和审计监督为核心的横向问责，以及以公民参与预算为特征的社会问责（Ma，2009）。以上研究主要从制度层面分析了中国的政治问责建设。与此不同，蔡莉莉根据对中国农村公共产品供给的研究，从社会资本的角度探讨了中国的问责道路。她发现，村民选举制度、收入水平和对上负责的问责制度都不能解释中国农村地区公共产品供给的不平衡问题，而在村一级层面"嵌入和包裹的休戚相关团体"则能提供一个很好的解释。这些休戚相关的团体将一种道德责任施加到村干部身上，使得他们负责地行动。因此，至少在中国的基层，中国正在走一条不同于西方的政治问责道路（Tsai，2007）。

本文的研究重点是，实现政治问责究竟是不是只有一条道路？在主流的国际学术界看来，答案是肯定的：只有实行西方的选举民主才能实现政治问责。然而，正如前述文献评估所表明的，在西方世界之外，的确可能存在某种不同于西方的实现问责的道路。中国似乎就在有意无意地探索一条属于自己的道路。然而，什么是中国式的问责道路？如何理解它？它是什么性质？而且，在西方经验内部，问责道路是否也存在着差异？本文试图对这些问题进行回答。借助政治问责理论最近的发展（Schedler, Diamond & Platterner, 1999；马骏，2009）以及美国政治学家克里夫兰至今仍然是充满启发的观点（Cleveland, 1919），本文首先建构了一个政治问责的理论框架；根据这一理论，运用历史比较方法识别出了三条实现政治问责的道路；随后，分别对这三条道路进行介绍和分析。最后对全文进行总结。

三条问责道路：一个理论

在政治领域，首先必须有权力才有政治，随之就需要对权力进行控制，确保权力不被滥用。实质上，这也是两千多年政治思想讨论的核心问题。只不过，到了现代社会，这一关注以更加精致的形式被重新表述为政治问责问题（Schedler, 1999）。实质上，政治问责的核心问题也是对权力进行控制以防止出现权力滥用。如果说政治的基本特征是赋予权力并对权力的使用进行控制，那么，在设计问责制度时有两个问题是最基本的：谁来（或不能）使用权力？如何使用权力？相应地，就会产生两类最基本的问责制度分别来解决这两大问题。毫无疑问，建立一个负责的政府也需要在国家治理的其他各个方面建立制度。然而，对于实现政治问责来说，首先必须解决的是这两大问题，否则，无论其他环节的制度建设如何完美也很难真正实现问责的目标。其实，90多年前，政治学家和公共预算专家克里夫兰就已经系统而清晰地阐述了这一思想（Cleveland, 1919）。对于问责制度的第一个问题——由谁来使用权力——来说，在两千多年的政治史上，人类尝试了许多的解决方式，其中主要有暴力、血缘继承、任命、抽签、考试和选举（Caramani, 2000: 49）。在现代社会之前，血缘继承被认为是最主要也最具合法性的权力转移方式。而在现代社会，选举则成为最主要、最具合法性的权力转移方式。其实，除了考试之外，其他的方式都在人类政治活动的早期就已出现并延存于人类社会的某些政治实践中。暴力是最古老的解决人类冲突的办法。在国家和政治出现之后，暴力也成为一种解决权力转移的方法。在人类历史上，权力转移经常充满了暴力和血腥。显然，暴力是最不好的方式。它不仅残忍，而且社会代价大。因此，在现代社会之前，随着权力被统治者个人及其家族私有化，血缘继承逐渐成为最主要的权力转移方式，一种基于血缘的合法性也被逐步地建立起来。而且，这种血缘继承在很多地方又被进一步神化，以所谓的君权神授来提高这种权力转移方式的合法性。然而，即使血缘继承被视为合法的权力转移方式，暴力的阴影也总是挥之不去。由于在位的统治者可能有多个子嗣，权力继承的冲突就会不可避免地发生。在历史上，为了解决可能出现的暴力冲突，大多数国家都确立了所谓的嫡长子继承制。然而，这也不能彻底根除暴力。因为其他掌握了足够实力（经济和军事）的个人或集团——无论是否与统治者有血缘关系——都可能冒险一搏，凭借武力攫取权力。这就是说，血缘继承并不能确保和平地实现权力转移。此外，这种基于权力私有的权力转移方式缺乏公平，也最缺乏民主。无论最高统治者是以何种方式获得了权力，他都需要一大批官员为其管理从中央到地方的国家事务。在历史上，最流行的方式是任命制，即由最高统治者根据某些标准（如关系的远近亲疏、品德、才能等）任命官员。当然，在一些国家，例如19世纪以前的法国，卖官制非常发达而且高度制度化。很明显，这样的任命制具有较强的主观性和随意性，而且也不够公平、民主。在中国历史上，统治者们则以比较理性化的考试制度来取代随意性较强的任命制。在科举制度形成后，中国的权力赋予方式是一种血缘继承与考试制度的结合，居于最顶层的是血缘继承，其下则主要以考试来选拔官员。考试制度是一种精英导向的选官方式，它有利于吸纳知识精英进入政府工作，提高政府行政能力，但是不符合民主原则。19世纪，西方国家在推行选举制度的同时，也借鉴中国的考试制度建立起了公务员制度。

在现代社会，选举逐渐取代血缘继承成为最主要也是最具合法性的权力转移方式。然而，选举也是一种古老的权力转移方式。正如卡洛玛里指出的，选举在政治领域的历史可以追溯到古代以色列王国、古希腊、古罗马以及中世纪的基督教社区以及意大利的公社时期。在欧洲的旧制度时期，直到专制主义时代之前都存在着按照阶层或等级组织起来的选举（Caramani，2000：50）。在历史上，除选举外，抽签方式也被用来实现权力转移。尽管在现代政治中，抽签已经很少用，也很少被讨论，但是在古希腊、古罗马的政治实践中，抽签和选举是并用的。在古雅典，抽签被看成是最民主的挑选公职人员的方式。实际上，直到现代代议制政府出现之前，大多数允许公民参与政治的政治体制仍在使用抽签方法。例如，在中世纪和文艺复兴时期，意大利的城邦共和国挑选行政官的程序中就包含有抽签的方式。与其他的方式相比，抽签和选举都是相对民主和公平的权力转移方式。不过，从古希腊开始，思想家们就一直在争论这两种方式孰优孰劣。几乎所有的思想家都认为抽签比选举更加民主，甚至是最民主的权力转移方式（王绍光，2008：48-50）。20世纪90年代后期在政治问责领域掀起了新一轮讨论的政治学家奥多拉教授也指出，抽签其实比选举更加民主（O'Donnell，1999）。尽管直到1797年意大利的一些城邦国家仍在使用抽签，但自18世纪中叶以后，抽签就开始慢慢地淡出政治思想家和政治家的视野，选举民主转而成为关注的焦点并从19世纪开始大行其道。王绍光认为，其中的原因是选举比抽签更有利于维护社会精英阶层的利益（王绍光，2008：52，53）。这显然是一个合理的解释。任何制度选择都受制度设计者的动机和利益左右，即使是那些设计民主制度的政治家也不例外。

19世纪是选举民主确立其至高无上的地位的时代。在这一时期，选举发展成为最重要也被认为是最具有合法性的实现权力和平转移的制度。相对于暴力以及血缘继承来说，选举能够和平地转移权力。相对于暴力、血缘继承、任命和考试来说，选举制度是民主地、公平地实现权力转移的方式。当然，选举制度不一定是最好的民主制度。相较而言，选举就不如抽签民主。但是，它可以在保留民主成分的同时回避抽签可能带来的问题，即选择一个缺乏能力的人担任公职。这也许就是为什么从19世纪开始选举成为最主要的实现权力转移方式的原因。不过，19世纪的选举制度具备了一些以前的选举制度没有的现代特征：自由、竞争、平等。选举变成一种真正意义上的抉择，投票人可以在不同的候选人之中进行选择，选举因而变成是自由的和竞争的。在选举中，不仅存在着政治上的替代人选，而且投票人可以自由地在这些替代人选中进行选择。尽管之前的选举制度中就有一些自由与竞争的影子，但这两个原则直到19世纪才被充分地确立下来。在19世纪，平等的原则也在选举中确立下来。该原则也包括两个方面的内容：一方面所有的替代人选都有平等的机会胜出。另一方面投票是平等的和直接的，这最充分地体现在"一人一票"原则中；而且，随着普选制的建立，平等原则从有限的投票人扩大到了所有的公民（Caramani，2000：50）。

在20世纪，随着选举制度继续完善（例如实行普选制）和一些学者（例如熊彼特）的努力，选举逐渐变成民主的代名词，并成为最主要甚至是唯一的政治问责制度。正如奥多拉所言，在很长一段时间，垂直问责都是最重要的问责制度，其中最为核心的就是选举问责。人们相信，只要建立起自由、竞争和平等的选举制度，公民就可以通过在选举中的投票来对政治家进行奖惩，进而约束这些政治家对权力的使用，使其对公民负责（O'Donnell，1999：29–51）。毫无疑问，在历史上，选举制度的确为政治问责做出了贡献。它从根本上颠倒了问责链条，从原来的对君主个人负责转变成对人民选举出来的代表负责，最终对人民负责（Premchand，1999：152）。然而，这些年来，越来越多的研究开始质疑选举问责的有效性。在现实中，许多实行了选举民主的国家，例如在所谓的"新民主国家"，尽管已经建立了选举制度，但是许多官员仍然是不负责的，常常滥用权力（Funnell & Cooper，1998：9；O'Donnell，1999）。为什么选举制度不能有效地实现问责呢？如前所述，政治问责涉及谁来使用权力和如何使用权力这两个基本问题，而选举制度只能解决前者，无法解决如何使用权力的问题。鲁宾指出，选举主要有三个功能，第一位的功能是权力的转移（succession），第二位的功能是利益代表（representation），第三位功能才是问责。尽管选举制度有助于实现政治问责，但是实现问责只是它第三位的功能，从属于权力转移和利益代表（Rubin，2006）。对于实现政治问责来说，解决权力使用的归属问题固然重要，但是权力使用问题同样重要，有时甚至更加重要。因为选举完成后，当选人在整个任期内的权力使用都不是选举制度本身所能有效地约束的，即使官员不负责任，人民也只能等到任期结束时才能再次通过选举对官员进行惩罚。所以，对于政治问责来说，需要另外一个制度来积极主动地监督和约束当选的官员在任期内的权力使用。总而言之，正如克里夫兰指出的，仅仅有选举制度并不能确保官员负责任，更重要的是要建立一个控制制度来约束每一次权力的使用（Cleveland，1919）。此时，预算制度就非常重要了。

根据谢尔德对政治问责概念的重构，政治问责包括两个基本的涵义：（1）官员对自己的行为或者活动负责（answerability），即公共官员有义务告知和解释他们正在从事的活动。这又包括两个基本的要素：信息和解释。官员有义务和责任提供关于他们的行动或者决策的信息，包括正在做什么、准备做什么、已经做了什么，并就这些活动或者决策提供合理的解释，同时问责机构也有权要求官员提供这些活动或者决策的信息并给出合理的解释。（2）强制（enforcement），即问责机构能够对不负责任的权力使用者施加惩罚（Schedler，1999）。可见，对于实现政治问责来说，首要的条件是能够获得关于政府活动的信息。如果没有这些信息，政府就是看不见的政府，就不可能让它变得对人民负责。由于政府无论开展什么活动都要花费资金，没有钱什么活动都无法开展，因此，最能够准确地反映政府活动的信息就是财政信息。通过财政收支的信息，人们就可以准确地知道政府正在（或者准备或已经）开展的活动。进一步而言，控制权力行使的最佳方式就是控制政府的活动，而控制活动最好的办法就是控制资金（Ma，2009；Ma & Hou，2009）。克里夫兰用了一个非常形象的比喻：如果把总统看成国家这条船的船长，如何才能使得这个船长对船上的人负责呢？最好的办法是控制开船所需的燃料（Cleveland，1919）。正是在这个意义上，财政问责对于政治问责来说是至关重要的，而政治问责也只有与财政问责联系起来才能具有实质性的内容（Glynn，1987：20；Funnell & Cooper，1998：10）。

然而，只有当国家财政是按某种特殊的方式进行管理时，财政体系才能有效地控制政府的活动、约束权力的使用，进而实现财政问责和政治问责。尽管对财政问责的探索早已有之，但是，直到现代公共预算建立之后，财政体系才变成一个能够有效地约束权力使用、促进财政问责的制度（Premchand，1987）。现代预算制度在政府内部建立起集中、统一的预算控制，将所有的财政资金都纳入统一的预算控制程序之中，编制一个能够详细、准确地反映政府及其各个部门全部活动的政府预算，并将其提交给立法机构进行审查、批准，由立法机构从外部监督政府的财政收支活动。随着现代预算的建立，政府就变成了一个看得见的政府、一个有可能被监督的政府。政治学家威劳比说，如果政府预算编制得很好并且是向社会公开的，那么，它就能发挥"告知过去的运作、目前的状况和未来的计划，进而能够明确责任并方便于控制"的作用（Willoughby，1918：1）。预算将迫使行政官员在公众及其代表们面前陈述他们所开展的活动及理由。通过审查政府的预算，公众及其代表们就可以审查政府的活动是否必要、成本是否合理，有权力的机构和部门（例如立法机构）就能够做出同意或者不同意的决定。这样，预算制度就成为一个非常有效的、对权力的使用进行监督和约束的控制制度，进而就能够成为一个基本而且重要的问责工具（Cleveland，1919）。

总之，如果说实现政治问责需要解决两个最基本的与权力相关的问题，那么，相应地就需要有两个相对较好的制度。对于"由谁来使用权力"这个问题来说，选举制度相对而言是一个最好的制度；对于"如何使用权力"或者"如何控制权力的使用"来说，预算制度是一个最好的制度。假设各国最初都是从既无现代选举制度也无现代预算制度的条件下开始国家建设的话，那么，从理论上来看，至少存在三条实现政治问责的道路（见图1）。在路径A中，国家在一个大致相同的时间内建立现代选举制度与预算制度，并不断完善它们；在路径B中，国家先建立现代选举制度并不断完善之,若干年后才启动预算改革,建立现代预算制度;在路径 C 中,国家在现代选举制度建立之前,先建立现代预算制度。图 1 中的两个制度维度分别代表着选举制度和预算制度发展程度的高低。

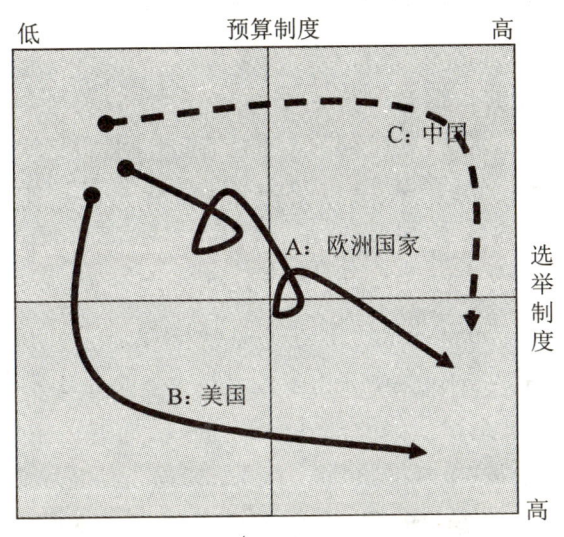

图 1 三条道路

由于选举制度和预算制度都是建立负责任的政府所必需的,因此,路径 A 应是最佳的实现政治问责的道路。在路径 B 和路径 C 中,国家不是或不能同时启动这两种制度的建设,而是先建立其中的一个制度,若干年后才启动另外一个制度的改革,因此,从理论上说,它们都会存在一定的局限性。这三条道路不仅理论上成立,在现实中也实际存在。当然,直到最近中国的国家转型呈现出其独特性之前,在现实中发生过的主要是路径 A 和路径 B。路径 A 是许多欧洲国家在 19 世纪走过的建立政治问责制度的道路,路径 B 是美国(从建国到 20 世纪 20 年代)走过的建立政治问责制度的道路。这两条道路都属于西方经验范围内的尝试,尽管存在差异,但它们的政治问责制度建设都是从选举制度开始的。这就有助于我们理解,为什么目前以西方经验为主的主流政治问责理论如此强调选举制度,并将选举与民主等同起来。从 20 世纪 90 年代末期以来,中国的实践开始表现出越来越明显的路径 C 特征,中国正在走一条与西方不同的政治问责制度道路。

欧洲国家的道路:19 世纪

在 19 世纪之前,选举制度就已经存在于欧洲。但是,直到 19 世纪,现代选举制度尤其是在国家层面的选举制度才在欧洲发展起来(Caramani,2000:50)。从 19 世纪初开始,第一波民主化浪潮席卷欧洲国家(大致从 1828 年到 1926 年),以选举为核心的民主制度终于在国家层面构建起来。桑沙因提出了一个判断 19 世纪政治体制是否民主的最低标准:(1)50% 的成年男性拥有投票权;(2)负有责任的政府首脑要么在选举产生的议会中获得多数支持,要么是由定期普选产生的。若按此标准,19 世纪以前的欧洲并没有国家层面的民主制度(亨廷顿,1998:15)。当然,这个标准只是一个最低标准。判断一个政治体制是否是选举民主,不仅要看它的国家权力机构是否通过选举产生、公民在多大范围内参与了选举,还需要看选举条件是否公正、平等,选举程序本身是否公正、合理(Caramani,2000:21-46)。在 19 世纪,欧洲国家相继在这些方面进行了改革,最终于 19 世纪后期或 20 世纪初建立起现代选举制度。表 1 列出了欧洲国家议会选举改革的主要内容及其时间。

表 1 欧洲各国选举制度的建立

	举行第一次选举的年份	引入匿名投票的年份	引入直接选举的年份	引入男性普选的年份
芬兰	1869*	1907*	1907*	1907
丹麦	1849*	1901*	1849*	1918
荷兰	1849*	1849*	1849* 或 1848	1918
奥地利	1873* 或 1848	1907*	1909* 或 1907	1897
挪威	1815*	1885*	1906*	1900
瑞典	1866*	1866*	1909* 或 1911	1911

（续表）

	举行第一次选举的年份	引入匿名投票的年份	引入直接选举的年份	引入男性普选的年份
英国	1831*或1832	1873*或1872	1813*	1918
法国	1815*	1831*或1820	1824*或1831	1848
德国	1848*	1919*或1871	1871*	1848
意大利	1861*或1848	1861*或1848	1861*或1848	1913
比利时	1831*或1830	1877*或1878	1831*或1847	1894
瑞士	1848*	1872*	1848*	1848
西班牙	1812（1869）	1931	1834（1837）	1869
希腊	1822	1844	1844	1844
葡萄牙	1820（1911）	1822	1822（1838）	1911
冰岛	1922	1906	1906	1916

资料来源：标有*号的数据来自 Aidt，Dutta & Loukoianova（2006：Table 3）。未标*号数据来自 Caramani（2000：Table 2.2，2.3，2.6，2.9）。某些国家采用某个制度的某些年份在两份资料有所不同。括号外的年份是该制度最初引入的年份，括号中的年份是该制度在经过反复后重新被引入的年份。

19世纪的第二个十年，一些欧洲国家首次举行了国家层面的议会选举。不过，当时拥有选举权的成年男性公民在成年男性中所占的比例很小。例如，1831年，比利时举行了首次选举，但只有4.5%的成年男性有选举权，其中只有62%的男性参加了选举（Aidt，Dutta & Loukoianova，2006）。1831年，英国第一次举行全国范围的议会选举时，也仅有4.4%的成年人享有选举权。1815年，法国首次举行了国家层面的选举，但在1814年，选民人数也只有72000人，只占成年人口的1%。造成参选人数偏低的原因除了排斥女性以及较高的年龄限制之外，主要还是因为在经济能力和教育水平方面设置的高标准。即使是男性公民，也只有当他们拥有的财产或者缴纳的税收达到一定标准之后，才会被法律承认是拥有选举权的公民。这些选举权方面的经济限制在19世纪之前就已存在。在英国，尽管1688的《权利法案》规定国民议会实行自由选举，但之后不久就对选举权设置了很高的财产和收入限制。18世纪中期，英国700万成年人中只有15万人享有选举权。直到1831年，成年人口中也仅有4.4%的人享有选举权。因此，19世纪选举改革的重点之一就是取消这些限制，实行相对普遍的公民选举。1832年，英国议会降低了选民的财产限制，这使得选民的人数从30万人左右上升到67万，但也只占全部成年人口的7.1%。1838年，英国爆发了以争取男性普选权为目标的宪章运动。虽然这一运动当时被镇压下去了，但在其压力之下，1867年英国第二次改革其议会选举，在城市中降低选民资格的财产限制和居住年限，这使得城市里的工人获得了选举权，男性公民中的选民达到选民总数的三分之一。1884年，英国进行第三次选举改革，将城市的男性普选权扩大到农村，200万农村男性成年人因此获得了选举权，选民占成年男性公民的比重上升到大约三分之二。在法国，扩大选举权的改革则更加曲折、艰难。法国大革命之后的政府一会儿取消、一会儿又强调财产和纳税方面的限制。在波旁王朝复辟时期（1814—1830），选举权附加了更加严苛的财产限制。1830年的《七月法令》更是将选民人数从10万人猛降为2.5万人。1848年，在工人运动的压力下，法国被迫通过法律，确立了直接的普遍选举。但是，一直到1871年的第三共和国初期，成年男性的普选权才最终确立下来（王绍光，2008：55-64；Aidt, Dutta & Loukoianova, 2006：249-283）。不过，19世纪欧洲普选改革的重点是男性普选权，成年女性的普选权改革一直到20世纪初才开始启动。在欧洲，女性普选权运动一直持续到70年代才大功告成，最早确立女性普选权的国家是挪威（1915），最晚的是西班牙（1976）（Caramani, 2000：53）。

在这一时期，欧洲国家还改革了选举条件和选举程序，落实平等原则，增进选举过程的公平性与合理性。由于改革面临的政治方面的阻力相对于普选来说要小，因此这些环节的改革比普选方面的改革都启动得要早。例如，为了落实"一人一票"的平等原则，在这一时期，欧洲国家开始限制多次投票制（plural voting）而代之以平等投票制（equal voting）。多次投票制在19世纪之前就以多种形式存在，例如英国的大学教师和有产者可以在其所在的大学或者财产所在地投一次票，再在居住地投一次票。在其他国家,某些群体可以选出更多数量的代表。欧洲各国取消多次投票制度的时间不一,但主要集中在19世纪:法国、葡萄牙、挪威和西班牙(1815)、希腊(19世纪40年代)、丹麦、瑞士、德国、荷兰(1848)、芬兰、奥地利、意大利和瑞典(19世纪60年代至20世纪初)。英国和比利时改革的时间比较晚,它们在"一战"后才开始启动这方面的改革(Caramani,2000:23、55)。此外,如表1所示,绝大部分欧洲国家都在19世纪引入了直接选举以取代原来的间接选举。同样,大部分欧洲国家也都在19世纪引入了匿名投票。

与此同时,19世纪也是欧洲国家建立现代预算制度的时期。现代预算制度最早成型于19世纪的欧洲。著名预算专家凯顿认为,在欧洲从中世纪后期一直到专制君主制时期盛行的是一种"前预算模式",19世纪之前的欧洲处于"前预算时代",即没有预算的时代。在这一时期,尽管国家从社会中汲取了大量的财政收入,但是整个财政体系效率极其低下,浪费与腐败盛行。财政体系一方面在政府内部缺乏集中统一的行政控制;另一方面,立法机构不能有效地监督政府财政,无法落实财政问责。于是乎,在政府内部,君主缺少有效的手段来约束官员的行为,无法确保表面上忠诚的官员在财政上的确是对他负责的。同样地,由于缺乏有效的外部监督,君主本人也不需要对别人负责,社会也没有办法使得君主对人民负责(Caiden,1988,1989)。

在17世纪后期的英国,现代预算制度已开始萌芽。1688年光荣革命后,为了适应国会议员们越来越强烈的加强监督政府资金的要求,英国国会进一步巩固了原有的收入同意权,并获得了对政府开支的否决权以及对已开支的支出款项进行审计的权力,国会开始任命各种委员会来审查由它授权的资金在使用过程中是否做到了"明智、诚实和经济"。这些措施极大地加强了国会的预算监督权,也提高了它的预算监督能力。18世纪末期,为了规范资金收支管理,实现成本最优、效果最好,英国进一步在政府内部集中财政管理权力。例如,要求建立一个将所有支出合并在一起的支出预算,要求各个政府部门提前计划下年的支出,要求所有部门都按照统一的格式记录支出,等等。18世纪后期,法国也开始在政府内部将收支权力集中到新设的财政部,建立集中型的国库管理模式(North & Weingast,1989;Premchand,1999;Webber & Wildavsky,1986)。在这些改革的基础上,以英国和法国为代表的欧洲国家纷纷在19世纪开始预算改革,建立现代预算制度。欧洲国家建立现代预算制度的时间各异。尽管英国在18世纪后期就已开始编制预算,但是它直到1866年才在支出方面建立起全面的国库控制制度,它也是在这一时期才建立了以内阁承担整体预算责任的行政预算体制,从而真正建立起现代预算制度。1814年,法国开始编制年度预算,这被有些学者视为现代预算的第一次实践。在1817年到1827年间,法国颁布了一系列旨在对税收和支出进行集中管理的法令,但其后的预算改革经常被政治动荡打断。直到19世纪后期,现代预算制度才最终在法国建立起来。1830年,比利时模仿法国模式建立了现代预算制度,但不是很成功,它的预算体系很长时间都没有整合在一起,比如议会经常要在一年中不停地审批预算。1848年后,荷兰建立了有利于议会控制支出的集中型财政体制。但它们都到19世纪后期才建立现代预算制度。其他的欧洲国家也在19世纪后期和20世纪初建立起现代预算制度:意大利(1860年)、瑞典(1876)、挪威(1905)、丹麦(1915)(Webber & Wildavsky,1986;Caiden,1989;Cleveland,1915;王绍光、马骏,2008)。随着现代预算制度的建立,公权的使用被纳入一种全新的控制体系,这些国家开始以一种"前所未有的方式"从公民那里汲取财政收入,并将之用于公共目的。这些现代民主国家终于发展出一种"被广泛视为有效率的、有生产率的,而且比以前更加公正的"财政制度(Webber & Wildavsky,1986:300,301)。

总之,欧洲国家基本上都是在19世纪大致相同的时期同时建立起现代选举制度和预算制度。恰如韦伯尔和瓦尔达沃夫斯基在《西方世界的税收与支出史》中所说的:"正如代议制政府的理念在19世纪前半期从一个国家传播到另一个国家的一样,财政管理的革新思想也在这一时期快速地传播开来。"(Webber & Wildavsky,1986:318)不过,这两个制度的建设都经历了很长的时间。例如,法国开始建立选举制度和预算制度的时间都是19世纪初,但直到19世纪后期才最终建立起这两个基本的制度。

美国道路:从建国至1928年

由于建国的特殊历史经历,从建国之日起,美国人就对选举民主情有独钟,并对选举制度形成了一种非常坚定的信赖。一直到19世纪后期,美国主流的政治文化都坚信,只要实行选举民主——定期举行公开的选举,而且选举出来的官员或者议员是有任期限制的——就可以建立一个负责的政府,而且还认为选举是一种与美国的民主理念相吻合的制度,一切政治上的弊端都可以通过选举而加以矫正。在这种信念的驱动下,美国人建国后很快就投入巨大的热情来建立选举制度,并在建国到20世纪初将近130年的时间里持之不懈地改革和完善选举制度(Cleveland,1916)。与其宗主国一样,在殖民地时期,美国各州的选举权也附有财产限制。最初是土地方面的限制,其后随着经济结构的变化,财产的定义也变得更加宽泛,以便于容纳城市的其他财产的所有者或者能够缴纳一定数额的税收的公民。当然,选举权只能属于白人男性成年人。1787年制定的宪法未对选举权进行规定,而是将这一权力留给了各州。最初13个州制定的州宪法普遍对选举权规定了财产方面的条件,例如财产或纳税。由于这一限制,在美国建国初期,有资格的选民只占成年白人男性很小的比例。1789年举行第一次选举时,只有4%的成年白人男性参与了投票。不过,后来加入美国的新州为了吸引移民,也因为西部地多人少,它们在财产方面的要求相应比较低。有些州只要缴税就可以获得选举权,有些州甚至取消了这一条件,这就极大地提高了美国选民的数量(王绍光,2008:61-62)。在1828年的总统选举中,拥有选举资格的男性数量迅速超过了白人男性总数的50%(亨廷顿,1998:15),这在当时是一个相当高的比重。在欧洲国家建立现代选举制度的19世纪,美国人也没有落后。亨廷顿指出,与欧洲国家同步,美国大约在1828年也开始进入了其所谓的第一波民主化(亨廷顿,

1998：15）。从19世纪到20世纪初，美国人从各个方面完善了选举制度：扩大了选举权的范围，逐步实现了白人男性普选；缩短了选举产生的职位的任职期限；扩大了选举制度适用的范围，增加了必须通过选举才能任命的职位的数量；禁止刚刚担任完一个固定任期的行政官员重新被选举；制定各种措施来解决选举中存在的腐败（Cleveland，1916）。

　　如果说在传统的农业社会，以社区自治为基础的选举民主能够在一定程度上确保政府是负责的或者至少不是很坏的。那么，从19世纪中期开始，随着美国日益变成一个城市化和工业化的社会，加之大量欧洲移民的涌入改变了原有的选民结构，选举制度就变得越来越不能适应经济社会的变化，也不能再为代议制民主的国家治理提供合法性。政府变得越来越庞大，它对经济和社会的介入也越来越深，担负的职能也越来越复杂。在这种情况下，即使实行了选举，普通的民众也很难弄清楚政府究竟对什么负责。而且，随着城市化的加速推进，政府规模越来越大，民众已不可能再像以前那样可以经常地接触政治家，政府与民众之间的距离越来越远。在这种情况下，以选举为基础的代议制民主的基础就逐渐被侵蚀了。此时，19世纪30年代初就已雏形初现的"政党机器"粉墨登场，并逐步控制了选举以及选举之后的官职分配——即臭名昭著的"政党分肥制"——和政策制定。在"镀金时代"，政党机器已经高度制度化。选举变成了选票买卖和利益交换，一些精英选民开始对选举政治失去兴趣。同时，政府运作高度政党化，政府职位变成当选政党的战利品，政府行政缺少专业化和职业精神，从而效率极其低下，政策制定也被政党操纵来为特殊利益（主要是那些为政党提供了支持的商业利益）服务（Khan，1997；马骏，2007）。这使得像克里夫兰这样的进步时代改革者发出了抱怨：尽管经历了将近130年的选举民主，并一直在不断地完善选举制度，在20世纪初的美国人却非常失望地发现通过民主选举产生的政府仍然是不负责任的。在这种情况下，进步时代（1890—1928）的改革者开始从各个方面改良美国的国家治理。在这一时期，美国人继续完善他们的选举制度，以解决19世纪后半期选举中存在的各种问题。例如，为了打破政党机器对选举的控制，进步时代改革引入了匿名投票和直接普选（Flanagan，2007：103）。然而，在进步时代预算改革者克里夫兰看来，民主制度不能仅仅发展到选举民主就停步不前。在选举制度之上，还必须建立一个对权力的使用进行控制的机制，其中最重要的是预算制度（Cleveland，1912，1919）。

19世纪的美国人目睹了欧洲的预算改革，但是美国政治文化对集权以及其中可能潜藏的专制一直非常敏感。他们不仅对选举制度情有独钟，而且也比较倾向于强议会的预算模式，并有意识地弱化了政府首脑（例如总统）在预算中的作用。在大多数美国人看来，欧洲的那种强化行政控制的行政预算体制，在没有君主制而且选举制度运转正常的情况下是不需要的（Cleveland，1912，1919；Fleischman & Marquette，1986）。因此，直到20世纪初之前，美国各级政府都没有一个内在一致的预算体系。各级财政都在一个严重碎片化的、缺乏集中统一控制的预算体系中开展。在殖民地时期，立法机构就将财权集中在手中，它在建国后又进一步加强了对预算权的控制。然而，在现实中运作的预算只不过是一个分散的立法预算，所谓预算不过是各个立法机构批准的拨款法案的无序混合。立法机构收到的只不过是各个部门提交的一个个的资金申请，而不是一个整体的部门预算，更不可能是一个整体的政府预算，而且收支常常无法联系起来。在立法机构内部，预算决策也是分散的，各委员会独自在不同的时间通过单个的拨款法案。政府首脑在预算过程中无足轻重，他既不能整体性地对政府进行管理，也不能在政府内部实施统一的预算控制，因而不能有效地履行对人民的责任。各个政府部门直接向立法机构的各个委员会申请资金，政府的财政部只不过是一个收发室，负责把部门资金申请汇集起来转交给立法机构。结果，在将近130年的时间里，美国从上到下的各级政府都没有一个预算可以全面、准确、详细地反映政府的活动及其成本。无论是对议员还是人民，甚至对政府首脑来说，政府都是"看不见的"。于是，政府不仅效率低下，而且腐败盛行。直到19世纪末和20世纪初，美国人终于认识到，如果没有恰当的预算控制，选举产生的官员同样会滥用权力（Cleveland，1912，

1916，1919；Khan，1997；Webber & Wildavsky，1986；Willoughby，1927；Fleischman & Marquette，1986）。

早在19世纪80年代和90年代，美国的城市政府就开始改革政府会计体制以提高行政效率，并让人民和投资者了解政府真实的财政状况。19世纪80年代早期，波士顿市启动了也许是美国最早的预算改革。在该市，随着公共服务的扩张，提高政府效率的要求也越来越高。为此，波士顿市开始将城市政府的运作与政治（市议会）适当地分开，并于1885年赋予市长预算权，建立了行政预算体制。1899年，全国城市联盟设计了一个最佳的城市治理框架，其中也包括了行政预算体制。不过，直到20世纪初，预算改革才变成一个全国性的运动。美国的预算改革发源于地方，再扩展到州，最后全其功于联邦层面。掀起全美国预算改革热潮的是纽约市。在纽约市政研究所——克里夫兰就是其中的领袖之一——的帮助下，从1907年开始到20世纪10年代早期，纽约市建立了一个全新的现代预算制度。纽约市的改革很快吸引了美国其他的城市政府，到20年代中期，大部分美国城市建立了现代预算制度。到1919年，全美国已有44个州通过了预算法；到1929年，除阿拉斯加外，所有的州都制定了预算法。联邦层面的预算改革比较迟。这是因为在联邦层面，国会的势力非常大，而且国会对于建立行政预算体制、加强总统的预算权比较犹豫。1911年，塔夫特总统（1909—1913年）任命了一个经济效率委员会，负责在联邦层面推动预算改革，克利夫兰担任主席。1912年，该委员会向总统提交了名为"国家预算的必要性"的报告，建议由总统编制统一、全面的政府预算，然后提交国会审批。1912年6月27日，塔夫特总统将报告提交国会，并制定了《1914会计年度的预算》，然而，该报告并未获得国会的支持。"一战"结束后，改革国家预算体制的呼声已经势不可挡，国会再也阻挡不了预算改革。有趣的是，1920年6月，国会通过了一项预算改革方面的法案，试图建立预算制度，但由于其中一个条款限制了总统的权力，威尔逊总统（1913—1921年）否决了此法案。1921年，国会几乎原封不动地再次通过这项法案，并获得了哈丁总统（1921—1923年）的批准。这就是在

1921年6月10日通过的《会计与预算法》，它标志着美国终于在国家层面建立起现代预算制度。该法案建立了行政预算体制，将一部分预算权从国会转移到总统，由其编制一个全面的政府预算并提交国会审批。同时，成立预算局，作为政府的核心预算机构，直接对总统负责。出于平衡，国会成立了自己的审计署。其后不久，国会两院也改革了国会内部的预算程序，将拨款权集中到一个委员会（Khan，1998；王绍光、马骏，2008）。

中国道路：雏形初现

20世纪80年代以来，中国重构其经济体制的同时，政治体制也发生了变化。目前，那种认为中国30多年的转型只有经济改革而没有政治体制改革的说法，已经很少有人同意。在这30多年中，为了发展市场经济并解决市场经济发展所带来的问题，政府的职能、组织结构和运行程序都被重构了。党和国家之间的关系，国家机构如立法机关与政府之间的关系也得到改善。中央与地方的关系也出现了变化，相对于80年代以前，地方的自主权大大地加强了（Yang，2004；Brødsgaard & Zheng，2004）。在这个过程中，中国的选举制度也发生了重要的变化。中国的选举包括直接选举和间接选举，前者主要适用于农村的村民委员会，以及县、乡两级的人民代表大会代表，后者主要适用于各级国家机关领导人员以及设区的市（自治州）、省（自治区、直辖市）和全国人民代表大会代表。中国的选举制度创设于20世纪50年代初。"文革"期间，选举几乎完全停止。1979年通过并于1980年生效的人大代表《选举法》重新启动了选举，其后，1982年、1986年和1995年又三次修订了这一法律。在20世纪70年代末和80年代初，地方人大代表的选举制度发生了一个重要的改变，50年代初局限在乡镇一级的直接选举现在被扩展到县一级。根据《选举法》第2条，全国、省、自治区、直辖市的人大代表由下一级人民代表大会选举产生，而县（市）、乡、镇人大代表由人民直接选举产生。1982年新制定的《宪法》第92条也明确规定,县(市)、乡(镇)一级人大代表以直接选举的方式产生。此外,《选举法》第 30 条规定,全国和地方各级人大代表大会代表候选人的名额应多于应选代表名额,即实行差额选举。第 31 条规定,选民也可以提出候选人。这些举措使得县、乡层面的人大代表选举,呈现出比以前更高的透明度和竞争性,从而更能让人民当家做主(Chen & Zhong, 2002;牛铭实,2008;海贝勒、舒耕德,2009)。同时,公民的参与热情也有所提高。一项全国范围的调研发现,在 1990—1991 的选举中有 61.6% 的公民参与了投票;一项在北京的调查发现,在 1995 年的选举中有 58.5% 的公民参与了投票。不过,县乡人大代表的选举仍然只是"半竞争性的"(Chen & Zhong, 2002:178-197)。1987 年,中国通过了《村民委员会组织法》。20 世纪 80 年代,中国在村委会这一层面启动了竞争性的直接选举。到 1989 年底,全国 14 个省、自治区、直辖市依法选举了村委会干部。根据相关法规,村委会领导必须由村民以直接选举、秘密投票和差额选举的方式选举产生。在候选人的产生方式上,既有村民直接提名和村民间接提名,也有组织提名。但在实践中,一些地方发展出来了"海选"等方式,将候选人的提名权完全交给村民(徐勇,1997:107-110)。20 世纪 90 年代以来,在农民创新和国家支持的共同推动下,村委会选举开始走向规范化和制度化,并逐步扩展到全国各个乡村。1994 年,民政部首次明确了村民自治的四项基本制度:民主选举、民主决策、民主管理和民主监督。截至 1998 年 6 月,全国已有 26 个省、自治区、直辖市的人大常委会制定和实施了《村民委员会组织法》。福建、江苏、辽宁、湖南、河北、贵州等 9 个省还制定了专门的村民委员会选举法。1997 年,中国共产党十五大报告突出强调基层民主,要求进一步完善农村的民主选举和村务公开。1998 年,九届全国人大常委会修订并通过了《村民委员会组织法》。截至 2008 年,31 个省、自治区、直辖市都已制定了村委会选举办法,其中有 6 个省(如江西、山西、四川)还在村民委员会组织法的实施办法中规定了具体的选举办法。1997 年,超过 80% 的村至少举行了一轮选举。1998 年制定新的《村委会组织法》后,31 个省、自治区、直辖市又依法组织了新一轮的村委会换届选举，涉及70万个村委会和将近6亿农民（林尚立，2008：225—227）。到2001年，基本上全国所有的村都举行了选举。目前，全国农村普遍都举行了6到7次村委会选举。根据民政部2005年底和2006年初开展的一项全国范围调查，有学者指出，村民自治已全面进入民主巩固期：77%的农民参与了选举；90%以上的村委会干部都是民主选举产生的，上级领导和村支部指定的村委会领导在10%以下；由村民提名的候选人占70%，选举委员会、村支部或者上级提名的比例分别是17%、8%和5%；超过85%的村委会主任和成员都是以差额选举的方式选举产生的（刘义强，2007）。尽管中国的村民选举仍然存在一些不足，例如贿选、家族势力操控选举等，但是，毫无疑问，这是一条独具中国特色的基层选举民主道路。在农村直选的成功经验的鼓舞下，1998年，国家开始在城市基层——居委会——推行竞争性的直接选举。1999年，民政部选定了26个城市试验区直选居委会干部。其实，早在1998年青岛市就开始推行社区直选。1999年6月，沈阳市沈河区文化路街道也直选了社区居委会。从2000年到2002年，城市社区直选从试点走向大规模推进，其典型模式是广西的城市社区直接选举。在2002年选举之前，广西南宁、柳州、桂林和武鸣已经进行了20余次的社区居委会直选。其后，城市社区居委会直选开始大规模地在其他城市展开。例如，2003年，北京市在一部分老城区举行了社区换届选举，居民参选率高达96%。2004年，整个上海市的社区都举行了居委会直选。此外，南京、宁波等地也相继进行了试点。到2008年，全国十多个省、市实行了社区居委会直选。这些试点极大地推进了城市的基层民主，使居委会由过去上级指派或内定转变到居民代表选举，再到全体居民参与选举（胥子婷，2007；陈文新，2008；海贝勒、舒耕德，2009）。

不过，从整体上来看，公开的、竞争性较强的直接选举目前主要存在于村委会和城市居委会层面。尽管其意义重大，但是，它们都只是基层政权的派生机构，而不是一级政权。20世纪90年代后期以来，尽管个别地方试点了乡镇干部直选，但整体上并未推开。这就是说，选举制度的完善任重而道远。例如，扩大直接选举的范围，增加选举的竞争性，密切民选代表与选民之间的联系等。然而，在20世纪90年代后期，中国启动了一场意义深远的预算改革，这一改革有助于推动国家治理的转型，提高国家的治理能力和政府的负责程度（王绍光、马骏，2008；Ma，2009）。

从1978年到1999年，中国财政改革的重点主要集中在收入方面，在传统的以计划为核心的资金分配体制瓦解之后，新的预算体制并未建立起来。所以，在这一时期，财政体系具有许多"前预算时代"的特征：一方面在政府内部缺乏对收入和支出集中统一的预算控制，另一方面各级人民代表大会（简称人大）也不能有效地进行预算监督（马骏，2005）。前者主要体现在两个方面。首先，预算资金分配权极其分散。除了财政部门之外，其他部门（例如计划部门）也拥有资金分配权。随着预算外财政的膨胀，各个支出部门也拥有了可以自主支配的预算外资金甚至各种非法的"小金库"。由于缺乏部门预算编制，预算编制不能将资金细化到部门和具体的项目，部门因此获得了二次分配权，这进一步加剧了资金分配权的分散。在这种情况下，财政部门就不可能是真正意义的核心预算机构，不能将所有的政府性资金集中起来实施统一的预算控制，也无法编制出一个能够准确、详细地反映政府及其部门全部活动的政府预算。其次，财政管理体制极度分散。这主要体现在账户分散、现金余额分散，缺乏财政单一账户体系，以及与之相伴随的采购分散和付款分散。更为严重的是，对财政交易的监管和会计控制也非常分散。由于三套会计体系互相分割，没有任何一个会计体系能够对发生在整个支出周期的财政交易进行完整的记录和监管。预算内资金一旦以拨款的形式离开财政部门，财政部门就无法对之进行监控。至于预算外和制度外资金，更完全是由各个部门"坐收坐支"。由于缺乏集中统一的预算执行控制，不仅财政资金的运作效率较低，而且极易滋生各种违规行为。政府内部缺乏集中统一的预算控制也使得人大不能有效地对预算进行监督。在资金分配权分散的情况下，政府的财政部门根本无法编制并向人大提交一个能够准确、全面、细致地反映政府及其各个部门活动的预算，这就使得人大难以有效地履行法律所赋予的预算监督职能。政府预算只涵盖财政预算内资金，纳入人大预算监督的也只是这一部分资金。即使是这一部分资金，它们的编制也非常粗略，报送人大审批的预算草案按功能汇总，其预算口径不直接对应于预算部门，且一个科目涉及多个部门，不仅外行看不明白，内行也看不透，人大根本无法从预算草案中看出经费预算与部门工作间的对应关系。而且，由于没有部门预算，预算也只能编制到"类"一级，因此，在预算年度之初，资金并没有落实到具体的部门和项目，而是由财政部门根据人代会批准的总预算，参照上一个预算年度的预决算数以及本年度的变化情况等因素逐步下达到各个部门，这就使得人代会批准的预算意义不大，导致预算执行过程中追加、变更频繁，进而使得人大难以跟踪和监督预算执行的情况（马骏，2005；财政部，2006；王雍君，2003）。

1999年，中国启动了预算改革，包括部门预算改革、国库集中收付体制改革、政府采购改革等。这一改革的目标是建立现代预算制度。预算改革首先在政府内部建立起集中统一的预算控制。部门预算逐步将原来分散的资金分配权集中到财政部门，由财政部门制定统一的预算程序和规则，规范资金分配。部门预算改革的基本思路是政府预算以部门为基础进行编制，"一个部门一本预算"。部门预算改革强调先有活动才有预算，有预算才能有支出，而不能再像以前那样先有钱再去想做什么事，没有预算也可支出。这就是要将预算约束植入公共管理过程，用预算来约束活动。同时，部门预算的编制必须遵守综合预算原则，即部门必须将包括预算外的所有收支都编进本部门的预算。这就改变了以前政府预算只反映预算内收支，大量预算外资金只报账甚至不报账的粗放管理方式。从2002年开始，各级财政部门更是加大"收支两条线"改革的力度，将预算外资金纳入预算管理。到2007年上半年，国务院批准的收费项目90%以上已纳入预算管理，政府性基金则全部纳入预算管理。这些资金都全额上交国库或财政专户，支出则纳入部门预算编制范围。此外，各级政府都不断改进预算编制方法，细化部门预算，建立规范、科学的预算分配模式。对基本支出，建立和完善了定额管理体系，不断细化定额项目、完善定额测定方法。为提高基本支出预算编制的准确性，推进实物费用定额试点，探索定员定额与实物资产占用相结合的定额标准体系。对项目支出预算，采取项目库的方式进行管理，将项目按重要程度和轻重缓急排序，使项目经费的安排与部门的事业发展和年度工作重点紧密结合。同时，推动项目支出滚动管理，提高支出的计划性。最后，为了提高资金的使用效果，2004 年，广东省开始探索支出绩效评价，2006 年，中央也开始这一试点。目前，越来越多的地方政府已经启动支出绩效评价，例如江苏省、浙江省、广东省的广州市、南海区、三水区等。从投入控制转向绩效问责表明，中国的预算改革开始迈向一个新的、更高层面的财政问责（财政部，2007：2，12）。

在部门预算改革的基础上，最近几年，中国进一步深化预算改革，提高政府预算编制的完整性和透明度。2007 年，为了更加全面、准确和清晰地反映政府收支活动，政府预算编制开始使用新的政府收支分类体系。2008 年，单独编制国有资本经营预算，并汇总到政府预算。2006 年和 2008 年，提出改革土地出让金管理制度，强调将土地出让金纳入预算管理（马骏、李黎明，2010：84、88，126-127，129-130）。最近，国家开始筹划编制社保预算。

同时，国库集中收付体制改革和政府采购改革在预算执行过程中建立起集中统一的预算控制，由财政部门对各个部门的收支活动进行事前监督。国库集中收付体制改革的目标是建立一个集中型的现代国库管理制度。在清查、撤并部门已开账户的基础上，各级政府都建立起国库单一账户体系。所有的财政资金必须缴纳进该账户，所有的财政支出都只能从该账户流出，而且，不到实际支付发生之时，所有资金都不得离开该账户。在国库单一账户的基础上，又实行了财政直接支付体系。这就使得部门"只能看见数目（用款数），但是看不见钱，更碰不到钱"。从 2001 年中央财政启动这一改革以来，截至 2006 年 4 月，中央国库集中支付改革已扩大到全部中央部门，纳入改革的基层预算单位也从 2001 年的 136 个扩大到 3643 个，并首次将中央补助地方的专项资金纳入国库集中支付（楼继伟，2006）。国库集中收付体制改革在地方层面也进展顺利。至 2005 年底，36 个省、自治区、直辖市和计划单列市全面实施了这一改革，并推进到 200 多个地市和 500 多个县。在这个新的国库管理制度下，财政部门能在预算执行过程中对资金的流动进行动态监控，建立起实时监控、综合核查、整改反馈、跟踪问效的运作机制。这既能确保资金的安全性，又能提高预算执行的运作效率。同时，政府采购改革也不断推进，集中型的政府采购体系逐步被建立起来取代原来分散的部门采购体系，公开招标和财政直接支付等方式也开始在政府采购领域使用，并逐步扩大使用范围。1998 年，全国的政府采购规模为 31 亿元；2002 年突破 1000 亿元，2005 年超过 2500 亿元（财政部，2006：171）。

预算改革，特别是部门预算改革，为人大加强预算监督创造了条件。一方面，部门预算改革使得政府提交人大审查的政府预算不仅包括反映财政收支总貌的总额数据，包括反映各个部门的全部收支活动的部门预算，并且编制得越来越全面、细化和准确。另一方面，部门预算改革后，编制政府预算包括部门预算的时间大大地提前，报送人大常委会初步审查的时间也大大地提前。部门预算改革以来，各级政府报送人大审查的部门预算的数量一直在稳步上升。2000 年，国务院向全国人大报送了教育部、农业部、科技部、劳动和社会保障部 4 个部门预算试点单位的部门预算；2001 年，增加到 26 个部门的部门预算，2003 年增加到 29 个，2004 年增加到 34 个，2005 年增加到 35 个，2006 年增加到 40 个，基本覆盖国务院所有职能部门。此外，报送全国人大审议的部门预算也不断细化，中央财政用于教育、科技、医疗、社保等涉及人民群众根本利益的重大支出总量和结构情况均报送全国人大审议，对不能列入部门预算的项目的安排情况，财政部在向国务院报告的同时也转送全国人大备案。在地方层面，人大预算监督也稳步地得到加强。目前，全国已有 2408 个省级部门预算报送同级人大审查，超过了编制部门预算的半数。其中，河北、广东、辽宁、黑龙江、江苏、安徽、福建、宁夏、新疆、深圳、厦门、宁波等 11 个地区已将本级所有部门预算报送同级人大审查。而且，报送同级人大审查的预算正在不断细化。除少数几个省外，大部分省（自治区、直辖市和计划单列市）已经开始向同级人大报送包括基本支出与项目支出明细情况在内的综合预算。最后，在报送人大审查的预算中，30多个省已经把超收安排情况、中央财政性转移支付情况、中央专款情况和预算调整情况列入报送内容（财政部，2007：18、180）。预算改革以来，各级各地人大都抓住机遇，制定加强人大预算监督的条例或决定，成立专门的预算机构（例如财经委和预算工委）协助人大审查监督预算，加强人大预算监督，提高预算监督能力。目前，各级各地基本都建立了以部门预算为基础的、包括初审和大会审两大阶段的预算审查程序。所谓初审就是在政府预算正式提交每年一次的人代会审批前一个月，先提交人大常委会进行初步审查，人大常委会在审查中就相关的收支问题向政府反映人大的意见和要求。预算改革以来，各级各地人大在初审环节创新了各种模式。例如，福建省、厦门市、深圳市人大常委会采取重点监督来加强人大预算监督的深度和力度；河北省人大在预算初审环节引入公民听证。大会审就是政府预算草案提交每年一次的人代会审查，经全体人大代表表决后通过政府预算。在这一阶段，一些地方人大的人大代表也开始积极地开展预算审查。例如，在广东省，2003年以来，随着政府提交的部门预算越来越详细，人大代表的预算审查工作开始出现了前所未有的变化，例如开始质问一些不合理的支出，开始要求政府修改预算、调整支出结构，等等。在大会审期间，武汉市和深圳市等运用"单项表决"模式审查和批准重点支出。例如，在2003年人代会期间，武汉市人大代表运用这一模式否决了政府某部门的基建支出。当然，由于人代会的会期短、缺乏预算修正权等原因，目前人大预算审查监督主要依赖于初审（中国发展基金会，2008：chap.3）。

  同时，2006年以来，在一些地方，开始出现了公民参与预算的试点。例如，浙江温岭市泽国镇与新河镇的预算民主恳谈，哈尔滨市阿城、道里等的参与式预算，江苏的无锡市参与式预算等。当然，尽管温岭新河镇的预算民主恳谈也包含了公民参与的内容，但更多是一种人大预算监督。此外，除了新河模式是将所有的预算都提交预算民主恳谈外，其他地方的公民参与预算都主要适用于资本预算领域，即那些与公民生活息息相关的公共设施领域。尽管各地的公民参与预算采取的方式不同，但它们都在基层层面让公民参与预算决策，影响资金的分配。这就探索了一条新型的社会主义基层民主道路（中国发展基金会，2008：专栏7-5）。

在十年的预算改革中，预算改革一直在重塑预算过程中各个机构之间的权力关系，也重建了一套新的预算程序与规则。随着新的预算制度逐步确立其权威地位，政府及其各个部门都必须遵守既定的程序和规则提出资金申请并经特定的程序审查和批准程序之后才能获得资金，然后还必须遵守既定的预算程序与规则才能使用这些资金，开展活动。其结果，预算改革以来，部门的行为相较以前已经越来越规范。而且，在一定程度上，预算过程已开始对政策制定者的行为构成约束（马骏，2007；马骏、王绍光，2008）。正是在这个意义上，我们可以说，在选举制度仍待完善之前，通过预算改革可以在一定程度上重塑权力结构和权力使用的程序与规则，进而在一定程度上对权力的使用施加约束和控制。这就是有别于西方经验的实现政治问责的中国道路。毫无疑问，这也是一条可行的政治问责的道路。然而，这条道路的成功需要中国的执政者进一步深化预算改革，并在不远的将来适时地抓住时机推动选举制度改革。此外，正如一些研究已经发现，选举制度方面存在的不足也在某些方面制约着预算改革的深入，例如，在半竞争性选举中产生的某些人大代表缺乏充足的加强预算监督的动机（Ma，2009：62-72）。

结论与讨论

本文的研究发现，的确存在非西方的实现政治问责的道路。中国目前就在探索这样的一条道路。这也充分说明了中国大国转型经验对于理论发展的重要性。此外，即使在西方世界，也不是只有一条实现政治问责的道路。尽管欧洲和美国的政治体制具有基本相同的文化渊源，但是，美国道路相对于欧洲来说就呈现出一种特殊性。也正是在这个意义上，美国模式相对于欧洲经验来说就体现了"美国特殊主义"。而今，相对于欧洲和美国的经验来说，中国经验似乎正在逐渐呈现出另一种"特殊主义"。在三条道路中，相比较而言，欧洲模式可能是最好的。对于实现政治问责来说，选举制度和预算制度是两个最基本的制度，因此，最好能同时建立这两个最基本的制度。这意味着，尽管其他两条道路也是实现政治问责的道路，但它们都存在一定的局限性。当然，一个国家最后选择何种道路会受到诸多因素的影响，任何制度建设都有一个时机与条件的问题。

越来越明显，中国正在探索一条不同于西方的政治问责道路，但是，在现阶段这一模式还只是雏形初现。首先，中国何时推开竞争性的直接选举仍是一个未知数。精英阶层，甚至包括知识精英阶层，对中国推行选举民主的时机和条件仍然存在着争议。尽管村委会的选举已经推行了20多年，但是，向乡镇一级的推进仍然阻力重重。其次，尽管十年的预算改革取得了很大的成就，但中国的预算改革仍然面临很多挑战，包括进一步加强人大预算监督，在政府内部建立一个独立性很高的核心预算机构，整合计划和预算，建立绩效预算，建立总额控制机制，等等。而且，其中某些问题的解决可能需要改革政治过程的某些部分（Ma，2009；马骏，2007）。这意味着，在未来20年甚至30年国家重建的过程中，中国还需要继续深化和完善预算改革，建立一个财政上负责的政府，并在时机成熟时及时地改革选举制度。回顾历史，欧洲建立起相对完善的选举制度和预算制度花了100年左右的时间，美国则花了150多年的时间。对于美国来说，即使是进步时代的预算改革，如果从19世纪80年代的政府会计改革算起，也花了将近50年的时间。很显然，对中国而言，这也必将是一个漫长且充满期待的过程，不可能一蹴而就。

【参考文献】

财政部：《中央部门预算编制指南2008年》，中国财政经济出版社2007年。

财政部：《中央部门预算编制指南2007年》，中国财政经济出版社2006年。

楼继伟：《2007 年中央部门预算编制工作会议讲话》，见财政部预算司编辑：《中央部门预算编制指南 2007 年》，中国财政经济出版社 2006 年版。

陈文新：《中国城市社区居委会直接选举：发展历程与现实困境》，载《学习与实践》2008 年第 3 期。

［美］塞缪尔·亨廷顿：《第三波》，上海三联出版社 1998 年版。

林尚立：《政治建设与国家成长》，中国大百科全书出版社 2008 年版。

刘义强：《民主巩固视角下的村民自治》，载《东南学术》2007 年第 4 期。

马骏：《中国公共预算改革的目标选择》，载《中央财经大学学报》2005 年第 10 期。

马骏：《中国预算改革政治学》，载《中山大学学报》2007 年第 3 期。

马骏：《经济、社会变迁与国家治理转型：美国进步时代改革》，载《公共管理研究》2007 年第 6 期。

牛铭实：《为何中国的地方自治总不成功》，见陈明明、何俊志主编：《中国民主的制度结构》，上海人民出版社 2008 年版。

王绍光、马骏：《走向"预算国家"》，载《公共行政评论》2008 年第 1 期。

王绍光：《民主四讲》，三联出版社 2008 年版。

胥子婷：《城市社区选举，会逐步走向成熟与完善》，载《社会》2007 年 12 月。

中国发展基金会：《公共预算读本》，中国发展出版社 2008 年版。

马骏：《政治问责研究：新的进展》，载《公共行政评论》2009 年第 5 期。

Aidt, Toke, Jayasri Dutta & Elena Loukoianova. 2004. Democracy comes to Europe: Franchise extension and fiscal outcomes.

Caiden, Nomi. 1988. Shaping things to come: Super-budgeters as heroes (heroines) in the late-twentieth century. In Irene Rubin. Eds. *New Directions in Budget Theory* (pp. 43 - 58). New York: State University of New York Press.

——1989. A new perspective on budgetary reform. *Australia Journal of Public Administration* Vol. 1: 51 - 58.

Chao, Chien-min. 2004. The National People's Congress oversight. In BrØdsgaard, Kjeld Erik & Yongnian Zheng. (eds) *Bring the Party Back in*. Singapore: Eastern University Press, pp. 115 - 140.

Chen, Jie & Yang Zhong. 2002. Why do people votes in semicompetitive elections in China? *The Journal of Politics* Vol. 64, No. 1: 178 - 197.

Cleveland, Frederick A. 1912. How we have been getting along without a budget? *Pro-*

ceedings of the American Political Science Association Vol. 9, 9th Annual Meeting: 47 – 67.

——1915. Evolution of budget idea in the United States. *Annals of the American Academy of Political and Social Science* Vol. 62 (Nov.): 15 – 35.

——1916. Budget making and the increased cost of government. *The American Economic Review* Vol. 6, No. 1: 50 – 70.

——1919. Popular control of government. *Political Science Quarterly* Vol. 34, No. 2: 237 – 261.

Dowdle, M. W. 2006. Public accountability in alien terrain. In M. W. Dowdle (ed.) *Public Accountability*. New York: Cambridge University Press.

Flanagan, Maureen A. 2007. *America Reformed*. New York: Oxford University Press.

Fleischman, Richard & R. Penny Marquette. 1986. The origins of public budgeting: Municipal reformers during the progressive era. *Public Budgeting & Finance* Vol. 6, No. 1: 71 – 77.

Funnell, W. & K. Cooper. 1998. *Public Sector Accounting and Accountability in Australia*. Sydney: University of New South Wales Press.

Glynn, J. 1987. *Public Sector Financial Control and Accountability*. Oxford: Basil Blackwell.

Khan, Jonathan. 1997. *Budgeting Democracy: State Building and Citizenship in America 1890 – 1928*. Ithaca: Cornell University Press.

Ma, Jun. 2009a. If you cannot budget, how can you govern-A study of China's State Capacity. *Public Administration and Development* 28: 1 – 12.

——2009b. The dilemma of developing financial accountability without election. *Australia Journal of Public Administration* Vol. 68: 62 – 72.

Ma, Jun. 2009. Budgeting for accountability. *Public Administration Review* (Special Issue, Dec.): 53 – 59.

Ma, Jun & Nabo Chen. 2010. The dilemma of redesigning political controls over the government in China since the 1980s. *Pacific Review* (in review).

Ma, Jun & Xing Ni. 2008. Toward a clean government in China: Does the budget reform provide a hope? *Crime, Law & Social Change* Vol. 49, No. 2: 119 – 138.

Montinola, G, Yingyi Qian & Barry Weingast. 1995. Federalism, Chinese style: The political basis for economic success in China. *World Politics 48* (October 1995): 50 – 81.

O'Donnell, Guillermo. 1999. Horizontal accountability in new democracies. In Andres

Schedler, Larry Diamond & Marc Platterner. Eds. 1999. *The Self-Restraining State: Power and Accountability in New Democracies* (pp. 29 – 51). Boulder, CO: Lynne Rienner.

Premchand, A. 1999. Public financial accountability. In S. Schiavo-Campo. Eds. *Governance, Corruption and Public Financial Management* (pp. 145 – 192). Manila: Asian Development Bank.

Qian, Yingyi & Barry Weingast. 1996. China's transition to markets: Market-preserving federalism, Chinese style. *Policy Reform 1*: 149 – 185.

Rubin, Edward. 2006. The myth of non-bureaucratic accountability and the anti-administrative impulse. In Michael W. Dowdle. Eds. *Public Accountability: Designs, Dilemmas and Experiences*. New York: Cambridge University Press.

Rubin, Irene. 1998. *Class, Tax, and Power: Municipal Budgeting in the United States*. Chatham: Chatham House Publishers, Inc.

Schedler, A. 1999. Conceptualizing accountability. In Schedler, A., L. Diamond & M. Platterner. Eds. *The Self-restraining State*. Boulder, CO: Lynne Rienner, 1999.

Tsai, L. L. 2007. *Accountability without Democracy*. New York: Cambridge University Press.

Webber Carolyn, Wildavsky Aaron. 1986. *A History of Taxation and Expenditure in the Western World*. Simon & Schuster: New York.

Willoughby, W. F. 1918a. *The Movement for Budgetary Reform in the States*. New York: D. Appleton and Company for the Institute for Government Research.

——1918b. The budget as an instrument of political reform. *Proceedings of the Academy of Political Science in the City of New York* Vol. 8, No. 1: 56 – 63.

——1927. *The National Budget System*. Maryland: The Johns Hopkins Press.

Yang, Dali. 2004. *Remaking the Chinese Leviathan: Market Transition and the Politics of Governance in China*. CA: Stanford University Press.

主权财富的政府治理研究

钱元强[*]

内容摘要：随着石油价格上涨、出口导向型国家外汇储备增加等原因，世界许多国家迅速积累了大量财富并设立专门机构进行管理投资，"主权财富"这一尚未被人们所知晓的金融力量随即悄然兴起。尤其是近几年不少国家相继成立自己的主权财富基金，其发展之迅速、影响之深远，引起了各国央行行长、财长、经济学家，特别是政治家的异常重视。

国际货币基金组织（IMF）前任首席经济学家哈佛大学教授肯尼斯·罗格夫（Prof. Kenneth Rogoff）预测，截至2011年或2012年，主权财富基金将达到7万亿至8万亿美元。摩根士丹利则估计，到2015年左右，全球的主权财富基金可能高达12万亿美元——相当于标准普尔500指数所涵盖的股票市值总量，到2022年则将达到28万亿美元，相当于美国经济总量的2倍。面对这样一笔巨大的财富，我们可能会问：主权财富基金到底是什么？各国政府与主权财富的权责清晰吗？政府治理的机制是什么？政府对主权财富如何才能实行有效监管？

---

[*] 钱元强，男，北京大学中国政府治理研究中心副主任，主要从事当代中国政府、政府治理与公司治理研究。

我们知道政府的财政投资和财政预算同等重要，只会花钱的政府而没有良好监管能力的政府不能称为"效能政府"。就财政资源来说，政府需要监督把有限的公共资源投资到回报稳定的领域方面，实现各个方面的均衡配置，广泛地获取社会的支持，取得社会高水平的信任。在良好的制度平台的基础上，政府就会有动力谨慎使用社会对政府的信任，并有积极性通过政府的活动，提高政府的合法性水平，从而提高政府的执政能力，使政府更具有效率。相反，制度不当，有些方面就会过分投资，甚至很可能浪费在回报不高的领域，有些方面则投资不足。

有效的政府治理与主权财富的治理状况息息相关，世界上几家主要的主权财富之所以能够逐步发展起来，与基金所在国的政府治理，特别是所在国政府对主权财富基金的合理定位是分不开的。对这些问题进行深入的研究探讨并提出合理的应对方案，正是本文所希望得到的结论。

关键词： 主权财富　政府治理　监督模式　信息公开

一、主权财富的起源与内涵

（一）产生渊源

"主权财富基金"（SWFs）一词诞生于 2005 年。安德鲁·罗斯诺夫（Andrew Rozanov）在 *Central Banking Journal* 2005 年 5 月刊中首次提出"主权财富基金"的存在、资金来源和发展趋势，于是主权财富基金作为国际经济格局变化的产物第一次映入世界的眼帘。

但实际上世界上第一只主权财富基金早在 1953 年就诞生于科威特。通过石油收入的积累，科威特政府财政部分别于 1960 年和 1970 年成立了一般储备基金（General Reserve Fund，GRF）和未来基金（Future Generations Fund，FGF）。几十年来，跟随科威特的步伐，其他国家也相继建立起自己的主权财富基金。

目前，对主权财富基金的全面界定有各种角度，如从成立动因和资金来源角度界定，从性质、目的角度界定主权财富基金，从资金来源界定主权财富基金，从功能角度界定主权财富基金。总之，大多数主权财富基金来源于自然资源盈余，一少部分来自于财政盈余。①

（二）实际内涵

经过研究，我的观点认为，可以把主权财富基金定义为广义和狭义两种。通常所说的主权财富基金是指狭义的主权财富基金，它是以外汇资产为主的政府投资工具，具有较高的风险承受能力，通过将外汇储备、财政盈余等国家财富投资于股票、债券、房地产等金融资产或特定产业追求投资回报，且该投资回报将服务于维护资产多元化、推动经济稳定、优化产业结构、造福本国国民等特定目的。

这一界定可以从以下几个方面理解。**主权财富基金的性质**：顾名思义，主权财富基金是政府设立的一种投资工具，由政府拥有、控制和支配，具有主权性质，一般来说，它由中央银行或政府专门设立的机构管理。不过在资金构成上，主权财富基金与同样具有主权性质的官方外汇储备和主权养老基金有明显的差异。无论是哪个国家的官方外汇储备，必然百分之百地由外汇构成；相反，主权养老基金所含的外汇比重则相当低，比如日本的政府退休投资基金（GPIF）全部由本币日元构成，美国的社会保障信托基金（Social Security Trust Funds）中外汇比例也不超过13%。② 比前两者相比，主权财富基金绝大部分是外汇资产，但这也有例外，像新加坡淡马锡和马来西亚国库控股国民投资有限公司③就是如此，但主权财富基金是由较大比重的外汇构成的政府投资工具。

主权财富基金的资金来源：目前世界各国筹集资金建立主权财富基金的方式是多种多样的，主要有：第一，由石油、天然气、铜、钻石、磷酸盐等自然资源和其他商品出口形成的贸易顺差积累而成。这一方式比较普遍，以中东和拉美国家为代表，覆盖亚洲、欧美和非洲国家。例

---

① 摘自 Financial Express 网站，http://www.financialexpress.com/。
② 摘自摩根士丹利网站，http://www.morganstanley.com/。
③ 马来西亚国库控股国民投资有限公司是马来西亚政府旗下的投资控股公司，被授权作为政府新兴产业和市场的战略投资者。作为国家的商业资产的受托人，其主要目标是代表政府促进经济增长和做出战略性投资，推动国家建设。

如，阿布扎比政府投资局、挪威政府养老基金、科威特投资局等最大的主权财富基金以及利比亚对外投资公司、阿尔及利亚收入调节基金、美国阿拉斯加永久基金、文莱投资机构等国家主权财富基金均来源于石油、天然气出口收益，智利的社会和经济稳定基金来源于铜矿收益，博茨瓦纳的普拉基金来源于钻石和矿产，基里巴斯的收入均等储备基金则来源于磷酸盐的收益。①

第二，国家特定税收与财政预算分配、养老金等国内财富积累，如爱尔兰的国家养老储备基金就有部分就来自每年拨付的财政预算。爱尔兰全国养老储备基金成立于 2001 年 4 月。其融资渠道有三：一是来自社保体系参保者增加的缴费部分，二是一次性从"爱尔兰电信"私有化收益中转移出 62 亿欧元，三是至少在 2055 年之前每年财政转移支付相当于 GDP 总量 1% 的预筹基金。②

第三，国际组织给予不发达国家的国际援助基金。这种主权财富基金比较特殊，以乌干达的贫困援助基金（Poverty Action Fund）为代表。乌干达贫困援助基金成立于 1998 年，由世界银行和国际货币基金组织倡导的高负债国家减贫行动资金、国际捐助和乌干达本国资源收入构成。可以看出，此类基金侧重于直接投资经济社会发展，减轻国家贫困程度，能否称之为主权财富基金仍然有待商榷（安春英，2005）。

除此之外，主权财富基金的资金还有其他的来源方式，像中国投资有限公司（简称"中投公司"）是由中央财政发行 2000 亿特别国债购买外汇储备作为资本金而设立的。

对于不同国家而言，由于各国情况迥异，有的采取的是上述筹资方式中的某一种，有的国家主权财富基金的资金来源则综合了多种情况，如加拿大的阿尔伯塔遗产基金来自于石油出口收入的积累和该省

---

① 参考 SWFs Institutes 网站。
② 《社保基金海外投资获批》，载《江南时报》2004 年 2 月 25 日第 28 版，转引自人民网。

一般收入基金（General Revenue Fund）的拨付。[①] 然而无论从哪个角度，从整体上讲，主权财富基金最早也是最重要的资金来源仍是石油出口收益。

主权财富的成立动因：尽管主权财富基金是随着各国的国家财政盈余、外汇盈余等国家财富的急剧增加而产生的，但各国建立主权财富基金的动因主要包括以下几个：

第一，建立多样化的资产基础，减少本国经济对自然资源的依赖性，实现国家财政收入来源的多样性。第二，降低全球经济对本国的影响程度，维持国家宏观经济的稳定。以挪威为例，其主权财富基金挪威政府养老基金的成立目的之一就是作为政府的预算缓冲，帮助政府平抑短期石油收入波动对经济的影响。[②] 第三，分流外汇储备，提高国家外汇资产的整体收益率。东亚新兴国家多为出口导向型国家，长期的对外贸易顺差使它们拥有庞大外汇储备，同时还面临着外汇储备继续激增的压力。例如，1998年香港金融管理局为维持港元汇率稳定设立了主权财富基金[③]，而2007年成立的中投公司更是这一动因的典型代表——在中国持有外汇储备的成本不断攀升的情况下，有必要参照国际通行模

---

① 加拿大阿尔伯塔遗产基金根据阿尔伯塔遗产基金法于1976年成立，初始资产为从政府一般收入基金获得的15亿美元的现金和资产。其目的是用来自阿尔伯塔省的石油和天然气的收入进行储蓄和投资。从1976年到1982年至1983年，其资金来自每年由阿尔伯塔省的不可再生资源收入30%的划转，以及该基金投资收益的保留。从1983—1984年度至1986—1987年度不可再生资源收入的划转减少到15%，自1987年4月起，资源收入的划转被暂停。

② 挪威政府养老基金（全球性）是由挪威政府拥有的主权财富基金，2006年，由其前身挪威石油基金更名而来。挪威外汇投资机构的建立归因于财政盈余和外汇储备的快速增长，特别是石油出口收入的快速增长。挪威是世界第三大石油净出口国，为了更好地管理石油财富，挪威于1990年建立政府石油基金。2005年，挪威议会通过《与国家养老基金相关的法案》。2006年，挪威政府石油基金更名为挪威政府养老基金。建立挪威政府石油/养老基金，主要基于三个方面的考虑：（1）将国家财富从地下的石油转变为多元化的金融资产，从而提高挪威经济的活力和创造价值的能力；（2）作为政府的预算缓冲，帮助政府平抑短期石油收入波动对经济的影响；（3）在代际间更公平的分配财富，使挪威政府由更雄厚的资源应对老龄化社会以及石油收入下降对养老金体系的挑战。

③ 为了阻击金融大鳄，稳定港股，1998年香港特区政府决定动用庞大资金入市买入港股。其后，特区政府成立外汇基金投资公司，负责官股的运营和增值。当年10月，其时的财政司司长曾荫权委任杨铁梁、陈监林等11名杰出社会人士，出任投资公司董事局成员，外汇基金投资公司正式运作。

式，从外汇储备中剥离出一部分进行积极管理，以谋求更大的利益。

第四，回报国民，或保障当年民众的生活需要，或为子孙后代积累财富。很多国家认为，国家资源属于本国人民，自然资源或其他商品出口取得的收入理应造福于人民。加拿大阿尔伯塔遗产基金的投资收益中有相当一部分被划转到该省的一般收入基金以支持健康、教育、基础设施建设、降低负债及其他社会发展项目。① 而有的国家建立主权财富基金，则是为应对日益严重的社会老龄化状况对养老金体系的挑战。这一类的典型代表是澳大利亚的未来基金和爱尔兰国家养老储备基金，前者的设立目的是为了有效地解决公共服务行业养老金日益严重的缺口问题，而后者更明确地表示要通过投资尽可能满足2025年后的社会福利费用和公共服务养老金需求。②

第五，在国内外进行战略投资，培育本国特定产业，实现国家在国际经济活动中的利益。通过对特定产业的投资，一些新兴国家的主权财富基金不仅作为国内经济的主导力量涉足一些私人不愿投资的高风险、高投资工业项目领域，成为国家经济的操盘者，还积极参与国际金融经济活动，投资具有发展潜力的市场，谋求国际金融市场最高端的资讯，培养自己的金融专业人才，提升其金融产业的国际竞争能力。前者如新加坡的淡马锡和马来西亚的国库控股国民投资有限公司，其中淡马锡成立初期的目标就是发展国家的能源、运输等事业，并且从事社会公共事业的投资和建设，引导国民经济发展；后者则像新加坡政府投资公司（GIC）和韩国投资公司（KIC），它们都力求使自己成为国际金融市场

---

① 根据阿尔伯塔政府公布的阿尔伯塔遗产基金2007—2008年第三季度报告，到2007年12月31日，阿尔伯塔遗产基金的合理价值为166亿美元。在其32年的历史中，该基金大约获得了300亿美元的投资收入，极大地提高了阿尔伯塔省的生活质量。根据年内盈余分配政策，预算外的盈余三分之一用于储蓄和投资，三分之二用于资本支出。

② 澳大利亚政府未来基金是一个独立管理的投资基金，澳大利亚政府将其预算盈余纳入其中。该基金的目的是为了满足政府未来向退休的公共部门雇员支付养老金的需要。爱尔兰国家养老金储备基金设立于2001年4月，由国家养老金储备基金委员会负责投资，目的是预拨款项支付未来国库社会福利和公共服务退休金费用的一部分至少到2055年，政府每年须向该基金缴付一笔相等于1%的国民生产总值的资金。2025年前基金禁止提取。

中的重要成员。①

广义的主权财富基金的范围则比较广，主要有传统的官方外汇储备、稳定基金、发展基金、平准基金以及其他政府拥有或控制的实体，如主权养老基金、国有机构、投资控股公司和杂项国际资产，各国政府在管理这些国家财富时采取了不同的投资策略。

主权养老基金是国家财富中最重要的一部分。据统计，截止到2006年年底，全世界主权养老基金总规模就已超过4.1万亿美元，其中仅一支"美国联邦养老信托基金"就将近2万亿美元。主权养老基金是由政府或社保部门建立的支撑现收现付制的公共养老基金，其资金来源主要是参保者的缴费剩余，是应对老龄化的有效工具。丹麦社保基金、美国联邦社保信托基金和日本政府养老金投资基金等均属于这一类。主权养老基金在投资策略上比通常所说的主权财富基金要保守一些，但越来越多的国家开始倾向于另类资产等较高风险的投资。

国有银行、企业及其他国有实体在某种意义上也可以视为具有主权财富基金性质。由国家出资成立的这些实体，成立资金来源于国家，治理结构、管理人员、投资策略不少是国家决定，经营利润的所有权属于国家，强烈的国有性质使它们在市场化程度上很难与私人企业相提并论，其背后可能存在的政治力量也因此常会引起东道国的警觉。例如2007年年中，德国总理默克尔就曾表示德国需要一部法律，保护自己不受有政治动机的外国投资之扰。这部法律将适用于主权财富基金和国有银行或公司，因为德国担心外国政府可能会利用这些机构来影响德国经济。② 可见，国有银行、公司等也可划为广义的主权财富基金。因此，广泛意义上的主权财富基金的外延较广，应当是开放性的。

---

① 同样作为政府设立的全资公司，GIC的资金来源于官方外汇储备，淡马锡则是接受政府财政盈余进行投资的公司。它们彼此间存在着分工：淡马锡是工商业公司，主要投资于国内实体经济领域；GIC是资产管理公司，主要投资于海外金融领域。不过虽然近年来淡马锡的业务也逐渐向海外扩张，分工趋于模糊。

② 摘自华尔街日报《俄罗斯主权财富基金引发西方担忧》。

(三) 主权财富的特点

1. 发展特点

主权财富基金在全球的发展主要有以下特点：第一，发展中国家的主权财富基金建立得较早，并且增长迅速，无论在数量还是持有资产上均占据绝对优势。除1953年建立的科威特主权财富基金外，基里巴斯在1956年利用磷酸盐出口收入建立了收入均等储备基金，均早于发达国家的第一支主权财富基金——1958年的美国新墨西哥州投资办公室信托基金。

第二，在出现初期，主权财富基金发展相对缓慢，但自上世纪90年代末开始，主权财富基金经历了两次发展的黄金时期，开始在世界各国遍地开花。

在科威特主权财富基金成立后的40多年里，先后有18个国家和地区成立了20支主权财富基金，并且主要其中在中北美以及新加坡、美国、挪威、加拿大和几个非洲小国。

2006年起，又一轮新的主权财富基金浪潮兴起，此次浪潮更多的涉及了一些新兴的亚洲、拉美国家，并且有愈演愈烈之势。以2006年韩国投资公司①的成立为开端，在两年多里，共有大约10支新的主权财富基金出现在国际金融领域。新浪潮的主角既不是以前的那些石油输出国，也不是美国这样的发达国家，而是依靠全球经济发展之际扩大出口而积累了高额外汇储备的新兴国家，像中国、巴西、智利、越南、巴林等。此外，目睹主权财富基金的逐步兴起，日本、印度、泰国等国家也跃跃欲试。印度已经多次暗示将从其2600亿美元的外汇储备中划拨资金，成立自己的主权财富基金②；中东国家则趁着油价高涨的东风，

---

① 2003年12月，韩国政府决定借鉴新加坡政府投资公司的模式设立韩国投资公司，以应对外汇储备激增的趋势。2005年3月，韩国国会通过了《投资公司法》。2005年6月由韩国政府全资持有的韩国投资公司正式运行。

② 印度央行行长雷迪（Y. V. Reddy）2008年4月在华盛顿发表演讲时称，印度正"密切关注主权财富基金领域全球行为准则、标准和实践的发展"，这不仅是因为主权财富基金已进入印度金融市场，也因为印度国内正在就建立自己的主权财富基金进行争论。他表示，"对外汇储备中的一部分（超出常规需求的部分）进行管理，以获得更高回报率为首要目标，这种观点也许是可行的。"雷迪此前曾表示，没有必要"认真考虑"印度建立一个主权财富基金的想法。

趁热打铁成立了几家新的投资实体，进行全球资产配置；日本执政的自民党则正在努力推动国会通过法案，成立1000亿美元左右的维权主权财富基金，以维护日本讲究诚信和保护股民利益的形象①。

2. 发展原因

导致主权财富基金发展道路呈现上述特点的原因是多方面的，但主要还是与能源和商品出口增长有关。正如麦肯锡全球研究院的最新研究所显示的，四大投资集团（即石油美元、亚洲央行、对冲基金和私募股权）的资产自2000年以来几乎增长了两倍，在2006年年底达到约8.5万亿美元，石油丰富的国家和亚洲各国央行更是跻身于世界最大的资本源行列。

石油等能源产品的推动：石油、天然气、矿产这些天然资源，作为国际经济发展的发动机和最主要的能源产品，在主权财富基金的产生和发展道路上发挥了不可替代的作用。2006年以来兴起的第二次主权财富基金浪潮则与近些年来石油价格的飙升密不可分。据统计，目前规模最大的17支主权财富基金中的10家的资金主要来源于石油，其中包括全球最大的两支主权财富基金——拥有8750亿美元资产的阿联酋阿布扎比投资局和紧随其后的挪威政府养老金全球基金。②

官方外汇储备激增：近些年一些国家官方外汇储备的急剧增加对于主权财富基金规模增长也是至关重要的，这其中尤以亚洲新兴国家最为

---

① 据华尔街日报称，日本已开始感受到美国经济放缓带来的影响，它正在努力寻找刺激经济的途径。日本的利率水平近乎为零，同时财政赤字规模庞大，因此无法依靠传统的货币或财政政策来刺激增长。因此，日本国会议员和经济学家们设法利用多年积累的大量储蓄存款，比如个人养老储备或是政府应急储备，以帮助推动经济的发展。日本国会众议院议员、前金融担当大臣山本有二（yuji yamamoto）表示，一直以来日本的政策都专注于增加居民收入上；而现在，日本需要找到方法更好地利用手中的资产，以便让民众感到富足。山本有二及现任日本金融担当大臣渡边喜美（yoshimi watanabe）领导的一个由部分执政党议员组成的组织正在敦促政府更加积极地管理包括全国性退休基金在内的政府控制基金。山本有二说，该组织成立于去年12月，当时只有40名成员，目前已增至近100名议员。这个组织想要解决的首要问题是日本多年以来所积累下来的外汇储备。截至2007年3月的一个财年，仅这些外汇储备产生的利息和分红收入就高达330亿美元左右。山本有二希望政府第一步先从利息收入中提取约2000亿日圆（约合19亿美元）创建一只投资基金，交由四位私人资产管理经理组成的团队管理。他表示，希望能从纽约、伦敦和新加坡等地的大型机构聘请基金经理。

② Diana Farrell and Susan Lund, The world's new financial power brokers, china.mckinseyquarterly.com.

明显。2006年，亚洲各国拥有的外汇储备资产达3.1万亿美元，占全球总量的64%，几乎是它们2000年拥有量的三倍。据世界银行报告，东亚经济体在2007年经历了有史以来最大的外汇储备增加，其中五分之四的外汇储备增加在中国。长期以来，持有庞大的外汇储备的亚洲国家大多将这些资金投入回报率稳定的外国政府债券，如美国政府债券，以实现国家财产的增值、保值。

迄今为止，亚洲各国建立的主权财富基金资产总额已相当可观，总计逾8000亿美元。其中，新加坡的两支——分别成立于1974年和1981年的淡马锡和新加坡政府投资有限公司（GIC）现在的资产估值合计已接近5000亿美元，新成立的中国投资有限责任公司（CIC）拥有资产2000亿美元，香港投资管理部坐拥1730亿美元资产，韩国投资公司（KIC）的资产也高达200亿美。若外汇储备列世界前列的日本、印度等国家也效仿新加坡、中国建立自己的主权财富基金，则在未来几年里，由外汇储备贡献的主权财富基金将有更多增长的潜力。

二、各国政府与主权财富关系

（一）各国政府的管理模式

按照基金的管理机构的性质，主权财富基金管理模式划分为两类：第一类是由中央银行直接管理，第二类也是主要的管理模式，是建立专门的投资机构管理基金。

少数国家和地区的主权财富基金由中央银行直接管理。由于主权财富基金主要来源于国家的外汇盈余和财政盈余，作为外汇储备和财政储备管理者的中央银行便自然而然地承担起了主权财富基金管理者的角色。香港主权财富基金实行的就是这种管理模式。香港金融管理局将外汇储备分割成用以满足流动性为目的的资产储备和以积极的资产管理为目的的多余储备，并据此分别进行投资和管理。

但是，由中央银行直接管理基金的模式存在着缺陷。中央银行隶属于政府，直接管理主权财富基金、负责基金的积极投资，一方面可能引起东道国的疑虑,有执行政府对外战略政策之嫌,另一方面,中央银行管理层一般只具备消极的债券投资、外汇管理经验,并不能对积极的资产管理作出高水平的决策,可能影响投资效率。因此,随着主权财富基金管理的发展,更多的国家采取了第二种管理模式,或设立专门投资机构管理基金,或将国家盈余资产委托给一个独立的专业化资产管理机构,实现政府与基金管理机构的分离,以提高投资主体的独立性和基金的总体收益率水平。

纵观此种模式下主权财富基金的国内地位,实际上不少基金将商业回报确立为投资的唯一目标,与此相应的,它们虽在一些宏观问题上受到政府一定的约束,但这些约束大多限于设定程序、风险容量等指导性方针以及跟踪监督上,以保证基金投资与成立目的相一致,在具体事务的决策上,政府大多放权给基金,由基金自行决定,从而确保了基金相对独立的地位。

(二) 主权财富与政府关系

大多数主权财富基金对于基金与政府、议会、财政部、央行以及投资机构间的关系做出了明确的规定,但是,由于各个国家政权组织形式、管理思维的不同,具体关系上也必然有所不同。下面是当前一些主要的主权财富基金与政府机构关系架构的总结。

表1 主权财富与政府关系一览表

主权财富基金名称	议会/政府	财政部	中央银行	投资机构
挪威政府养老基金	议会向所有者(挪威人民)承担最终责任和设置风险容量,作出关键性决策,规定道德指导方针。	向议会报告;在风险容限、战略配置和关键指导方针问题上向议会提出建议;界定基准投资组合;设定跟踪误差限制;监督挪威银行表现,获得关于执行情况和策略的意见;道德委员根据道德指导方针会向财政部提供关于是否排除特定公司的意见。	挪威银行进行业务管理,从事符合成本效益的交易和市场披露;通过积极地投资管理模式获取超额回报;风险控制和报告;行使所有权和公司治理;提供专业投资策略意见。	挪威银行投资管理公司作为挪威央行下的资本管理公司,主要任务是履行其作为投资管理者的职能,发挥其作为机构投资者的优势,对外汇储备进行积极管理,并向董事会和财政部提出关于策略的建议以及进行风险管理、控制和报告。

（续表）

主权财富基金名称	议会/政府	财政部	中央银行	投资机构
新加坡政府投资公司	新加坡政府全资拥有该公司，新加坡货币管理局作为受托人将投资目标设定为长期财务回报，并锁定公司总体的风险系数，在整体上引导公司的运作；公司在各种核心领域受限于总统。公司董事长和集团总经理的任免、财务报表和预算必须经过总统的同意；总统有权获知公司的任何信息。	代表政府与GIC进行沟通。		公司代表政府管理新加坡的外币储备；在公司董事会根据投资目标所设定的战略资产配置范围内自主决定投资产品及投资方式；得到营业所必需的费用；公司的管理团队还有权自主招聘和发放薪酬。
新加坡淡马锡	新加坡政府全资拥有；部门、董事会成员、主要高级管理人员的任免必须得到新加坡总统的批准。			完全按照商业原则，享有、管理政府给予的这些资产，在法律准许的框架内，董事会负责决策和管理日常经营活动，确保每次投资的交易价格符合公平的市场价值；按时提交财务报告。

(续表)

主权财富基金名称	议会/政府	财政部	中央银行	投资机构
俄罗斯联邦稳定基金	政府预先设定程序,对财政法进行授权,并与央行达成管理协议。	俄罗斯财政部经俄政府授权,在与稳定基金的投资政策相一致的前提下,确立稳定基金的货币构成与战略资产布局。	俄罗斯银行依据与政府达成的协议,代表后者行使部分的资产管理权能;投资方向取决于一系列有政府规定的适格标准。	
爱尔兰国家养老储备基金		财政部长任命国家养老金储备基金委员会委员。		养老储备基金委员会享有控制和管理基金的自由裁量权,能够确定和实施基金的投资策略。

三、主权财富与政府治理

主权财富基金作为政府的投资工具,它能否被有效管理,能否在坚持适当透明度的同时取得良好的投资回报,其投资回报能否被恰当地使用于本国国民身上或作其他有利用途,在很大程度上与基金所在国政府自身的治理理念、治理结构和运行状况相关。因此,一个有效的政府是其主权投资工具得以顺畅运行的前提和保障。通过透视政府层面的管理水平考察主权财富基金的治理状况和发展趋势,将有助于宏观上把握主权财富基金的治理方向。

(一) 有效政府的概念

有效政府的提出、政府行为以及政府与市场的关系,是近年来的热门话题之一。人们越来越普遍地接受了这样的观点:在现代社会中,政府与市场的关系已不再那么重要,真正重要的是在实践层面上弄清政府与市场的行为特征及其各自发挥作用的效果。在信息不完备、市场竞争不完全的环境下，政府积极、有效的干预，可以实现帕累托改进（Pareto improvement）①。现实中关于提高政府效率的呼声极其强烈。

那么何谓有效的政府？有效政府应当如何治理？有效的政府不仅是技术上有效的政府，而且还应该是具有配置效率、制度效率和动态效率的政府。有效政府需要一个适当的制度平台，该平台提供了持久的、良好的激励。该制度平台的构件是多因素的，如有限政府、法治政府、分权政府和民主政府的制度构件。世界银行在1997年一份题为"变革世界中的政府"的世界发展报告中，提出了有效政府的概念，并从这一前提出发，提出了政府治理的四项基本内容。

一是建立有利于发挥公共部门能力的体制。其中包括制定和协调政策的强大核心能力，能胜任的和有效的服务提供系统，积极主动和精明强干的工作人员。在改革政府的公共服务系统中，世界银行提出了用市场竞争改进服务的提供，其中把私营部门和非政府组织引入到政府部门的治理结构中来。

二是要建立一套约束政府随意干预和腐败行为的制约机制。世界银行认为国家拥有进行高压统治的垄断权，这一垄断权既使其获得了一种对经济活动进行有效干预的权力，也使其拥有一种进行随意干预的权力，这样一种权力与只有政府才能掌握而公众无法获得的信息结合在一起，就为公共部门官员或他们的亲朋好友通过牺牲公共利益获取自己私利提供了很好的机会。因此，针对这一问题，世界银行提出了新的治理结构，就是在政府结构中要建立一种正规的制约和平衡机制，其中包括司法独立和权力的分立。特别值得注意的是世界银行把公众的参与作为

---

① 帕累托改进是达到帕累托最优的路径和方法。帕累托最优和帕累托改进，是博弈论中的重要概念，并且在经济学、工程学和社会科学中有着广泛的应用。帕累托最优（Pareto Optimality），也称为帕累托效率（Pareto efficiency），是指资源分配的一种状态，在不使任何人境况变坏的情况下，不可能再使某些人的处境变好。帕累托改进（Pareto improvement），是指一种变化，在没有使任何人境况变坏的情况下，使得至少一个人变得更好。

政府治理结构的一个基本要素,而且作为外部制约内化的一个约束机制,同时,世界银行提出世界组织的外部机制对政府治理结构的影响作用。世界银行在政府治理结构中要用约束机制制衡因灵活性而形成的官员自由裁量权导致的腐败行为。

三是通过参与提高政府的有效性。世界银行提出政府治理的参与机制包括公众舆论、多样性和代表、选举参与,以及发挥非政府组织的参与作用,与此同时,政府治理过程中要注意权力的下放。

四是促进国际集体行动。作为政府治理的一个外部约束机制,世界银行认为,政府改革过程中面临的挑战并非仅仅局限于一国的边境内,在一个相互依存的世界上,某一国家的行动常常会影响其邻国和其他国家,一些公共物品的服务只能通过国际合作才能得到保障,因此,异国政府的有效治理还意味着建立更为有效的合作伙伴关系和国际型的机构。作为外部治理机制的国际合作应该建立在国际集体行动的自愿机制上。(孙宽平、藤世华,2003)

从世界银行的观点可以看出,有效政府的核心要素是制度优先,有效的政府应该有适当的制度激励基础。它的四个方面的基本内容,都是围绕政府治理体制阐述的。

(二) 有效政府的组织

有效政府,首先应该尽可能采用最先进的组织机构制度,尽可能吸收高级人才,汲取更多的财力,为市场提供良好的运行环境,并确保公共服务的质量,并进行有效地监管。

适当的组织机构制度是提高政府人力资源水平的前提。有效政府应当能够充分利用组织技术,用足人才,使人力、物力的投资产生最好的效果。从这个意义上来说,政府所使用的组织技术越先进,政府官员的素质越高,政府的财政能力越大,政府的能力也就越高。各国政府在组织机构方面的变革、人事行政方面的发展、公共财政的变革,其终极目标就是提高政府的组织能力、人事能力和财政能力。此外,从政治意义上,政府能够具有广泛的社会支持,它就会拥有较高水平的合法性,并因此而获得较高水平的政治能力,并且能够综合使用这些方面的能力,制定高质量的政策,并有效实现特定的政策目标,这样的政府就是具有技术效率的政府。而这一切的形成,必须有制度作为保障。如果有了适当的制度基础,即使当前尚未有先进的组织技术,高级人才也非常稀缺,适当的制度基础也会鼓励人们引进或者开发先进的组织技术,鼓励高级人才迅速出现,或者从其他部门转移到政府部门。如果没有适当的组织结构制度为基础,鼓励高级人才从政,即使有了先进的组织技术和大量的高级人才,也会导致组织技术无法得到使用,高级人才大量闲置的恶果。如果有了先进技术和人才,适当的制度基础则会充分用足先进的组织技术,并使高级人才大有可为。

就财政资源来说,政府的财政资源是稀缺的。如果制度适当,则可以把有限的公共资源配置在社会真正需要的方面,并在相互竞争的用途之间进行有效的配置,实现各个方面的均衡配置,也就是实现微观经济学中所说的资源配置效率,从而可以广泛地获取社会的支持,取得社会高水平的信任。在良好的制度平台的基础上,政府就会有动力节约使用其合法性能力,谨慎使用社会对政府的信任,并有积极性通过政府的活动,进一步提高政府的合法性水平,从而提高政府的政治能力,使政府更具有政治效率。相反,如果制度不当,有些方面的社会需要就会过分投资,而有些方面的社会需要则投资不足,甚至很可能把重要的公共资源浪费在社会完全不需要的方面去,甚至鼓励人们把稀缺的财政资源浪费在不相关的项目上,甚至因贪污腐化而化公为私,给寻租集团以可乘之机。

从政府与市场分工的角度来看,有效政府应该考虑与市场或社会各司其职,让市场负责私益物品和服务的生产和提供,让中介组织负责一般性的社会能够承担的公共服务,并让其承担起社会与政府之间的必要的中介作用,而政府则专门负责公共服务。各种各样的物品和服务,由各种各样的组织通过复合的制度安排来供给,而消费者则具有相当的选择权。这时政府可以承担公益性服务的生产,而营利性的组织则可以介入非公益性的服务,在条件允许的情况下,政府也可以利用非政府的力量,来生产公益性服务。

（三）有效政府的监督

有效政府必须是透明的、有监督的。健全有效的监督机制是政府透明化的重要保障，透明政府的监督机制包括内部监督和外部监督，作为更重要的一个方面，外部监督主要包括行政监督、议会监督和司法监督等。

1. 政府的内部监督

政府行政权力的内部监督目的在于对行政权力的滥用进行有效限制，防止和减少公权力对私权利的侵害，保证政府行政权力实施的纯洁性。在行政管理体制中，职能、结构、功能是有机结合的重要组成要素和方面。三者中，职能是逻辑起点，职能决定组织、结构和机制，最终体现为效能。

美国、英国、法国等当代发达国家的政府机构是建立在成熟的市场经济基础上的，是处在权力分立和监督制衡的大背景下的。从总体而言，它们的政府是"小政府"，政府职能的范围和幅度与有全能主义政府传统的中国来说有着很大的差别。实际上，西方发达国家的行政职能更多的是一种主要以执行为目标、以协调各个方面的执行性为方式的职能，而一些重大决策权和监督权则分属于代议机构和专门的司法制约机构。在政府系统架构中，各种组织机构具有科学分类的特征，它们根据职能的需要分为三类，一是居于决策地位的内阁机构，二是围绕在内阁机构周围的数量众多独立机构（或称为法定机构，有的称监管机构），三是承担信息收集和整理、提出意见和建议、部际沟通与协调功能的执行机构、协调机构、咨询机构等。

2. 政府的外部监督

严格、完善的监督与救济机制，是行政公开制度顺利实行的重要保障。即使在行政公开法律制度已经建立的情况下，如果不能对政府部门和机构以及行政机关首长执行法律制度的情况进行有效的监督，行政公开制度就会形同虚设。因此，各国都非常重视建立和完善行政公开的监督与救济机制，特别是行政监督与救济机制、议会的监督机制和司法救济机制，不断提高政府透明化、法治化水平。

行政监督救济机制。在行政机关内部,部分国家由原有的机构承担行政公开的管理与监督工作。这样做的优点在于不增设新的机构和人员,减轻政府的负担。由于没有专门的机构管理和协调行政公开工作,行政公开法律制度的执行难以得到足够的重视。丹麦、韩国等国家也都赋予原有的某一国家行政机关新的职能,指导、管理和监督政府部门的行政公开工作。也有的国家试图建立专门的政府机构负责此项工作。新西兰 1982 年公共信息法,规定成立具有独立法人地位的信息局,负责审查各类保护公共信息法规的规定是否符合公共信息法的立法精神和基本规定;从扩大公共信息公开范围的观点出发,界定与审查民众获取公共信息的合理范围;对法律的执行进行指导与监督等。由于法律规定了信息局的存续时间,1988 年,议会对这一规定的修改未获通过,信息局自动解散,部分职能转移给法律咨询委员会和议会监察专员(Banisar,2002)。

为了保障公共信息公开法的充分执行,墨西哥政府正在建立专门的联邦机构负责此项工作。这个机构将监督管理公共信息处理过程的各个方面。就行政机关而言,它将帮助行政机关确立信息分类的标准,对怎样公开信息和处理行政公开的请求提供培训和技术支持,为私人信息的管理提供指导,防范内部监督机构的违规行为并审查它们的报告。就行政公开的申请人而言,这个机构将指导他们如何找到所需信息和向行政机关提出请求,受理行政争议。最后,它将对公务人员和公民进行知情权的启蒙教育,准备联邦信息公开指南,并向国会递交年度报告。[①]

议会监督机制。在某种程度上讲,官僚体制中的部门和机构是保密的既得利益者,他们并不情愿接受来自公众、议会以及其他力量对它们行为的监督。[②] 议会的监督主要体现在听取和审查行政机关、负责监督行政公开法执行的有关机构的年度报告和特别报告,指派议会监察专

---

① Kate Doyle, *In Mexico, a New Law Guarantees the Right to Know*, National Security Archive, Posted July 9, 2002.

② *Clarifying and Protecting the Right of the Public to Information*, Statement of the Honorable Donald Rumsfeld, Congressional Record of U.S.A, June 20, 1966, p. 13653.

员、修改和完善法律等。

澳大利亚的部长必须在每年6月30日后就信息公开法的执行情况向国会呈递书面报告。报告内容包括行政机关收到的请求信息公开的总数、拒绝公开的案件及理由、向行政法庭申请裁决复审的数目和判决结果、行政机关为执行信息公开法采取的政策和措施等。

加拿大信息公开法第七十二条规定，各政府机关首长就该机关每一会计年度实施信息公开法的情况，应向国会提出年度报告。其他许多国家也都作出了类似规定。

议会监督行政机关执行行政公开法的另一方式，是在议会内部组建专门的监督委员会或指派监察专员。葡萄牙议会成立了行政公开的专门委员会——行政文书公开委员会，该委员会负责受理苦情书，提供文书公开的意见，审查行政机关的文书公开行为，决定文书的系统分类等。委员会的意见不具有执行力，如果行政机关坚持拒绝公开文件，当事人可以向法院提起诉讼。2000年，委员会签署了333份这样的意见书（Banisar，2002）。

议会行政监察专员制度产生于19世纪初的瑞典。设立的初衷是调查情况，听取意见，监督公职人员和文官的工作，并向那些认为自己受到当局不公平对待的人提供帮助。瑞典宪法规定：监察专员有权参加法院或行政机关的任何会议，取得任何机关的会议记录和其他文件，任何文件不得对监察专员保密，任何官员都有向监察专员提供情况和报告书的义务，不得拒绝回答监察专员提出的问题。此外，还可以通过发表年度报告，或在报刊上以公开揭露等方式对失职官员进行督察。由于监察专员制度在政治生活中发挥了特殊作用，20世纪以来被推广到斯堪的纳维亚和世界上其他许多国家（曹沛霖，1992）。

司法监督机制。大陆法系的国家，如法国、比利时、西班牙、奥地利、意大利等，由专门的行政法院来审理行政案件，包括行政公开的案件；英美法系的国家，如美国、英国、澳大利亚、韩国等，由普通法院承担行政公开案件的审理任务。在行政救济措施与行政诉讼的关系方面，除日本等少数国家由当事人自由选择行政复议或行政诉讼外，美国、韩国、法国等国家要求在提起行政诉讼前必须经过行政复议等行政救济措施。在法国，一般情况下行政救济手段并非是行政诉讼的前置条件，但行政公开的诉讼例外（冯国基，2002）。行政公开的司法救济程序一般遵循以下原则：被告方负举证责任。被告方向行政机关申请提供某个文件时，无须说明申请的动机和理由，所以在法庭上也无须为自己申请的合法性和合理性进行辩护。行政机关拒绝公开文件时，只能以文件属于法定的免除范围或者根本不存在为由。所有这些理由，都必须由行政机关作出解释和证明，然后由法院作出严格的审查。

不公开审查。对于机密文件或者可能具有机密性质的文件的审查，在没有确定文件是否具有机密性质或者部分具有机密性质之前，是不能对外界公开的。法院必须依法保护国家机密和个人隐私。只有文件的公开完全符合公共利益时，才能进行公开审理。

简易程序。行政公开的争议情节都比较简单，主要分歧在于某项文件是否属于法定的免除范围。在一般情况下，法院通过双方的诉状和行政机关提出的证据，采用简易审理程序就可以审结案件。采用简易程序，也有利于提高审判效率，减少案件积压和当事人的诉讼成本，符合案件的性质和各方面的利益。

为了预防和减少行政机关或行政机关工作人员在受理行政公开请求中的违法或失职行为，许多国家都规定了惩戒性措施，由法院酌情运用。

司法监督与救济机制是公民充分行使知情权利和政府切实履行公开义务的重要保障。强大、独立的司法监督力量，是推动行政公开向纵深方向发展的重要因素。政府拒绝公开的信息，许多都是在法院的干预下最终得以公开的。[①]

社会监督机制。对于掌握公权力的政府来说，基于自我约束的监督必定不是一种行之有效且长远的方法，短暂的轰轰烈烈之后，便是更加

---

① 上述材料参考陈宏彩：《国外透明政府的监督机制及其借鉴意义》。

持久的疲软无力。不论政府采用了怎样的措施，不论从中发现了何等触目惊心的违法乱纪行为，也不论在当时当地发生了怎样强烈的社会反响，这股风头恐怕很难持久。政府责任缺乏明确界定、政府权力缺乏刚性约束、对政府官员失责违规行为缺乏有效追惩以及异体问责功能虚置等，这些是目前政府治理的大忌。加强政府责任立法，明确政府责任，充分发挥公民的参与权，有公民对政府进行监督与问责，实现异体问责为主和问责主体的多元化，增强政府对社会的回应度，才是提升政府治理效率、有效监督政府的正确途径。

著名的公共管理学家法约尔指出："责任是权力的孪生物，是权力的当然结果和必要补充，凡权力行使的地方就有责任。"（法约尔，1982）如果享有权力而不承担相应的责任，必然意味着公共权力的无限膨胀与扩张，最终必然威胁民众权利的实现。因此，必须通过公民的监督对政府的权力加以控制，使得政府的权力与责任相配套，享有多大的权力就应该承担多大的责任。

只有公民实现了权力的监督，才是真正有效的制约，离开了公民的监督，是很难无法找到权力制约的有效途径的。

克服信息不对称的根本措施就是完善政务公开制度。建设政务公开必须有一套完善的制度措施作保障。首先就是制定系统的具有可操作性的法律，对政府哪些信息必须公开做出明确的规定，并同时制定相应的违法惩戒措施。

实行政务公开，除了将相关的法律依据以及行为过程和处理结果公之于众以外，还必须对政府掌握的大量信息资源公开化，这样才能使公众对政府的行为做出有理有据的科学判断。同时，也能使政府在公众的监督下更加审慎行事，提高政府决策的科学化水平。

四、各国政府对主权财富的治理

有效的政府治理与主权财富基金的治理状况息息相关，世界上几家主要的主权财富基金之所以能够逐步发展起来，与基金所在国的政府治理，特别是所在国政府对主权财富基金的合理定位是分不开的。

（一）治理方式

1. 新加坡政府对新加坡政府投资公司和淡马锡控股公司的治理

尽管在大多数人眼里，新加坡趋向于规模很小的集权国家，而不是西方发达国家所倡导的民主国家，但不可否认的是，新加坡政府在主权财富基金的治理上颇有一套独特的模式，使其两支基金历经30多年，始终保持在主权财富基金领域的前沿位置。

新加坡政府投资公司（GIC）与新加坡政府。上世纪七八十年代，全世界范围内普遍是争夺霸权（power strike）、财政赤字、经济萧条、税负加重、油价飙升、通货膨胀的现象，经济上的不景气导致各国在社会、政治、经济方面的意识形态和具体制度都发生了很大变化。尽管如此，新加坡的财政结余仍然颇丰，这得益于国内不断增长的私人储蓄，公共部门每年的结余以及货币、债券领域的战略投资。

在1981年，新加坡第一副总理兼新加坡金融管理局主席Goh Keng Swee博士向时任总理的李光耀建言，认为新加坡应该建立一个独立的、专门性的投资机构，将不断增长的外汇储备投资海外，从而确保国家财产长期性的保值、增值。

Goh博士建议由大银行家Yong Pung How先生担任这个机构的第一位执行董事。Yong先生提出以私人公司的形式成立这家机构的设想，全部资产尽管交由公司管理，但仍为国家所有，这种建议后来被接受。在1981年5月22日，新加坡政府投资公司成立，在Goh博士的建议下，总理李光耀先生出任公司主席，而Goh博士也担任副主席。

在至今仍令人心有余悸的亚洲金融危机期间，正是新加坡政府的正确抉择使GIC成功渡过难关。1997年5月，日本显示出提高利率以抵制日元汇率下降的趋势，引发全球的投资者竞相抛售东南亚货币，导致亚洲货币贬值、地区股市瘫痪。两个月后，泰币贬值，马来西亚元、菲律宾比索、印度尼西亚盾等其他亚洲货币也纷纷遭到了贬值压力。亚洲金融危机因此爆发。货币贬值的第二波狂潮席卷了亚洲四小龙中的大多数。但是新加坡凭借其强健的银行法律体系和充足的外汇储备抵制了大规模的资本外流。

随后，新加坡又通过强化金融系统，采行合理的国内经济政策，开放金融领域等措施，从而得以免受金融危机的余波的侵害。金融危机期间，在宏观方面，GIC时刻关注全球性和地区性的经济态势，微观方面对自己业已进行的投资更是密切关注。这些策略使GIC得以成为一个全球性的资金管理公司，并且对金融危机期间新加坡外汇储备的维系做出了重大贡献。

淡马锡控股公司（Temasek）与新加坡政府。良好的治理被淡马锡人视为实现股东长期利益这一公司宗旨的有力保障，而有效的行为激励机制则被认为是公司治理具体措施中的关键。这套机制，具体反映在淡马锡公司和股东、公司和新加坡总统、公司和董事会以及其他各类委员会之间的关系。

淡马锡作为一家投资公司，依照商业原则拥有、管理其资产。尽管注册为私人企业，但淡马锡系新加坡财政部全额出资，因而由政府全资拥有。作为私人企业，表明淡马锡不同于政府的制定决策、管理市场、维护公共利益的职能，而是完全按照商业原则运作。同时，这也使得政府能够腾出手来处理其他经济事务，以服务于国民经济的整体利益。淡马锡依照新加坡公司法以及其他相关的有效法律、规章从事商业活动。在合法框架内，董事会负责决策和管理日常经营活动，淡马锡控股公司在资产经营、业务管理方面享有完整的自主权和相当的灵活性。公司每年向股东提交审计通过的年度财务报告以及定期性的财务信息更新报告。尽管没有义务公开披露财务信息，淡马锡仍然从2004年起，在《淡马锡年报》上公布其部分财务信息。

颇具新加坡特色的是，淡马锡的宏观管理与其总统关系密切。1991年，新加坡宪法修订，允许新加坡总统通过直接选举产生。同时，宪法修正案还建立了所谓"两把钥匙"制度，赋予新加坡总统保护新加坡关键资产和外汇储备的独立职责。根据修正案第五条的规定，该条款下的法定部门、政府企业董事会成员、主要高级管理人员的任免必须得到新加坡总统批准。淡马锡控股公司就位列该款之下，因而被称为"第五条之下的公司"。① 特别地,每一次任命(包括连任)都不得超过3年的固定期限。除了通常的忠实义务以外,董事会必须向总统负责,并确保每次投资的交易价格符合公平市场价值。更为重要的是,董事会必须确保年度营运预算或计划中的投资项目没有减少过去的储备金。过去的储备金,乃是由公司在上一届政府存续期间,经过投资获取的红利或其他收益所组成。但不管是过去还是现在的储备金,均可以通过不动产或其他形式被再度投资。而且,未经总统批准,淡马锡的年度营运预算或计划中的投资项目不能动用过去的储备金。淡马锡董事长和总裁必须每半年向总统证明当前和意外储备金报表的正确性。

但是,投资计划以及商业决策,则属于董事会和经理层的权力范围,总统和政府对其均不能直接加以干涉。

2. 挪威政府养老基金(The Government Pension Fund Global)的政府治理

挪威政府养老基金采取的是积极管理方式,这是一种由财政部和挪威央行(Norges Bank)联合主导的体制。② 挪威政府石油基金投资指引清楚地界定了财政部和央行之间的责任分工:财政部对石油基金的管理负责,但石油基金的管理运作被委托给挪威银行。就财政部而言,其责任主要在于制定长期投资策略,确定投资基准,风险控制,评估管理者以及向议会报告基金管理情况。而中央银行则是按照投资要求,具体进行石油基金的操作,以获取尽可能高的回报。

为了更好地管理石油基金,挪威中央银行在1998年1月建立了专门的基金投资机构——挪威银行投资管理公司(以下简称NBIM),奠定了今天挪威外汇储备积极管理的基金架构。NBIM,是挪威央行

---

① 第五条之下的其他机构还有:新加坡政府投资有限公司(GIC),主要负责管理新加坡政府的外汇储备;一些法定部门,负责管理新加坡的关键资产,如中央公积金局、新加坡金融金管局(MAC)等。

② 所谓积极管理,就是在满足储备资产必要流动性和安全性的前提下,以多余储备单独成立专门的投资机构,拓展储备投资渠道,延长储备资产投资期限,以提高外汇储备投资收益水平。

下的资本管理公司。它不介入一般的银行业务，其主要任务是履行其作为投资管理者的职能，发挥其作为机构投资者的优势，对外汇储备进行积极管理。挪威银行投资管理公司作为商业实体，其在奥斯陆、伦敦和纽约设有办公室。截止到2007年6月30日，由挪威银行管理的国家养老基金达到32800亿。其主要任务是：对基金进行投资管理，追求超额收益，通过主动性公司治理保证长期金融利益（作为小股东），向董事会和财政部提出关于策略的建议以及进行风险管理、控制和报告。

可以看出，挪威政府对养老基金只进行宏观管理，对其微观运作仅通过议会和财政部的财务、策略监督进行，从而赋予挪威银行投资管理公司非常自由的投资决策权。

3. 加拿大阿尔伯塔遗产基金（Alberta Heritage Fund）的政府治理

加拿大阿尔伯塔遗产基金属于典型的西方发达国家主权财富基金。与西方发达国家所倡导的民主制度相对应的，是阿尔伯塔省在管理遗产基金时对公民权利的态度。

在阿尔伯塔政府眼里，遗产基金是属于阿尔伯塔人民的财富，其投资方式应当广泛参考阿尔伯塔人民的意见，投资回报也应致力于提高阿尔伯塔人民的生活和福利水平。因此，阿尔伯塔政府曾多次针对阿尔伯塔遗产基金的管理状况就本省人民的意见和建议展开调查，这也充分反映了公民监督在阿尔伯塔遗产基金的政府治理中的作用。

例如2003年3月，阿尔伯塔政府进行了一次所谓"期待、规划未来阿尔伯塔遗产基金"的调查，结果证实了阿尔伯塔人民希望有一个主要用于储蓄的强有力、健康的遗产基金。调查从10月28日至11月22日，涉及超过100万阿尔伯塔省的家庭。调查就阿尔伯塔人认为基金在未来应该如何使用提出四个问题，61%的阿尔伯塔人觉得该基金应继续作为一个捐赠基金运作，24%持相反意见，超过77000名阿尔伯塔人完成调查，其中包括12000名通过互联网回应。阿尔伯塔财政部的业务计划包括一个制定一项新的储蓄政策目标。这些调查结果，再加上未来峰会的建议，将有助于政府实现这一目标。这些建议在2004年预算规划过程中成为政府决策的参考依据。

结　论

通过以上的研究分析，可以肯定主权财富是全民财富中很重要的组成部分，必须通过公民的监督，对政府的权力加以控制，使得政府的权力与责任相配套。享有多大的权力就应该承担多大的责任。只有公民实现了权力的监督，才是真正有效的制约，离开了公民的监督，是很难找到权力制约的有效途径的。同时只有在真正了解政府决策和行动的全过程后，公民才能真正实现对政府的强有力监督，因此拓宽公民获得政府管理信息的渠道，克服沟通和监督中的信息不对称，是提高政府信息透明化水平和实现公民监督的前提条件。

克服信息不对称的根本措施就是完善政务公开制度，建设政务公开必须有一套完善的制度措施作保障。首先就是制定系统的具有可操作性的法律，对政府哪些信息必须公开做出明确的规定，并同时制定相应的违法惩戒措施，同时，注意政务公开的实效性，避免"公开的是群众不需要的或众所周知的，群众需要的是不公开的"这样的现象，从而有效地保障公民的知情权和参与权，同时也能使公民对政府的监督真正落到实处。

实行政务公开，除了将相关的法律依据以及行为过程和处理结果公之于众以外，还必须对政府掌握的大量信息资源公开化，这样才能使公众对政府的行为做出有理有据的科学判断，同时，也能使政府在公众的监督下更加审慎行事，提高政府决策的科学化水平。如果政府行政不公开、不透明，就会严重阻碍政府的责任承担和责任追究。只有真正实现政务公开，使得政府行政透明化，才能最终走出信息不对称的困境，从而真正实现人民群众对政府行为的有效监督与追惩。

【参考文献】

安春英:《非洲脱贫战略的演进——减贫战略报告》,载《西亚非洲》2005年第1期。

曹沛霖:《外国政治制度》,高等教育出版社1992年版。

法约尔:《工业管理和一般管理》,中国社会科学出版社1982年版,第24页。

冯国基:《面向WTO的中国行政:行政资讯公开法律制度研究》,法律出版社2002年版。

盖伊·彼得斯:《政府未来的治理模式》,吴爱明、夏宏图译,中国人民大学出版社2001年版。

海闻、卢锋主编:《中国:经济转型与经济政策》,北京大学出版社2000年版。

孙宽平、藤世华:《全球化与全球治理》,湖南人民出版社2003年版。

许征:《全球化时代的中国治理——中国应对东亚金融危机的政治分析》,复旦大学出版社2005年版。

David Banisar. Freedom of information and access to government records around the world. *Privacy International*, July 2002, p. 27.

Held D, Mc Grew A. *Global Transformations: Politics, Economics and Culture*. Cambridge: Policy Press, 1999.

Martin Albrow. *The Global Age*. Cambridge: Policy Press, 1996.

Stephen Krasner. *International Regimes 1*. Cornell University Press, 1983.

宪法财产权基础上的纳税人权利[*]

陶 庆[**]

内容摘要：宪法财产权是指公民创造的全部财产不受任何侵犯的自然法权，它由公法上的纳税人权利与民法上的私有财产权两个部分组成。依照与国家之间契约原则，公民须向国家交纳自己创造的一部分财产作为国家赋税，并由此成为纳税人；宪法赋予国家与公民之间对于公民创造的全部财产的分割程序与原则，公民由此享有对国家赋税征收列支等经济政治社会诸事务的广泛参与权，这种由公民财产分割程序与原则延伸出来的政治参与权就是纳税人权利。保障宪法财产权基础上的纳税人权利，是宪制逻辑与历史的双重起点。

关键词：宪法财产权 纳税人权利

对于公民创造的财产，人们往往片面地局限在私有财产的理解层面上。改革开放以来，人们对于私有财产的认识不断提高，过去被打入"冷宫"的私有财产观念也开始解冻。如，不再把私有财产看作是意识形态上"剥削"的代名词，也不再把有没有财产、有多少财产当作判

---

[*] 此文曾以"宪法财产权与纳税人权利的保障"之题，发表于《求是学刊》2007年第5期。
[**] 陶庆，男，上海师范大学法政学院政治（人类）学教授，主要研究方向：中外政治制度，国家与社会关系。

断人们政治上先进和落后的标准。又如,中共十六届三中全会通过的《决定》宣告"保护私有财产权";2004年十届人大二次会议通过的宪法修正案第二十二条宣称:"公民的合法的私有财产不受侵犯。"① 在此基础上,《物权法》随之应运而生。人们对于私有财产在观念上的思想解放、在制度安排上的开始转型,无疑有着极为重要的历史意义。但毋庸讳言,如果我们仅仅把思想的目光停留在民法上的公民私有财产上,那么,就会在另一个层面掩盖了它的来源与实质;也就是说,这个民法上的公民私有财产是不是公民创造的全部财产?公民要求国家对民法上的私有财产实行无条件保障的道德原则与社会正义何在?这些困惑必须追根溯源到公民创造的全部财产这个法理问题上来。财产首先同以生产力和交往的发展程度为转移的经济条件相联系,它必然会在政治上和法律上有所表现。本文研究的宪法财产权是指公民创造的全部财产不受任何侵犯的自然法权,它由公法上的纳税人权利与民法上的私有财产权两个部分组成。依照与国家之间契约原则,公民须向国家交纳自己创造的一部分财产作为国家赋税,并由此成为纳税人;宪法赋予国家与公民之间对于公民创造的全部财产的分割程序与原则,公民由此享有对国家赋税征收列支等经济政治社会诸事务的广泛参与权,这种由公民财产分割程序与原则延伸出来的政治参与权就是纳税人权利。保障宪法财产权基础上的纳税人权利,是宪制逻辑与历史的双重起点。

一、宪法财产权是人类宪政政制的逻辑起点

公民创造的全部财产权即宪法财产权在概念与内涵上有私法与公法

---

① 《中华人民共和国宪法》(1982年12月4日第五届全国人民代表大会第五次会议通过,1982年12月4日全国人民代表大会公告公布施行。根据1988年4月12日第七届全国人民代表大会第一次会议通过的《中华人民共和国宪法修正案》、1993年3月29日第八届全国人民代表大会第一次会议通过的《中华人民共和国宪法修正案》、1999年3月15日第九届全国人民代表大会第二次会议通过的《中华人民共和国宪法修正案》和2004年3月14日第十届全国人民代表大会第二次会议通过的《中华人民共和国宪法修正案》修正)。参见"中国人大网","宪法"内容。http://www.npc.gov.cn/zgrdw/home/lm_single.jsp?lmid=1102&dm=1102&pdmc=1102。

之别。首先，私法上的公民财产权是公民自然法权。私法上的公民财产权指的是民法上的私有财产权。民法上的私有财产权是其生存、发展的最基本权利，人人生而平等以及由此而享有的其他自然法权，都是以人格权利为最基本因素，没有人格权就不存在任何其他形式的人权。在国家产生之前的氏族社会，食物禁忌要求群体的任何成员都不准带走自己的一份去自由支配，也不准阻止群体的其他成员对这份集体猎物行使他们的权利。随着私有制的出现，"人格权本质上就是物权"；离开了公民私有财产权，就不可能衍生其他自然法权。私有财产权是人格形成的主要契机，保障公民私有财产权才能为独立人格的发展提供不可或缺的物质前提。洛克把这种人人所遵守的起支配作用的理性称为人的自然状态，人的这种理性就是自然法，是人无需成文法律规定就天然享有并必须遵从的规则。其次，赋税具有私法与公法的双重意义。私法意义上的公民财产权，是国家赋税之后的公民私有财产权；赋税对私法而言是一个在先的前提，它通过国家税收形式变成了公法意义上的"公共财产"。而宪法意义上的公民财产权，是在国家征税权之前公民全部财产意义上的权利，这意味着赋税就是对公民一部分财产的强制性索取，同时意味着赋税在被索取之前仍是公法意义上的公民财产。保障公民宪法财产权就是保障公民私有财产权与保障公民由赋税而产生的纳税人权利。这种在财产权问题上发展起来的限定性价值观已经远远超出了财产权本身的范围。这两部分权利相辅相成，不可分割。私有财产与赋税是公民全部财产的共同组成部分，两者之间如何分割涉及国家与公民的权责关系。公民要从根本上保障私有财产不受侵犯，就不仅需要国家颁布民法等部门法律从制度上来维护，更需要国家与公民共同商议赋税的多少与种类以从根本上防止公权力的过度侵蚀。因此，私有财产与赋税在本源上没有区别，它们都是公民创造的全部财产。

从逻辑上看，国家赋税来自公民个人向它交付的一部分财产；公民对这一部分财产虽然不可能在每一次交付时履行自己的同意权，并形成公民必须遵从的强制性义务，但它在本源上仍是公民创造的财产，只是通过纳税形式把它交付给了国家——转而成为"公共财产"。公民宪法财产权一方面要求国家保障自己的私有财产权,另一方面又必然要求防范国家通过课税形式过度侵蚀自己的财产权,因此它是宪政政制发生的动力与源泉,"国家的收入是每个公民所付出的自己财产的一部分,以确保他所余财产的安全或快乐地享用这些财产"。国家的收入是公共财产,它是公民愿意交付自己的那一部分"税化"的私有财产的集合。对公民来说,这不仅是强制性义务,而且是他应该享有的不可剥夺的权利——要求国家能够确保他个人所余私有财产的安全以及使用这些私有财产的权利。因此,公民宪法财产权体现了公民与国家之间的契约关系,也包含了公民与国家之间在先的义务与权利关系。这正是任何政治结合的目的所在:保存人的自然的和不可动摇的权利——自由、财产、安全。经典马克思主义作家虽然没有对宪法财产权做出直接论述,但对源于宪法财产权的国家与公民关系有过精辟分析。马克思指出:"无论怎样高度估计财产对人类文明的影响,都不为过甚。财产曾经是亚利安人和闪米特人从野蛮时代带进文明的力量。管理机关和法律建立起来,主要是为了创造、保护和享有私有财产。"这里的"财产"显然是指公民全部财产,它的"力量"就表现为把人类社会从前国家的"野蛮时代"推进到国家形态的"文明"社会;这是对宪法财产权历史作用的肯定——个人通过交付自己一部分私有财产给国家的行为方式奠定了国家生活的物质基础;同时国家一经产生,它的主要职能就是保障税后公民私有财产的安全与自由支配。公民与国家间的义务与权利关系通过宪法财产权来维系:"没有无义务的权利,也没有无权利的义务。"伯尔曼这样解释了马克思的此一观点:"财产权通常就具有经济和法律的两个方面,这两个方面水乳交融般地相互联系在一起。"

宪法财产权包含了公民的两个财产支配权:一是对税前个人全部财产的支配权,二是对税后其余财产的支配权。所有权与支配权意义上的财产权有着本质区别,没有支配权的所有权是虚无权利,没有所有权的支配权则构成经济权益与政治权力的基础。宪法财产权赋予了公民对税前个人全部财产的支配权,它更具有法理的价值与宪政的作用。公民财产的权利是任意使用和支配的权利,是随心所欲地处理财物的权利。公民正是基于对自身所创造的全部财产的彻底支配权，才能够与国家确立契约性的义务与权利。天赋人权是一种道德、公正与正义的抽象理念，但不受制约的国家主权完全有可能忽视甚至放弃这些价值理念；当公民以宪法财产权来约束国家非正当强权对于公民财产的侵蚀时，就对国家主权产生了分权制衡的作用。公民的宪法财产权以及由此产生的其他自然法权，正是人民主权原则的具体体现；人民主权是抽象的不可分割的主权，它在某种意义上是人心向背的道德宣示，它需要通过个人自然法权的具体实现程度来衡量与检测。如果公民个人不能享有宪法财产权，那么公民自然法权在受到国家强权侵蚀时就不可能得到保障。公民宪法财产权能够对于国家过度强制权产生制衡作用，这正是构建宪制的现实基础。

宪法理论表明，只有宪法财产权得到实现时，分权制衡国家主权的宪政政制才有可能得以确立。"1215年英国约翰王宣誓同意的《大宪章》63个条款中……在制度上确立了私有财产不受侵犯的原则，在政治的逻辑上把私有财产置于国王的主权之外。"作为公民，他有义务从自己的全部财产中列支出一份——即交纳出赋税——来维持国家主权的运行，因为政府没有巨大的财政经费就不可能有效地维持；但同时，国家凭借主权地位与强制权力来"索取"公民的那一部分"税化"的财产时，"仍须得到他的同意，即由他们自己或他们所选出的代表所表示的大多数的同意。因为如果任何人凭着自己的权势，主张有权向人民征课税赋而无需取得人民的那种同意，他就侵犯了有关财产权的基本规定，破坏了政府的目的"。

我国宪法已经明确对公民私有财产进行保护与维护，这是一个巨大的历史性进步，但它主要是指民法上的公民财产权，即只是公民创造的全部财产中的一部分，另一部分财产已经"税化"为赋税——这一部分公民财产也是宪法财产权保障的对象与内容——因此有必要进一步明确公民宪法财产权的范畴与程序；这是切实推进宪制民主的重要起点，也是发展和完善社会主义政治文明的重要环节。宪制意义上的分权，不仅是对国家主权的分权制衡；而且是对国家与公民之间财权的分权制衡。的确,"为了有效地保护国家的财政权和国民的财产权,就必须实行'法定原则',并应当在宪法上对其做出明确界定,这是实行宪制的基础"。

社会性或者说按照人类理性理解的以一种便利的方式维持社会存在的方式,是自然法权正义与基础,并体现为对公民财产的尊重等方面。因此,保障公民创造的全部财产权是公民最基本的自然法权之一,它不仅包括民法上的公民财产权,而且包括公法上保障的纳税人权利。

二、纳税人权利是人类宪政政制的历史起点

赋税是国家的"血脉","国家存在的经济体现就是捐税,共和国以收税人的姿态表明了自己的存在"。征税的权力不过是一种"索取"的权力,目的是为了维持公共权力的运行。供给国家"血脉"的是纳税人,这是公民个人责任与义务的直接体现;但纳税人并不是不加控制地供给这条"血脉",也不是毫无目的地满足国家机器运转的需要,"个人必须'决定'政府财政预算的适度规模,以及财政预算组成项目。"纳税人在向国家交付自己这一部分财产的同时,也就享有了对国家赋税征收的建议权、管理权与监督权,这些纳税人权利是宪法财产权不可或缺的组成部分,它由国家宪法加以载明并予以具体保障;这就是纳税人权利的宪政价值所在。从一定程度上说,没有纳税人权利,公民私有财产权利也不可能从根本上得到保障;宪法财产权就是要从这两方面对公民权利加以保障。

从历史上来看,西方宪制开端于对纳税人权利的保障与维护,议会的形成源于贵族与国王就纳税的种类与额度进行讨价还价,以及限制王权过分索取不当的私人财产。为了估定与征收税款而设立或选举的市参事会很快应运而生,并且成为当时每一个城市中相沿袭的政治制度;新兴的参事会为贵族们提供了与王权讨论赋税问题的政治平台,它是现代议会的雏形,这一点在英国表现得特别突出。在英国,维持王权运转的主要费用来自征收的土地税,这远远不够王室挥金如土般的开支。从亨

利一世时起，英国王室企图在垄断赋税的旧制度下维持所谓的社会稳定；但这并不能从根本上解决王室财政入不敷出的窘况。到13世纪初，英王约翰好大喜功，对外与法国开战，对内与教皇争权，最后导致王室国库巨额亏空，王室与贵族纳税人之间的矛盾日益突出。1214年9月，英王约翰不经纳税人同意就悍然开征盾牌钱，引起了主要纳税人——封建贵族——的坚决抵制甚至军事反叛。约翰王被迫与大主教兰顿为首的贵族们就赋税问题进行谈判，并不得不接受后者对国王肆意增税权力的限制，形成的法律文本即为《自由大宪章》。它在人类历史上第一次以宪法性文件宣称了"无代议士不纳税"的纳税人权利：对赋税征收的建议权、管理权与监督权。《自由大宪章》第12条规定，国王没有纳税人同意不得征收任何免役税和贡金，且规定赎金、册封、长女出嫁之费用等三项税金无全国公意许可不得征收；第14条规定了国王征收任何赋税所必须严格遵守的程序与办法，要求国王必须在指定时间与指定地点召开会议，且于40日之前将有关赋税征收的金额与用途告知"各大主教、主持、伯爵与男爵"等纳税人（贵族）。[①] 1265年，贵族孟福尔自行召集英国历史上第一次由贵族组成的议会，主要议题是讨论纳税人权利与限制王室征税权；1275年前后因英国地方贵族反对英王亨利三世的过度征税而在牛津召开谘议会，遂使"议会"政治体制得以正规运作。到13世纪末，英国国王接受议会授意的《无承诺不课税法》，进一步对国王的征税权力进行了严厉限制，基本完成了无议会同意不征税的法律制度建构，形成了税收法定原则的雏形，也为后世的许多税收法定原则、议会保留原则或法律保留原则奠定了基础，并确立了现代宪法分权的基础。[②] 17世纪初英国议会又通过《权利请愿书》，该世纪末再颁布《权利法案》等，先后对限制王权征税的传统做法进行了更为明确细致的规定与强化。托马斯·孟对起源于赋税义务与权利的英国议

---

① 参见1215年6月15日英国《自由大宪章》；转引自姜士林等主编：《世界宪法全书》，青岛出版社1997年版，第1261页。
② 参见1295年英国《无承诺不课税法》；转引自姜士林等主编：《世界宪法全书》，青岛出版社1997年版，第1263—1264页。

会制度这样总结道:"当我们必须筹集较多于从经常的赋税而来的款项时,我们就应该按平等的原则办事,方可免遭人民憎恨;因为除非他们的献纳是大家所认可的,否则他们是决不会心悦诚服的。要达到这个目的,创立议会制度乃是政府的一种高明政策。"根据纳税人与国家之间形成的权利义务关系,德国法学家阿尔巴特·亨塞尔把税收法律关系定性为国家对纳税人请求履行税收债权债务的关系,国家和纳税人之间的关系乃是法律上债权人与债务人之间的对应关系,是相互的权利和义务关系;国家征税以纳税人同意为前提,税收收入最终被用于为纳税人提供公用事业和公共物品。为把纳税人与国家之间的债权债务关系以法律形式制度化,西方各国不仅通过宪法加以明确宣示,而且还倾向于制定专门法律文件,如加拿大1985年的《纳税人权利宣言》、英国1986年的《纳税人权利宪章》、美国1988年的《纳税人权利法案》、澳大利亚1997年的《纳税人宪章》等,目的都在于使纳税人权利得到可靠保障和切实维护。

三、保障纳税人权利是完善我国人大制度的必然诉求

在设立议会以限制封建帝王横征暴敛权力和制定法律以保障纳税人权利等方面,我国历史上并无传统习惯与文化积淀。通过对东方社会的税收制度研究,学界发现,因为土地在本质上属于封建君主所有,因此国家的财政收入属于租税合一的体制。

新中国成立以后相当长一个时期,我国纳税人权利随着纳税人主体的"单位化"而"虚置"。1956年社会主义改造基本完成后,财政收入来源中的税收比例已经处于从属地位;1958年9月,全国人大常委会授权国务院颁布《中华人民共和国工商统一税收条件(草案)》,工商税制从此大为简化;到1958年底,国营经济和集体经济交纳的利润占国家财政收入的96.7%,而私营经济几乎完全消失,为数不多的极少数个体经济交纳的税收仅占国家财政收入的1.3%。这就是当时流行的"非税论"观点的"理论依据"。十年"文革"时期,理论界认为社

会主义国家"税收过时";1973年被进一步简化税制,国有企业只缴纳工商统一税,集体所有制企业只缴纳工商税和工商所得税两种税。[①] 国家绝大多数的财政收入直接来源于国有和集体经济供给的生产利润及其工商税收,而不是来自于公民交纳的赋税;国家已成为全社会的所有者,它可以通过对全社会的所有权直接获得自己需要的一切,而无需征得公民的同意。换言之,国家已无需向公民直接征收任何形式的赋税,因为赋税已经被社会主义利润和国有集体经济的税收所置换。

改革开放以后,我国开始推行社会主义市场经济体制。在经济领域,国有企业与集体企业"国退民进",个体、私营经济蓬勃兴起;这不仅使我国经济所有制发生了极大的变化,而且国家财政供给渠道与性质也产生了根本性的变革。国家不再是过去计划经济体制条件下完全依赖于国有经济供给财税,而是越来越多地依赖于个体经济、私营经济和公民个人交纳的各类赋税。"市场化的一个重要后果就是迫使政府不可避免地在经济上依赖于分散化的个人。这种不断增长的财政上的依赖性,势必逐渐削弱非宪政的赋税模式的运行。"我国国有企业逐步实行"利改税",也剥离了企业附属于政府的从属地位,开始导向具备独立市场主体地位的纳税人身份。个人收入调节税的征收,也使更多的公民个人步入税收的门槛;为了维持正常的国家财政开支,"纳税义务"开始重新成为一个普及的词汇,宪法也明确规定中华人民共和国公民有依照法律纳税的"义务"。[②]

我国当下转型期的税收理论仍带有"国家分配论"的特点,如单方面强调税收的三性——强制性、无偿性、固定性,强调国家成为只享有征税权力而无需承担相应义务和责任的权利主体,而纳税人则是仅承担纳税义务而无权索取相应回报的义务主体。我国具体的税收法规也径

---

① 参见财政部税务总局编:《中华人民共和国财政史料》(第4辑),第540—543页;转引自丁一:《宪政下的纳税人权利》,北京大学馆藏索取号029/D2004(022),法学博士论文第125页。

② 参见《中华人民共和国宪法》(第五十六条)(1982年12月4日第五届全国人民代表大会第五次会议通过);转引自姜士林等主编:《世界宪法全书》,青岛出版社1997年版,第99页。

直称谓纳税人为"纳税义务人","恰恰是这样一个称谓,使得整个税收法制难脱不幸的境地"。权利与义务是相生相克的矛盾对立统一体,没有无权利的义务,也没有无义务的权利;"凡权利无保障和分权未确立的社会,就没有宪法。"我国对纳税人权利虽然在宪法和其他相应法规中有这样或那样的零星表达,但这些规定没有系统性、规范性与可操作性;"连税法专家、学者面对《税收征管法》,找到涉及纳税人权利的条款都不尽一致",这样就使纳税人权利难以得到切实保障。

保障纳税人权利对于完善我国社会主义市场经济体制和推进社会主义政治文明建设都无可争辩地具有重大的理论价值与现实意义。

第一,人民代表大会制度的重要职能在于维护与实现广大纳税人权利。公民有权亲自或由其代表来确定赋税税额、税率、客体、征收方式和用途。据国家税务总局统计资料,我国1999年以来的税收收入所占国家财政总收入的比重逐年加大,直至如今几乎占到了绝大部分的程度。这说明,我国税收业已成为国家财政收入的全部来源,成为维持国家运转的最主要经费来源。而这一部分税收中,来自于公民个人和私营工商业的所得税成分不仅逐年扩大,而且日益成为我国税收来源的重要主体。这说明,我国公民和私营工商业者业已成为国家税收的最主要承担者;他们构成了我国的纳税人主体。从前述宪法财产权与纳税人权利保障的角度来说,他们理应就国家与公民在分割公民全部财产等诸方面履行自己的责任并同时行使宪法赋予的权利;在我国其主要实现途径就是各级人民代表大会制度。但是,"各地人民代表大会对于税收以及财政事项进行细致入微的审查的情况也是极少出现的。一些庞大的公共工程、对外援助、预算外财政的具体筹集和支出状况,凡此种种,大多由主管部门甚至个别领导人拍板定案,而无需人大审查。这样的做法已成惯例,不仅最高层如此,各级地方政府也照搬不误。建立议会而议员却不对纳税人的税款流向进行认真审查,这可以说从根本上违反了设置这一机构的初衷"。

例如,我国1949年之后的四部宪法以及修正案,对赋税问题只有总体说明,但没有明细规定;国家征税权的宪法属性基本缺失,既没有规定谁有权决定收税，也没有规定怎样才可以征税，更未明确收税是否需要代议机关的同意；我国大多数税收法律性文件由国务院以条例、暂行规定等形式颁布，国务院甚至还再次授权给财政部来制定各种具体税收具体规定，基本上形成了政府想用多少就可以决定向老百姓征收多少的现象。人民代表大会未能充分反映纳税人权利，一个很重要的原因是其构成的非纳税人特点，即非主体纳税人士代表占据了各级人民代表大会组成人员的相当大比例，特别是各级党政领导干部的比例居高不下；这可以在全国九届、十届人大代表的人员构成上看得出来。人民代表大会的重要功能如果定位在就国家赋税进行讨论方面，那么"吃财政饭"的代表人数，即决定国家财政额度大小和列支财政费用多少的各级党政机关代表人数所占比例过大，不利于维护占主体多数的纳税人的权益。

第二，纳税人权利的重要功能在于监督、管理与制衡国家财政权。"法定最低限额纳税权"的税收法律主义思想已是各国宪政政制的法治基础。"在现代国家中，财政案的议决权，固无不委诸议会。所谓财政案，概括言之，即是一切关系国帑收入与国帑支出的法案。此种法案的议决权，在现代国家，实为议会监察行政机关的最大利器；但严格言之，又不能完全以一种监察权视之，于议会通常的立法权也不完全相同，此种职权，应视为议会的一种特殊职权。议会所以有此特殊职权，则由于英国的榜样。"又如法国1793《人权宣言》第20条规定，一切公民均有权监督税收的用途和了解其状况①；美国宪法第1条第7款明确规定，所有征税议案首先在众议院提出，但参议院得像对其他议案一样，提出或同意修正案；第8款则宣称，规定和征收税金、关税、输入税和货物税的权力归属国会，等等。② 而在理论界，亚当·斯密提出了税收四项基本原则，要求"一切赋税的征收，须设法使人民所付出的，尽可能等于国家所得的收入"。这些实践经验与理论原则，虽然表现形

---

① 参见1793年法国《人权宣言》（第二十条）；转引自姜士林等主编：《世界宪法全书》，青岛出版社1997年版，第907页。

② 参见1787年美国《美利坚合众国宪法》；转引自姜士林等主编：《世界宪法全书》，青岛出版社1997年版，第1615页。

式多种多样，但其共同点在于对国家财政权实施监督、管理与制衡。

相比之下，我国由于传统税收课税坚持单纯的国需说，致使税法长期强调纳税人义务而忽视其相应权利，一味关注对税款征收而忽视对税款支出的监督管理，纳税人的监督、管理与制衡国家财政权的权利在实际生活中没有完全落实到位。突出的表现就在于各级人民代表大会仍缺乏充分条件和制度渠道，使纳税人监督、管理与制衡国家财政权的自然法权成为现实。社会主义国家最初不是基于财产权原则和赋税上的较量而产生的，代议机关也不是纳税人讨价还价的场合，因而"税收法定"原则自然在公法上长期得不到承认。同时因为公有制体制改变了国家索取私人财富的方式，长期以来私人财产较少，事实上无从产生赋税上的重大压力。因而赋税问题直到上世纪末，竟未成为中国社会个人利益伸张的聚焦点。

社会主义市场经济体制正日趋完善，国家与社会关系也正逐步走向良性互动的建构之中。在此当下建设社会主义政治文明的创新时代，公民财产权一旦被接受成为一个在先的宪法财产权，国家如何通过正当程序来"索取"公民财产就会成为迫切需要回答的问题。如果由全国人大而不是由现在实行的国务院及其部委享有国家赋税的相关立法权，那么关于国家赋税的任何立法可能成为争议最大、周期最长也最难通过的法案，由此必将有助于提升全国人大在宪制转型中的政治作用。这是世界各国宪制一般都从赋税问题找到突破口的基本路径，对于我国进一步全面推进改革大业也无不具有极为重要的启示意义。

【参考文献】

《马克思恩格斯全集》（第 1 卷），人民出版社 1956 年版。
《马克思恩格斯全集》（第 3 卷），人民出版社 1965 年版。
《马克思恩格斯选集》（第 4 卷），人民出版社 1973 年版。
《马克思恩格斯全集》（第 9 卷），人民出版社 1982 年版。
《马克思恩格斯全集》（第 16 卷），人民出版社 1972 年版。
《马克思恩格斯全集》（第 45 卷），人民出版社 1985 年版。
《中共中央关于完善社会主义市场经济体制若干问题的决定》，载《光明日报》，

2003 年 10 月 22 日。

埃尔斯特、斯莱格斯塔德：《宪政与民主：理性与社会变迁研究》，潘勤等译，生活·读书·新知三联书店 1997 年版。

伯尔曼：《法律与革命》，贺卫方等译，中国大百科全书出版社 1993 年版。

丁一：《宪政下的纳税人权利》，北京大学馆藏索取号 029/D2004（022），法学博士论文。

贺卫方：《宪政三章》，载《法学论坛》2003 年第 2 期。

黑格尔：《法哲学原理》，商务印书馆 1982 年版。

亨利·皮朗：《中世纪欧洲经济社会史》，乐文译，上海人民出版社 1964 年版。

江泽民：《全面建设小康社会，开创中国特色社会主义事业新局面》，人民出版社 2002 年版。

姜士林等主编：《人和公民的权利宣言（1789 年 8 月）》，青岛出版社 1997 年版。

刘丽：《税的宪政思考与纳税人权利的保障》，载《湘潭大学学报（哲学社会科学版）》2006 年第 2 期。

洛克：《政府论》（下篇），叶启芳、瞿菊农译，商务印书馆 1964 年版。

孟德斯鸠：《论法的精神》（上册），商务印书馆 2005 年版。

孟广林：《英国封建王权论稿——从诺曼征服到大宪章》，人民出版社 2002 年版。

史卫民：《全国人民代表大会代表的构成分析》，在中国人民大学的专题学术报告，2006 年 7 月。

孙红梅，《论纳税人权利》，北京大学馆藏索取号 029/M2001（190），法学硕士论文。

唐士其：《西方政治思想史》，北京大学出版社 2002 年版。

涂龙力、王鸿貌主编：《税收基本法研究》，东北财经大学出版社 1998 年版。

托马斯·孟：《英国得自对外贸易的财富》，商务印书馆 1959 年版。

王世杰、钱端升：《比较宪法》，中国政法大学出版社 1997 年版。

王怡：《立宪政体中的赋税问题》，载《法学研究》2004 年 5 月。

谢苗诺夫：《婚姻家庭的起源》，蔡俊生译，中国社会科学出版社 1983 年版。

亚当·斯密：《国民财富的性质和原因的研究》（下卷），商务印书馆 1974 年版。

詹姆斯·M.布坎南：《民主财政论》，穆怀朋译，商务印书馆 2002 年版。

张庆福：《宪法论丛》（第 2 卷），法律出版社 1999 年版。

张守文：《财政危机中的宪政问题》，载《法学》2003 年第 9 期。

张馨等：《当代财政与财政学主流》，东北财经大学出版社 2000 年版。

赵宇、赖勤学：《宪政维度的纳税人权利思考》，载《当代经济研究》2005 年第 1 期。

美国预算制度及相关立法的简要回顾

许云霄　陈立齐[*]

内容摘要：美国作为最发达的市场经济国家，其联邦政府预算模式是按照规范化的方式进行协调和运转的。美国预算法使政治家们能获得平衡的政治权力，并用此权力来平衡预算。在1921年形成的现代预算模式的基础上，美国国会和政府就预算权力的划分不时利用时机进行争夺，以图掌握更多的控制权，国会与政府在不同时期争取到比较大的控制权。本文从国会与政府政治权利分配变迁的角度，以此为背景来探析美国预算制度改革和实际操作过程中的权力分配与平衡。

关键词：美国预算　国会与政府　权力均衡　预算法

美国宪法建立了制定、执行和解释预算法案的基本的权利构造和制度，为很多后来颁布的预算法案提供了基础。美国联邦政府预算包括预算编制、预算审批和预算执行，这三个阶段分别涉及不同的预算法案，

---

[*] 许云霄，女，北京大学经济学院副教授，主要从事政府预算管理、公共选择理论、政府（公共）资产运营、预算法、政府会计研究；陈立齐，男，美国芝加哥伊利诺依大学荣退会计教授，美国政府会计准则委员会和联邦政府会计准则咨询委员会成员、中国财政部科研所特聘教授、中山大学中国公共管理研究中心研究员，主要从事政府会计准则及其国际比较、政府预算与财务管理等研究。

本文简要回顾了美国联邦预算法发展的历史经历，解释复杂多变的预算法案是为解决各方权利分配和制衡，以使公共财政资金得到更加合理有效的使用的成因。

一、美国预算法的作用范围

美国政府的预算书包括好几册，其中首先表明总统应根据资金需求的轻重缓急，对财政收入的分配提出建议。1921年《预算和会计法案》的规定，预算主要关注预算年度，在中期财政框架的概念下，预算也包括预算年度后至少四年的内容以反映预算的长期影响。通常在每年的春季，也就是在总统向国会递交预算前至少9个月，也是在财政年度开始前至少18个月，总统通过建立总的预算和财政政策指导方针来开始预算规划过程，基于这些指导方针指导预算的编制，OMB（Office of Management and Budget 总统管理与预算办公室）和联邦政府机构开始协商，为政府机构和它们管理的项目建立该财政年度以及随后四年的具体政策方向和计划水平。在预算的编制中，总统、OMB主任和总统行政办公室的其他官员频繁地就政策决定方面的问题不断地和其他政府部门的领导（如部长们）交换信息、建议和评估。在秋季刚开始时，政府各部门向OMB递交他们的预算申请，OMB的预算分析家对它们进行评议并确定OMB官员需要和政府各部门进行讨论的问题。OMB和政府各部门不能解决一些问题，则需要总统和白宫政务官员的介入。其后，预算制定进入最后阶段，即预算细节和数据的不断补充以及预算文件的编制。整个决策制定过程一般在10月末结束。美国预算法要求总统在每年1月的第一个星期一和2月的第一个星期一之间向国会递交将于10月1日开始的下个财政年度的预算，以便在下个财政年度开始前给国会8个月的时间审议预算。

原则上，国会在接到总统预算后不久就应该开始其预算审议工作，国会将考虑、批准、修改甚至否决总统的预算提议。国会可以改变融资水平，删除项目或者增加总统没有提议的项目。按照1974年《国会预算法案》建立的程序,国会要在完成对个别拨款的审批前决定预算总数。1974年法案要求参议院和众议院的常设专务委员会每年就其权限内的事务向预算委员会建议预算水平和报告立法规划,最好由预算委员会提出一个共同的预算决议,这个预算决议决定预算授权与收支水平的总量和它们在不同职能分类中的比例、预算赤字或盈余水平、债务规模。国会预算时间表要求整个国会在每年的4月15日之前完成预算决议。因为共同决议不是法律,它不需要总统的批准,但是,在准备预算决议的过程中,国会会考虑总统的意见,主要是因为与国会的预算分配配套的立法需要总统的正式批准。一旦国会正式批准了预算决议,它就将注意力转向颁布拨款法案和授权法案。拨款法案开始时由众议院发起,为大部分的联邦政府项目提供预算授权。两院中的拨款委员会有年度拨款的权力,这两个委员会又分成多个子委员会,各个子委员会举行听证会,并评价其权限下各个政府部门准备的预算申请材料。然后众议院把通过的议案递交到参议院,在那里也会有一个类似的评议过程。如果参议院在议案的某些细节问题上和众议院产生了分歧,(这样的事经常发生)双方会各派代表组成一个协调委员会来协调差异。协调委员会修改议案后再把它送回两院批复。修改后的议案先后在众议院和参议院被通过后,国会将其递交总统,总统只能批准或否决整个法案,而不能只批准或否决其中的一部分。

二、美国预算法的历史沿革及重大联邦预算法

根据国会和总统在政府预算管理中扮演的角色的不同,我们将美国预算法的历史沿革,即美国政府预算管理的法治化进程,分为以下四个阶段:

(一) 国会主导的阶段 (1791—1921年)

美国宪法的奠基者把财权交给了国会,但是没有为联邦政府建立起一个配套的预算体系。在联邦预算的前130年里,联邦政府根据宪法建立了基本的政府组织和职能,在这一阶段,基于宪法的框架,国会在政

府预算管理中起主导作用。

美国宪法建立了一个总的组织框架,直接影响到政府预算。这个框架主要包括:(1)共和制,即政府的所有权力最终来自于人民;(2)联邦制,即联邦政府和各州都有自己的宪法和独立的财政体系;(3)"三权鼎立",即国会有立法权,总统有行政权,最高法院有司法权;(4)总统制,即作为行政首脑的总统有固定任期,并由独立的选举产生;(5)两院制,即国会由两个议院组成,众议院席位按照人口规模在各州之间进行分配,参议院每州有两个席位。

尽管宪法中没有包括"预算"这样的字眼,但对于联邦政府的收入和支出都给出了相关条款,这对于预算是相当重要的。首先,在宪法中与预算直接相关的即为拨款法案。"除了按照法律的规定拨款之外,不得自国库中支出任何款项",按照拨款法案,国会拥有拨款的权利,使国会在财政资源的分配上占据了主导地位,独立的行政授权就不存在了,这是对行政部门支付权限的限制。同时,国会拥有解释拨款法案的权力,国会还可以通过拨款法案来修改、延缓和撤销各种法律的规定。除了拨款法案,宪法中明确规定的另一重要条款是关于账目和财务报告的公开,即所有公共资金收支的常规账目和财务报告应该持续公开。

一旦宪法中的拨款法案付诸实践,总统(政府)是否按照国会同意的拨款进行开支的论战就爆发了。由于《宪法》中的拨款法案并没有论述拨款数额的具体程度,这也成了国会和政府争论的焦点:为了控制行政,国会倾向于更加具体的拨款数额;为了保留一定的行为自由度,政府倾向于减少具体性增加一般性,更极端的情况比如政府更希望国会编制一个总拨款来覆盖整个美国政府一个财政年度内的所有工作。一般的结果是,拨款的具体程度最终由国会和政府的权力争执的平衡情况来决定。为了解决这种矛盾,1870年的《反超支法案》应运而生,法案禁止任何部门在任何一个财政年度内支出超过该年拨款的任何数额,或在拨款之外签定涉及政府将来可能支付资金的契约。1905年,众议院拨款委员会主席又建议来修改支出法案:"政府的任何部门,在任何的财政年度,不能支出超过该年度的国会拨款的任何数额,或者在拨款之外的契约中涉及政府将来的资金支出。除非这些契约和债务被法律授权……为了偶然支出或者其他普通目的的所有拨款，除了为了满足法律授权的契约债务，或者为了法律要求或授权可以没有拨款数目外，应该在每年开始前，被按照月份或者其他的分配方式进行以防止超支，或者要通过附加拨款来完成该财政年度的服务"。这些法案的出台加强了国会对于预算的控制力。

（二）总统主导的阶段（1921—1974年）

19世纪的最后10年和20世纪头20年在美国的历史上被称为进步时代，在内战和重建后，美国迅速成为一个工业化和城市化社会。但其政治体制不适应社会带来的挑战，政府受困于债务纠纷、政权分散、没有强有力的领导、公用事业不足等问题，贪污、裙带关系、特殊利益盛行。面对这些挑战，改革家们提出了一系列政治改革和行政改革。政治改革包括：秘密投票，公民倡议，公民复选，公务员改革，参议员的直接选举，修改城市宪章和国家宪法。行政改革涉及预算编制的政府责任。在改革家们看来，政府责任的第一原则是政府行政长官应该编制预算，完成明确的定期目标。行政长官由专业的懂科学管理并愿意献身于公共服务经济和效率的人员帮助，这样编制的年度预算是综合平衡的，同时这样的预算使政府受到更少的限制、减少支出拨款中的类别数目，从而给予行政更大的任意权威。1911年塔夫特总统成立了经济和效率委员会，该委员会主要任务是为行政预算编制案例。塔夫特向国会提出了政府应该更经济地运营，从而在既定的资源条件下为人民做出更多的事情的理念。

1921年《预算和会计法案》的通过给予了总统主动权和政策建议，以便通过行使领导权的能力来打破不平衡。可以说在1921年后的50年里的大势是，总统领导，国会跟随。无论是因为制度上的平衡还是总统的领导，预算程序运转得还算顺利。在政治上，通过任何的法律都需要大多数投票才能通过，出于某些惯性和意愿，大家可以容忍一个可能存在缺点的系统，直到发生一些事情来释放以前累积的压力。1946年的《充分就业法案》要求对经济的计划和预算指向国家就业和产出的最大化。40年代末，更多的义务被赋予以预算局。1950年的《预算和会计程序法案》通过赋予总统对预算报告从"从形式到内容"的控制权，更加强了总统的控制趋势，这同时也意味着预算局权力和功能的提升，因为总统的绝大多数预算工作都是委派给预算局中的政治和专业人员来完成的。与此同时，预算局从1950年法案中还获得了另外一个通过修改《反赤字法案》来进行资金分配的权力。20世纪60年代，预算局将其工作进一步扩展到总统职责范围内，它根据经济增长、价格和就业所受到的预期影响，利用预算作为工具来制定各种经济政策以及税收和支出政策。

1970年，尼克松总统通过一个重组计划，将预算局变为总统预算办公室（OMB）。重组表面上是为了加强管理与预算局在协调政府活动中的作用，实际上则是让OMB更多地为总统的政治利益负责，因为在重组前，该机构中通过政治任命产生的人员只有区区6个人（当时机构总人数为600人），重组后政治任命的人员增加到24人。此后OMB的权力和功能大大加强了，它可以以总统的名义将权力的触角扩展到整个联邦行政机构中去，也可以扩展到州和地方政府以及联邦工作的承包者中去，总之，它可以染指任何的联邦活动。

（三）国会与总统的对弈格局（1974—2000年）

尼克松总统在1972年总统选举中把控制支出当成一个选举的政策纲领大为宣传，并要求国会将拨款限于2500亿美元。如果国会不愿意或者不能这样做的话，他将威胁扣留已拨的资金。尼克松总统的部分动机是与国会中对国内支出优先权（如农业、卫生、教育、城市和住宅发展）的政见不同。这些威胁以及总统对拨款的很多项否决使总统和国会的关系恶化，超过平时在政治竞争可预期的冲突。

为解决国会和总统之间的冲突，即处理预算资金扣押的问题，国会议员们也希望能在政策制定上同总统保持对等的作用。这些目标构成1974年改革法案的基础。1974年《国会预算法案》和《扣押控制法案》的出台尝试着恢复国会的预算权力，使其能和在前50年来控制预算程序的总统相竞争。1974年法案是继1921年《预算与会计法案》后的又一里程碑式的事件,它不仅是美国预算史中最重要的预算立法之一,而且对"二战"后总统与国会之间的权力平衡产生了深远的影响,被视为两个开创了基础性和差不多永久性的制度和延续至今的程序的两端。1974年以后的时期也出现了成果导向型的预算法案,国会开始尝试着用财政规则来减少联邦赤字。1986年的《择项否决法案》实质上是一种预算授权的撤销,不能被认为是一个重大的创新。

1974年法案有两个主要的规定:一个规定建立了新的机构和程序,另外一个建立了控制扣押的程序:1974年《国会预算法案》在众议院和参议院当时已有的对财政事务有管辖权的委员会的基础上各增设了一个预算委员会,并在当时已有的国会幕僚机构中增设了国会预算办公室。预算委员会行使着集权和协调的功能,而国会预算办公室,作为总统管理和预算办公室的对应而设计,增加了国会的分析能力。国会早就已经有了通过拨款法案、税收立法和其他财政措施的程序,1974年法案在当时的基础上,进行了一些修改。最显著的增加是在预算中运用共同决议来为预算总数设置上限。预算共同决议(不像联合决议),仅是一个国会政策陈述,不需要总统的批准。法案要求两院的每个常设委员会评论总统的年度预算建议,并在其权限内向两院的预算委员会建议预算水平和立法计划。预算委员会而后发起共同决议,对总收入、预算授权和支出的水平(包括总数和具体的功能分类,如国防、农业)进行详细说明。作为直接的结果,预算赤字和债务的水平就被确定了。预算决议在功能分类里给各个对项目有管辖权的委员会分配预算授权和支出的数额。拨款委员会被要求把数额分配给其子委员会。其他的委员会可以,但是没有被要求,把数额分配给它们的子委员会。预算决议通常是指导被授权的委员会通过协调各种福利项目的资金分配而改变影响税收收入和其他预算收入,以达到预算决议中的数额。

在70年代后期国会预算程序制度化以后,国会在80年代初在预算上受到了挑战。里根总统的两个并行行动——大型国防建设和巧妙地利用协调程序来减税,导致了空前的预算赤字和债务。作为一项自律的措施,国会放弃了自己的年审授权而转求于预算规则的方法。1985年和

1987年《平衡预算和紧急赤字控制法案》要求通过削减来达到那些法律事先设置的最大预算赤字数额。当这些行动都无法阻止赤字的时候，1990年老布什政府和国会达成了一个特殊的程序来执行赤字减少目标。1990年《预算实施法案》下的新程序要求对年审支出设定限制（称为上限），并在别处进行征税或削减来应对新的直接支出（即随走随付机制）。新的财政规则提供了更大的弹性并考虑了经济条件。90年代，总统和国会都运用《预算实施法案》程序来达成自己的政治目的。1992年选举时，联邦赤字已经是一个大问题，之后克林顿总统提出了一个雄心勃勃的多年赤字减少计划。国会的共和党人被1994年的选举胜利所鼓舞，运用预算程序来改变国内的支出重点权。克林顿总统否决了许多年度拨款和临时拨款（称为延续决议），使政府两次关门，为此共和党受到了谴责。把赤字放在优先的位置并在繁荣经济的帮助下，1998年，克林顿总统见到了联邦政府30年来的首次盈余。同时，《预算实施法案》两次被延长，第二次一直有效至2002年。

（四）总统主导回归的阶段（2000—2010年）

在2000年总统选举后，小布什政府在国会中占据多数的共和党的配合下，在他的两个任期内成功地发起了三次临时减税。而作为对2001年9月11日恐怖袭击的回应，其发动了一场全球性的反对恐怖主义的战争，并入侵了阿富汗和伊拉克。与延长的战争和他声称的反恐努力的长期性不一致的是，小布什总统选择了运用紧急追加拨款来为持续到现在的伊拉克行动融资。同时，《预算实施法案》在2002年到期了，至今没有得到更新。国会预算程序重新回到了利用命令来执行国会预算决议的时代。参议院2005年采用了自己版本的年审上限和随走随付，但是这没有像按照《预算实施法案》的法令执行措施那样产生相同的效果。减税和战争成本一起把预算赤字推到了一个新的高度。赤字减少很少受到小布什政府的关注，尽管其提出了各种各样的预算程序改革建议。2009年1月21日民主党奥巴马总统的就职，结束了小布什总统在预算事务上的支配权并减少了他掌握的广泛的行政权。民主党对议会的控制导致过去40年里一直是联邦预算特点的预算冲突。奥巴马政府致力于争取缓慢有序地降低财政赤字，2010年7月23日奥巴马政府审查公布的美国2010年预算赤字预期略微下降。而财政资金缺口仍处于创纪录的最高水平，奥巴马经济团队将更新未来十年的预算赤字和债务预期，同时修正经济增长速度和失业水平预期，但财政预期债务将升至GDP的70%以上。

总体上说，2000年至2010年，总统在预算过程中的权利有所增加，从国会那里赢得了很多主动权。

三、美国预算法参考重点

（一）透明度

在美国，总统递交他的预算提议即正式的联邦政府预算前，这些提议以及内部讨论是被视为机密的。这当然是可以理解的，首先是需要鼓励内部讨论中的坦诚沟通，其次是，每一项提案，特别是有争议的提议，必须经过多次修改，才能形成正式的政策立场。一旦美国政府向国会提交了美国政府的预算，马上就成为一个公开的文件，可以在管理和预算办公室和白宫的网站上免费得到，还可以通过联邦政府出版社印刷发售。多年以来，OMB一直出版《联邦预算的公民指南》。

（二）权利制衡

在美国，行政编制预算，国会审批预算，行政执行预算，国会监督预算。这种政府预算管理模式是与美国"三权分立，相互制衡"的宪法原则分不开的，不仅明确了在预算编制、审批、执行和监督过程中各部门及各权利单位的责任，同时分权的形式保证了美国联邦政府预算管理中的权力制衡。我们在前面提到，三权的分立并不是均匀分配，在决策制定程序、审批预算及监督预算执行等方面，国会有更大的权力，但总统及有关部门也掌握了编制预算和执行预算的权利，在政府预算管理过程中，起到了很好的相互制衡和相互监督的作用，对政府预算管理水平的提高有重要的意义。

【参考文献】

Albert C. Hyde, *Government Budgeting: Theory, Process, and Politics* (3ed.), California: Wadsworth Publishing of Thomson Learning, 2002.

Allen Schick, *The Federal Budget: Politics, Policy, Process*, Washington: Brookings Institution Press, 2000.

Aaron Wildavsky & Naomi Caiden, *The New Politics of the Budgetary Process* (5ed.), New Jersey: Pearson Education, 2004.

Aaron Wildavsky & Brendon Swedlow, *Budgeting and Governing*, New Brunswick, New Jersey: Transaction Publishers, 2001.

Irene S. Rubin, *The Politics of Public Budgeting: Getting and Spending, Borrowing and Balancing*, 4ed, London: Chatham House Publishers of Seven Bridges Press, 2000.

Lalor, John J., *Edited: Cyclopædia of Political Science, Political Economy, and the Political History of the United States*, New York: Maynard, Merrill, and Co., 1899.

促进民族地区发展的财政体制和政策*

马海涛**

民族区域自治制度是我国的一项基本的政治制度,促进民族地区经济社会发展,实现各民族共同繁荣发展,是关系全面建设小康社会,实现中华民族伟大复兴的大事。新中国成立以来,尤其是改革开放以来,国家实施一系列的帮扶政策,在很大程度上促进了民族地区经济社会的全面发展。一般而言,中国的民族地区主要指在西部12个省、自治区、直辖市中的五个自治区和云南、贵州、青海三个多民族省,简称"民族八省区",有的也将整个中国西部地区(12个省份)作为民族地区进行整体研究。改革开放以来,尤其是2000年国家实施西部大开发战略后,民族地区经济社会获得了长足的发展,财政体制改革实践取得显著成效,各项财政管理水平得到较大提高。但在民族地区财政体制改革过程中一些问题凸显,地区经济发展不平衡性加剧,财政收支平衡难度逐年递增,可用财力不足,公共服务支出压力巨大,财政管理体制不顺畅,转移支付规模递减,地区资源开发进程过快,区域生态环境恶化等。当务之急,国家应该适时调整西部开发政策,实现西部开发政策的

---

* 此文已发表于《云南财会》2011年11月。
** 马海涛,男,中央财经大学财政学院教授、博士生导师,现任中央财经大学财政学院院长,主要从事财政理论与政策研究。

升级和优化,制定和完善符合民族地区发展的财税体制,出台具有针对性和实效性强的财政政策,实施符合民族地区发展的分税制体制,完善分税制相关配套措施,制定更为理性的地区开发战略,合理开发资源,有效保护环境,提高民族地区生态安全保障水平,从根本上催生民族地区的内生增长机制,实现民族地区经济社会和谐发展。

一、近年来中国民族地区发展的现状

(一)民族地区经济发展状况

实施西部大开发以来,民族地区经济显著提速,地区经济实力逐步增强,地区经济持续快速增长,经济发展各项指标逐步向好。2000年,民族地区生产总值为7486亿元,2007年则增长到22853亿元,年均递增17.28%,人均地区生产总值则从2000年的4451元,增至2007年的13092元,年均递增16.66%。七年以来,民族地区经济无论是总量规模还是人均水平均实现了质的飞跃,这既是国家大均衡战略的成果,也是倾斜性财政体制和政策有效运用的成效。(见表1)

表1 2008年民族自治地方国民经济发展指标

指标	年份				平均增速(%)
	2000年	2005年	2006年	2007年	2000—2007年
地区生产总值(亿元)	7486	15706	18659	22853	17.28%
第一产业	2022	3300	3623	4312	11.43%
第二产业	2834	6419	8090	10265	20.19%
第三产业	2629	5987	6947	8276	17.80%
人均地区生产总值(元)	4451	8991	10759	13092	16.66%
全社会固定资产投资总额(亿元)	2477	8358	10564	13517	27.43%
地方财政收入(亿元)	476	1026	1281	1661	19.55%
地方财政支出(亿元)	1173	3050	3733	4905	22.68%

数据来源:根据《中国统计年鉴(2009)》计算。

2000—2007 年,民族地区经济实力占全国的比重和份额也在逐步增加。2000 年,民族地区生产总值占全国的比重为 7.7%,到 2007 年则增至 9.16%,增加了 1.44%。其中,第一产业增加值由 13.62% 增至 15.35%,增加了 1.73%;第二产业增加值由 6.19% 增至 8.46%,增加了 2.27%;第三产业增加值由 7.19% 增至 8.27%,增加了 1.08%。同期,民族地区人均地区生产总值也实现了大幅增长,由 56.65% 增至 69.15%,人均经济实力得到进一步提高。同期,全社会固定资产投资规模也随着经济的发展和国家支持力度的加大而增加,由 2477 亿元增至 13517 亿元,年均增长了 27.43%,其占全国固定资产投资总额的比重也由 7.52% 增至 9.84%,增加了 2.32%。(见表 2)

表 2　2008 年民族自治地方国民经济发展主要指标占全国的比重

指标	2000 年(%)	2005 年(%)	2007 年(%)
人口与就业			
年底总人口	13.27	13.36	13.58
单位从业人员	14.29	10.79	10.21
地区生产总值	7.7	7.94	9.16
第一产业	13.62	14.35	15.35
第二产业	6.19	6.62	8.46
第三产业	7.19	7.69	8.27
人均地区生产总值	56.65	63.98	69.15
全社会固定资产投资	7.52	9.41	9.84
国有单位固定资产投资	9.41	12.7	13.43
地方财政收入	7.42	6.8	7.05
地方财政支出	11.31	12.13	12.79

数据来源:根据《中国统计年鉴(2009)》计算。

(二) 民族地区财政发展状况

2000 年以来,随着地区经济实力逐年攀升,民族地区财政实力也不断壮大,财政收入规模增加,财政支出保障有力。以 2002 年 5 月和 2008 年 5 月为例,民族地区财政收支水平得到较大幅度提高。期初,民族地区财政一般预算收入为76.15亿元，期末则增至193.4亿元，增加了117.32亿元，增长了1.54倍，其中增速最低的西藏为5.7%，增速最高的内蒙古为2.29倍；期初，民族地区财政一般预算支出为214.6亿元，期末则增至381.7亿元，增加了167.11亿元，增长了77.9%，其中增速最低的内蒙古为-59.8%，增速最高的西藏为2.2倍。（见表3）同期，地方财政收入由476亿元增至1661亿元，增长了19.55%，地方财政支出由1173亿元增至4905亿元，增长了22.68%。

表3　2000—2008年民族地区财政一般预算收支比较表

民族地区	地方财政一般预算收入（不含基金）						地方财政一般预算支出（不含基金）					
	2008年5月		2002年5月		同期指标比较		2008年5月		2002年5月		同期指标比较	
	收入总量	比上年同期增长(%)	收入总量	比上年同期增减(%)	增加值(亿元)	同期增长率(%)	支出总量	比上年同期增长(%)	支出总量	比上年同期增减(%)	增加值(亿元)	同期增长率(%)
贵州	25.04	22.80	10.35	14.10	14.69	142.0	58.37	22.47	28.61	14.34	29.76	104.1
云南	56.57	38.80	18.79	8.07	37.78	201.0	89.03	33.50	48.00	6.40	41.03	85.5
西藏	1.84	11.90	1.74	6.30	0.10	5.7	31.77	35.00	9.92	10.34	21.85	220.3
青海	5.96	39.90	3.47	17.10	2.49	71.9	29.43	41.90	10.77	17.00	18.66	173.2
宁夏	7.45	31.30	2.40	10.80	5.05	209.8	18.69	59.98	10.40	22.60	8.29	79.7
新疆	27.71	30.80	12.18	15.80	15.53	127.5	63.67	23.90	33.27	29.90	30.40	91.4
内蒙古	33.68	47.30	10.25	22.60	23.43	228.5	14.34	24.30	35.65	22.80	-21.31	-59.8
广西	35.13	23.40	16.96	19.90	18.17	107.1	76.42	25.60	37.99	20.00	38.43	101.2
总计	193.4	30.78	76.15	31.09	117.23	154.0	381.7	33.33	214.6	17.92	167.11	77.9

数据来源：根据《中国统计年鉴（2009）》计算。

（三）民族地区社会事业发展状况

1. 民族科技事业逐步发展，科技队伍实力增强

科学研究与技术开发成果继续提高。2008年末，拥有发明专利总数625件；专利申请量312件，专利授权量173件。发表科技论文7638篇；出版科技著作215部。科技活动经费筹集总额43.3亿元。高新技术产业发展加快。2008年末,包头、南宁、桂林、乌鲁木齐等四个国家高新技术开发区,共有高新技术企业1636家,比2007年增加383家;高新技术企业总收入1735.5亿元,比2007年增长28%;总产值1627.6亿元,比2007年增长37%。民族自治地方研究与开发机构及情报文献机构681个,从业人员4.16万人,科学家及工程师2.05万人。

2. 民族教育事业蓬勃发展,教育体制改革力度加大,素质教育逐步推进,各项教育事业持续协调发展

2008年末,民族自治地方共有普通高等院校192所,比2000年增加了51所;普通高等学校在校生133万人,比2000年的34万人增加了99万人,增长了2.91倍。普通中学在校学生1061.5万人,比2000年增加了189万人,增长了21.64%。

3. 民族文化事业继续推进,民族文化不断进步

2000年,全国少数民族文字出版的图书4108种,印数5376万册;少数民族文字出版的杂志184种,总印数达1098万册;少数民族文字出版的报纸83种,总印数9651万份。至2008年末,民族自治地方有各种艺术表演团体651个,公共图书馆604个,文化馆643个,博物馆240个。全年报纸出版25.6亿份,各类杂志出版6975.9万册,图书出版5亿册(张)。共有广播电视台447个,广播电台47个,电视台59个。民族自治地方广播综合人口覆盖率90.03%,电视人口综合覆盖率93.3%。

4. 民族卫生事业进一步加强,医疗保障水平提高

2000年末,全国民族医院448个,专业卫生人员2.2万人,其中少数民族医生9115人,医院床位数达到1.6万张。2008年年末,民族自治地方共有卫生机构(其中包括医院、卫生院、门诊部、疗养院所、专科防治所站、卫生防疫站、妇幼保健所站)4.4万个,卫生机构床位50.1万张;卫生技术人员60.3万人。民族自治地方卫生机构50万元以下的设备共有23.2万台,50万元至100万元有7079台,100万元以上有4169台。(见表4)

表4 2008年民族自治地方社会发展主要指标分析表

指标	年份				平均增速（%）
	2000年	2005年	2006年	2007年	2000—2007年
教育					
在校学生数（万人）	2793	2850	2859	2853	0.30%
普通高等学校	34	100	113	124	20.13%
普通中学	873	1082	1093	1084	3.14%
普通小学	1886	1668	1653	1645	-1.93%
专任教师数（万人）	141	156	158	161	1.83%
普通高等学校	4	6	7	8	11.47%
普通中学	48	61	63	64	4.16%
普通小学	90	88	88	89	-0.13%
文化	173919	221756	199434	230467	4.10%
图书（万册）	42310	41958	45839	45627	1.08%
杂志（万册）	8332	10280	10223	7730	-1.07%
报纸（万份）	123277	169518	143372	177110	5.31%
卫生					
医院、卫生院数（万个）	1	1	1	1	-0.35%
医院、卫生院床位（万张）	36	38	40	43	2.56%

数据来源：根据《中国统计年鉴（2009）》计算。

（四）与其他地区发展指标比较

2000年实施西部大开发战略以来，中国西部地区（主要是民族地区）经济社会实现了长足的发展和进步，少数民族主要聚居的西部地区，无论是地区经济发展水平、财政收支状况、就业水平、经济结构，还是文教科卫事业发展水平，均得到较大程度提高。但是，随着开发进程的逐步深入，西部地区与其他地区的差距在逐步拉大，与2000年比，一些重要经济社会指标非但没有缩小，反而在进一步扩大，而且扩大的趋势明显，地区间经济社会发展呈现出较明显的非均衡性。例如，国内生产总值占全国的比重较2000年有所降低，人均国内生产总值仍然低于其他地区，三次产业结构中，第一产业所占比例仍然偏高，第三产业

所占比例较低。(见表5)

表5 2008年末分区域国民经济和社会发展主要指标分析

指标	全国总计	东部地区		中部地区		西部地区		东北地区	
		绝对数	占全国比重(%)	绝对数	占全国比重(%)	绝对数	占全国比重(%)	绝对数	占全国比重(%)
年末城镇登记失业率(%)	4.20	3.30	—	3.80	—	4.00	—	4.00	—
国内(地区)生产总值(亿元)	300670	177580	54	63188	19	58257	18	28196	9
第一产业	34000	12145	36	9227	27	9065	27	3308	10
第二产业	146183	91727	55	32193	19	28019	17	14943	9
第三产业	120487	73707	58	21768	17	21173	17	9945	8
人均国内(地区)生产总值(元)	22698	37213		17860		16000		25955	
全社会固投资(亿元)	172828	77735	46	36695	22	35949	21	18714	11
地方财政收入(亿元)	28650	16730	58	4404	15	5159	18	2357	8
地方财政支出(亿元)	49248	20738	42	9869	20	13766	28	4876	10
货物进出口总额(亿美元)	25633	22487	88	989	4	1067	4	1089	4
出口额	14307	12425	87	592	4	653	5	636	4
进口额	11326	10062	89	397	4	414	4	452	4
教育(普通高等学校)									
学校数(个)	2263	902	40	582	26	542	24	237	10
在校学生数(万人)	2021	832	41	549	27	440	22	200	10
卫生									
卫生机构数(个)	278337	93872	34	61940	22	90311	32	32214	12
卫生技术人员(万人)	503	202	40	126	25	124	25	51	10
人民生活									
城镇居民可支配收入(元)	15781	19203		13226		12971		13120	
农村居民人均纯收入(元)	4761	6598		4453		3518		5101	

数据来源:根据《中国统计年鉴(2009)》计算。

二、近年来民族地区发展存在的问题

（一）国家"支西"政策设计不完善

国家实施西部大开发政策以来，国家成立了专门的机构，对西部开发进行统筹管理。这期间，制定和出台了一揽子支持西部地区发展的政策和措施，大而言之，有国家体制层面上的西部开发战略和规划，聚集东部乃至全国财力盈余向西部倾斜，预期在较长的时期内，促进西部地区发挥后发优势，实现地区赶超；小而言之，国家的各个行业主管部门，从金融、财政、信贷、人事、税收、法律等方面纷纷出台政策和措施，以一定的优惠措施，给予西部地区以支持。十年来，从政策实施效果来看，在一定程度上并没有达到预期的目的和效果。症结在于：一是西部开发政策的出台在一定程度上没有脱离东部优先发展的影子，而"大同小异"的"支持西部开发政策"缺乏适合其生效的土壤和环境，实施起来势必大打折扣；二是纵贯国家支持西部开发的各项政策，无非是原则上的税收优惠、税收减免、科技扶持等，这些政策其实在非国家扶持区与也潜规则地运行了多年，而且仍在继续运行，相比较，原则性较强的扶持西部开发的政策，使得西部地区优势不在，实际上的实惠与名义上的优惠相去甚远；三是时至今日，国家出台的一揽子政策和措施，加之国家行业主管部门出台的政策和措施，多之又多，有"泛滥"之嫌，这些措施之间彼此缺乏协调和配套，甚至有的措施相互之间抵制和对立，导致优惠政策名存实亡。

（二）地方政策缺乏系统性、针对性和务实性

一是从西部开发的实施过程来看，一些地方对西部开发认识不足，高度不够。西部开发实施较长一段时间了，然而一些地方从领导到基层，没有做好落实地区开发的准备，很难进入状态，既缺乏对区开发的整体战略和规划，也没有切实可行的计划和措施。二是一些民族地区开发缺乏持久性，三分钟热度，开始的时候热情度很高，久而久之，地区

开发的事情则不了了之。三是一些西部地区，缺乏对西部大开发战略和政策的系统研究，仅仅停留在"与中央政府博弈"的层面，把开发政策当作"跑部钱进"的托辞，而很少花费心思来研究政策、消化政策、进行自力更生和自主创新。四是西部民族地区大多地处边疆、交通不便、管理成本高、条件艰苦因素复杂等等，具有较强的特殊性。如何制定和出台符合民族地区发展的针对性强、务实、高效的政策和措施，是衡量西部开发政策顺利实施的关键所在。

（三）民族地区"西部优惠"逐渐消失

一是国家实施西部大开发战略以来，又相继实施了"中部崛起战略"和"东北振兴战略"，后两大区域发展战略与西部开发战略相比，愈发具有优惠性、针对性和实务性，在区域优惠政策泛化的情况下，西部民族地区享受的所谓优惠其实已不再具有优势；二是在优惠泛化的情况下，对西部地区在国家政策层面愈发显得"优惠不足"，原因在于西部地区多为民族地区，地处边疆，其除了承担发展经济、维护社会稳定的任务外，还承担着巩固边疆、承担国防和维护国家生态安全大局等诸多事权。

（四）国家支持民族地区发展的投入规模小

一是固定资产投资总额尚小。以2007年为例，民族地区全社会固定资产投资总额占全国的比例较2000年有了较大提高，但也仅仅为9.84%。二是国家用于民族地区的转移支付规模较小。据统计，2000—2006年，国家用于民族地区的民族地区转移支付总量从25.5亿元增至155.6亿元，七年间仅增加了130亿元，年均增加18.5亿元，占同期全国财政收入增量不足1%。三是在中央对民族地区的财力转移支付总量中，民族地区转移支付额占总量的比重不超过5%。四是在中央对各地区的补助总量中，对西部地区的财力补助少于中部地区。以2005年为例，中央对东部地区补助额为3071.26亿元，占补助总量的27.62%，对中部地区补助额为4124.57亿元，占补助总量的37.09%，而对西部地区的补助仅为3924.25亿元，仅占补助总量的35.28%。

(五) 国家支持民族地区投入结构不合理

一是积累和消费结构不合理。用于居民消费、生活服务的投资较少，用于生产性、建设性的投资较大。在国家主导的投资体制下，容易导致地区经济发展结构失衡，根本上不利于地区经济的长远发展；二是投资结构不合理。用于城镇固定资产投资比例较大，用于农村固定资产投资比例较小，用于基础设施建设投资较大，用于居民消费、科技服务等社会事业投资比例较小。三是资源开发投入结构不合理。用于矿产资源开发投资的比重较大，用于矿区生态恢复、采陷区治理、污染治理的投入较小。四是一手软一手硬。用于经济建设投入的资金比例较大，用于支持科教文卫体等社会事业发展的资金比例较小。

(六) 民族地区资源开发战略粗放

世界各国的开发经验证明，一国在进行地区开发或者实现地区赶超战略时，应该综合考虑地区生态环境安全、资源安全战略、理性的开发规划和环境承载力等综合因素，单刀突进的掠夺性的资源开发战略，势必造成地区生态环境恶化、环境污染加重、地区生态系统遭到严重破坏，长远看来，不利于民族、地区乃至国家的持续发展。这种不可持续的经济开发方式，用大量的资源耗费换取的仅仅是经济的不可持续的、低端的、高成本的、不可逆的粗放增长，势必影响国家的长久发展大计。反观西部开发进程，从经济层面获得的增长来看，依靠科技进步推动取得的发展远远低于依靠资源消耗助推的发展，据统计，民族地区单位GDP科技贡献率不足8%，而单位GDP能耗贡献率却高达86%。由此可见，近年来西部地区特别是民族地区经济获得的发展，在某种程度上说是以巨大的资源消耗为代价的（见表6）。民族地区在进行资源大规模开发的同时，也承担着新的政策"剪刀差"，民族地区以较低廉的价格为全国提供煤、电、油、钢铁等资源供给，而在旧有的资源价格和资源税体制下，民族地区获得的地区利益却相形见绌。

表6 民族地区和全国能源消耗指标比较表（2008年）

地区	单位地区生产总值能耗（等价值）指标值（吨标准煤/万元）	单位工业增加值能耗（规模以上当量值）指标值（吨标准煤/万元）	单位地区生产总值电耗指标值（千瓦小时/万元）
全国	1.47	2.54	1498.30
民族地区	2.33	3.87	2532.23
民族地区高于全国平均水平	58.09%	52.47%	69.01%
内蒙古	2.159	4.19	1887.32
广西	1.106	2.335	1254.15
西藏	0.875	2.609	979.24
贵州	2.875	4.323	2452.21
云南	1.562	2.847	1654.94
青海	2.935	3.243	4061.64
宁夏	3.686	7.13	5084.09
新疆	1.963	2.999	1331.24

数据来源：根据《中国统计年鉴（2009）》计算。

（七）民族地区生态安全和国防安全任务艰巨

现行体制下，民族地区在发展地区经济的同时，还承担着维护国家生态安全和国家边疆地区稳定的重任。我国是一个多民族国家，各民族大杂居、小聚居，我国绝大多数民族居住在西部边远地区，地理位置偏远，一些民族地区与邻国接壤，自然气候条件恶劣，交通不便利。为实现各民族共同繁荣、共同发展，民族地区既要千方百计促进经济增长，又要作为国防的安全屏障，维护边疆地区稳定。同时，民族地区还要承担国家生态安全屏障的职能，着力实施天然林保护工程、三北防护林工程、京津风沙源治理工程等，构筑国家生态安全体系。

（八）民族地区缺乏财政话语权

一是分税制后，国家实施的充分考虑民族地区特殊性的、有别于汉族地区的差别财政管理体制终结,代之以"一刀切"模式的分税分级的财政管理体制。该体制下,民族地区无论从财政收入角度还是财政支出角度,均被剥夺了话语权。在西部民族地区资源大规模开发的前提下,本来的"劫富济贫"的税收集中体制对民族地区发展而言,反而扮演了"劫贫济富"的角色。民族地区财政支出虽然逐年大幅增长,但与其承担的事权相比较而言,也是"捉襟见肘"。二是现行的资源税体制下,如果不对资源税制、税率进行及时改革,未来几年西部民族地区必将处于新一轮经济增长的弱势地位。三是虽然在法律上国家规定了民族自治地方拥有财政自治权,但由于民族地区的特殊性,造成了法律规定与财政实践相抵触,无形之中造成了民族地区自治权流失,话语权变弱。

(九)民族地区财政体制和政策亟待完善

1. 分税制体制缺乏民族特殊性考虑

一是中央与民族地区税种划分不合理,"一刀切"模式的分税制使经济发展基础落后的民族地区,在税种、税率、税收分成等方面未得到应有的优惠。就资源税在中央与地方之间进行共享划分而言,具有明显的不合理性,民族地区资源富集,作为主要税种的资源税大部分被中央集中了,留给地方发展的比例却很少。二是在"两税"超收增量按1:0.3比例逐年递增大幅上缴的同时,中央对民族地区进行税收返还,无论是基数确定,还是"因素法"设计,均忽视民族地区财政体制特殊性,因此,导致民族地区财政收支缺口逐年增大。

2. 民族地区财政收支不平衡性加剧

一是从财政收入角度看,现行分税制体制下,单一高度集中的财力上缴模式,缺乏对地区经济状况、地理条件、资源禀赋等因素的考虑,势必造成资源富集的后发地区财力的吸血性上缴,造成可用财力严重不足。二是从财政支出角度看,现行体制下,名义上对民族地区进行支持,但是民族地区实际从中央和其他地区获得的转移支付资金却依旧较少。三是现行体制下,财权逐步上移、事权逐步下移的格局短时间内很难改变,使得民族地区陷入了"事权与财权不匹配、权责不合理"的怪圈。四是财政收支严重失衡,随着民族地区财政收支的大幅增长,民族地区财政收支差额也不断拉大。

3. 民族地区财政转移支付制度不完善

一是转移支付总量规模较小,作为分税制的补充,转移支付制度目的是实现缩小民族地区与其他地区发展的差距,调整经济结构,提高民族地区财政自给水平,然而受转移支付对民族地区基数和因素设计方法的限制,真正给予民族地区的转移支付总量增加不明显;二是现行转移支付制度下,民族地区转移支付规模较小,不足以体现对民族地区的帮扶和照顾;三是民族地区转移支付结构不合理。其一,税收返还所占比例大,而税收返还的依据是地区经济发展水平和税源状况,因此,民族地区享受的税收返还较小。其二,一般性转移支付所占比例小,造成转移支付制度平衡作用的弱化,不利于民族地区实现赶超。其三,专项转移支付所占比例大,除了挤占民族地区可用财力外,还造成了地区财政总收入的虚增。

4. 横向转移支付制度缺失

现行民族地区财政转移支付制度包括中央对民族地区财政转移支付和民族地区对下财政转移支付,即有财政纵向转移支付模式,缺乏横向转移支付制度。而在西方发达国家,横向转移支付制度作用相当重要,能够更好地促进地区间的经济技术交流,实现地区经济社会均衡发展。

5. 省以下财政管理体制不规范

反观民族地区发展历程,更为紧迫的是,除了中央对民族地区的财政管理体制存在缺陷外,民族地方对下财政管理体制也存在着诸多缺点和不足。其中,民族省、区对所辖地、市、州的财政管理体制不顺畅、不完善,民族地、市、州对下辖的县、乡、旗等财政管理体制不规范、各自为政现象普遍存在,不同层级财政体制之间相互博弈、扯皮,极大地影响了财政行政效率。

6. 各项财政改革进程缓慢

实施公共财政管理体制以来,民族地区公共服务能力显著提高,财政的基本公共服务均等化水平明显改善，公共财政色彩逐步增浓，但是，随着经济社会的逐步发展，财政领域的一些重点改革继续推进。部门预算制度改革、收支两条线改革、政府采购制度改革、非税收入制度改革、国有资本经营有预算改革、国库集中支付制度改革等虽然取得了一定成果，但仍需要大力实施，综合推进。

三、发挥"两个"积极性，继续促进民族地区发展

（一）提高民族地区财政自给能力

1. 积极涵养税源

切实调动中央和地方的"两个积极性"，关键的落脚点在于中央帮助地方搞好税源建设，培植新税源，巩固传统税源，实施"藏富于民，让利于企"的低税负发展战略，为民族地区长远发展奠定坚实的税源基础。

2. 适当下放税权

民族地区在一定程度上享有民族自治权，包括财政自治权，作为民族地区在争取国家适当下放税权的条件下，应该充分利用民族权和自治权，把握经济发展时机，用好用足政策，提高税收收入规模，实现地区高水平的财政自治。

3. 提高财政增收节支意识

在现有的分税制体制下，中央对民族地方转移支付财力和补助水平有限，民族地方除了依靠自己的力量保障地区经济社会事务发展外，还应该进一步提高财政管理水平，提高节约意识，增收节支，保持财政收支均衡。

（二）培育民族地区内生增长机制

1. 建立和完善民族地区金融信贷体制，优化投融资环境

一个地区要实现经济社会的长足发展，既离不开地区实体经济的力量，也离不开该地区金融、信贷、资本等虚拟经济实力，只有具备了坚

实的实体经济和优良的虚拟经济搭建的经济统一体,才能实现经济的持续、健康发展。民族地区要实现赶超战略,缩小同中东部地区的差距,势必搭建符合地区特点的融资平台,构建完整、规范、安全的地区金融信贷体系,营造良好的金融信贷环境,以期"筑巢引凤"。

2. 建立和完善支持民族地区中小企业发展的政策

"大河有水小河满,小河无水大河干",中小企业是地区经济的生力军,是市场经济的主体,只有支持中小企业发展,为中小企业提供良好的服务,给予税收优惠减免,为中小企业增加活力,才能够实现地区经济整体实力的增强。

3. 培育和催生民族地区自主创新机制

进行自主创新,提升科技创造力,培育自主创新和科技研发力量,是夯实地区发展基础、提高地区经济竞争力的重要举措,国家和民族地方要高度重视和加强对自主创新体制和机制管理,切实推动民族地区进行自主创新和自力更生。

4. 制定长效的生态安全建设战略

从主体功能区划和地区长远发展战略考虑,西部民族地区应该把工作的重点放在生态环境的保护和发展建设上,而不是进行大规模的资源开发上。既要积极大力保护和治理环境,又要合理有序适度利用,切实改善生态环境的质量,提高生态环境的生产能力,大力发展旅游业。

5. 建立和完善民族地区人才强区战略

西部民族地区最为缺乏的就是人才,在资金、技术和人才等资源要素构成中,人才的因素尤为重要,有了人才,地区经济发展才有支撑和支点。国家和民族地区应该下大力气,出台优惠政策,增加资金投入,引进人才,用好人才,最大限度地激发人才投身建设的活力。

(三) 促进民族地区发展的财政体制

1. 完善分税制财政体制

一是对现有的分税制进行完善,主要目的就是提高分税制体制的效率和政策质量。在分税制的众多缺点中,最关键的改革不外乎是进一步明晰分税制的政策初衷和归宿。基于此，分税制改革的重点应该进一步提高分税水平，科学分税、合理分税、合情分税、合规分税。在提高财力聚集度的前提下，哪些税种适宜共享，哪些税种适宜独享，哪些税种适宜下放，共享和划分的比例如何确定等，据需要进行深入研究和摸底调查，广泛征求意见。二是要实现对现行分税制的完善，就必须制定一套阳光的规则、哲学和法律，任何人不得搞特权、搞钱规则和潜规则，做到收入上缴不拖沓、财力下拨不寻租，切实提高财政收入和支出的客观性、严肃性。三是针对民族地区特殊性，要量体裁衣，在大的统一的分税体制下，给予民族地区财政充分的话语权和自治权，适度下放税收征管权限，有序培育地方税源，提高民族地区税收征管水平和依法理财水平。四是在收支脱钩的前提下，实现分级分税和转移支付制度的有效融合，财力分税水平要与财政支付能力相匹配，减少财政收支循环路径，降低财政支出和管理成本。五是积极推进财政、地税两家合并，裁汰冗员，避免人浮于事，降低税收征收成本，提高依法治税、依法理财水平。

2. 推行符合民族地区特点的公共财政管理体制

一是重点做好民族地区资源税制度改革。及早实现由从量征税向从量、从价综合计征的制度转变，提高资源税的累进档次和累进税率。调高资源税补偿费标准，适当提高地方分成比例，特别是民族地区的分成比例。完善资源税计征依据制度，综合考虑企业产量和资源可采储量两方面因素，鼓励企业回采和从事采陷区治理。建立和完善生态补偿机制，根据谁开发谁付费、谁受益谁补偿、谁破坏谁赔偿的原则，从国家、区域、产业三个层面，通过财政转移支付、项目支持等措施，给予民族地区合理补偿。同时，建立资源补偿基金，从资源开采企业中集中一定资金，用于生态恢复和治理，既有利于提高资源型企业的社会责任感，也有利于促进民族地区生态环境的改善。二是巩固和培植税源，搞好税源建设，避免"涸泽而渔"和"杀鸡取卵"。三是切实壮大税收收入规模，提高财政收入质量，提高民族地区可用财力规模。四是完善财政支出管理机制，改善财政支出结构，提高财政支出保障水平，加快推进民族地区基本公共服务均等化进程。

3. 完善省以下财政预算管理体制

一是现行中央对民族地方财政管理体制模式下，民族地方各自为政的财政预算管理体制急需改革和完善，结合地区特点，民族地区要深入研究，探索出符合民族地区特点的省对下财政管理体制。二是积极倡导三级财政管理模式，缩短中央财政对省级财政、省级财政对基层财政的直线管理距离，降低财政管理成本。在有条件地区，积极推行"省直管县"、"乡财县管"以及"村财乡理民代管"等好的财政预算模式，先行试点，再行扩大推广。

4. 完善对民族地区的转移支付体制

一是建立规范、科学、标准的对民族地区转移支付的"标准因素"测算体系和数据库。1994年的分税制，之所以没有体现对民族地区的支持和倾斜，原因在于对民族地区特殊性缺乏因素考虑，在进行转移支付因素体系设计时，没有考虑到民族地区的特殊因素，因此造成对民族地区转移支付总量的减少，所以，通过调查研究、分析比较，应该及早建立一套规范的标准因素体系，即一般因素（人口数量、地理分布、区域面积、行政机构等），自然因素（海拔、气候、降雨、路况等），经济因素（资源禀赋、交通状况、经济基础、人均财力等），社会因素（文化传统、科学研究、技术状况、教育管理、体育事业等），民族因素（民族聚居、边疆面积、行政管辖范围、宗教、语言文字等复杂因素）。二是建立扶持民族地区的一般性转移支付制度。作为财政转移支付主体的一般性转移支付主要是用于平衡民族自治地方财政预算，实现民族自治地方基本公共服务均等化。三是建立对民族地区的专项转移支付制度，支持民族地区进行基础设施建设以及进行教育、科技、扶贫、社保等社会事业发展的投入。四是建立对民族地区的优惠性转移支付。为了提高中央对民族地区帮扶政策的针对性和时效性，通过直接拨付资金和转移财力等方式，采取"一站式"的补助方式，为民族地区的宗教信仰、风俗习惯和特有的语言文字、教育、卫生、宣传等特殊支出需要提供资金保障。五是扩大转移支付规模，提高民族地区财力保障水平，通过严格的立法，减少年度转移支付行为的随意度，规范和整合政府间财政资金转移和专项补助资金，集中使用、统筹协调。六是适时建立对民族地区的横向转移支付制度。近年来，西部地区在生态保护、资源供给等方面做了全域性和全局性的贡献，通过建立横向转移支付协调机制，组织东西部省份建立省际转移支付关系，东部发达省市每年拿出一定比例的资金，用于支援结对的民族自治地方经济建设。

（四）实施符合民族地区发展的财政政策

1. 合理实施和运用积极的财政政策

具有投资拉动色彩的积极财政政策，也叫扩张性的财政政策，是凯恩斯对世人的贡献，其对克服经济衰退和防止经济下滑能够起到一定的积极作用，然而，在后凯恩斯时代，人们把经济的内生发展简单地等同于诸多外在的经济管理政策和措施的成功运用；把经济的发展和进步简单地等同于经济的快速增长；把经济的健康持续发展简单地等同于GDP规模的膨胀性增长。其实，上述这些都违背了经济发展的内在规律，在现有技术条件下，一个规范、健康、有序、长效的经济运行机制，无非是发端于经济体内部、自由自在的、内在本质的经济增长和发展以及其周而复始的过程。因此，从中华民族伟大复兴的角度来看，实现民族地区长远发展，就要务实地、理性地、恰当地慎用各项政策和调控措施，包括积极的财政政策和货币政策等，以免出现"揠苗助长"的现象。

2. 整合和升级支持西部开发政策

随着优惠泛化、庞杂无序、各自为政的一揽子支持西部开发政策弊端的日益显现，如何提高西部开发政策的系统性、有效性、针对性、整体性和政策性功效，是西部地区持续发展的动力所在。无论从中央到地方，无论是短期还是长期，各级政府要提高认识，统一思想，加强对支持西部开发政策的研究，对各项西部开发政策进行优化和整合，实现"支西"政策的战略升级，使国家政策的能量得到最大限度的释放，以催生民族地区经济和社会的强劲发展。

3. 完善分税制的相关配套措施

一是稳步推进财政预算管理体制改革，在零基预算的基础上，稳步推进政府综合预算改革，提高政府综合预算编制水平，提高预算科学化、规范化水平；二是改革和完善部门预算制度，严格按照"两上两下"的预算编制程序，切实提高部门预算编制的科学性，严格预算约束；三是推行财政绩效管理制度改革，结合财政业务实际，针对民族地区财政管理的特点，制定出一条科学、合理、规范、行之有效的财政绩效管理制度，并付诸实施；四是严格规范"收支两条线"管理，结合行政事业单位国有资产管理的经验，严格收支划分，规范税费缴库制度，严厉打击挤占、挪用收入的行为，把好行政事业单位资产的"出口关"和"入口关"；五是积极推进非税制度改革，加强非税收入管理，切实处理好税收收入与非税收入的均衡关系，规范非税收入规模，优化非税收入结构，提高民族地区可用财力水平；六是调整和优化民族地区财政收支结构，提高财政自给水平。保持适度的财政收入规模，提高财政收入质量，处理好税收收入与非税收入结构关系，逐步提高税收收入在财政收入中的比重。优化财政支出结构，有保有压，发挥好财政资金的"乘数效用"和"四两拨千斤"的作用，以带动民族地区经济社会发展，处理好财政收支关系，保持财政收支平衡。

（五）当前急需做好的几项工作

1. 继续发挥政府的开发主导作用

单一制的中央集权体制下，政府负责制定区域开发战略、倡导财政管制模式、实施政府投资的乘数作用、引导民间资本进行基础设施投资等，是现时期民族地区发展的主要依靠力量。在国家"支西政策"的背景下，继续巩固十年来得之不易成果，继续推进西部开发进程，打好开发攻坚战。

2. 切实加大对民族地区转移支才付力度

提高民族地区公共服务水平，改善民族地区基本公共服务均等化状况，支持民族地区各项社会事业的发展，维护边疆地区稳定，均离不开中央财政的支持,需要国家继续加大对民族地区转移支付力度,扩大民族地区转移支付规模。积极发挥财政资金的引导作用,实现民族地区经济新的快速发展。

3. 强化民族地区生态环境保护功能

按照国家主体功能区划分的原理,建议国家对民族地区经济基础、地理状况、资源禀赋、气候条件和历史文化等因素进行认真研究、综合分析,按照区域的区位优势、主体功能等进行地区发展战略定位,按照"有所为、有所不为"的原则,重点做好民族地区生态环境保护工作,实现我国中西部地区生态条件的根本好转,为大国家战略的实施奠定坚实的基础,为实现全国经济腾飞创造一个良好的自然环境和人文环境。

【参考文献】

财政部预算司:《地方财政分析资料》,经济科学出版社 2008 年版。

刘卫东、刘毅、秦玉才等:《2009 中国区域发展报告:西部开发的走向》,商务印书馆 2010 年版。

符太增、范游恺:《内蒙古自治区财政管理体制》,经济科学出版社 2008 年版。

马应超、马海涛:《我国民族地区财政管理体制改革 30 年:总体回顾与后续设计》,载《经济研究参考》2009 年第 29 期。

公共预算研究系列
Public Budgeting Research Series

预算改革与公共支出

预算满意度及其影响因素的实证研究*

牛美丽　邝艳华**

内容摘要：自20世纪末以来，中国连续开展了一系列的预算改革。这些改革不但大大改善了预算决策，同时也提高了政府预算系统的责任性。那么，作为公共服务的对象，公民如何看待政府的预算改革的努力，他们对预算改革是否满意，他们的满意度受哪些因素影响，这是本研究的核心问题。本研究选取广州作为一个案例，通过电话问卷调查测量广州市民的预算满意度，同时进行了教育程度、预算认知、媒体报道、政治异化、税负感与公民预算满意度的回归分析。

关键词：预算满意度　预算认知　税负感

一、引　言

改革开放的前20年，中国财政改革的重点是财政收入分配制度的改革，包括工商税制和分税制等改革。改革开放的后20年，财政改革

---

* 本研究得到国家社科基金"预算改革与责任政府构建"项目的资助。
** 牛美丽，女，副教授，中山大学政治与公共事务管理学院，研究方向为公共预算。邝艳华，女，讲师，广东财经大学。

的重点转到了支出制度。1999年开始,中国先后启动了部门预算、国库集中支付、政府采购、收支两条线等改革,拉开了构建现代预算制度的序幕。近几年,绩效预算、公民参与预算等改革的涌现,进一步体现了政府强调预算系统的责任性。"取之于民,用之于民"已经成为不争的事实,代表了预算改革的方向。同时,近年来公共政策的调整也体现了向社会支出倾斜的特点。从2002年至2008年,社会支出占我国政府一般预算支出的百分比从26.87%增加至42.8%。① 与此同时,广州市也大幅增加社会事业投入,2009年市本级财政一般预算支出计划423亿元中,安排用于民生和各项公共事业的资金317.3亿元,占一般预算支出75%,比2009年增加81.3亿元。②

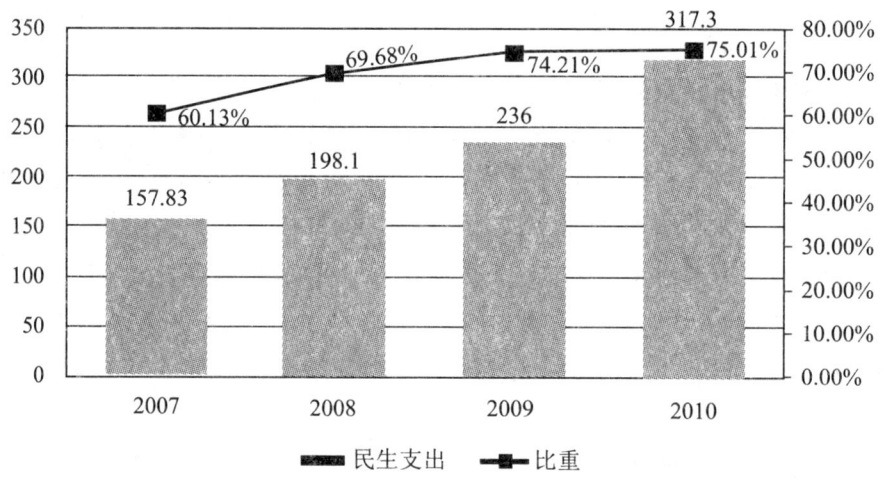

图1 广州市民生支出占一般预算支出比重

那么,到底老百姓对政府这些改革的努力如何评价?对这个问题的回答一方面是评估预算改革乃至我国公共政策转型的一个重要内

---

① 该百分比由中国统计年鉴中的社会文教费(中央与地方合计)÷国家财政支出(中央与地方合计)×100%得出,数据来源于《2003年中国统计年鉴》和《2009年中国统计年鉴》。
② 广州市2010年预算执行情况和2011年预算草案、广州市2009年预算执行情况和2008年预算草案、广州市2008年预算执行情况和2009年预算草案、广州市2007年预算执行情况和2008年预算草案。

容。另一方面，公众对政府预算的管理和评价也是下一步改革的参考。

现有的研究显示，关注公民对政府预算的满意程度，可以促使公共财政真正为民所用、提高政府服务水平，可以促使老百姓内化公民意识，促进自觉投票等公民权行为的形成（Bateman & Organ，1983），可以促使公民提高对政府的忠诚度（Fornel，1992），对政府绩效产生正向的激励作用（Fisher，2003）。

预算管理是公共服务中的一个方面，预算满意度能够客观反映公民需求的满足程度和社会福利水平，政府理所当然要根据公民需求合理配置财政资源，为公民提供优质的公共服务。尤其在纳税人意识逐步发育的今天，纳税人能够逐渐对政府产生重大的影响。政府要赢得公民的信任，维持财税收入的稳定，就要研究公民的预算满意度，不断地观察和分析公民预算需求的变化，适时地提出并采取满足其需求的有效措施，让公民更多地分享财政改革的成果，最大限度地增进社会的福利水平。预算满意度还是公民就政府在提供服务过程中所体现出的管理能力、回应性、责任性以及公众参与度等方面所做出的评价，是公民评价政府中一个重要内容，是民意的较好体现。因此，研究预算满意度，测量政府满足公民需求的状况，有着重要的现实意义。

由于公民预算满意度的重要性，因此政府在重视预算满意度的同时，更为重要的目标是提高公民的预算满意度，以持续地获取公民的信任，针对公民的预算需求提供更为合适的公共服务，本研究正是基于这种设想而设计的。为了确保研究的有效性，并考虑到研究的可行性，作者选取了广州市作为一个典型的案例作为研究对象。广州市的部门预算改革相对比较成熟，尤其是绩效预算改革更是走在全国前列，特别是2009年部门预算公开的大胆尝试，开了中国政府预算公开的先河，引起了社会上极大的轰动。那么，在这样一个特殊的环境下，广州市公民对政府预算管理的满意度如何？他们的预算满意度与哪些因素相关？这是本研究所关注的核心问题。

二、满意度及其影响因素

由于没有关于预算满意度的研究,因此本文从公共服务满意度着手,梳理满意度的影响因素。满意度是指需求被满足后的愉悦感,是公民对公共服务绩效的感受与事前期望的相对关系(Gauthier,1987)。从其定义上来看,满意度无疑与服务绩效有关,同时也与自身特征和经历有关,因为自身特征和经历塑造和影响着公民对公共服务的期望以及享受服务时的感受。

公民的个人特征影响公民对服务行为的评价(Percy,1986)。西方一项关于图书馆满意度调查的研究,证实读者的个体特征如教育程度,对满意度的影响很大(Elia & Walsh,1983),一项关于警察服务满意度调查的研究也证实了公民的教育程度对满意度存在影响(Brown & Coulter,1983)。

公民的满意度也受到与公共服务接触程度的影响(Brown,1983)。公民与公共服务的接触程度越高,就能对公共服务产生更深刻的服务知觉,公民接受服务的经历也影响着服务知觉(Parks,1984),服务知觉对公共服务满意度产生影响(Brown & Coulter,1983)。

除此以外,媒体的报道也塑造着公众满意度。如果媒体经常报道警察不当行为,那么当地的居民对警察服务的满意度就会降低(Weitzer & Tuch,2005)。公民的政治异化(political alienation)程度对公共服务的满意产生负面影响,公民感到自己的诉求得不到政府的回应,就会容易产生不满(Benson,1981)。

三、研究假设及自变量

结合上述的研究回顾,提出以下假设:

教育程度

教育程度高的公民对政府预算管理及其提供的公共服务质量的期

望更高，在当前政府预算管理水平有限的情况下，更难满足他们的期望。假设1：教育程度高的公民其预算满意度比教育程度低的公民要低。

预算认知

公民对政府预算管理的接触程度越高，越会形成更深刻的服务知觉，加深对政府预算管理的认识，对预算管理的满意程度或不满程度更大。预算认知对预算满意度产生正向还是反向影响，与公民的政府预算管理接触经历有关。假设2：预算认知度影响公民的预算满意度。

媒体报道

如果公民经常关注媒体对政府预算管理的报道，接受的媒体信息越多，被媒体塑造其预算满意度的程度就越大。在本次调研开展之时，媒体普遍报道2009年广州市首次公开部门预算以及实行预算绩效管理的情况，在正面报道居多的情况下，广州市公民接受了越多媒体关于政府预算管理方面的正面信息，其预算满意度越高。假设3：经常关注媒体预算报道的公民其预算满意度比很少关注媒体预算报道的公民要高。

政治异化

如果公民感到被政府预算过程排斥在外，或者相信政府对他们的诉求回应性很低，对政府的信任感也很低，他们就容易对政府预算管理产生不满。假设4：政治异化程度高的公民其预算满意度比政治异化程度低的公民要低。

税负感

每个人都会垂涎"免费的午餐"，希望少纳税的同时可以多享受公共服务。我国的税收很多是间接税，公民往往不清楚自己实际上所缴纳的税款（岑科，2009），因此本研究用税负感来取代实际税款。如果公民感觉自己缴纳的税款少的同时又能享受公共服务的话，就越容易对政府预算管理产生好感。假设5：税负感高的公民其预算满意度比税负感低的公民要低。

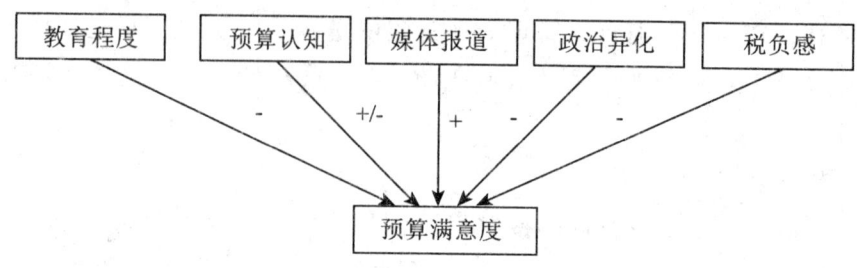

图 2　预算满意度影响因素模型

三、变量的测量

（一）预算满意度的测量

本文所研究的公民预算满意度主要是主观上的满足感，是指公民的公共财政的需求被满足后的愉悦感，是公民对政府预算管理的事前期望与享受公共服务后所得到实际感受的相对关系。本研究按照政府预算管理过程来进行操作化测量预算满意度，主要内容是预算管理总体满意度和预算资金分配、人大的预算审查和批准、预算执行、人大的预算监督等四方面的满意度。

预算满意度调查是用数字去反映受测者对预算管理的态度，本研究采用李克特量表（Likert Scale）来量化指标，量表具体设计为五点尺度，要求受测者在数字 1 至 5 中选择一个非常满意或非常不满意测量指标的程度，包括非常满意、基本满意、一般、基本不满意、完全不满意。

（二）预算满意度影响因素的测量

教育程度：本研究采用最高学历来测量。

预算认知：本研究用预算认知量表来测量预算认知程度，量表分为知识和态度两部分，知识部分主要是基本的预算常识，态度部分主要是正向的陈述题，如果同意该说法，则说明对此项预算信息有所了解。

媒体报道：本研究采用主观的测量指标，即不测量具体媒体报道的次数，而是测量受测者感觉到的媒体关于政府预算管理的报道频度。

政治异化：测量受测者感觉到的获取政府预算信息、了解和参与政府预算管理过程的难度。

税负感：本研究采用的是主观的测量指标，即不测量具体缴纳的税款，而是测量受测者感觉到的纳税负担。

表1 预算满意度相关因素的变量说明表

变量名称	操作化	编码	变量类别
教育程度	最高学历	初中及以下 =1；高中/中专 =2 大专 =3；本科 =4；硕士 =5；博士 =6	定序
预算认知	对政府预算管理基本情况的了解和态度	低认知 =1 ~ 高认知 =5	定比
媒体报道	对媒体关于政府预算管理的报道频度的感觉	很少 =1 ~ 频繁 =5	定序
政治异化	对获取政府预算信息、了解和参与政府预算管理过程所感觉到的难度	很容易 =1 ~ 很难 =5	定比
税负感	对目前所缴纳税款的感觉	不用纳税 =1；过少 =2；刚刚好 =3；过多 =4；	定序

（三）信度分析

为保证问卷的可靠性和有效性，研究者对问卷的信度进行了检验。通常用 Cronbach α 信度系数来测量问卷信度，一般认为信度系数在 0.8 以上即具有较高的信度。对预算满意度量表进行信度分析，发现其克朗巴哈信度系数为 0.800，说明量表具有较高的信度。

四、数据与方法

（一）抽样

本研究在广州市开展问卷调查来收集数据。为保证研究的时效性，本研究委托专业的电话调查公司组织电话访问采集问卷数据。本研究的抽样框是在电话公司注册家庭电话的市民。在接通电话后，如果受测者拥有广州市户籍或者是在广州居住满1年以上，并且年满18岁，则继续进行后面的调查，如果受测者不符合户籍、年龄的要求，则不纳入调查范围。

本研究把样本量设定为1000。广州市有12个区，由于其中花都、从化、增城、南沙等4个区处于偏远地区，电话入册不齐全，造成样本框不完整，因此这4个区不纳入样本框。研究者选取了其余的荔湾、越秀等8个区，根据这个8个区的人口比例，采用配额随机抽样的方式来抽取1000名受测者（见表2）。

表2 抽样结果

区名	人口数（万人）	人口比例	样本（人）
荔湾	73.84	9.17%	92
越秀	104.09	12.93%	129
海珠	136.57	16.96%	170
天河	117.96	14.65%	147
白云	166.5	20.68%	207
黄埔	30.46	3.78%	38
番禺	152.57	18.95%	189
萝岗	23.16	2.88%	29
合计	805.15	100	1000

数据来源：广州统计局：《广州市2009年统计年鉴》，中国统计出版社2010年版，第5页。

（二）样本描述

这1000名受测者的性别、婚姻状况、教育程度、年龄和职业分布情况详细见表3。从统计数据来看，样本的选取对象各项分布较为均衡，调查对象的选取具有一定的合理性与代表性。

表3 调查对象情况（单位：人）

		人数	合计
性别	男	498	1000
	女	502	
婚姻状况	未婚	309	1000
	已婚	691	
年龄	18—30岁	402	1000
	31—40岁	237	
	41—50岁	148	
	51—60岁	118	
	61岁以上	95	
教育程度	初中及以下	185	1000
	高中/中专	316	
	大专	274	
	本科	198	
	硕士	24	
	博士	3	
职业	公务员	29	1000
	国有企业、事业单位职员	83	
	私营/三资企业管理人员	24	
	私营/三资企业职员	301	
	个体户	96	
	医生、教师等专业人士	69	
	在校学生	115	
	离退休人员	173	
	其他	109	

五、分析结果

（一）预算满意度的描述分析

经过对预算满意度进行描述统计，从表4和图3中可以发现，预算满意度的值域范围是1至5，5为高满意水平，1为低满意水平。预算满意度的均值是2.97，低于中等满意度3。反映市民对广州市政府预算管理的满意度是略低于一般水平。42.9%的市民预算满意度高于一般水平，30.5%的市民预算满意度较低，9.5%的市民对政府预算管理感到非常不满意。对预算管理持中等满意水平的公民人数远远超过其他态度的公民，持强烈负面态度的公民比持强烈正面态度的公民要多。

表4　预算满意度描述统计

预算满意度分数等级	人数	百分比
1~2：低满意度	95	0.095
2~3：较低满意度	305	0.305
3：中等满意度	171	0.171
3~4：较高满意度	380	0.38
4~5：高满意度	49	0.049

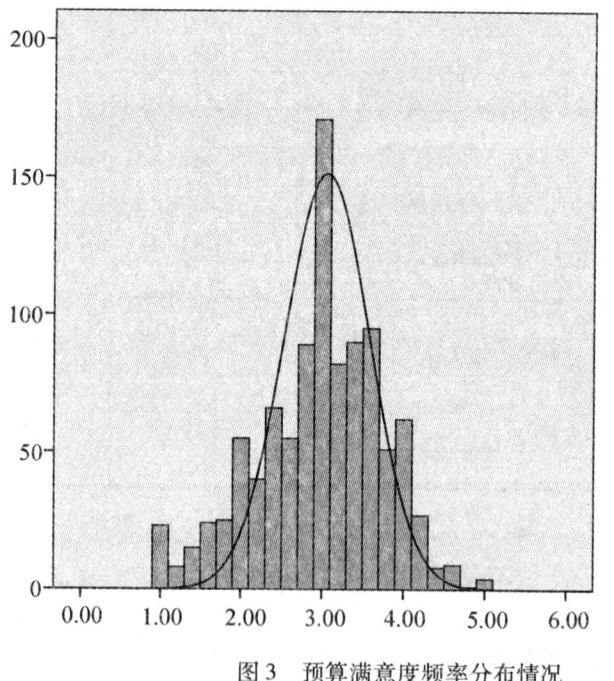

图3　预算满意度频率分布情况

从各项满意度的情况来看（见表5），市民对财政资金分配的满意度是最低的，对预算执行的满意程度是一般，感到较为满意的是人大预算审查和人大预算监督，超过了中等满意水平3。调查反映了相较于政府的工作来说,广州市民对人大代表的预算工作更满意,而且人大的预算审查和监督都高于一般水平。这与广州市人大素来敢于直言、媒体曝光率较高有关,市民对市人大的监督审查工作是比较认可的。市民对市人大预算监督的满意度的差异性最大。

表5 各项预算满意度描述统计

	样本数	极小值	极大值	均值	标准差
财政资金分配的满意度	1000	1	5	2.72	.999
市人大预算审查的满意度	1000	1	5	3.12	.960
市政府预算执行的满意度	1000	1	5	2.97	1.010
市人大预算监督的满意度	1000	1	5	3.03	1.050

(二) 各影响因素的描述分析

1. 预算认知

从图4可以看出,较多广州市市民的预算认知分数分布在左侧,总体预算认知水平为2.86,低于一般水平。只有极少数市民的预算认知水平非常高或者低至一无所知,大部分市民的预算认知水平都处于2至4之间,市民的预算认知水平差异性较小。

2. 媒体报道

从图5可以发现,超过50%的广州市市民认为媒体会经常报道备受关注的政府预算信息。不过市民对于媒体报道预算信息的感知差异性比较大,标准差达到1.107。

3. 政治异化

从图6可以看出,整体广州市民的政治异化程度不高,接近48%的广州市民认为政府预算信息比较容易获得和理解,37%的广州市民觉得政府预算信息较难获得和读懂。

4. 税负感

从图7可以发现,广州市民的整体税负感较轻,超过40%的广州市市民现阶段不用纳税,在需要纳税的市民当中,只有4%的市民认为税负过少,52%的市民认为税负刚刚好,而认为税负过重的市民占44%。

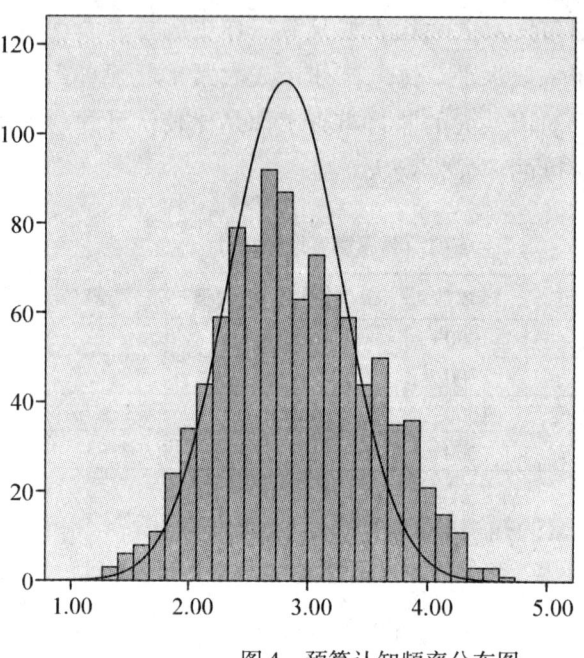

图4　预算认知频率分布图

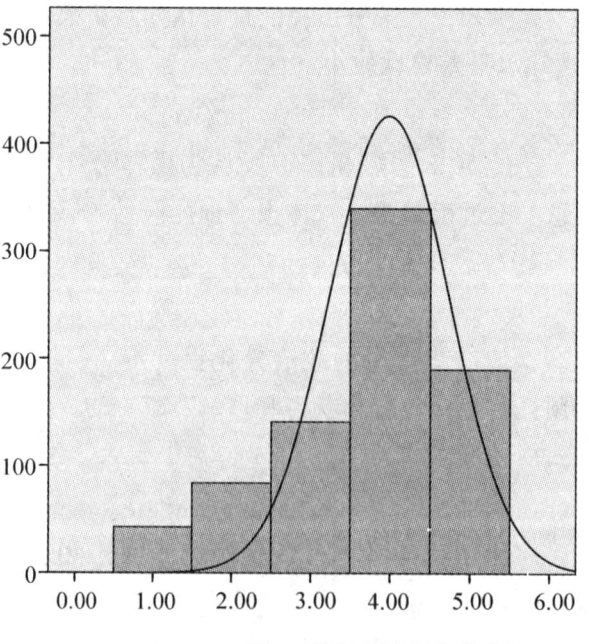

图5　媒体报道频率分布图

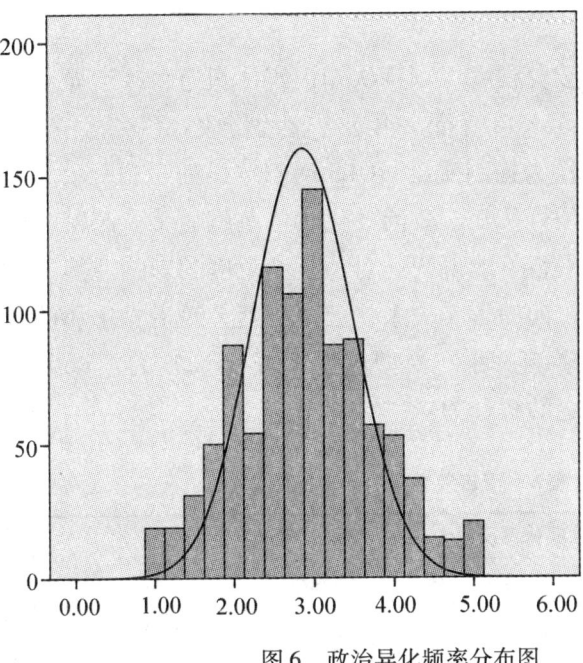

图6 政治异化频率分布图

均值=2.91
标准偏差.=0.871
N=1000

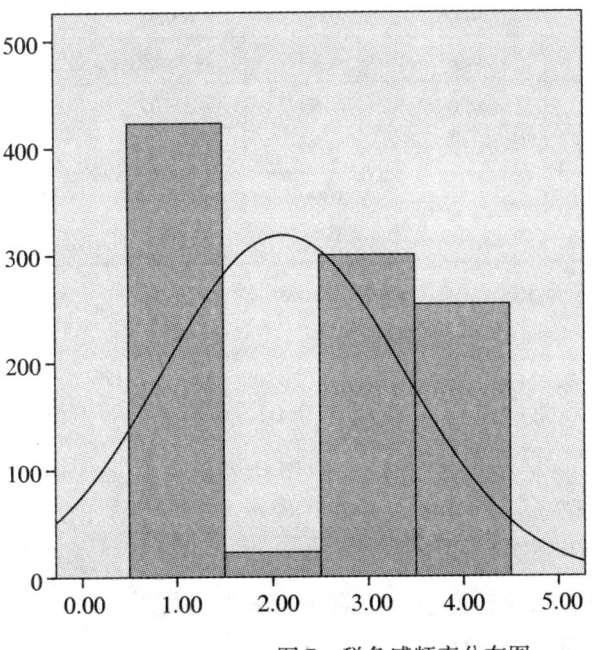

均值=2.39
标准偏差.=1.262
N=1000

图7 税负感频率分布图

(三) 回归分析

对预算满意度与教育程度、预算认知、媒体报道、政治异化、税负感进行回归分析,加入人口特征(年龄、性别、婚姻状况、区域、职业、税前月均收入)作为控制变量。OLS 回归结果如表 6 所示。五个自变量中,教育程度、预算认知、政治异化和税负感显著,而媒体报道没有通过统计显著性水平,不能说明其对预算满意度的影响。其中,预算认知对预算满意度是正向的影响关系,教育程度、政治异化和税负感对预算满意度是负向的影响关系。模型可以解释 25.2% 的预算满意度整体变化,模型具有一定的解释力。

表 6 预算满意度的多元回归分析

	非标准化系数		标准系数	t	Sig.
	B	标准误差	试用版		
(常量)	4.416	.169		26.140	.000
教育程度	-.063	.022	-.089**	-2.836	.005
预算认知	.074	.036	.059*	2.036	.042
媒体报道	-.030	.021	-.042	-1.430	.153
政治异化	-.400	.026	-.450**	-15.281	.000
税负感	-.067	.019	-.109**	-3.563	.000
样本数			1000		
调整后 R^2			2.52		

*代表统计显著性水平为 5%(双侧检验)。

**代表统计显著性水平为 1%(双侧检验)。

教育程度对预算满意度的影响作用在 0.01 水平上显著,标准系数为 -0.089,说明教育程度越高的公民,其预算满意度越低,假设 1 成立。可能是由于学历越高,越清楚政府的管理水平,能够从信息迷雾中敏锐地发现预算管理中出现的问题,就会越有可能政府预算感到失望和不满。学历比较低的市民,越容易受政府正面宣传、媒体正面报道的影响,越倾向于对政府预算表示满意。

预算认知在 0.05 水平上显著影响预算满意度，标准系数系数为 0.059，说明预算认知度越高的公民，其预算满意度越高，假设 2 成立。这说明预算认知度高的市民可能对政府预算管理的接触程度比较高，对政府预算管理的过程以及预算改革措施、影响比较了解，能够形成较为积极和深刻的态度。

政治异化对预算满意度的影响非常大，在 0.01 水平上产生显著的影响，标准系数达到 -0.45，说明政治异化程度越高的公民，其预算满意度越低，假设 4 成立。如果公民感觉到与政府预算管理的疏离感很大，很难获得和理解政府预算信息，很难了解并且参与预算管理过程的话，就越倾向于对预算管理表示不满。

税负感也较为明显地影响着预算满意度，标准系数为 -0.109，说明税负感越重的公民，其预算满意度越低，假设 5 成立。税负感较重的市民，表示其纳税人意识非常明确，强烈地体会到是政府在花自己的钱，就会非常希望政府能够用好纳税人的钱、为纳税人服务，用于公共目的，最好是自己能够直接享受到所带来的好处。这些市民对政府开支、公共服务提供水平等最为关注，在当前预算管理水平不高的情况下，越容易对政府预算产生不满意。

六、结　论

经过对广州市公民的预算满意度调查研究，主要有以下发现。

广州市民对政府预算管理的满意度属于中等偏低的满意水平。市民最满意的是市人大对预算的审查和监督，而对政府财政资金分配的满意度最低，反映市民普遍希望政府预算分配能够更加透明和公平，期望政府财政能够对民众最关心的民生项目加大投入。

经过多元回归分析，教育程度、预算认知、政治异化和税负感这四个影响因素通过了显著性检验，对预算满意度产生显著影响。其中，教育程度越低、预算认知度越高、政治异化程度越低、税负感越轻的市民，其预算满意度越高。说明教育程度比较低的市民，缺乏独立思考能力,越容易受正面宣传报道的影响,越倾向于对政府预算表示满意;预算认知度越高,与政府预算管理接触越多,掌握的政府预算管理措施、预算改革等信息越多,形成越深刻的知觉,越容易对预算管理产生好感;税负感越轻,即认为缴纳的税收合适并且合理,也容易满意政府的预算管理。

在四个显著的影响因素中,政治异化与预算满意度的影响最为深刻,说明政府如果要提高市民的预算满意度,较为有效的做法是开拓预算信息公布的途径,让政府的预算信息更加容易获得,对预算基本知识加以普及宣传,让市民更加容易理解政府预算信息,并且开拓有效途径吸纳市民对政府预算的意见,提升市民的预算参与感。除此以外,预算满意度还与税负感密切相关的,因此另外一个提高公民预算满意度的可行途径是想方设法减轻市民的税负感,提高公共服务的供给水平和质量,让纳税人觉得所缴纳的税款是物有所值的、自己能够从中获益的。用市民喜闻乐见的形式加强对政府预算信息的宣传,提高市民的预算认知水平,也是政府提高市民预算满意度的办法之一。

公民预算满意度的提高是一项艰巨而意义重大的任务,政府需要因应民意、顺应民心充分保障民生项目支出,逐步提高公共服务的质量,与老百姓共享经济发展的成果,让公共财政不仅做到"取之于民、用之于民",还能够"取悦于民"。

【参考文献】

岑科:《追问"阳光财政"——2009公民税权手册》,传知行社会经济研究所2009年。

广州市财政局:《广州市2010年预算执行情况和2011年预算草案》、《广州市2009年预算执行情况和2008年预算草案》、《广州市2008年预算执行情况和2009年预算草案》、《广州市2007年预算执行情况和2008年预算草案》。

何精华、岳海鹰、杨瑞梅、董颖瑶、李婷:《农村公共服务满意及其差距的实证分析——以长江三角洲为案例》,载《中国行政管理》2006年第5期。

Bateman. T. S. andOrgan. D. W. "Job Satisfaction and the Good Soldier: The Relationship between Affect and Employee 'Citizenship'", *The Academy of Management Journal*,

Vol. 26, No. 4, 1983, pp. 587 – 595.

Benson, P. R., Political alienation and public satisfaction with police services, *The Pacific Sociological Review*, 1981, Vol. 24, No. 1: 45 – 64.

Brown, K. and Coulter, P. B., Subjective and objective measures of police service Delivery. *Public Administration Review*, Vol. 43, No. 1, 1983, pp. 50 – 58.

Brown, T., Coercion versus choice: citizen evaluations of public service quality across methods of consumption. *Public Administration Review*, Vol. 67, No. 3, 2007, pp. 559 – 572.

Elia. D. G. and Walsh. S., User satisfaction with library service: a measure of public library performance. *The Library Quarterly*, Vol. 53, No. 2, 1983, pp. 109 – 133.

Fisher. D. C., Why do lay people believe that satisfaction and performance are correlated? possible sources of a commonsense theory. *Journal of Organizational Behavior*, No. 24, 2003, pp. 753 – 777.

Fornel. C., A national customer satisfaction barometer: the swedish experience. *The Journal of Marketing*, Vol. 56, No. 1, 1992, pp. 6 – 21.

Gauthier. B., Client satisfaction in program evaluation. *Social Indicators Research*. Vol. 19, No. 2, 1987, pp. 229 – 254.

Karin, B. and Coulter, P. B., Subjective and objective measures of police service delivery. *Public Administration Review*, 1983, Vol. 43, No. 1: 50 – 58.

Parks, R. B., Linking objective and subjective measures of performance. *Public Administration Review*, Vol. 44, No. 2, 1984, pp. 118 – 127.

Percy, S. L. Citizen involvement in coproducing safety and security in the community. *Public Productivity Review*, No. 42, 1986, pp. 83 – 93.

Reisig, M. D. and Parks, R. B., Experience, quality of life, and neighborhood context: a hierarchical analysis of satisfaction with police. *Justice Quarterly*, 2000, Vol. 17: 607 – 630.

Weitzer, R. and Tuch, S. A., Determinants of public satisfaction with the police. *Police Quarterly*, Vol. 8, No. 3, 2005, pp. 279 – 297.

中国绩效预算改革的雄心与现实：
来自南部某省份的调查[*]

邝艳华[**]

内容摘要：本研究选择我国南部某省作为案例，采用参与者观察、访谈、文件查阅的方法对其进行了实地调研，运用了劳伦斯·马丁扩展的预算体系模型作为分析框架，从改革目的、关注点和目标受众三个维度着手，研究了我国地方政府绩效预算改革的雄心设计和实际运行的差距，分析了雄心设计遵从低的原因。研究发现如果改革者指望通过设计一套规则让支出部门照办来推进改革的想法是过于乐观了，财政部门雄心勃勃的目标设计，在现实操作中的遵从度却很低。A 省绩效预算改革以加强控制为改革目的、以产出指标为关注点、含糊其辞但实际意图是以政府内部为目标受众的目标设计，在表面上都与运行结果相吻合。经过深入分析可以发现，由于省财政厅目标设计能力有限、支出部门合作意愿不高等主客观原因，导致在控制强度、指标运用效果以及结果运用力度方面，运行与目标设计存在着差距。出于不招致强烈的改革抵触情绪等政治因素的考虑，财政部门不得不选择妥协。

关键词：绩效预算改革　雄心设计　行政控制

---

[*] 此文已发表于《甘肃行政学院学报》2012 年第 1 期。
[**] 邝艳华，女，广东财经大学财税学院讲师，研究方向为财政税务。

"毫不夸张地说，一个国家的治理能力在很大程度上取决于它的预算能力。"（Schick, A., 1990：1）公共预算是加强治理能力的一个核心领域（马骏、侯一麟、林尚立，2007：3）。因此，中国在国家转型的过程中，持续地改革财政制度，努力地使其适应经济体制改革的现实需要。1999年以前，中国财政改革的重点是财政收入制度的改革，包括工商税制和分税制等改革。1999年以后，财政改革的重点转到了支出制度改革（肖学，2007：209）。1999年中国启动了一场意义深远的预算改革，以回应社会经济变迁对国家治理构成的挑战，这次改革包括部门预算、国库集中收付、政府采购、收支两条线等配套改革，旨在建立财政部门的核心预算机构地位和强化预算的行政控制，标志着中国迈出了建立现代预算制度的第一步，开始走向预算国家（王绍光、马骏，2008：23）。

在社会经济发展的现实需要的推动下，中国地方政府越来越多地关注绩效预算。财政部在工作重点中强调，"要积极推进绩效考评等工作，逐步建立以结果为导向的财政资金使用新模式"。根据财政部的统一部署，2001年开始，我国先后在湖北、湖南、河北、福建、A等地开展了财政支出绩效评价工作。目前，我国大部分的地方政府在声称进行绩效预算改革。无论是国内理论界还是实践界，绩效预算作为一种较合适的预算模式备受青睐。

但是，我国正处于一个尴尬境地，一方面，从改革的发展阶段来看，绩效预算是中国深化预算改革的现实选择；另一方面，中国预算改革的推进受制于政治改革的滞后，目前还不具备实行绩效预算改革的条件，它只是中国预算改革的一个远期目标（马骏，2005：159）。预算改革的进一步推进已经越来越受制于政治改革的滞后，政治过程的核心部分似乎不是纯粹的预算改革所能改变的，预算改革的推进需要对中国政治过程的某些部分进行改革（马骏，2007：55）。研究者对A省的调研发现，改革者雄心勃勃地设计出一套绩效评价体系，在现实运行的时候却大打折扣，改革者面对这个"预算改革的困惑"却无计可施。那么，非常值得研究的问题是，绩效预算改革的雄心设计和现实运行的差距是怎样的?为什么绩效预算改革向前进一步推进的雄心设计在现实运行中的遵从度不高?绩效预算改革的遵从度受制于什么因素?

马丁(Martin, L.)通过对人力资源服务项目的绩效评价的调研(Martin, Kettner, 1996),构建了扩展的预算体系模型(expanded system model),把预算系统划分为三个维度:改革目的(purpose)、关注点(system focus)和目标受众(target audience)。本研究将采用马丁扩展的预算体系模型作为分析框架,从改革目的、关注点、目标受众三方面来分析绩效预算改革的雄心设计和现实运行。

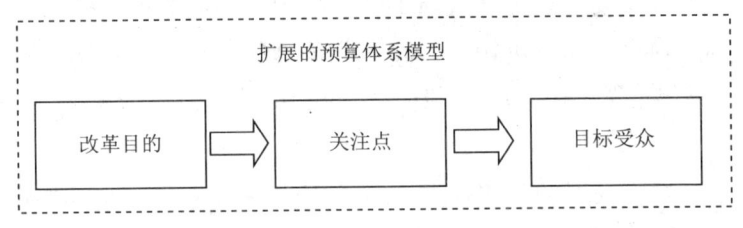

图 1　分析框架图

在改革目的方面,从理想设计的角度来看绩效预算的目的是加强沟通和管理(Martin, L., 2002),但是一些学者通过实地调研,发现以控制为核心的改革取向对于中国目前来说是一个可行的选择(Shick, A., 2000;马骏,2005;吴少龙,2009)。在关注点方面,虽然绩效预算强调关注结果(Martin, L., 2002),但是李(Lee, R., 1981、1997)和何达基(2007)通过收集和分析多个美国州政府的实证数据,发现很多州政府倾向于运用产出类型的评价指标。有学者对关注产出的现象进行了解释(Joyce, P., 2006;牛美丽、马骏,2006),科学合理的评价指标体系是难以构建的(Straussman, J., 2007;蓝志勇,2007)。在目标受众方面,虽然绩效预算要发挥应有的作用,需要绩效结果与决策挂钩,以外部参与者为目标受众,但是多项实证研究都表明,实际上绩效结果向内部公开,结果难以与预算决策挂钩(Lee, R. & Staffel, 1977; R. Lauth, T., 1985; Chilik Yu, 1996; Broom, C., 1995; Jordan, M. & Hackbart, M., 1999;范永茂,2007)。牛美丽和马骏（2006）、乔伊斯（Joyce, P., 2007）提出了各种联结绩效结果和预算决策的办法。有的学者（Joyce, P., 1996; Willoughby, K. G. & Melkers, J. E., 2000; 何达基，2007）则对两者联结的前景表示乐观，至少已经显现了积极的影响。

从已有的研究来看，很少以我国地方政府绩效预算改革为观照，从改革目的、关注点和目标受众三方面全面地关注绩效预算改革的设计和现实运行的差距，探讨改革设计遵从度低的原因。绩效预算改革在我国地方政府已经推行多年，非常有必要对这一预算模式的实施情况进行深入的调查和分析。为此，2008年7至2009年7月，本文的研究者在我国南部某省份（以下简称"A省"）财政部门进行了长时间的参与式观察、日常访谈和文献查阅，搜集丰富的一手材料，深入调查了该省绩效预算改革的设计和运行情况。A省是一个较为富裕的省份，2003年8月开展了绩效评价试点工作，得到了省委、省政府主要领导的高度评价和充分肯定，引起了财政部的高度重视（A省财政厅，2006、2007、2008）。

本文的安排如下：第一部分从改革目的、关注点和目标受众三方面介绍A省绩效预算改革的雄心设计和实际运行的差距，第二部分分析A省绩效预算改革设计遵从度低的原因，第三部分是本研究的结论。

一、差距在哪里？

（一）改革目的在表面上保持一致，在控制强度上存在差距

A省财政厅以行政规章形式制定了一系列基础表格如项目绩效目标申报表、自评报告表、评分表、评分标准等，规定了填报规范和撰写报告的格式要求，设定了申报目标和自评需要提交的相关材料和提交时限，制定了相关的指引材料，设计了一个完整的绩效评价流程，包括了绩效目标申报、部门自评、初审、专家复审、重点评价以及绩效结果的运用，制定了相应的实施方案。

在每年的绩效评价开展之前，绩效评价处都组织一场布置会，培训

和指导支出部门开展项目目标申报和自我评价工作,并认真听取单位和省人大的意见,做好解释说明工作,加强相互理解和配合。省财政厅严格规范绩效评价,强化控制,旨在促使支出部门在要款和用款时融入绩效观念,向财政厅定期汇报资金使用情况,提高项目管理水平。引用省财政厅 W 科长的话:"好的程序不一定会带来好的结果,但是好的结果一定是有一套好的程序。"①

省财政厅期望通过构建绩效评价框架,改变长期以来支出部门"重预算轻管理、重分配轻监督、重使用轻效益"的观念,减少花费大量时间和精力跑项目、争资金,忽视对资金的追踪问效,资金使用效率不高、效益不佳、截留挪用等现象,强化对支出部门预算行为的行政控制,规范财政资金申请、资金配置和资金使用过程。省财政厅试图向支出部门反复灌输遵守规则的习惯和道德规范,以便减少腐败和浪费,逐步在支出部门中建立管理责任(Shick, A., 2000:115)。

除了强化控制以外,省财政厅根据财政支出绩效评价结果,帮助支出部门分析诊断单位内部的管理问题和主要政绩水平,促使支出部门主动去掌握财政支出项目的预算绩效目标完成情况,取得的政治效益、社会效益和经济效益,加强财政资金的监控,提高支出项目的管理水平,明确相关责任方应当承担的责任,关注财政资金的使用效果,注重提高部门的管理效率。②

可见,省财政厅推行改革的目的是以加强控制为主,提高管理能力为辅。在实际运行中,改革目的确实有所实现。据省财政厅的统计资料表明,各支出部门 2006 年的预算新增请款比 2005 年减少了 30 多亿元(A 省财政厅,2007:22),说明了各支出部门的绩效观念和责任意识逐步增强。经过多年的实践,各部门都知道使用财政资金后是要进行绩效评价的,是要讲使用效益的,因此各部门的请款更为慎重,用款程序更为规范。

---

① 引自省财政厅 W 科长的访谈资料。
② 由来自支出部门的访谈对象的访谈记录整理而成。

更进一步地看，虽然改革目的大体上按照省财政厅的意愿实现了，省财政厅所期望的控制在一定程度上达到了目的。但是，其实支出部门并没有严格依照省财政厅的设计方案行事，没有受到省财政厅的有效控制，比如说，支出部门普遍不申报绩效目标，绩效目标空洞模糊，不及时提交甚至个别不交自评材料，自评材料质量参差，基础数据前后不符，没有按照提纲撰写自评报告，在重点评价中提供不完整的绩效信息，等等。省财政厅自身也没有按照预定的目标设计发展出客观科学的绩效结果，迫于政治压力而频频调整专家和中介评定的绩效结果。因此，省财政厅的控制力度没有达到预想的强度。从控制强度这个意义上来讲，改革目的的设计和运行是存在一定差距的。

虽然困难重重，完整设计的评价流程在现实运行中遭遇支出部门松松垮垮的服从，省财政厅出于政治考虑无奈地选择妥协，但是此次改革所带来的积极变化和省财政厅的改革雄心仍然值得我们充分肯定。

（二）关注点在表面上保持一致，在运用效果上存在差距

A省财政厅所设计的评价指标体系倾向于关注产出，大部分指标都是测量项目产出的。在实际运行中支出部门选择评价指标时也不自觉地注重测量产出。原因是由于在改革的现阶段，绩效测评技术和绩效观念都处于起步阶段，关注产出能够降低绩效评价的操作难度，增加支出部门对于改革的认同感。

进一步地分析，可以发现评价指标的运行效果是不尽如人意的，没有符合省财政厅的设计要求，是支出部门却没有认真选取评价指标并加以测量分析，有的根本不选取任何评价指标，有的运用相当粗糙，没有结合适合项目特点的评价方法进行分析，有的只选取几个基本指标，如"资金到位率""资金使用率"等，有的只选取绩效表现比较出众的指标。因此，关注点在表面上的运行和原设计保持一致，但是在运用效果上，运行与设计存在着差距。

虽然运行效果差强人意，但是从评价指标运行情况的纵向发展来看，运用质量在逐年提高，有的支出部门发展出的评价指标体系臻于完善，分析水平也很高，可以预见，它们可以形成积极的标杆效应，促使评价指标的运行符合省财政厅的设计要求,并且有望最终超越雄心勃勃的目标设计。

(三) 目标受众在表面上保持一致,在运用力度上存在差距

《A省财政支出绩效评价试行方案》(以下简称《试行方案》)中提到:"财政支出绩效评价结果经报请省政府同意后,将在一定范围内公布,以加强部门财政资金运用和部门行为监督,体现和增加公共支出公正性和透明度。"可见,A省财政厅没有明确设计目标受众的范围。从与A省财政厅官员的访谈中,可以得知财政厅的设计意图是,在条件不成熟的情况下,把目标受众限定在政府内部,等以后时机成熟,再逐步扩大目标受众的范围。省财政厅希望在目标受众的选择上留有余地,设计了含糊的目标受众范围。

在现实运行中,目标受众确实如省财政厅所设计的那样,被限定在政府内部。省财政厅非常谨慎地处理绩效结果面向的对象,首先报送给省委省政府,经过多方协商和调整,然后协同省审计厅、省监察厅和省人事厅联合发文向支出部门公布,省财政厅还会在工作报告、自评布置会等会议上公开表扬绩效评价结果优良的支出部门,以示鼓励。

虽然在实际上,目标受众符合省财政厅的设计意图,被谨慎地限定在政府内部。但是更进一步地看,省财政厅没有实现更具挑战性的目标——绩效结果与预算分配挂钩,例如,取消绩效恶劣的项目拨款,在年中不予追加,这些举措在运行中鲜有出现。更加令人沮丧的是,连保持绩效结果的客观性和科学性这个目标也未能实现,迫于支出部门讨价还价的巨大压力,而不得不频繁调整绩效结果,使结果看起来更皆大欢喜,以保持省财政厅与人为善的形象。

因此,省财政厅设计的结果运用对象,在表面上设计和运行基本保持一致,而对于结果运用力度来说,其设计和运行存在着很大差距。

尽管现实中的结果运用力度还远不如雄心勃勃的目标设计,但是可以预见,在省财政厅满怀壮志的改革决心和根据现实谨慎调整实施步伐的改革策略推动之下,目标受众的范围将会顺利突破,结果运用的力度有可能会最终如愿以偿地实现所设计的程度。

二、为什么遵从度低？

（一）改革目的

从整个评价流程可以看出，省财政厅希望通过改革强化对支出部门的控制，试图向支出部门反复灌输遵守规则的习惯和道德规范，以便减少腐败和浪费，逐步在支出部门中建立管理责任（Shick, A., 2000：115）。省财政厅以绩效评价作为契机，促使支出部门提高项目管理水平。简而言之，其改革目的是加强控制为主，提高管理能力为辅。

从实际操作来看，虽然改革目的的运行结果与目标设计保持一致，都是体现了省财政厅的控制取向。但是评价流程的实施困难重重，评价流程在现实运行中有所走样，支出部门频频违反省财政厅设计的游戏规则，绩效评价处出于政治考虑无奈地选择妥协，以致没有在理想程度上实现改革目的，没有达到预想的控制力度，分析原因如下。

（二）绩效评价缺乏奖惩机制

《试行方案》虽然要求支出部门申报项目绩效目标、如实填报基础数据、及时提交自评材料、认真填写自评表、根据提纲撰写自评报告等，但是没有明确说明支出部门不按规定办事将会受到什么惩罚，而遵照规定行事将会得到什么奖励。如此一来，支出部门缺乏遵守游戏规则的推动力和吸引力，就难以自觉遵守规则、把绩效评价形成习惯了。

由于缺乏奖惩机制，绩效评价异化成部门领导之间的"交情附属品"，跟省财政厅领导关系好的支出部门领导会更加重视绩效评价，倾向于支持和配合绩效评价工作。这些支出部门能自觉参与其中，与省财政厅形成良好的互动，不但积极配合省财政厅的重点评价，而且对省财政厅在初审意见中提出的问题和建议，能给予重视，针对这些项目管理、资金管理中存在的问题进行整改落实，并主动制定、完善部门内部管理制度和资金管理办法。

(三) 支出部门合作意愿不高

省财政厅制定了详尽的《试行方案》，试图向支出部门反复灌输遵守规则的习惯和道德规范（Shick. A.，2000：115），主要目的是为了加强对支出部门的控制，在支出部门中建立管理责任，提高财政资金的使用效率和减少腐败。

支出部门习惯了视财政资金为"唐僧肉"，每年都能拿到"基数加增长"的财政资金，都希望能再分多一点。以往的财政观念是"重投入轻产出"，支出部门拿到财政资金之后，财政部门便没权跟进财政资金的使用情况，支出部门在缺少约束的情况下乱花、滥花财政资金。但是，在改革之后，各个支出部门并没有得到什么好处，反而增加了工作量，需要申报项目绩效目标，进行项目可行性研究，费很大的劲得到财政资金之后并非一劳永逸，还需要组织单位自评，汇总下属单位的基础数据，实地调查核实，撰写自评报告，结合财政厅的审核意见进行整改。根深蒂固的财政观念，繁琐复杂的工作，大大影响了支出部门的合作意愿。支出部门领导对绩效评价不够重视，认为"绩效评价是一件束缚手脚的麻烦事"①，他们倾向于敷衍应付，消极配合省财政厅的工作，不重视项目绩效目标申报，没有认真组织自评工作，没有按要求报送自评材料，自评材料质量参差。

如何让支出部门切实体会到财政支出绩效评价的好处，着实享受到改革的实惠，是提高支出部门合作意愿的关键，是困扰改革者最大的难题。

(四) 省财政厅绩效评价处缺乏实质性的权力

由于绩效评价处不能掌握预算分配权，因此绩效评价处在财政厅内部的权力和地位都不高，它没有实质性的权力否决不申报目标的项目支出申请、对提供虚假数据的支出部门进行处分，不能暂停对绩效结果欠佳的支出部门的财政拨款，等等。因此绩效评价处只能对自评态度不认真、评价材料质量低的支出部门睁一只眼闭一只眼，却没有权力去改变

---

① 教育厅 D 科长的访谈记录。

现状。

况且不申报绩效目标、不及时报送自评材料、不提交完整的材料是普遍现象，如果要动硬刀子惩罚，只会招来支出部门的普遍反对。绩效评价处不想引起众怒，使自己的地位更加边缘化，因此没有意愿去大力惩罚不配合的支出部门。

绩效评价处没有实质性权力敦促支出部门遵守规则，即使有权力也没有相关的惩罚措施，即使制定了相关的惩罚措施也没有意愿去落实，这种无心无力的状态纵容了支出部门肆意违反规则，偏离预定的轨道。

（五）相关法律制度缺失

我国的各项财政改革，基本都是先制定各种办法、规定，再组织实施，等运行顺畅、条件成熟时，最后才立法，加以长久固定。[①] 由于财政支出绩效评价还处于探索阶段，因此 A 省至今尚未出台一部有关财政支出绩效评价工作的法律法规，导致开展财政支出绩效评价工作，缺乏法律约束和制度保障。

虽然省财政厅 2006 年便提出要加快立法步伐，争取将《A 省财政资金使用绩效评价办法》列入 A 省立法计划，通过立法形式，将绩效评价工作制度化、日常化、规范化，但是由于种种原因，相关法律法规迟迟未能出台。

缺乏法律的明文规定，加上长期以来法治原则的缺失，以及对财经纪律的松垮遵从，使得绩效评价工作的开展底气不足，例如，没有明确对绩效优良部门的奖励，对绩效差劣部门的处理，以及对出现违规部门的惩罚；支出部门不重视财政支出绩效评价，不认真开展绩效评价；省财政厅在处理纷繁的利益关系、做出关键决策时，难以找到权威的指引和依据。

尽管存在立法的必要性，但是在现阶段各环节还不够科学完善的情况下，便立法对相关的配套工作规范和管理办法加以固定，仍略显仓促。

立法程序的迟滞，法治原则的缺失，使得支出部门毫无顾忌地按照

---

① 由财政厅 Y 处长的访谈资料整理而成。

原有的预算规则行事。立法工作提上议事日程，使财政部门的控制能力得到落实，需要改革者的耐心酝酿和谨慎处置。

（六）支出部门审核和整合下属单位数据的任务繁重

对于数据不真实、不完整的问题，支出部门也有自己的苦衷，并非其主观意志造成的。有的支出部门反映，自评材料的数据有问题不是有意或者态度不认真造成的，而是由于下属有很多预算子单位，要抽出人力物力，安排到每个下属单位的项目现场勘查、审核基础数据，是非常不现实的，这样给支出部门的核查、汇总工作带来了相当大的难度，而且没有配备专职的绩效评价工作人员，由财务处兼任，任务太繁重。①

有很多支出部门存在类似的情况，由于汇总、核实下属单位的任务过于繁重等客观原因而导致数据出现前后不符、不完整、不真实等错误，并非是由于故意不遵守规则而造成的。如果绩效评价处"一刀切"，一律进行硬性惩罚，把客观因素归结为支出部门的主观错误，将会引发支出部门的强烈不满。

（七）省财政厅绩效评价处采取鼓励策略，容忍不遵从行为

就支出部门绩效自评材料的整体水平来说，仍然处于令人尴尬的低水平，与目标设计的要求相去甚远。但是从纵向的历年比较来看，每年的自评水平都比上一年有很大的进步，这是一个让人欣慰的趋势。

1. 评价工作方面

大部分部门都成立了以主管部门领导为组长的评价工作小组，有的部门专门组织专家参与本系统的绩效评价体系设计，组织专业人员进行现场核查；有的部门在评价指标设定和评价方法选用上能结合本部门和项目的专业特点；有的部门除了参加财政厅的培训以外，还在本系统开展多种形式的业务培训。

2. 自评材料方面

绩效评价处为提高自评材料质量做了大量努力，自评布置会上对填报材料的格式、规范、注意事项做了详细说明，也印发了很多相关的指

---

① 由教育厅D科长的访谈资料整理而成。

引文件，但是收效甚微，自评材料整体的质量水平仍然不高。但值得肯定的是，2008年的材料确实比往年有进步，毕竟基本上都能按框架写材料。至于材料质量有明显的提高，逐步符合既定规则的要求，尚待支出部门评价人员素质的提高等软件的逐步完善，还需要很长的一段时间。

绩效评价处非常注重对支出部门所取得进步的鼓励，每年都敏锐地捕捉这些细微的进步，在各种会议上对积极配合的支出部门加以表扬。如果支出部门的自评材料质量确实比上一年有所提高，即使相对于标准水平来说还有一段距离，但是绩效评价处都会给这些有进步的支出部门在原有绩效等级上提升一级，以资鼓励，以提高支出部门的积极性。

省财政厅凭借鼓励策略，容忍支出部门不遵守设定规则的行为，息事宁人，逐步获取支出部门更广泛的信任和支持，化解改革阻力，扩大改革的积极影响。

（八）省财政厅绩效评价处出于政治考虑调整绩效结果

虽然绩效评价处要求自己科学客观地评定绩效等级，但是在实际运行的时候，自己也违反了自己设定的目标。

绩效评价处不是纯粹客观、科学地根据自评材料评定支出部门的等级，而是掺入了主观政治因素，出于深入推进改革、保持友好合作的考虑，在第三方评定的等级基础上，普遍上调等级，肯定支出部门的态度，鼓励他们的进步。

但是为了不使绩效评价流于形式，皆大欢喜，"做好做坏一个样"，绩效评价处不得不严格控制等级"优"和"良"的项目比例，也会评出"差"的项目，并且确保这些项目不会招来部门的非议和不服。

在绩效结果公布之前，绩效评价处都会谨慎地把绩效结果报送给省委领导，让他们做出衡量，再根据他们的意见进行调整，确保日后不会引致省委领导的不满。有省委领导的首肯，为绩效结果撑腰，绩效评价工作才能顺利推进。

绩效评价处小心翼翼地在客观科学和政治纠葛的两难境地上保持着平衡。

三、关注点

在设计指标体系这个方面,省财政厅非常谨慎和务实,立足于实际的操作水平,以产出为测量的关注点,希望降低评价难度,提高评价指标体系的实用性,增加支出部门对于改革的认同感。在实际运行中,支出部门为此主要选择了测量难度比较低的产出指标,关注点的运行符合省财政厅的设计。

可是进一步挖掘,可以发现支出部门倾向于选择测量结果看起来比较好的指标以及测量数据比较容易得到的指标,而且评价指标的选择和分析都相当粗糙。从评价指标的运用效果这个角度上讲,支出部门的运行与省财政厅的设计存在着一定的差距。差距的存在,除了由于支出部门态度不认真,不愿意花心思选择合适的指标、搜集数据加以测量分析、如实详细陈述分析结果等主观原因以外,还有以下四方面的客观原因,造成运行效果上的差距。

(一)有些类型的项目绩效难以测量

垂直管理的支出部门由于有自己单位系统内部沿用的一套评价指标体系和基础数据库,所以这些支出部门选用的评价指标比较全面,使用比较规范,分析比较详尽。但是其他类型的支出部门,特别是主要的项目类型是基建、补贴、政府运转、会议等,由于这些项目的绩效难以清晰界定、量化测量,所以它们很少开发出或者选用合适的个性绩效指标。

一般来说,这些相对于垂直管理的支出部门以及主要项目类型是教育、科技、卫生、支农、文化体育等的支出部门来说,它们倾向于选用最基本、最简单通用的评价指标,而且没有加以相应的分析或者分析非常简单。

(二)评价指标不完善

财政支出类别繁多,内容广泛,涉及经济建设、社会发展、外交事务、行政司法、科教文卫等众多领域,兼有经济、社会和政治等多元目标，项目绩效具有多样性，如经济效益、社会效益和政治效益，短期效益和长期效益，直接效益和间接效益，整体效益和局部效益等。要对财政支出进行公正的评价，必须对上述种种因素进行全面衡量。而社会效益和政治效益往往很难用量化的评价指标来测评，同时，由于财政支出分布的行业繁多，即使评价指标可以量化，往往很多项目之间也缺乏可比性。长期效益和间接效益也难以设定评价指标，使之在有限的绩效评价周期内客观评定。

评价指标的设计技术不高，加上客观存在的设计难度，给财政支出绩效评价工作增添了更大的障碍，也使得支出部门无法从评价指标体系中选择出合适、合理的指标。

（三）评价方法操作性不强

省财政厅设计了"成本—效益比较法""目标预定与实施效果比较法""摊提计算法""最低成本法""因素分析法""历史动态比较法""横向比较法""专家评议与问卷调查法"等八种评价方法[1]，并在《试行方案》中做了简单的使用说明。但是，有的评价方法令人费解，有的评价方法的操作性不强。

除此以外，支出部门的经验不足，分析能力有限，导致各支出部门在评价方法的运用上显得非常粗糙，基本上都只运用了"目标预定与实施效果比较法"这一种方法，而且没有结合评价指标进行相应的分析。测量方法设计水平的有限，以及运用的粗糙，影响了评价指标的使用效果。

（四）缺乏评价标准

财政支出有几十类、几百款、几千项，涉及的内容非常广泛，构成非常复杂。其绩效评价的评价标准根据取值基础不同可以分为行业标准、计划标准、经验标准和历史标准。就 A 省目前积累的基础数据和测评技术来说，采集、编制一套系统的、公正合理的评价标准体系的条件还不成熟。这个技术瓶颈导致了支出部门的绩效评价工作缺乏信度，

---

[1] A 省财政厅：《A 省财政支出绩效评价试行方案》，2004 年。

使评价质量大打折扣。

四、目标受众

虽然省财政厅没有明确设计目标受众的范围，但是从相关文件和访谈中可以发现其设计意图是把目标受众限定在政府内部，在实际运行中，目标受众也与原初设计保持一致。

但是目标受众的范围并不是每个预算参与者都接受的。2006年A省人大代表会议上，有人大代表提出要扩大绩效评价目标受众的范围，将绩效评价结果向社会公布的建议，这说明了财政支出的绩效越来越为公众所关注。通过公布绩效评价结果，可以实现财政支出的社会监督，促使财政资金的管理更加公开透明，扩大公众的知情权和参与权，促进政府创新管理理念和管理方式，提高决策和服务水平。

但是由于目前财政支出绩效评价体系还未成熟，评价机制尚未健全，牵涉的利益相关者太多，需要谨慎处理的各方关系非常复杂，为了鼓励支出部门的努力和进步，打消支出部门的恐惧和疑虑，省财政厅只是在政府内部通报绩效结果。扩大目标受众，绩效结果向社会公布是一个大体的改革方向，至于提上议事日程，还为时尚早。

省财政厅对于结果运用的对象范围很谨慎，但是在结果运用力度上，省领导和省财政厅有很高的目标期望。常务副省长钟阳胜在2006年召开的"深化地方公共财政体制改革论坛"上指出："今后如何在部门预算编制工作中用好绩效评价这一有效机制，将绩效评价从事后评价向预算编制、分配、执行等上游环节延伸，建立以绩效为导向的部门预算编制模式，是深化预算改革要研究的重点。"（A省财政厅，2007：26）多项经验研究表明，绩效评价结果与预算分配紧密结合，支出部门切实地感受绩效结果对其今后预算的影响，才能算真正实现了绩效预算。钟阳胜敏锐地指出了财政支出绩效评价工作的努力方向，绩效结果与预算分配相结合，把绩效结果落到实处，不再是"干好干坏一个样"，真正触动支出部门的神经。省财政厅根据省领导的指示，也大胆地设计了绩效结果运用的蓝图——绩效结果与预算分配挂钩。

省财政厅设计的结果运用对象在设计和运行上基本没有出现差距，而对于结果运用的力度，在设计和运行上存在着很大差距。由于绩效结果与预算分配挂钩困难重重，结果运用的力度难以符合省财政厅的设计初衷，具体原因如下。

（一）绩效结果与预算分配挂钩机制难以制定

两者挂钩的机制需要经过广泛讨论，需要征得大部分支出部门的同意。除此以外，绩效评价机制的公正性和科学性也同样需要得到支出部门的肯定，只有绩效结果让大家心悦诚服，与此挂钩的预算分配才能让人心平气和地接受。

但是从前文的论述可以得知，在现有的技术水平和发展阶段下，绩效评价机制的公正性和科学性是难以确保的，需要改革者持之以恒地创造有利条件，推动为支出部门所认同的绩效结果与预算分配挂钩机制的建立和不断完善，在运行中发挥实效。

（二）绩效结果产生的原因难以确定

绩效结果的低劣到底是由于支出部门的管理不善，还是由于资金不足造成的，也需要财政部门的进一步调研，如果是因为资金不足造成，下一个预算年度因此而被削减资金，将加剧项目绩效水平的恶化，陷入恶性循环，严重打击支出部门的积极性。如此一来，将产生绩效评价的逆效应：不是鼓励支出部门改善项目管理水平，而是促使支出部门放弃建设周期长、耗资巨大、技术复杂的项目。

（三）支出部门的讨价还价

现阶段，绩效结果只是在政府内部通报，还未与预算分配直接挂钩，但支出部门还是频繁地找上门来，要求省财政厅解释结果、恳求调整结果。① 绩效结果一旦与预算分配息息相关，支出部门与省财政厅对绩效结果的讨价还价将会白热化。如果省财政厅还是延续一贯的"老好人"作风，绩效评价将会流于形式，前功尽弃；如果省财政厅狠下

---

① 由省财政厅 W 科长的访谈资料整理而成。

决心，动大刀子，那么将会引起支出部门的强烈抵触和恐惧。

尽管绩效结果的运用困难重重，任何一个轻微变动，都可能引起支出部门的强烈反响，如何谨慎地达成目的，而又理智地保持平衡，是改革者面临的巨大挑战。

五、结　论

A省实行的绩效预算取得了一定成效，但是正如马骏所担忧的 (2005)，A省还没有完全具备实现绩效预算体系雄心设计的基础条件。

长期的财经纪律松弛以及法治原则的未确立，使得改革目的不得不以强化行政控制为取向，逐步向支出部门植入遵守财经纪律、预算规范的现代观念，只有真正内化了法治观念，才能放松行政控制，赋予支出部门管理者广泛的决策自由，培植支出部门的管理责任和能力 (Shick. A.，2001：117)。

缺乏必需的预算分析能力，支出部门分享预算信息的意愿低，导致改革的分析层次只能长期停留在项目评价的低水平上，甚至连项目评价的质量也不尽如人意，例如低劣的自评材料、不准确的基础数据等。

由于技术水平滞后，改革的关注点只能围着项目产出，对于更为重要的结果测量不得不忽略。尽管制定了一套指标体系，但是由于不够科学、操作性不强，以及支出部门合作意愿不高，评价指标的运用差强人意。

缺乏支持绩效责任的预算环境，导致改革的目标受众不得不限定在政府内部，如果盲目公开绩效结果，绩效结果直接与预算分配挂钩，必然会引起其他改革参与者的强烈不满和抵制。

上述基础条件的培育，需要各个部门的长期共同努力，单靠财政部门是难以为继的。切实提高改革者雄心设计的遵从度，这可能是A省绩效预算改革的长期目标。

绩效预算改革的有效实施，将会给我国地方政府的预算准备和预算执行带来积极的影响。本研究发现，仅仅指望通过制定一套规则让支出部门照办来推进改革的想法是过于乐观了。省财政厅的目标设计雄心勃勃，在现实运行中却频频走样，出于改革策略的考虑，迫于强大的政治压力，而不得不选择妥协。具体表现为：A省财政支出绩效评价以加强控制为改革目的、以产出指标为关注点、含糊其辞但实际意图是以政府内部为目标受众的目标设计，在表面上都与运行相吻合。但是经过深入分析可以发现，由于省财政厅目标设计能力有限、支出部门合作意愿不高等主客观原因，导致在控制强度、指标运用效果以及结果运用力度方面，运行对目标设计的遵从度是很低的。

尽管改革者雄心设计的遵从度低，但是遵从度大部分是受客观因素影响的，追求消除这些差距以推动改革的顺利发展，结果只会是适得其反的。因此展望下一步改革的方向，改革者只能通过策略性的、循序渐进的方式推进改革，克服政治上和技术上的巨大障碍，在雄心勃勃的设计和差强人意的现实之间谨慎地寻求统一，如植入法治原则、树立绩效责任观念、培养分析能力、提高支出部门合作意愿、提升绩效结果透明度等。

虽然要在近期提高绩效预算的遵从度是不可能的，但是只要改革者振奋精神，勇于开拓，锐意进取，在改革中积累经验，在发展中迎接挑战，就可能促使绩效预算改革顺利推进。

【参考文献】

［美］艾伦·希克：《当代公共支出管理方法》，王卫星译，经济管理出版社2000年版。

［美］菲利普·乔伊斯：《联结政府预算与绩效》，见刘昆主编：绩效预算：国外经验与借鉴，中国财政经济出版社2007年版，第35—52页。

［美］斯特劳斯曼：《变革背景下的行政改革：以绩效预算为例》，见刘昆主编：《绩效预算：国外经验与借鉴》，中国财政经济出版社2007年版，第19—34页。

［美］托马斯·劳斯：《美国州政府的绩效预算》，见刘昆主编：《绩效预算：国外经验与借鉴》，中国财政经济出版社2007年版，第1—18页。

A省财政厅：《A省财政支出绩效评价试行方案》，2004年。

A省财政厅：《A省财政支出绩效评价资料汇编》，A省财政厅，2006年—

2008 年。

范永茂:《过程、结果和绩效预算:预算过程中的立法角色》,见刘昆主编:《绩效预算:国外经验与借鉴》,中国财政经济出版社 2007 年版,第 111—132 页。

何达基:《绩效预算:承诺、神话和可能性》,见刘昆主编:《绩效预算:国外经验与借鉴》,中国财政经济出版社 2007 年版,第 133—151 页。

蓝志勇:《绩效管理及其对中国预算改革的启迪》,见刘昆主编:《绩效预算:国外经验与借鉴》,中国财政经济出版社 2007 年版,第 69—84 页。

马骏、侯一麟、林尚立主编:《国家治理与公共预算》,中国财政经济出版社 2007 年版。

马骏:《中国公共预算改革:理性化与民主化》,中央编译出版社 2005 年版。

马骏:《中国公共预算改革的目标选择:近期目标与远期目标》,载《中央财经大学学报》2005 年第 10 期。

马骏:《中国预算改革的政治学:成就与困惑》,载《中山大学学报》2007 年第 3 期。

牛美丽、马骏:《新西兰的预算改革》,载《武汉大学学报》2006 年第 6 期。

王绍光、马骏:《走向"预算国家"——财政转型与国家建设》,载《公共行政评论》2008 年第 1 期。

吴少龙:《从控制到结果:中国预算改革能跨越吗?——A 市财政支出绩效评价案例研究》,"中国公共预算研究"学术研讨会交流论文,2009 年,第 176—188 页。

肖学:《广东省财政支出绩效评价工作及其发展》,见刘昆主编:《绩效预算:国外经验与借鉴》,中国财政经济出版社 2007 年版,第 209—215 页。

Broom, C., "Performance-based government models: building a track record", *Public Budgeting & Finance*, Vol. 15, 1995, pp. 3 – 17.

Chilik Yu, "The use of program evaluation in public budgeting: evidence from the 1993 georgia budget reform", Doctoral Dissertation, The University of Georgia, 1996.

Dempster, M. A. H & Wildavsky, A., "Theory of the budgetary process", *The American Political Science Review*, Vol. 60, 1966, pp. 529 – 547.

Jordan, M. and Hackbart, M., "Performance budgeting and performance funding in the states: a status assessment", *Public Budgeting & Finance*, Vol. 19, 1999, pp. 68 – 88.

Joyce, P., "Using performance measures for federal budgeting: proposals and prospects", *Public Budgeting & Finance*, Vol. 13, 1993, pp. 3 – 17.

Joyce, P., *Linking Performance and Budgeting: Opportunities in the Federal Budget*

Process, Washington: IBM center for the Business of Government, 2004.

Lauth, T. , "Performance evaluation in the georgia budget process", *Public Budgeting & Finance*, Vol. 5, 1985, pp. 67 – 82.

Lee, R. and Staffeld, R. , "Executive and legislative use of policy analysis in the state budgeting process: survey results", *Policy Analysis*, Vol. 3, 1977, pp. 395 – 405.

Lee, R. , "A quarter century of state budgeting practices", *Public Administration Review*, Vol. 57, 1997, pp. 133 – 140.

Lee, R. , "Developments in state budgeting: trends of two decades", *Public Administration Review*, Vol. 51, 1991, pp. 254 – 262.

Martin, L. , "Budgeting for outcomes", Edited by Aman Khan and W. Bartley Hildreth, *Budget Theory in the Public Sector*, Westport: Quorum Books, 2002: 246 – 260.

Martin, L. , "Outcome budgeting: a new entrepreneurial approach to budgeting. public budgeting", *Accounting and Financial Management*, 1997, pp. 108 – 126.

Schick , A. , *Capacity to Budget*, Washington: The Urban Institute Press, 1990.

Willoughby, K. G. and Melkers, J. E. , "Implementing PBB: conflicting views of success", *Public Budgeting and Finance*, 2000, pp. 105 – 120.

行政成本与公共服务的财政支出
——以2002—2006年财政医疗卫生支出为例

林挺进　袁文蔚[*]

内容摘要：根据公共选择理论和官僚制理论，政府组织及其成员往往有着不可克服的自利性，因此在公共产品的提供过程中，公共利益与政府自身利益之间存在一种博弈，而且在很大程度上，这种博弈是一种零和博弈。在有限财政资源的约束下，公共服务的供给不可避免地会受到政府组织自利性行为的侵害。本研究运用2002—2006年全国各省财政支出的经验数据，探寻我国政府行政成本与财政医疗卫生支出之间的关系。统计分析表明，两者之间存在显著的负相关关系，从而证明过高的行政管理成本在很大程度上会对包括医疗卫生支出在内的公共服务支出产生挤出效应。

关键词：财政支出　医疗卫生支出　行政成本

有关研究表明，我国政府在包括社会保障、教育、医疗卫生在内的公共服务性支出只占到财政总支出的25%，而在美国，这个数字则高

---

[*] 林挺进，男，现为江苏省政府"江苏特聘教授"、南京财经大学城市发展研究院院长、新加坡南洋理工大学公共管理研究院客座研究员，主要从事地方政治精英、公共财政以及定量政策分析研究；袁文蔚，清华大学公共管理学院研究生。

达75%。而且研究还发现，我国医疗卫生支出占财政总支出比重有着逐年下降的趋势（刘勇政、张坤，2008）。与此同时，政府行政成本却在1978—2004的26年涨了87倍，远远高出25%的世界平均水平（刘用栓，2007）。公共卫生和基本医疗服务的公共产品属性，决定了医疗卫生支出历来是各国政府财政预算必要的项目之一。随着中国经济实力的不断增长与人民生活水平的日益提高，公共医疗卫生服务更是引起了人们的广泛关注。有的学者指出，由于一个行政辖区每年的财政支出总量都是一定的（即财政资源是稀缺的），因此行政管理费的支出水平和公共卫生财政支出水平决定着政府的财政偏好和活动重点。而且，从公共选择理论、官僚理论等逻辑来分析，上述两方面的支出水平，体现了两种完全相反的利益逻辑。前者的支出目的是为了维持政府自身的运行，在很大程度上会直接关系到政府组织自身及其工作人员的切身利益；而后者的支出目的则以公共利益为导向，属于公共服务类支出，从利益的归宿来看，其支出水平的高低会直接关系到普通公众的基本利益（闫留义，2009；林挺进，2009）。因此，行政管理费的支出水平很有可能会对医疗卫生的财政支出水平产生负面影响，事实上，经济学中所说的"挤出效应"正好解释了这一现象（袁志刚、欧阳明，2003）。

现有中文文献对财政医疗卫生支出的规模与效益的探讨多为定性描述。即使是定量分析，也大多局限于单一地区、省份的支出规模与结构的分析，而缺乏对全国层面影响医疗卫生财政支出效益的因素分析。本研究从公共行政学的角度，利用全国各省区的经验数据，通过高级统计分析，试图探寻行政成本与财政医疗支出之间的关系，从而解释在财政支出总规模不算增加的情况下，为何公共产品和公共服务的短缺却始终存在。

一、理论背景：公共产品与行政成本

（一）公共产品：财政分权的制约与资源配置的最优

根据 Winslow 在 1920 年对公共卫生的经典定义："公共卫生是预防与治疗疾病、延长寿命、改善身体健康和机能的科学和实践。公共卫生通过有组织的社会努力改善环境卫生、控制地区性的疾病、教育人们关于个人卫生的知识、组织医护力量对疾病做出早期诊断和预防治疗,并建立一套社会体制,保障社会中的每一个成员都能够享有维持身体健康的社会水准。"(王晓洁,2006)可见,公共卫生具有很强外部正效应和典型的非排他性。而依据公共经济学理论,政府公共支出应为满足公共产品需要提供财力保证,而对准公共产品的社会效益部分可予以财政补贴,所以公共医疗卫生应当由政府提供,从而保证有效供给和避免社会福利的净损(樊丽明、石绍宾,2006)。

首先,从提供公共卫生服务的政府主体而言,现有的理论研究与实际经验表明,不同层级政府在卫生领域事权的划分主要取决于该国的卫生体制模式和财政体制模式(刘军民,2005)。一般来说,财政单一制国家卫生公共支出职责更多地集中在中央层级,例如英国、澳大利亚等。英国的"国家卫生保健服务体系 NHS"中,卫生支出绝大部分是由中央政府而不是地方政府承担。而财政联邦制国家卫生公共支出职责大多集中在地方层级,如美国。同时,这种支出责任在政府层级间划分的状况又受卫生领域市场化程度的影响,一般来说,卫生市场化程度较高的国家,中央(联邦)和省(州)政府承担的职责较少;而市场化程度低的国家,中央负担较多,地方政府承担职责较少(史卓顿、奥查德,2000)。

作为一个单一制国家,我国的市场化程度又不太成熟,依照以上国际惯例,公共卫生支出的主要职责应该集中在中央层级。但在财政分级包干的大格局下,各地的卫生事业费规定由地方财政负担,中央调控的比重很小(蒋萍、田成诗、尚红云,2009)。然而,由于地方性公共卫生服务投入大、产出小,因此在财政困难的情况下,地方政府为了短期利益,会主要集中于投资经济建设,而在公共财政框架下政府应该承担较多的公共需要却得不到重视(刘星、周旭东,2005)。世界银行1997年的中国经济半年度报告中也指出,财政分权对中国卫生保健产生了不良影响,尤其破坏了贫困地区医疗卫生系统的生存能力,分权化程度越高,政府的卫生事业支出越低,财政分权化程度越高,政府会越偏好投入到经济部门（李玲，2008）。

其次，就公共卫生财政支出的效率而言，政府的卫生支出结构本身应达到有效的配置效率。微观经济学的一般均衡和福利理论就已指出：应以投资公共产品、创造有利公共卫生条件和矫正外部效应等公共性更强、社会效应更大的公共卫生服务为主，而不是其他市场本身能够解决的项目上（如公费医疗）。这样才能使有限的政府卫生支出达到最优的配置效率（刘勇政、张坤，2008）。但有研究表明，我国政府在财政资源配置中存在严重的错位、缺位问题，并没能使有限的政府投入达到最优配置效率（张红妹，2006）。也就是说，整个公共卫生财政支出并未使广大民众受益，而这种偏离最优状态的资源配置完全可以通过更优的制度安排达到社会总福利的增加（刘连环、郭桂然，2004）。

（二）行政成本：高费用低效率

行政成本是反映行政效率与政府管理水平的重要标志，贯穿于整个行政管理实践活动的始终。但一个不争的事实是在理论界中迄今未有出现值得普遍认同和颇具权威的"行政成本"的严格概念和定义。以资源论角度来看，行政成本可以定义为政府组织在为社会提供公共服务、生产公共产品的活动过程中投入的人力、财力和物力资源（刘尧功，2009；卓越，2001）。政府向社会提供一定的公共服务所需要的行政投入或耗费的资源，是政府行使职能的必要支出，是政府行政活动对经济资源的消耗（焦建国、许正中，2002）。相对地，在其他条件保持不变的情况，行政成本越大，政府可用于其他领域的财政资源也就越少。

公共选择理论的代表人物布坎南认为，造成政府行政成本巨大、行政无效率的主要理由之一就是，政府的寻租行为。他认为，由于政府的各项经济决策往往以某种公共利益需要为解释而为某些利益集团服务，特殊的利益集团为谋求政府保护、逃避市场竞争，往往进行各种寻租活动，而政府官员为获得这种租金，则以种种特权进行交换，继而导致了政府对资源的无效配置（竺乾威，2000）。同时，尼斯坎南也认为，作为供给方的行政机关和作为需求方的政治家之间对公共产品的"双边垄断"也导致了行政成本的居高不下，这是因为决定官僚预算的政治家们并不能有效地获取行政机关的相关信息，从而使得行政机构总是能获得自己满意的预算拨款（尼斯坎南，2004）。而在中国目前的政治结构中，上述情形发生的可能性远甚于其他国家，毕竟在中国行政领域对于公共预算有着极为重要的影响力。可见，在一定的公共财政能力条件下，行政成本的增长也就意味着政府公共服务支出的相对减少。

同时，唐斯在他著名的《官僚制内幕》中认为，官员就其本质而言是自利的，其主要的行动逻辑是基于自我理性原则下的利益最大化（唐斯，2006）。这些自利的动机决定了官员将会对那些有利于自身政绩和权力扩大的领域进行重点关注。国内目前的许多相关文献都指出：在当下中国的地方政府，官员政绩考核的主要指标是经济增长率。虽然当下我国政府正在朝现代化的公共服务政府转变，但是公共产品供给的财政支出相对来说则是一个并不很重要的考核指标。而在官员自身权力扩大方面，医疗卫生支出同样无助于该目标的实现。相比之下，行政管理费的使用体现了政府官员强大的财政资源控制能力，并且各行政部门规模的扩大和人员的增加都需要行政管理费的支持，因此行政管理费支出的增加有利于加强官员的个人权力。也就是说，地方政府行政官员可能更加偏向于行政管理费支出而非医疗卫生支出（赵雪，2009；段莉，2008；刘用栓，2007；张灵知，2008）。但我们知道，由于财政支出总量有限，行政管理费的增加有可能会对医疗卫生支出产生"挤出效应"，导致医疗卫生支出水平的降低（刘连环、郭桂然，2004）。

从现有的数据中，我们可以清楚地发现我国行政管理费支出是财政分类中增长速度较快的一项。而且，如果将我国行政管理支出占财政支出的比重与其他国家相比较（表1），亦可以发现其比值一直属于同期的最高水平。这一方面反映了我国行政管理支出效率的低下，另一方面也说明过高的行政管理支出挤占了其他的财政支出项目，不利于经济的均衡、协调发展。由于我国的行政费用支出占据了财政总支出的一大部分，行政费用支出的增长严重挤压了医疗卫生等方面的支出增量。可以说，"财政支出的增量很多被用来增加行政费用支出，造成公共卫生费用支出的总量不足。"（沈楠，2008）

表1 部分代表性国家1995—2002年行政管理支出占财政支出比重列表

	1995	1996	1997	1998	1999	2000	2001	2002
中国	14.60	14.93	14.71	14.82	15.32	17.43	11.63	18.60
美国	6.68	8.51	8.43	8.69	9.25	9.32	9.91	10.13
英国	3.79	3.67	3.67	4.07	4.18	—	4.19	4.20
加拿大	5.46	5.72	5.73	—	—	—	7.11	6.07

资料来源：国际货币基金组织：《政府财政统计年鉴》，2000年；国家统计局：《国际统计年鉴》，2002年，2003年。

根据现有的文献的总结和数据的描述，不难看出行政成本与财政医疗卫生支出的关系：当其他条件保持不变，行政成本越高，财政医疗卫生支出水平往往可能就越低，即两者的变化呈显著的负相关关系。但两者是否真正存在负相关关系目前还没有文献能够从定量的角度支持这一结论。本文即是希望能够以相关的数据指标通过定量分析方法，从而验证行政成本与财政医疗卫生支出是否存在负相关关系。

二、研究设计

（一）主要变量及其描述

因变量：根据前文界定，本研究以财政医疗卫生支出为例来探讨行政管理成本对于财政公共服务支出的影响，因此，因变量的操作化概念可表示为：人均医疗卫生财政支出，即一个省级行政单位在一个财政年度人均医疗卫生财政支出。但是，考虑到各地区间经济发展的差异和财政支出不均等性，所以在此基础上，同时引入另一个"相对量"指标即"财政医疗卫生占比"作为第二因变量。所谓"财政医疗卫生占比"是指一个省级财政中医疗卫生支出占总财政支出的百分比。

表2 2002—2006年各省级公共卫生财政支出、财政卫生占比及人均行政管理费用描述（N=155）

	最小值	最大值	平均值	标准差
财政收入（万元）	73000	21795000	4080412.9	3959234.5
财政支出（万元）	922574	25533399	7012241.39	4567294.068
医疗卫生财政支出（万元）	33925	1035579	291572.75	199738.505
财政医疗卫生占比（%）	.0274	.0675	.041494	.0081693
人均医疗卫生支出（元/人）	22.18	550.64	93.30	80.33
人均行政管理费用（元/人）	74.63	1149.30	199.97	153.22
财政行政费用占比（%）	.0355	.1480	.096755	.0197531

由表2的描述性统计可知，各省2002—2006年的医疗卫生支出在绝对水平上差距很大：从人均医疗卫生支出来看，最少的仅22元，最多的550元，相差达25倍；从医疗卫生支出占财政支出的比例来看，最低的比例是2.74%，最多的也只有6.75%，但不平衡情况稍好于人均医疗卫生支出情况。这是由于在我国医疗卫生支出主要由地方政府承担，但同时分税制改革又大大削减了其财政的实力，从而造成各地方财政能力差距加大。从数据上看，由于中、西部地区财政收入和财政支出规模偏低，造成中、西部地区地方公共卫生支出的绝对数远低于东部地区，因此中、西部地区人均医疗卫生支出与东部相比差距则更为明显。

自变量：本研究主要自变量是行政成本。考虑到数据的可获得性与可比性，这里我们将"行政成本"操作化为财政统计口径中的"行政管理费用"。但考虑到对行政管理费支出不同角度的测量，本研究以"人均行政管理费支出"为自变量。这一变量不仅能反映我国各省级地方政府的行政成本，还能很好地反映官员在财政支出中倾向于自我利益最大化的价值偏好帕金森定律。[①] 从数据上来看，行政管理费在各省级地方政府财政支出上的比重是远远高于医疗卫生财政支出水平。其中行政管理费占比的最小值是3.55%，高出医疗卫生支出占比的0.81个百

---

① 帕金森定律：在行政管理中，行政机构会像金字塔一样不断增多，行政人员会不断膨胀，每个人都很忙，但组织效率越来越低下。行政官员总会本能地为追求权力而扩张组织结构，提高组织的成本。

分点；而其最大值是 14.8%，高出医疗卫生财政支出 8.05 个百分点。平均而言，行政管理费比重比医疗卫生财政支出高出了 5.55 个百分点。事实上，这些统计描述已经初步反映出了政府的支出偏好与利益导向。但是，要找到系统性的证据，还需要通过大样本的高级统计分析才能探究行政管理费支出对医疗卫生财政的影响。

此外，考虑到一个省其他方面状况、特别是其社会经济发展状况可能也会影响该省的医疗卫生支出水平，本研究还将地区 GDP、财政收入、财政支出、财政自给率、官民比、人口等作为控制变量加入回归模型之中。同时，考虑中国异常巨大的地域差异，所以本研究将各个省级单位划分为东部、中部和西部，添加了中部和西部两个虚拟变量以比较它们与东部地区的差异，从而控制区域整体的社会经济水平对于医疗卫生支出可能存在的影响。由于本研究的时间跨度为 2002—2006 年，共 5 年，所以我们还设计了 4 个有关年度的虚拟变量。

这些控制变量的设置是力求排除各省级地方的经济水平、人口规模、政府财力以及时间因素的影响，以便更加准确地估计行政管理费支出对于医疗卫生支出之间的净效应。

(二) 分析单位、研究时间与数据收集

本研究的时间跨度为 2002 年到 2006 年，共 5 年；分析单位是 31 个省级地方政府，包括省、直辖市和自治区，但不含香港、澳门特别行政区和台湾地区。之所以选取 2002 年到 2006 年 5 年的数据则是基于国家统计口径一致性的考虑。因为在这五年的官方统计年鉴中行政管理费和医疗卫生财政支出的统计口径均是一致的，而之后则又有所变化。由此，31 个省级地方政府再综合时间因素就可以得到 155 个样本。所有数据都是来自于官方统计资料《中国统计年鉴》(2003—2007)。

三、经验数据

我们分别以人均医疗卫生财政支出、财政医疗卫生占比为因变量，以人均行政管理费用为自变量对所采集的经验数据进行了多元回归分析，得到表3的分析报告。

表3 行政管理费支出与医疗卫生财政支出的回归模型（2002—2006）

	模型 A	模型 B	模型 C	模型 D
（常数）	-37.902**	0.040****	-49.317***	0.038****
人均行政管理费（元）	-.097***	-9.378E-6		
人均行政管理费2次方			-7.748E-5****	-1.013E-8*
官民比	70.545****	0.008	68.079****	0.009***
人口（万人）	0.001	7.463E-8	0.001	1.144E-7
人均财政支出	0.040****	-4.108E-7	0.039****	-4.839E-7
中部	-19.498***	-0.007****	-17.539***	-0.007****
西部	-10.202	-0.002	-9.778	-0.002
2002	-12.139	-0.004	-7.880	-0.003
2003	-6.741	6.668E-5	-3.335	0.000
2004	-7.695	-0.002	-5.530	-0.002
2005	-10.329	-0.002	-9.258	-0.002
F	102.890****	3.067***	104.394****	3.238****
R	0.937	0.419	0.937	0.428
R-sq	0.877	0.176	0.879	0.184
N	155	155	155	155

注：**** <0.001，*** <0.01，** <0.05，* <0.1

仔细考察表3的数据，我们可以得到以下几点研究发现：

（一）总体模型拟合度

用人均医疗卫生财政支出与财政卫生占比两个不同的因变量，我们分别建立了两个不同的模型（模型A、模型B）。两者的F值均达到显著水平（P<0.001），所以整体而言，以上两个模型对财政医疗卫生支出与行政管理费用之间的关系都有显著的解释力。

其中，虽然模型B的R-sq系数只有0.174，但现有的统计理论已证明R-sq的大小，并不影响我们在因变量和自变量之间建立统计关系。事实上，现有的概率统计认为，显著性水平（p值）是一个更加值得重视的统计量（King, 1998）。此外，由于地区人均GDP、财政收入与人均财政支出都存在着高度的共线性（容忍度 > 10）而被剔除。

尽管两个模型的整体拟合度非常之好，但若仔细考察自变量"人均行政管理费"的系数时，可以发现在模型 B 中，其回归系数在统计上不显著（p 值为 0.28）。当然这个结果不能拒绝本研究的基本假设，而只能说明两者之间不存在线性相关，但并不能得出两者之间可能存在其他非线性相关。所以，我们对自变量进行了各种变换处理，最后发现因变与自变量"人均行政管理费"的 2 次平方之间存在着良好的线性关系，而同时该统计模型也达到较好的显著性水平（$P < 0.001$，模型 C 和 D）。

（二）自变量：人均行政管理费用

就本研究的核心问题——行政管理费与医疗卫生支出之间的关系而言，从模型 A 可以看出，当人均行政管理费每上升 1 元，人均医疗卫生财政支出比重就下降约 0.1 元（$P < 0.01$）。虽然，这个下降的比值绝对值较小，但考虑到我国居高不下且较为庞大的行政管理费支出总量，这个数据很明显已经在一定程度上侵占了原属于广大人民受益的医疗卫生等公共服务的支出。我们有充分信心认为，当行政成本不断膨胀的时候，必然会侵蚀其有限的财力，从而导致属于公共服务领域的医疗卫生产品的减少，形成了一种挤出效应。即省级行政单位的人均行政管理费与医疗卫生产品供给呈明显的负相关关系，高度支持本研究在前文所提出的假设，即人均行政管理费支出越高，医疗卫生产品供给的效率越低。

同时，根据模型 C 和 D 的回归结果，我们取官民比、人口及人均财政支出这三个控制变量取平均值，并让地区变量为"东部"、时间变量为 2006，计算出相应系数 $\alpha c = 161.544$，$\alpha d = 0.00835$，从而得到"人均医疗财政支出（Yc'）"与"人均行政管理费 2 次方（X2）"及"医疗财政占比（Yd'）"与"人均行政管理费 2 次方（X2）"的关系公式：

$$Yc' = -7.748E - 5 \times X2 + 161.544$$

$$Yd' = -1.013E - 8 \times X2 + 0.00835$$

同时，根据"人均行政管理费"的真实值，测算了相应的"人均医疗财政支出"与"医疗财政占比"（如图 1 和图 2）。

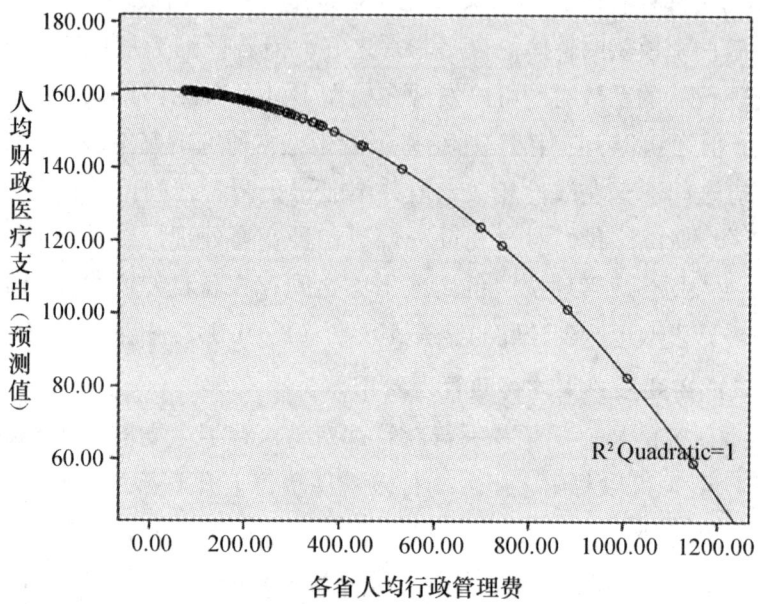

图 1　人均行政管理费与人均医疗财政支出

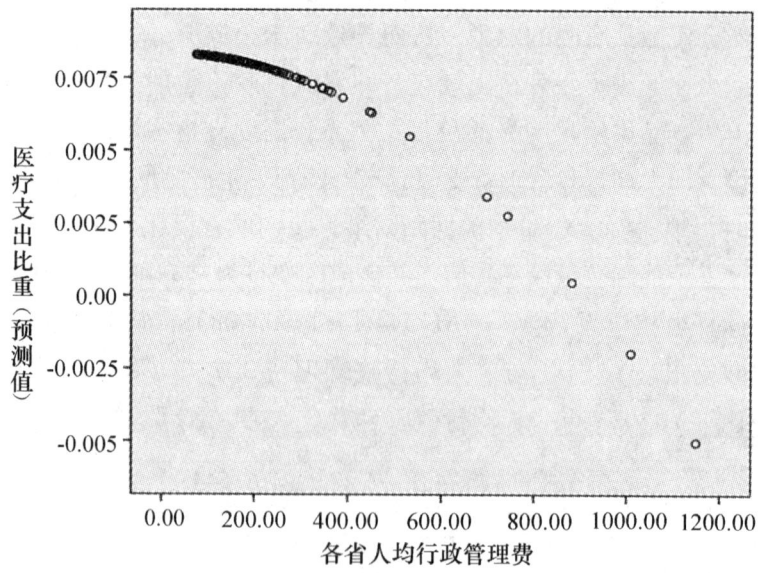

图 2　人均行政管理费与医疗财政支出水平

由图 1 和图 2 可知，在既定的人均行政管理费（X）的区间内，无论是人均医疗财政支出还是医疗财政占比都随行政成本的增加而递减，而相应的系数则表示增加每单位的人均行政管理费所引起的人均财政医疗支出或医疗财政占比的边际减少是在不断加重的。事实上，上述经验证据不仅表明高额的行政管理费用对于诸如医疗卫生等公共服务财政支出的"挤占"，同时（也是更为重要的），这种"挤占"效应是边际递增的，也就是说，当"人均行政管理费"连续增加两个单位的时候，第二个单位对于医疗卫生支出的挤占效应要大于第一单位所产生的挤占效应。简单地说，这种"挤占"效应是以"加速度"的性质在递增的，这个发现是对研究假设最强有力的支持。

事实上，由于行政管理费支出的扩大能为广大官员带来切实的利益——如行政机关的膨胀、活动经费的增加和自身权力的加强。而相对地，医疗卫生的支出收益则较具长期性，并不直接有利于官员自己的利益与升迁。所以，一个高成本的政府也必然会影响到其社会医疗卫生服务的水平，模型 C 和 D 中因变量与自变量平方之间的线性关系就进一步证明了本研究所提出的研究假设。

（三）其他控制变量

此外，从表 3 的模型结果中，我们还可以得到以下两个有趣的发现。

1. 官民比

为了控制地区行政化程度差异所造成的结果偏差，我们将"官民比"这一指标亦添加进模型之中。此处的"官民比"是指，行政机构与事业单位人数占总人口数的百分比。由表 3 的统计结果，我们可以发现官民比与人均医疗卫生财政支出及财政医疗卫生占比呈显著正向相关关系，这一结果也间接地验证了官僚体制的膨胀侵蚀了面向公益的公共医疗产品的提供。换言之，官员比越高的地区，就会显著地提高医疗财政支出水平，这事实上反映出官员的医疗卫生水平显著地高于该地方的平均水准。这既是源于现有公务员及事业单位人员的医疗保障体制的客观制度安排，又是官员自身利益最大化的另一间接佐证。

2. 地区差异性

在地域划分上，模型 A、B、C、D 都以东部为参照设置了中部和西部两个虚拟变量。其中，中部地区在医疗卫生方面的两个因变量指标（人均医疗卫生财政支出与财政医疗卫生占比）均显著低于东部地区（$P<0.01$）。这一方面是由于东部地区本身经济得到较快的发展，地区财政实力雄厚，所以在地区基础设施及城市建设达到一定水平后有更多精力与财力关注民生问题。但意外的是，西部地区并没有在这两项中达到显著性水平。对此有两种可能的解释，一方面，可能是因为近年来国家一直大力提倡西部大开发，使得西部地区的经济飞速发展；另一方面，也可能因为国内外各种慈善组织的援助使得西部地区的政府无需花费太多的资金用于医疗卫生的支出。由此也就产生了中部地区这一尴尬的处境，既在经济上没有享受到国家政策的大力扶持，在民间社会上也没有受到各个国内外慈善组织的很好关注。事实上，有关教育财政支出的研究也有类似的发现，即中部地区教育支出水平要明显地低于东部和西部。所有这些，似乎也可以被理解为中央政府提出"中部崛起"的重要政策背景之一吧。

四、结　论

基于以上 2002—2006 年的经验数据对中国 31 个省级地方政府的行政管理费支出是否影响到其医疗卫生支出所进行的系统性讨论，研究发现，在控制了各省级地方的人口规模、财政水平、时间因素、地区差异之后，各地方的人均行政管理费与其人均医疗卫生财政支出及财政医疗卫生占比均有显著的负相关关系，即完全验证了本文最初的研究假设。

行政成本代表着一个政府运行所需要的资源，这种成本越高，就表明一个政府的行政效率越低。高额的行政成本必然会挤占有限的财政资金，导致社会公共产品支出的减少。官僚理论则告诉我们，地方官僚们在基于自身利益最大化的前提之下，在地方财政支出中是偏好于增加行政管理费支出的,因为这能增加官员的权力和实际利益。另一个方面,医疗卫生支出是属于公共服务性支出的,当前的中国正在向服务型政府转化,但是公共支出的增加不论对是官员的政绩考核还是对官员的权力资源的扩大都没有任何的帮助。因此,政府官员对社会服务性的偏好并不是很强烈。最后,因为财政支出的总量是有限的,行政管理支出的增加必然会对医疗卫生财政支出产生负面影响。而经验的数据也在一定程度上证明了现有理论的解释力,行政管理费支出与医疗卫生支出的确是呈负相关关系的。

本文的研究只是在目前已有的数据分析之上初步揭示了医疗卫生财政支出和行政管理费支出具有显著的负相关关系,但是由于可能存在模型变量的不完备性和其他相关因素,因而我们目前还不能肯定行政管理费和医疗卫生支出之间是否存在着某种确定的因果关系,还有待进一步的研究论证,特别是需要一些个案研究来建立两者之间在事实上的因果关联。

【参考文献】

段莉:《我国政府行政成本现状与对策研究》,西北大学硕士学位论文,2008年。

樊丽明、石绍宾:《公共品供给机制:作用边界变迁及影响因素》,载《当代经济科学》2006年7月。

蒋萍、田成诗等:《中国卫生行业与经济发展关系研究》,人民出版社2009年版。

焦建国、许正中:《推进行政改革降低行政成本》,载《国家行政学院学报专刊》,2002年S1期。

李玲:《财政分权对中国医疗卫生影响几何》,载《上海商报》2008年12月26日。

李勇:《中国政府行政成本现状及问题研究》,华东师范大学硕士学位论文,2008年。

林挺进:《地级市市长对于预算内教育经费支出的影响》,载《公共行政评论》2009年第1期。

林自军:《浅谈我国公共卫生支出的经济增长效应》,载《现代经济信息》2009年第3期。

刘军民:《公共财政下政府卫生支出及管理机制研究》,载《经济研究参考》2005

年第 94 期。

刘连环、郭桂然:《中国财政医疗卫生支出透视》,载《经济论坛》2004 年 3 月。

刘星、周旭东:《公共卫生支出体制改革的基本思路》,载《卫生经济研究》2005 年第 2 期。

刘尧功:《对我国行政成本的经济学分析》,中央民族大学硕士论文,2007 年。

刘勇政、张坤:《我国公共卫生领域的公共财政支出问题研究》,载《经济师》2008 年第 2 期。

刘用栓:《我国政府行政成本畸高的根源探究及其控制》,载《行政论坛》2007 年第 3 期。

闫留义:《中国县级政府公共产品供给问题研究》,天津师范大学博士学位论文,2009 年。

沈楠:《从均等化角度探析公共卫生支出结构问题》,载《中国商界》2008 年第 1 期。

唐斯:《官僚制内部》,中国人民大学出版社 2006 年版。

王晓洁:《中国公共卫生支出理论与实证分析》,中国人民大学博士论文,2006 年。

威廉姆·A. 尼斯坎南:《官僚制与公共经济学》,中国青年出版社 2004 年版。

休·史卓顿、莱昂内尔·奥查德:《公共物品、公共企业和公共选择——对政府功能的批评与反批评的理论纷争》,费朝辉等译,北京经济科学出版社 2000 年版。

袁志刚、欧阳明:《宏观经济学》,上海人民出版社 2003 年版。

张红妹:《浅析公共卫生财政投入的现状与对策》,载《卫生经济研究》2006 年第 9 期。

张灵知:《我国政府行政成本现状及其原因简析》,载《今日南国》2008 年第 4 期。

张占斌:《中国公共卫生政府投入及国际比较分析》,载《学习论坛》2009 年第 3 期。

赵雪:《中国地方政府行政成本过高原因的实证分析与对策》,载《通化师范学院学报》2009 年第 1 期。

朱光磊:《公务员占人口的适当比例问题刍议》,载《中国行政管理》2009 年 9 月。

竺乾威:《西方行政学说史》,高等教育出版社 2000 年版。

卓越:《行政成本的制度分析》,载《中国行政管理》2001 年第 3 期。

Gary King, *Unifying Political Methodology: the Likelihood Theory of Statistical Inference*, Ann Arbor: University of Michigan Press.

Lynn MacDonald, "The impact of government structure on local public expenditures", *Public Choice*, Vol. 136, 2008.

中国行政成本省际差异研究
——基于朱镕基政府时期（1998—2003年）数据分析*

张 岌**

内容摘要：中国在转型的过程中，每届政府领导人上台都会将行政改革和经济改革作为本届政府的首要目标，努力调适和市场经济相适应的政府规模，削减行政支出，重塑政府机构。其中以1998年朱镕基政府改革最为彻底，在中央的强势推动下，各省效仿中央机构的改革，纷纷压缩政府机构，削减行政成本。但是，各省在财力分配框架、经济、社会、政治环境，以及和中央的关系上表现各异，从而导致各省履行中央削减行政成本的承诺并不一致。具体表现为，有的省份在行政成本控制上较好，而有的省份却较差。针对于此，本研究探讨了1998—2003年朱镕基政府改革过程中行政成本省际差异的情况及其原因。笔者采用5年30个省的面板数据建立模型，描述了行政成本省际差异的现状，并对其产生的原因进行进一步的面板模型分析，其经验结果表明，行政成本省际差异主要是由供给层面因素（如各省转移支付规模，财政能力，工资规模）而非需求层面造成的。

关键词：省际差异　行政管理费

---

* 此文已发表于《公共行政评论》2011第1期。
** 张岌，女，博士，西南政法大学政治与公共管理学院讲师，研究方向为公共财政与预算。

一、导言：改革时代行政成本膨胀 VS 缩减

1992 年，江泽民在中国共产党第十四次全国人民代表大会上提出建设"社会主义市场经济"，中国开始正式拥抱市场经济并进入经济高速增长时代。从 1993 年开始，中国共产党宣布将建立社会主义市场经济作为经济改革的最终目标，市场化运动席卷整个中国（Ma Jun & Zhang Zhibin，2008）可是，社会主义经济中市场改革的任务不仅包括将市场引入进来，同时还需要促进国家重建，使中央政府重塑机构、削弱政府规模，改造自身能力以治理市场，各级政府改变自己的行为提供多样的公共产品，并促使政府职能在经济活动中逐渐缩减，而非计划经济所强调的一手包办。只有设定了清晰的经济改革目标，行政改革目标才会清晰（Ma Jun & Zhang Zhibin，2008）。中国领导层也意识到如何转变行政机构以适应市场经济（Zheng Yongnian，2008：106）。但是，20世纪 90 年代，其政府治理以及机构运作并没有伴随着以市场为导向的经济改革的迈进而进步。Dali L. Yang（2004）认为，在引入了市场经济以后，早期开始实行的双轨制的改革使得中国不但承袭了计划经济的某些特征，而且还使得国有企业、集体企业以及它们的监督部门（公共部门）之间形成了一种讨价还价的谈判关系，这种谈判关系主要表现为政府和企业之间的相互依赖。结果，经济改革和行政改革陷入了"谁先行"这样一个困境中。因为，只要政府计划作为市场的辅助，国有企业就会寻求政府保护。由于存在企业对行政保护、协调和决策的需求，这样，政府攫取企业利益作为收入用作自身利益就变得顺理成章。于是，在经济增长年代，行政改革并没有取得成效，因为这种在局部改革中相互依赖的关系导致了政府膨胀。在 1978 年到 1995 年间，中国政府的收益增长了 5.1 倍，但是却伴随着 17.8 倍的行政成本增长。（Remaking the Chinese Leviathan，2004：10）同时，在市场经济引入后，日益增长的市场活动导致新机构诞生以便协调、管理并规制市场（Dali L. Yang，2004：29）。行政机构的迅速繁殖最终导致了协调成本的增

加,以及财政供养人数的上升。早期的市场化表明了这样一个逻辑:市场化导致了中央机构指数化的增长、协调机构的产生,而这种现象又在地方层面进行复制,最终导致各省维持机构运营的财政负担加重,行政成本飙升。

1998年,进入江泽民—朱镕基时代。此时,朱镕基成为总理并全面掌管经济改革,从而促使了国家理性的重构(Zheng Yongnian,2004:106)。可以说,朱镕基时代所倡导的1998年改革是中国历次改革中最为深刻的一次。他开始实行理性化改革,削减政府规模,进一步转变政企关系,减少政府对经济的干预。一系列的政府理性化改革使得行政成本得到了一定程度的控制。私有化(政府放弃了国有企业的产权)使得政府无法保护国有企业,因此也很难产生为保护国有企业而造成的协调、管理等行政成本的高涨。同时,由于和国有企业联系的减少,地方政府在面对强大的财政压力的情况下,为了履行其日益增长的社会义务,倾向于抑制行政成本的增长(Dali Yang,2004:33-34)。从1999年中期开始,在朱镕基的努力下,中央政府开始促进省级政府规模的削减,计划将省级政府机构从大约53个减少到40个(不发达地区或人口很少的地区以及自治区要减少到大约30个)(Dali Yang,2004:44)。但是在改革的过程中,各省的行为表现和结果各异。有些省份欣然接受,如湖北。这表明有些省份的改革承诺要高于其他省份,更倾向于削减行政成本。在中央的努力下,各省于2001年都接受了此次改革,并取得了一定的成效,削减了官员和机构规模,从而削减了行政成本。但是,根据杨大力(2004)的观察,各省改革的程度不一,效果不同,从而导致了行政成本的削减在各省中还是存在着差异,例如,广东削减了约49.3%的编制,而海南只有20%。同时,在重建的过程中,各省执行中央改革目标程度不一而足,总体而言,发达省份削减了约53%的人员规模,而不发达地区和自治区只削减了大约30%(Dali Yang,2001:40)。这样看来,即使在1998—2003年大刀阔斧的改革年代,各省在削减行政成本规模的承诺上并不一致,地区差距较大。

二、研究问题：各省行政成本增长 & 差异

目前的理论界在行政成本地区差异研究上，基本上肯定行政成本省际差异的存在。郭俊华和肖林（2008）对全国 31 个省（（自治区、直辖市）2001 年至 2006 年的行政成本状况进行了分析，其研究表明，总体而言，全国各地的行政成本都保持了快速增长的势头，绝大部分地方的行政成本增长率都高于同期的财政支出增长率及地区生产总值增长率；虽然在行政成本合计占地方财政支出合计的比重上，六年来各省之间的差异并不显著，但在行政成本合计占地方财政收入合计的比重、行政成本合计占地区生产总值合计的比重上，各省之间存在明显的地区差异，东部地区明显优于西部地区。上海财经大学课题组对 2000 年行政支出①总量和人均行政支出水平进行了测量，认为无论是行政支出总量还是人均行政支出水平，中国各省之间都存在较大的差距，从而也导致了各省之间行政管理和服务水平的较大落差（上海财经大学课题组，486）。两者采用了不同指标来对行政成本进行衡量，前者是采用行政管理费占财政支出和财政收入的比重，后者是采用人均行政管理费，指标之间难以比较。同时，前人研究的时间框架只部分涉及 1998—2003 年这个时间段，鉴于此，这样一个研究问题——朱镕基政府时期行政成本的省际差异究竟是一种什么样的情况——需要再验证回答。进一步而言，现象的描述也是为了更好地揭示其背后的原因。于是，本研究的研究问题即，1998—2003 年间各省公共部门行政成本究竟有什么样的模式（省际差异具体表现形式，发展模式）？为什么会出现省际差异情况？

---

① 上海财经大学课题组采用"行政支出"来进行研究，并在其研究成果《公共支出评价》中将其与"行政成本"进行了区别，认为后者包括的范围更大，除了所耗费的各种财政性资源以外，还包括政府行政部门通过行政管制（包括行政性垄断）而产生的各种社会成本。（上海财经大学课题组，2008：494）在本研究第一部分中还是沿用上海财经大学课题组研究的指标，并未将其改为"行政成本"，但在本研究第二部分中会做出界定。

如果要回答上述两个问题，首先须对行政成本进行界定。目前，有关行政成本的内涵众说纷纭，并不统一。基本上分为这样几种：第一，从政治学的角度来探讨，主要探讨了政府运行所承担的社会成本（桑玉成，2000）；第二，从政府职能的角度来考察，借用企业管理中投入产出的定义来界定行政成本，认为行政成本可以定义为政府组织在行政管理工作中有效行政，以及为社会提供公共服务，生产公共产品的活动过程中投入的人力、财力和物力资源（卓越，2001；焦建国，2002）；第三，认为行政成本狭义上是指政府的公共支出，广义的行政成本是指政府在行政过程中发生的各种费用，以及其所引发的当前和未来一段时间内的间接负担（朱文兴，2004；朱慧涛、王辉，2008）；第四，强调政府内部运作成本，指政府在行政管理工作中为完成一定的有效行政行为，维持运转、履行职能而进行的各种活动过程中所消耗的资源（王庆仁，1999；郭婕，2006；《现代政府管理大辞典》）。本研究偏向于最后一种概念界定，即行政成本可以定义为政府部门维持性运营所消耗的资源。在本研究中采用支出的形式来表示，并按照前人的分析方法，主要采用政府会计科目中的行政管理费来进行分析。

对于第一个问题，笔者采用公共支出的角度对1998—2003年间各省预算内行政成本现状进行了核算。主要使用行政成本相对支出规模（行政管理费/各省财政支出）和行政成本负担（行政管理费/各省财政收入）两个指标来进行衡量。为了准确揭示各省行政成本相对支出的全貌，本部分采用《地方财政统计资料》的数据，并按照分年差异描述、分省差异描述和东、中、西部地区[①]差异描述来予以揭示。

---

① 主要沿用1986年全国人大六届四次会议通过的"七五"计划划分模式。由于西部大开发和重庆成为独立的直辖市，将内蒙古、广西、重庆划入西部地区。即东部地区：北京、天津、河北、辽宁、上海、江苏、浙江、福建、山东、广东和海南；中部地区包括山西、吉林、黑龙江、安徽、江西、河南、湖北、湖南；西部地区包括四川、重庆、贵州、云南、西藏、陕西、甘肃、青海、宁夏、新疆、广西、内蒙古。在对东、中、西部省份差异趋势进行描述时，主要采用标准差来进行测量，考察各年、各省之间离散程度。

(一) 1998—2003年各省行政成本相对支出规模差异描述统计

主要采用行政管理费占各省财政支出比例来对它进行衡量，这个指标反映了各省行政成本相对支出规模。显然，比例越大说明省将支出重点放在行政管理费上，进而行政成本会越高。通过观察各省行政成本相对支出规模，就可以看出哪些省控制行政成本较好，哪些省较差。

1. 分年描述统计

表1 1998—2003年部分省（市）行政成本相对支出规模描述统计一览表
（行政管理费占各省财政支出％）

年份	最小值	最大值	极差	Max/Min	平均值	标准差
1998	上海 3.44	贵州 13.85	10.41	4.02	9.68	2.55
1999	上海 3.64	山西 12.58	8.94	3.45	9.29	2.39
2000	上海 3.72	山西 12.08	8.36	3.24	9.14	2.17
2001	上海 4.06	贵州 11.7	7.64	2.88	9.06	2.06
2002	上海 4.17	贵州 12.22	8.05	2.93	9.31	2.03
2003	上海 4.11	贵州 13.04	8.93	3.17	9.61	2.04

注：本样本剔出了极端值西藏。本样本的统计值只取了小数点后两位，其数据基于当年的通货膨胀率和价格指数。

资料来源：财政部预算司，1998—2003年。

从上表可以看出，从1998—2003年，各省行政成本相对支出规模差异有缩小的趋势，但是，这种趋势并不明显，五年来其标准差均在2以上，也表明各省之间还是存在一定的差异。同时，可以看出，贵州属于行政成本相对支出规模较高的省份，其次是山西。而上海始终处于行政成本相对支出规模较低的地区。发达地区上海行政成本相对规模是欠发达地区贵州和山西行政成本相对规模的三分之一左右，而在改革的当年，1998年约为四分之一。由此可见，发达地区和欠发达地区在行政成本相对支出规模上拉开了巨大的差距。

2. 分省描述统计

表 2　1993—2006 年各省行政成本相对支出规模描述统计一览表

（行政管理费占各省财政支出%）

省份	最小值	最大值	极差	Max/Min	平均值	标准差
北京	1999　4.5	2002　5.6	1.1	1.24	4.98	0.42
天津	2001　4.75	2003　5.62	0.87	1.18	5.14	0.35
河北	1999　8.75	2003　10.37	1.62	1.18	9.44	0.67
山西	2003　10.93	1998　13.56	2.63	1.24	12.07	0.95
内蒙古	2002　9.61	1998　11.68	2.07	1.22	10.40	0.76
辽宁	1999　5.92	2003　7.94	2.02	1.34	6.87	0.9
吉林	2001　6.68	1998　7.74	1.06	1.16	7.18	0.46
黑龙江	1999　6.52	2003　8.67	2.15	1.33	7.49	0.78
上海	1998　3.44	2002　4.17	0.73	1.21	3.84	0.3
江苏	2001　9.34	2002　10.32	0.98	1.10	9.78	0.42
浙江	2001　10.01	1998　11.34	1.33	1.13	10.57	0.47
安徽	1998　9.65	2000　10.74	1.09	1.11	10.30	0.4
福建	2001　7.95	1998　9.29	1.34	1.17	8.54	0.55
江西	1999　8.8	2000　9.41	0.61	1.07	9.2	0.24
山东	2001　9.86	2002　11.12	1.26	1.13	10.34	0.46
河南	2000　10.74	1998　11.86	1.12	1.10	11.39	0.45
湖北	2001　9.23	2003　10.56	1.33	1.14	9.926	0.45
湖南	1999　9.38	2003　10.31	0.93	1.1	9.71	0.35
广东	1998　7.36	2003　10.35	2.99	1.41	8.92	1.19
广西	2002　10	1998　11.61	1.61	1.16	10.71	0.63
海南	2001　9.94	1998　10.98	1.04	1.10	10.37	0.48
重庆	1999　9.02	2003　10.78	1.76	1.2	9.99	0.67
四川	2000　11.35	2003　12.92	1.57	1.14	12	0.57
贵州	2001　11.7	1998　13.85	2.15	1.18	12.61	0.78
云南	1999　8.85	1998　9.78	0.93	1.11	9.26	0.35
陕西	2002　10.11	1998　12.66	2.55	1.25	11.1	1.01
甘肃	2001　10.41	1999　12.14	1.73	1.17	11.2	0.73
青海	2002　8.63	1998　11.94	3.31	1.38	9.98	1.24
宁夏	2002　6.07	1998　8.25	2.18	1.36	7.24	0.85
新疆	2002　9.72	1998　12.2	2.48	1.26	11.04	0.9

注：本样本剔出了极端值西藏，上述统计值只取了小数点后两位，其数据基于当年的通货膨胀率和价格指数。

资料来源：财政部预算司，1998—2003 年。

上表可以看出，各省在1998—2003年间，行政成本相对支出规模还是存在差异（每个省的标准差和平均值都不一样，说明在朱镕基政府五年间，各省的行政成本相对支出规模趋势不同）。但是，在1998—2003年这一时期，各省在这五年间的行政成本相对规模发展趋势差异并不大。但是西藏、广东、陕西、青海在1998—2003年间各自行政成本相对支出规模标准差超过了1。此结果表明，这四个省在朱镕基政府期间，行政成本相对支出规模变化最大，而其他省份则没有多大变化。同时，还可以通过上表看出，各省行政成本相对支出规模最大值在1998年，2003年出现最多；而最小值的出现主要分布在2001年和1999年。这表明，在改革的第一年和最后一年行政成本相对支出规模有扩张的趋势，而在改革进行的中间年份又有削减的趋势。

3．东中西地区比较描述统计

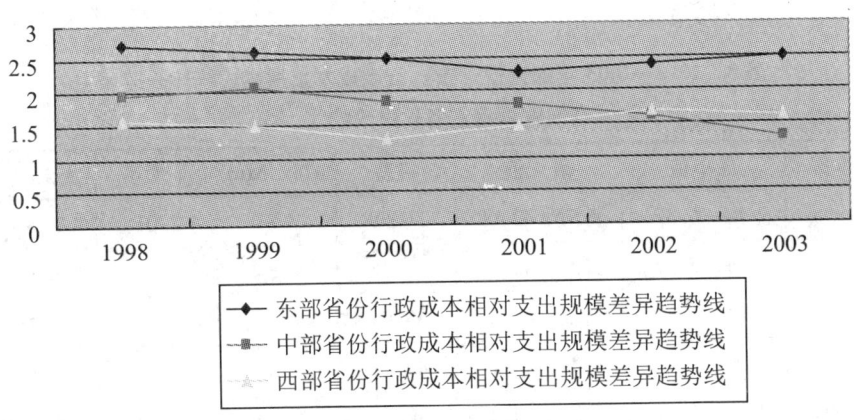

图1　1998—2003年东、中、西部地区行政成本相对支出规模差异趋势图

注：本样本剔出了极端值西藏。上述统计值为每年东部、中部、西部省份行政负担之间的标准差。

资料来源：财政部预算司，1998—2003年。

从图1可以看出，在行政成本相对支出规模上，1998—2003年间东部省份之间的差异始终要高于中部和西部的省份。由此可见，五年间，东部地区各省之间行政成本相对支出规模差异始终最大。同时，上图还告诉我们,在 1998—2001 年间,中部省份行政成本相对支出规模差异要高于西部省份之间的差异。在 2002 年出现转折:中部省份之间的行政成本相对支出规模差异值和西部省份几乎一致。从 2002 年到 2003 年,中部省份之间行政成本相对支出规模差异开始下降,低于西部各省之间行政成本相对支出规模的差异。从总体上看,较 1998 年,除了中部省份行政成本相对支出规模差异微量升高外,东部、西部各省之间的差异均有下降的趋势。

(二) 1998—2003 年各省行政成本负担差异统计描述统计

主要采用行政管理费在各省财政收入中的百分比来衡量各省行政成本负担。如果行政管理费和各省财政收入的比例越大,说明当地财政要负担的行政成本较多,行政成本负担越重。通过描述各省行政成本负担就可以看出哪些省行政成本负担较重,哪些省行政成本负担较轻。

1. 分年描述统计

表3 1998—2003 年部分省(市)行政成本负担描述统计一览表
(行政管理费占各省财政收入 %)

年份	最小值	最大值	极差	Max/Min	平均值	标准差
1998	上海 5.39	青海 42.08	36.69	7.81	2.01	7.76
1999	上海 5.77	青海 42.35	36.58	7.34	2.1	7.98
2000	上海 5.73	新疆 43.82	38.09	7.65	2.31	8.93
2001	上海 6	青海 48.17	42.17	8.03	2.43	9.63
2002	上海 6.1	青海 49.8	43.7	8.16	2.54	10.25
2003	上海 6.46	青海 46.31	39.85	7.17	2.55	8.93

注:本样本剔出了极端值西藏。其数据基于当年的通货膨胀率和价格指数。
资料来源:财政部预算司,1998—2003 年。

从上表可以看出,1998—2003 年行政成本负担的标准差相当之大,远远高于行政成本相对支出规模,最大值出现在 2002 年(改革后期),达到了 10.25。这说明朱镕基政府期间,各省的行政成本负担差异达到最大。虽然在改革的最后一年回归到 2001 年的水平,但是,从整体数据看来,在1998—2003年间各省行政成本负担差异还是处于扩大的趋势。同时,表3表明,上海的行政管理费和财政收入比例最小,说明行政成本负担最小,和行政成本相对支出规模统计结果一致;而在四年中,青海则为行政成本负担最重的一个省,除了2001年(新疆行政成本负担最重)。通过极差和最大值与最小值的比例可以看出,行政成本负担差异比行政成本相对支出规模差异还要大。

2. 分省描述统计

表4 1998—2003年各省行政成本负担描述统计一览表

(行政管理费占各省财政支出 %)

省份	最小值		最大值		极差	Max/Min	平均值	标准差
北京	1999	6.54	2002	8.53	1.99	1.3	7.7	0.77
天津	2000	8.45	2003	10.42	1.97	1.23	9.33	0.89
河北	1998	14.42	2003	21.82	7.4	1.51	18.19	3.08
山西	1998	23.07	2002	31.09	8.02	1.35	26.48	3.06
内蒙古	1998	26.67	2002	36.37	9.69	1.36	31.68	4.53
辽宁	1998	10.44	2003	16.31	5.88	1.56	13.63	2.09
吉林	1998	15.82	2002	22	6.18	1.39	18.89	2.59
黑龙江	1998	13.03	2003	20.25	7.22	1.55	16.4	2.86
上海	1998	5.39	2003	6.46	1.07	1.2	5.91	0.37
江苏	1998	18.29	2002	21.04	2.76	1.15	19.54	1.21
浙江	2001	20.13	1998	25.57	5.44	1.27	22.54	2.03
安徽	1998	17.59	2002	29.73	12.14	1.69	24.91	4.96
福建	1998	15.01	2002	18.19	3.18	1.21	16	1.15
江西	1998	19.99	2001	31.7	11.7	1.59	26.82	4.84
山东	1998	15.3	2002	18.27	2.98	1.19	17.22	1.28
河南	1998	20.21	2002	29.46	9.25	1.46	24.75	3.76
湖北	1998	19.54	2002	29.21	9.68	1.5	24.43	3.88
湖南	1998	20.77	2002	30.81	10.04	1.48	26.87	3.84
广东	1998	13.55	2003	20.2	6.64	1.49	16.88	2.56
广西	1999	21.66	2002	28.77	7.11	1.33	24.79	3.15

(续表)

省份	最小值		最大值		极差	Max/Min	平均值	标准差
海南	1999	20.23	2003	25.24	5.01	1.25	22.35	2.01
重庆	1998	22.74	2002	31.01	8.27	1.36	28.14	3.16
四川	1998	22.7	2002	34.96	12.26	1.54	29.2	4.72
贵州	1999	31.89	2002	39.31	7.41	1.23	35.38	3.11
云南	1998	21.83	2002	27.86	6.03	1.28	24.83	2.85
陕西	1999	23.92	2002	29.52	5.6	1.23	26.94	2.46
甘肃	1998	29.68	2002	41.73	12.05	1.41	36.59	4.16
青海	1998	42.08	2002	49.8	7.72	1.18	45.23	3.33
宁夏	1998	22.41	2003	29.56	7.15	1.32	25.49	2.98
新疆	2002	7.28	2000	43.82	36.54	6.02	29.31	12.12

注：上述统计值只取了小数点后两位，其数据基于当年的通货膨胀率和价格指数。本样本剔出了极端值西藏。

资料来源：财政部预算司，1998—2003年。

由上表可以看出，各省在整个朱镕基政府时期，差异较大。标准差最大的是新疆，达到了12.21，说明，在1998年到2003年间，新疆行政成本负担在五年的改革过程中变化非常大；标准差最小的是上海，达到了0.37，说明上海行政成本负担一直处在较小的水平上，并无明显变化。但将两省相比较，发现五年来它们的变化趋势之间的差异非常大。此外，表4的统计结果也表明，行政成本负担最小值出现次数最多的在1998年，这说明，在改革的第一年，各省的行政成本都处于相对较低的状态，而其最大值在2002年和2003年出现次数较多，表明，在改革的后期，各省行政成本开始膨胀。这种情况的出现有可能是因为各省财力无法完全保证公共部门运行，或各省行政管理费的高涨。同时，通过表中极差来看，五年中，各省的行政成本变化程度呈现明显的差异。

总体而言，行政成本负担省际差异要高于行政成本相对支出规模所呈现的省际差异。

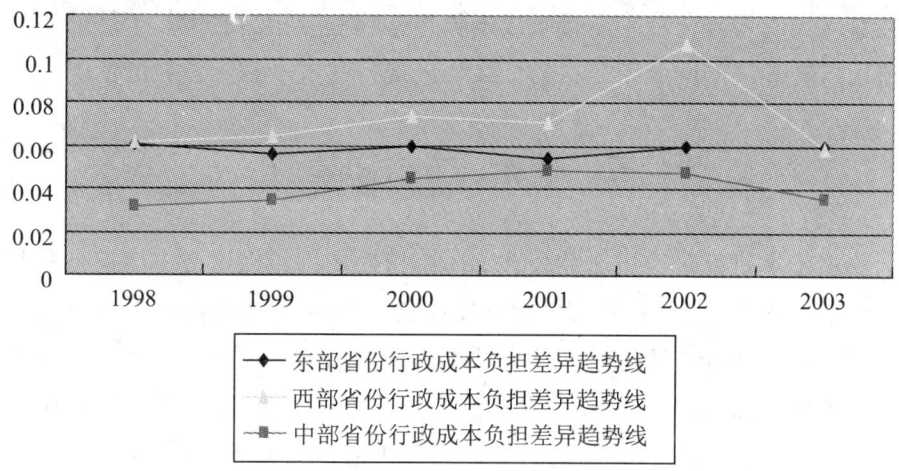

图2 1998—2003年东、中、西部地区行政成本负担差异趋势图

注：本样本剔出了极端值西藏。上述统计值为每年东部、中部、西部省份行政负担之间的标准差。

资料来源：财政部预算司，1998—2003年。

3. 东中西比较描述统计

由上图可以看出，1998—2003年之间，西部各省行政成本负担之间差异最高，其趋势线始终处于最上方，其次是东部省份，中部省份之间行政成本负担差异最小，其趋势线始终处于最下方。值得注意的是，在1998年，朱镕基政府刚开始改革时，东部省份和西部省份行政成本负担之间的差异相似，其标准差均在0.06左右。随后，东部省份之间的行政成本负担差异基本上处于稳定状态，在2001年是有行政成本负担差异下降的趋势，但在2003年和西部省份之间行政成本负担差异同时达到最初的0.06的水平。相反，西部省份行政成本负担差异变化较大，特备是在改革后期，由差异大幅度上升到迅速下降，最终回归到1998年的水平。而中部省份的行政成本负担差异总体上处于上升阶段，即便是在2002年有所下降，但是其差异还是略微高于1998年的水平。

综上，无论从行政成本相对支出规模上，还是从行政成本负担上存在着巨大的差异，特别是行政成本负担省际差异相当之大。于是第二个迫切需要解决的问题就是：为什么会出现行政成本省际差异的情况。

三、理论、方法和模型

由于本研究定位于研究公共部门维持性支出，而这类支出正是公共支出的组成部分。① 在众多对公共支出的分析中，较综合的分析方法则是采用公共选择理论框架。将公共支出看作是公共产出的一种，由政治市场上供需双方所决定的。具体而言，政治过程与市场交换过程相类似，人们在参与政治活动的时候，同其他政治个体和组织发生相互关系，并由供需双方决定的。于是，公共机构不会被简单地视为仅依据上级指示而提供服务的官僚单位。相反，公共机构被视为一种分配决策能力的方法，以便通过提供公共产品与服务来回应不同社会情境中个别偏好的需要（奥斯特罗姆，1971：207）。从根源上说，政治可被视为市场行动，它是经济市场的延伸。每个市场都有需求方和供给方的行动者（Patrick Dunleavy，2004：274）。由此，笔者借用公共选择的基本假设来分析行政成本省际差异的原因。本研究拟采用公共选择理论的供需框架来对行政成本省际差异进行解释，即在需求和供给两个较大的指标下发展了假设关系。

（一）理论框架

在需求层面上的研究，本研究试图检验瓦格纳定律。其理论表明，在工业经济中生活的人们，需要更大规模的公共部门。瓦格纳列举了各种公共开支的需要——基础设施、人口密度、文化、安全、正义等，希望以此来解释他的定律。按照瓦格纳的看法，在经济运行过程中，政府应该在创造良好的基础结构，推动富裕程度的提升，和不断满足人们新的"更高级的"需要这两方面扮演一个重要的角色（莱恩，2004：

---

① 根据财政部（2004）划分的公共支出，分为经济建设支出、社会文教支出和维持性支出（主要指行政管理费类）。

45)。据此推论,中国经济发达的省份,需要更大规模的公共部门来满足更高层次的需求,反之,经济欠发达的省份则公共部门规模较小,因为它的需求较小。在标准的需求理论中,须将相对价格、收入和人口规模设为解释性变量(Franz Hackl,FriedrichSchneider & GlennWithers,2004:263)。此外,鲍默尔定律代表了公共部门支出供给层面的解释。鲍默尔(1965)认为存在一种成本障碍,受由私人部门生产率增长所决定的工资增加的约束,这种成本障碍会相对较低地估计公共部门的生产率增长速度(Baumol,1967)。具体而言,在20世纪,公共部门支出之所以迅速膨胀,究其原因,并不像瓦格纳定律所表明的那样,不是因为公共服务的数量戏剧性地增加了,而是因为公共服务价格的上涨。公共服务的数量相当稳定,但是,单位成本却上升了。这种现象的发生,关键的原因是长期的生产率消极发展趋势,公共部门雇员做的越来越少,却成功地争取到越来越高的工资(莱恩,2004:46)。同时,尼斯坎南(1971)也表明公共机构人员会趋向于预算最大化用于自身目的,如工资、工作环境等,这种情况无疑会推高行政成本。同样可以做此推论,如果一个省份的公务员工资较高,公务员较少,那么可以说此省的行政成本较高,相反,行政成本较低。于是,供给层面的解释变量可以发展为官僚人数、官员工资等。

根据上述简单分析,可以总结为下图:

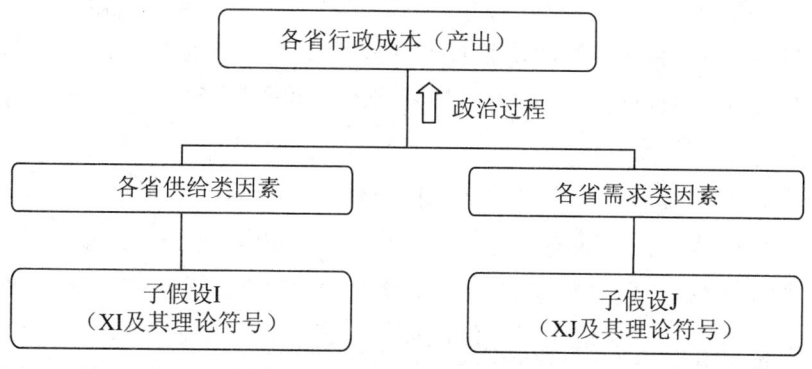

图3 行政成本省际差异理论框架图

(二) 行政成本省际差异模型化

1. 因变量

根据第二部分的分析，因变量将采用两个变量：行政成本相对指标行政管理费占各省财政支出比重以及行政管理费占各省财政收入比重来表示，分别记为 EPC、RPC。

2. 自变量

需求层面变量：主要衡量各省不同的需求是否显著影响了各省的行政成本。

第一，经济发展水平。张光（2007）的行政成本省际差异研究证明了瓦格纳定律。其结果发现，经济发达的省份相对于经济欠发达的省份，会将公共支出用于公共服务项目，维持机构运营的支出较低，即呈现出负相关性。因为沿海地区一般具有较好的经济发展条件，可以比内陆地区更早实行以市场为导向的工业化。面对较大要素流动和日趋激烈的竞争环境，沿海地区的地方政府必须在改善投资环境上多加努力，即创造软环境，吸引更多的投资，从而创造更多的收入，以用于未来进一步的发展。相反，在资源禀赋较差的经济欠发达地区，要素流动水平较低（或在市场压力下，生产要素会从本地外流至其他更发达地区），地方政府缺乏长远的目光，总是将关注的重心放在保工资而不是长远投资上（Dali L. Yang, 2008：23）。以此推论，东部沿海发达地区行政成本低于中部地区，而中部地区又低于西部地区。根据现有的文献看来，基本上都采用人均 GDP 将经济发展水平量化。此外，张光（2007）的研究中也使用了城市化水平作为经济发展水平的衡量指标。他认为，中国由于各地区经济发展的不均衡，从而造成了城市化水平差距之巨大。东部财力充足的省份以及京津沪地区城市化水平较高，从而在公共服务上投入资金更多，行政成本相反较少。同时，城市必须需要消防、交警服务，而大多数具有大面积农村地区的城市化水平较低的省份，这两项公共服务，既无必要，也无财力保证提供，于是在维持公共部门运营上势必会挤占大部分甚至是所有的资金。（同上，17）城市化水平主要是利用城镇就业人口占总人口的比例来进行测量的。

本研究在这类变量上不尝试突破和创新，继续沿用前人的测量方法即利用人均 GDP 相对数和城镇就业人口占总人口比例来进行衡量。记为 AG、EPP，并且假设其与行政成本呈现负相关。

第二，行政区划。规模的过大，会导致官员协调事务增大，势必会造成行政成本的高涨。张光（2007）认为，中国分省行政成本存在着规模经济的话，那就意味着随着省级行政区管辖人口和面积的增大，其单位行政成本将降低。根据他的验证，行政区划类变量和行政成本之间是存在着显著的正关系。即行政区划面积越大，人口规模越大，行政成本越高。王利（2006）、李树林、田瑞华（2006）对少数民族自治区的研究也指出了此点，但没有经过经验性的因果关系检验。李树林、田瑞华（2006）分析了内蒙古和其余 30 个省的行政成本认为，内蒙古自治区地域辽阔，地广人稀，与人口稠密、交通便利、信息畅通的地区相比，只有耗费更多的人力、物力、财力才能保证行政组织的有效运行，提供相同的公共服务和公共物品要耗费更多的社会资源。鉴于内蒙古行政区划大而管辖人口少的情况，政府的机构设置和组织构建却不少于其他地区，具有同样的机构规模意味着行政组织的开支比重大，其结果是稀少的人口要去供养庞大的行政管理机构，创造价值的比重小，而分割价值的比重大，加重了政府的财政负担（同上，1424）。

本研究将继续沿用人均面积进行构建模型，予以测量，记为 TA，并假设它们和行政成本之间存在着正关系。

第三，市场化水平。此变量测量市场经济改革对行政成本的影响。在计划经济体系下，经济的大幅度增长都应归因于隶属于政府的企业活动。（Dacid S. G. Goodman，2001：133）因为国有企业变成政府机构的隶属部门，政府通过对产品设定定额、劳动数量和工资，直接干预国有企业产品、运营和管理，结果导致企业承担了政府的职能，成为企业经营小社会（enterprise running small societies）（Teh-chang Lin，2001：157）。到 90 年代初中期，几乎所有的国家部门，从军事、武装部门到司法部门和党的宣传部门都建立并拥有了自己的国有企业，以补充其财政预算的不足（Yang，2004：25 - 64）。Dali L. Yang（2004）认为随着计划经济体制向市场经济体制的逐步转型，政企分开，企业变成纯粹的经济组织，原先承担的部分行政管理职能逐步转移（交回）到政府手中。而且市场经济要求社会经济运行更加规范化、法治化，社会的管理协调工作量日益增加，所以，总的趋势是行政管理成本随着市场化改革和市场经济体制的确立逐步扩大。就全国范围而言，东部地区市场化力度较大。其地方政府更为注重政府绩效的改善，通过行政审批制度改革、政府组织及业务流程再造、外包业务、提高公务员素质等多种方式，提高效率，控制成本。而西部经济发展与管理水平明显落后于东部地区，在推进市场化改革上与东部地区有一定的距离（郭俊华，2008）。

综上，笔者将采用樊纲指数来对市场化水平进行衡量，用 EP 来表示，并假设其和行政成本之间存在负关系，即市场化水平越高的省，行政成本越低。

第四，地区特色。李树林、田瑞华（2006）对内蒙古行政成本的研究表明，作为民族自治地方，内蒙古自治区不论哪一级地方政府及其所属职能部门，事实上都承担着双重行政管理职能。一方面，作为一级地方政府及其所属部门，其行政管理职能配置与一般地方是一样的，按照国家的统一配置，承担并履行管理本地区政治、经济、社会事务的职能；另一方面，作为一级自治地方政府及其所属部门，除了服从国务院和上级国家行政机关的领导，行使一级地方国家行政机关的职权，履行其职能职责外，还拥有行使宪法、民族区域自治法、自治条例和自治单行条例转化而来的特殊职权，同时也就承担着依照宪法、民族区域自治法、自治条例和自治单行条例规定的特殊权力而赋予的特殊行政管理职能。这种双重性，要求内蒙古自治区政府及其所属部门在进行行政管理职能定位和履行这些职能时，增强协调性，使内蒙古自治区的行政管理职能配置具有了共担性和复杂性，造成了成本的增长。王利（2004）的研究表明，西部民族政府在行使一般地方政府的政治、经济、文化管理职能的同时，还必须对地方的民族宗教、民族关系、民族教育等事务进行有效管理，必然要设定特殊的行政管理机构来管理特定的行政事务，如宗教事务委员会、语言文字工作委员会等，增加了民族政府的权力配置和职能配置，这些都推高了行政成本。

于是，根据上述论述，两个虚拟变量可以代表地区特色，一是将内蒙古、吉林、湖北、湖南、广西、四川、贵州、云南、西藏、甘肃、青海、宁夏、新疆这13个具有少数民族自治区的省设为1，其余设为0，此变量用MA来表示；第二个代表地区特色的变量是将内蒙古、广西、西藏、宁夏、新疆五个自治区设为1，其余省份设为0，用PM来表示；并假设与因变量成正关系。

供给类变量：主要衡量各省行政成本提供者——公共部门是否对各省行政成本有显著影响。

第五，公务员规模。安秀梅、徐静（2008）研究了政府就业人员和行政成本之间的关系，发现官民比高低和行政成本具有一定的正相关性。根据帕金森（1958）的理论，在行政管理的过程中，行政机构会像金字塔一样不断增多，行政人员会不断膨胀，每个人都很忙，但组织效率越来越低下。这样势必会无形中增加行政协调成本、行政人员成本等。1978年列入行政管理费和公检法司支出的财政负担人数为300.5万人，2003年已经增加到861万人，净增560.5万人，平均每年增加22.42万人（安秀梅、徐静，2008：36）。此外，鲍默尔（1965）指出，公共部门雇员做得越来越少，却成功地争取到越来越高的工资，导致了公共支出的增长。从财政供给的角度看，公务员工资是人员支出中的一块，是属于行政支出的，是测量行政成本最为直接的指标。1978年公务员人均工资639元，津贴、奖金等补助工资仅51元，相当于人均工资的7.98%；2003年人均工资8299元，津贴、奖金等补助工资增加到8423元，超过人均工资124元。财政养人太多助长了政府行政成本的扩张（安秀梅、徐静，2008：36）。张光（2007）的研究也对以上两个变量和行政成本的相关性进行了研究，发现官员规模越大、工资水平越高、行政成本越高。

于是，本研究采用公务员人口相对数，公务员平均工资和城镇平均工资的比例来衡量公务员规模，分别记为CPP、AW，并假设两者和行政成本之间呈现正关系。

第六，预算外收入。许多学者揭示了行政成本增长，其实来源于官员自利化的行为。它表现为政府为保证自身运作所需的必要成本，包括行政经费、执行公务所需的物资、行政人员的薪酬福利等（林子英，1999）。地方政府会寻求最大化的财政剩余，即剩余控制权，然后可以用这些剩余去实现一些固定的政治目标或是私人目标（Olson，1993）。在地方财政收入短缺的情况下，预算外收入成为追求机构利益的最大化的一个重要途径。控制一定数量的自主支配资金（预算外资金）为地方政府提供了收入来源，并赋予地方政府实际自主权。在很多地方，预算外资金被视为在地方公共支出之上的"合法"财源。实际上，中国地方政府普遍存在着人员过多、机构臃肿的现象，而人员增长最快的政府部门通常是那些能获得预算外收入的部门。因此，为了促进地方经济的增长和为地方机构攫取财源，地方官员往往也会最大限度地致力于预算外收入（黄佩华，2003；刘泰洪，2007）。预算外资金的存在给行政机关任意扩大支出提供了便利条件，不仅推动了行政管理费用总量的急剧膨胀，也使行政成本支出结构不合理（王义，2007：93）。而具体到在地方政府的行政开支中，有 58.9% 是通过预算外方式花掉的（平新乔，2006）。Dali L. Yang（2004）时指出，政府机构甚至将没有经过正当授权的费用上交财政部后，仍然可以获得其所征收的费用、罚款收益的一部分来弥补机构运作和人员福利的预算缺口（同上，239）。但是目前仍然没有确切的数据能够表明有多少预算外支出花在了行政成本上，于是，如果贸然采用会影响数据的可靠性。而预算外收入则可以衡量，根据预算最大化理论，可以预期预算外收入多的省份在行政成本上投入的资金更多。于是，本研究将预算外收入作为衡量官员行为的一个变量，并采用预算外收入在省 GDP 中所占的比重将其量化。

总之，本类变量采用预算外收入在省 GDP 中所占的比重进行衡量，记为 BRG，并假设其与行政成本之间存在着正关系。

第七，财政能力。杨大力（Dali Yang，2008）认为，尽管地方治理水平存在着很大的差异，但显然所有地方政府的行为都受到财政收入趋势的影响（同上，24）。中国许多地方仍然是吃饭财政，如中西部地区大多数省份，保工资仍然是财政运行的主要甚至是首要目标（周庆智，2004）。显然，属于吃饭财政的地区，它的行政成本（维持机构运行）必然高于财力充足的省份。于是，此变量应与行政成本呈负关系。发达地区的地方政府，尤其是省以下政府收入一般都能够满足支出需要，因为它们有丰富的税基（非农业部门），并可以通过出售地方土地使用权来获得额外收入。然而，许多欠发达地区的地方政府则更多地依赖于中央政府的转移支付（Dali Yang，2008：23）。根据尼斯坎南（1971）的预算最大化理论，在上述情况下，地方官僚会把转移支付收入用作预算最大化的手段，而不是相应地减少地方税费负担，结果导致行政开支增加，行政成本继续膨胀。这一切都是因为，利益最大化使得作为代理方的地方官僚机构在预算的编制和执行的过程中也会机会主义行事，所有政府官员都有争取本地方和部门预算最大化的冲动，并且部门和领导也会预期，即使他们不从财政资金中攫取更多的甚至多余的资金，其他领导和部门也会选择这样的预算策略。目前在对政府预算产出的界定和测量还十分模糊的情况下，预算合同对政府代理方的约束性不强，这也强化了部门"要钱"和"花钱"的冲动。这样，在预算软约束的情况下，花别人的钱办自己的事情更容易倾向于行政成本的扩张（马骏，2004）。转移支付必然成为其最佳选择。

据上，采用各省财政收入占省 GDP 的比重（衡量一个省的财政能力水平）以及转移支付占省 GDP 的比重（各省地方政府对行政成本扩张的作用）来量化此类变量，记为 RPG，TPG。并假设前者和行政成本呈现负关系；而后者和行政成本呈现正关系。

根据上述分析，现可以发展行政成本省际差异模型：

$$EPC/RPC = \alpha + \beta_1 \log AG_{tp} + \beta_2 EPP_{tp} + \beta_3 InTA_{tp} + \beta_4 EP_{tp} + \beta_5 PM_{tp} + \beta_6 MA_{tp} + \beta_7 PRG_{tp} + \beta_8 TPG_{tp} + \beta_9 BRG_{tp} + \beta_{10} \log CPP_{tp} + \beta_{11} AW_{tp} + \mu_{tp} + \varepsilon_{tp}$$

在上式中，α 是常数项，$(\beta_1, \ldots, \beta_{11})$ 均表示每个自变量对因变量的影响程度，μ_{tp} 表示地区效应，ε_{tp} 表示随机误差，t 表示时间，p 表

示省份，tp 就表示第 t 年 p 省情况。

根据上述分析，变量之间的关系如下表：

表5 行政成本省际差异影响因素关系表

	需求类因素	供给类因素
人均 GDP（AG）	-	
城镇就业人口比例（EPP）	-	
人均面积（TA）	+	
市场化水平（EP）	-	
地区特色（MA, PM）	+	
官民比（CPP）		+
工资规模（AW）		+
预算外收入（BRG）		+
财政规模（RPG）		-
转移支付规模（TPG）		+

四、经验验证

面板数据集更取向于横截面分析，不同调查单位之间的异质性是分析的主要部分，实际上通常也是核心关注点（William. H. Greene, 1996：308）。根据上述分析看来，本研究主要采用横截面加时间序列来进行分析，即需要用到面板数据模型。于是，本部分主要采用 Stata 9.0 来进行面板数据分析，数据主要来源于《中国统计年鉴》《地方财政统计资料》和《中国财政年鉴》。在分析的过程中，发现西藏无论是行政成本负担还是行政成本相对支出规模远远高于平均水平，于是剔出此省，分析的样本量为150。本部分将首先对供需类变量均纳入模型进行初步探讨，揭示供需层面在行政成本省际差异上的相对解释力，然后根据其结果，再做稳健性检验。

在进行统计分析时，各自变量之间不能存在多重共线性。因为，多重共线性会导致系数有偏。如果预测变量之间存在完全多元共线性,即存在线性关系,回归方程则会无解(Lawrence Hamilton,2007:182)。具体到本模型中,采用 VIF 检验来检验共线性问题。其检验如表6。

表6　VIF 检验统计结果表

变量	VIF 统计值	1/VIF
人均 GDP(log)	4.95	0.201897
城镇就业人口比例	8.84	0.113181
人均面积	3.07	0.325259
市场化水平	3.59	0.278854
自治区省份	2.76	0.362835
拥有自治区省份	1.48	0.674278
官员数量(log)	1.86	0.538603
工资规模	3.68	0.271897
预算外收入	1.28	0.779175
财政规模	4.80	0.208344
转移支付规模	5.23	0.191261

从表6中可以看出,自变量的 VIF 统计值均小于10,即表明它们之间不存在显著的共线性。于是,不用对变量数据进行处理。本研究对行政成本相对支出模型和行政成本负担模型进行了检验,分别使用了混合 OLS 模型(BE)、固定效应模型(FE)和随机效应模型(RE)对面板数据进行了检验。首先需要对是采用面板模型还是混合回归进行的估计,由于地区特色的两个变量为虚拟变量,不随时间变化,于是不能将其放在固定效应模型中,而应该采取随机效应模型和混合回归模型。在行政成本相对支出模型和行政成本负担模型中,采用 LM 检验(Breusch and Pagan Lagrangian multiplier test)来判断是采用随机效应模型还是混合回归模型,两者卡方值对应概率均为 $0<0.05$,拒绝原假设,选择随机效应模型。由于忽略误差项的相关性和样本中的特异值会使标准差估计有误,导致 t 检验失效,于是,本研究采用稳健性标准误来替代常规

标准误，以便对模型进行更好的估计。表 7 报告了面板数据模型分析结果。

表 7　1998—2003 年行政成本省际差异解释模型统计结果

	行政成本相对支出模型	行政成本负担模型
常数	-0.027 (-0.42)	0.316** (2.1)
需求类变量		
人均 GDP（log）	-0.034** (-3.83)	0.078*** (3.44)
城镇就业人口规模	-0.091** (-2.9)	-0.22* (-1.88)
人均面积	0.191 (1.5)	0.566** (1.99)
市场化水平	0.001 (1.49)	-0.010*** (-3.89)
自治区省份	0.002 (0.22)	-0.001 (-0.05)
拥有自治区省份	-0.006 (-0.97)	0.012 (0.95)
供给类变量		
官员数量（log）	0.002** (2.03)	-0.009 (-0.38)
工资规模	-0.062 (-0.95)	1.585*** (6.77)
预算外收入	-0.101 (-0.72)	-0.159 (-0.49)
财政规模	0.023 (0.31)	-1.165*** (-3.78)
转移支付规模	0.173 (1.05)	1.584*** (2.79)
R-sq	0.63	0.81
LM test	89.76***	56.27***
数据模型	RE	RE

注：括号内为经过稳健性标准误估计后的 z 值，*表示在 0.1 水平上显著，**表示在 0.05 水平上显著，***表示在 0.01 水平上显著。

根据表 7 可以看出，在行政成本相对支出模型中，只有人均 GDP（log）、城镇就业人口比例和官员数量（log）通过了 0.05 的显著水平，其他变量均不显著。结果表明，在控制住模型中其他变量的情况下，GDP（log）上升 10% 会导致行政成本相对支出规模下降 0.34%。证明一个地区的发展水平对行政支出规模具有负影响。此外，城镇就业人口规模越高，行政成本相对支出规模越低，符合理论假设。由于城镇就业人口规模变量是检验城市化水平，于是可以说明，城市化水平升高 10% 会导致行政成本相对支出规模约 0.91% 的下降。相反，官员数量（log）和行政成本相对支出规模呈正相关，也符合之前的理论假设。具体而言，在其他条件不变的情况下，官员数量每增加 10% 会导致行政成本增加 0.02%，影响不显著。这些回应并解释了之前对因变量的观察结果，上海城市化水平非常高，于是它的行政成本是所有省份中最小的，相反，贵州等行政成本较高。总的说来，行政成本相对支出规模差异的首要影响因素是城镇就业人口规模，其次是人均 GDP，再次是官员数量。

在行政成本负担模型中，人均 GDP（log）、市场化水平、工资规模、财政规模、转移支付规模都在 0.01 水平上显著，而人均面积在 0.05 水平上显著，城镇人口就业规模通过了 0.1 的显著水平检验。具体而言，在需求类变量中，人均 GDP（log）增加 10% 会导致行政成本负担增加 0.78%。这和理论预期不一致，但是回应了金玉国、张伟（2008）的研究，他们的研究结果指出，经济发展水平的提高会导致相对行政管理成本的增加，即经济发展水平对行政管理成本具有正影响。于是，可以从这一角度进行理解：当地区经济高速发展时，会带来更多地协调、管制等，于是政府发挥的作用也会更加广泛，行政成本负担相对而言会增加。从有关行政成本相对支出规模的结论而言，经济水平变量对行政成本的影响模式并不清晰。同时，人均面积增加 10% 会导致行政成本负担增加约 5.66%，两者呈正效应，和理论预期一致，可以说行政区划大小对行政成本负担产生了正影响。因为区地域辽阔、地广人稀的省份（如西部省份），与人口稠密、交通便利、信息畅通的地区（东部省份）相比，只有耗费更多的人力、物力、财力才能保证行政组织的有效运行，提供相同的公共服务和公共物品要耗费更多资金，于是面积大的省份具有较高的行政成本负担。同时，市场化水平提高一个分值，会导致行政成本负担下降 0.01%，影响并不大。城镇就业人口规模也和理论预期一致，和行政成本负担呈现负关系，即城镇就业人口规模增加 10% 会导致行政成本负担约 2.2% 的下降。具体而言，城市化水平高的地区，行政成本负担较轻，如上海。在供给类变量中，工资规模和转移支付规模增加 10% 会导致行政成本负担分别增加约 15.85%、15.84%，呈现正关系。统计结果表明，财政规模与行政成本负担之间存在负效应，和理论假设一致。即财政规模上升 10% 会导致行政成本负担下降 11.65%。总的看来，行政成本负担模型中，较需求类变量而言，供给类变量解释力要强。此外，工资规模是影响行政成本负担的首要因素，其次是转移支付和财政规模，而需求类变量对行政成本负担的影响十分薄弱。而官民比、预算外收入和地区特色均没有通过检验，表明和行政成本负担并没有直接的关系。

总而言之，将供需层面因素同时纳入模型以后，两个模型测量结果表明，行政成本负担模型解释力更好（R-sq 为 0.82），其模型中供给面的解释均高于需求面的解释。这种现象表明，中国行政成本负担是由供给驱动的，而非需求导向。这符合这样一个逻辑：分税制改革后，地方政府收入下降，在资金短缺的情况下，其预算通常是消极被动的。于是，它们在现行的机构和服务之间分配资源时，并没有太多地考虑本地所需要的优先事项和选择的合理性。在许多情况下，中央计划经济的思维方式仍然有很大的市场，具体表现为政府服务供应是供给驱动的，没有考虑需求因素（Christine P. W. Wong, Deepak Bhattasali, 2003: 6）。

此外，从表 7 还可以看出，在行政成本相对支出规模模型中，将供给类和需求类变量放入同一模型中使得此模型并不理想，只有三个自变量通过了检验。为了保证行政成本相对支出模型更具说服力和稳健性，笔者分开考察行政成本相对支出规模供给层面模型和行政成本相对支出规模需求层面模型两个模型，以求找到供需层面中可以单独解释行政成本相对支出规模的其他因素。之前，笔者再次对两个模型的变量进行了

VIF，其结果表明不存在共线性，于是可以将对应的全部变量纳入模型中。其面板分析结果如表8。

表8 1998—2003年行政成本相对支出规模省际差异解释模型统计结果

	需求层面模型	供给层面模型
常数	0.095*** (14.99)	-0.007 (-0.1)
人均GDP（log）	-0.026*** (-3.27)	
城镇就业人口规模	-0.092*** (-3.32)	
人均面积	0.149 (1.15)	
市场化水平	0.001* (1.83)	
自治区省份	-0.001 (-0.08)	
拥有自治区省份	0.00 (0.02)	
官员数量（log）		0.018 (1.68)
工资规模		0.014 (0.25)
预算外收入		0.052 (0.37)
财政规模		-0.288*** (-4.51)
转移支付规模		0.378*** (3.02)
R-sq	0.62	0.42
Hausman test		3.87
LM test	174.01***	
数据模型	RE	RE

注：括号内为经过稳健性标准误估计后z值，*表示在0.1水平上显著，**表示在0.05水平上显著，***表示在0.01水平上显著。

表 8 的结果表明，当分别考虑供给层面和需求层面影响因素时，除了城镇就业人口规模、人均 GDP（log）外，财政规模也对行政成本相对支出规模产生显著性影响，并均与理论预期一致。其中，人均 GDP（log）对行政成本相对支出规模产生负影响（通过 0.1 的显著水平），即人均 GDP 越高的地区，行政成本相对支出规模越低，具体而言，人均 GDP 增加 10% 能导致行政成本相对支出规模下降 0.26%。其结果符合之前的理论假设，即穷的省份（如西部）会呈现较大的行政成本相对支出规模，反之，东部沿海省份拥有较小的行政成本规模。城镇就业规模变量对其影响并没有明显的变化。此外，财政规模和行政成本相对支出规模产生负影响，回应了之前的理论假设。具体而言，即财政规模增加 10% 会导致行政成本相对支出规模下降 28.8%。转移支付规模则产生了更为显著的影响，即转移支付规模增加 10% 会导致行政成本相对支出规模增加 37.8%。综上所述，在需求层面模型中，城镇就业人口规模是主要因素，其次是人均 GDP，而在供给层面模型中，转移支付规模是主要因素，其次是财政规模。从影响因素上看，供给模型中变量对行政成本相对支出规模影响要大，但是从模型的 R-sq 可以看出，需求层面模型解释力要大于供给层面的解释力。虽然，笔者单独对需求层面模型和供给层面模型进行了测量，可是，无论从变量上还是从解释力上都只能部分说明，而不能完全说明行政成本相对支出规模省际差异的原因。并且，在将供给类变量和需求类变量放入同一模型中，人均 GDP 和财政能力不再显著，而将其分开考虑，官员数量不再显著。

五、结 论

上述分析表明，本研究也只揭露了冰山一角，并不完善，对于行政成本相对支出规模模型还需要再进行调试和检验。通过对 1998—2003 年间面板数据分析，笔者描述了朱镕基政府时期行政成本省际差异并推导出其原因。经验分析表明：在供给层面上，工资规模、财政能力和转移支付规模对行政成本负担影响较大，而官员数量对行政成本相对支出规模产生影响；在需求层面上，经济发展水平、市场化、人均面积等影响了行政成本负担；而行政成本相对支出规模只受到经济发展水平的影响。地区特色因素对行政成本相对支出规模和行政成本负担均不产生影响。当同时考虑供需层面因素时，行政成本负担模型更具解释力，并且其由供给层面因素驱动的，而非需求导向。需求层面在决定行政成本负担上的失调必然会导致政府膨胀和无效率状态。

【参考文献】

[美] 丹尼斯·C.缪勒：《公共选择理论》，杨春学等译，中国社会科学出版社1999年版。

[美] 威廉姆·A.尼斯坎南：《官僚制与公共经济学》，王浦劬等译，中国青年出版社2004年版。

[英] 简·莱恩：《新公共管理》，赵成根译，中国青年出版社2004年版。

[英] 诺尔曼·吉麦尔：《公共部门增长理论与国际经验比较》，杨冠琼、贺军译，经济管理出版社2004年版。

安秀梅、徐静：《关注"官民比"探索降低政府行政成本新路》，载《当代财经》2008年第4期。

曾明、张光：《规模经济、转移支付与政府规模——以江西为例》，载《江西省社会科学》2008年第9期。

郭俊华、肖林：《我国政府行政成本省际比较的经济学分析》，载《上海经济研究》2008年第1期。

郭俊华：《我国东西部地区政府行政成本比较研究》，载《经济纵横》2008年第6期。

何翔舟：《论政府成本》，载《中国行政管理》2001年第7期。

何翔舟：《中国行政管理成本问题实证研究》，载《政治学研究》2006年第2期。

胡德仁：《财政转移支付与中国地区间财力均等化分配模型》，载《公共行政评论》2008年第5期。

金玉国、张伟：《基于协整方法和VAR模型的中国行政管理成本变动分析》，载《统计研究》2006年第8期。

倪海东、安秀梅：《政府组织规模与行政成本的财政思考》，载《中国行政管理》2008年第1期。

潘卫杰：《对省级地方政府规模影响因素定量研究》，载《公共管理学报》2007年第1期。

平新乔：《中国地方政府公共支出的膨胀趋势》，载《经济社会体制比较》2007年第1期。

上海财经大学课题组：《公共支出评价》，经济科学出版社2008年版。

陶然、杨大利：《财政收入需要与地方政府在中国转轨和增长中的作用》，载《公共行政评论》2008年第5期。

张光：《"官民比"省际差异原因研究》，载《公共行政评论》2008年第1期。

张光：《财政分权省际差异、原因和影响初探》，载《公共行政评论》2009年第1期。

张光：《中国行政管理成本决定因素实证分析——兼论"缩省论"的合理性》，载《天津行政学院学报》2007年第2期。

周雪光：《"逆向软预算约束"：一个政府行为的组织分析》，载《中国社会科学》2005年第2期。

朱光磊、张志红：《职责同构批判》，载《北京大学学报》2005年第1期。

卓越：《行政成本的制度分析》，载《中国行政管理》2001年第3期。

Carl W. Stenberg, "Recent trends in state spending: patterns, problems, prospects", *The State of American Federalism*, Vol. 24, No. 3, 1993 – 1994 (Summer, 1994), pp. 135 – 152.

Chien-min Chao & Bruce J. Dickson, *Remaking the Chinese State*, Taylor & Francis Book LTD, 2001.

Dali. Yang, *Remaking the Chinese Leviathan*, Stanford University Press, 2004.

David L. Lindauer and Ann D. Velenchik, "Government spending in developing countries: trends, causes, and consequences", *The World Bank Research Observe*, Published by: Oxford University Press, Vol. 7, No. 1 (Jan., 1992), pp. 59 – 78, Oxford University Press.

Donna Wilson Kirchheimer, "Control of social spending: gates and gatekeepers", *Public Administration Review*, Vol. 49, No. 4 (Jul.-Aug., 1989), pp. 353 – 361.

James L. Payne, "Why government spending grows: the 'socialization hypothesis'", *The Western Political Quarterly*, Vol. 44, No. 2 (Jun., 1991), pp. 487 – 508.

Julie Dolan, "The budget-minimizing bureaucrat? empirical evidence from the senior executive service", *Public Administration Review*, Vol. 62, No. 1 (Jan.-Feb., 2002), pp. 42 – 50.

Louis M. Imbeau, "Francois petry, jean crete, genevieve tellier, michel clavet. measuring government growth in the canadian provinces: decomposing real growth and deflator effects", *Canadian Public Policy/Analyse de Politiques*, Vol. 27, No. 1 (Mar., 2001), pp. 39 – 52.

Ma Jun & Zhang Zhibin, Remaking the Chinese Administrative State since the 1978 Economic Reform: the Perspective of "Double Movement", The International Conference on Remaking the Chinese Administrative State Since the 1978 Reform (Guangzhou, 2008).

Michael M., "Atkinson and gerald bierling. is there convergence in provincial spending priorities?" *Canadian Public Policy/Analyse de Politiques*, Vol. 24, No. 1 (Mar., 1998), pp. 71 – 89.

Michael S. Lewis-Beck, Tom W. Rice, "Government growth in the united states", *The Journal of Politics*, Vol. 47, No. 1 (Feb., 1985), pp. 2 – 30.

Ostrom, Vincent, and Elinor Ostrom, "Public choice: a different approach to the study of public administration", *Public Administration Review*, Vol. 31 (March-Apirl, 1971), pp. 203 – 216.

Peter H. Lindert, *Growing Public*, Cambridge University Press. 2004.

Richard Rose, "What if anything is wrong with big government?" *Journal of Public Policy*, Vol. 1, No. 1 (Feb., 1981), pp. 5 – 36.

Yongnian Zheng. *Globalization and State Transformation in China*, Cambridge University Press, 2004.

公共预算研究系列
Public Budgeting Research Series

预算执行

基层国税预算单位实行国库集中支付制度的问题及对策

孙玉栋　王丽晶[*]

内容摘要： 基层国税预算单位实行国库集中支付改革的时间较短，在实际操作中各地具体细节也不统一，改革新增或改变了诸多实务操作，使实际执行中存在相应的问题。本文提出从基层国税预算单位在执行国库集中支付过程中的应用角度研究探讨国库集中支付制度改革具有较强的现实意义。

关键词： 国库集中支付　基层国税　预算单位

一、问题的提出

国家税务局系统实行国家税务总局垂直管理的领导体制，在机构、编制、经费、领导干部职务的审批等方面按照下管一级的原则，分为四级预算单位实行垂直管理。2005年国税系统开始国库集中支付制度改革，当年纳入改革的预算单位80个。截至2008年年底，全国国税系统

---

[*] 孙玉栋，男，中国人民大学公共管理学院教授、博士生导师，研究方向为公共预算管理、税收管理和政府财务管理；王丽晶，女，山西省长治市国税局计财科科长、中国人民大学公共管理（MPA）硕士。

36个地区共3567个预算单位实施了改革。①

国税系统经过几年改革成效显著,规范了预算管理级次,提高了资金支付信息透明度、运行效率,促进了资金使用、预算管理规范化,提升了基层财务管理水平。改革造成基层国税单位的账户体系、资金支付、会计核算等发生一系列变化,并对预算编制、预算执行、财务管理造成冲击。本文旨在通过对实际操作结合制度设计进行比较,分析目前基层国税预算单位实行国库集中支付中存在的问题并提出建议。

二、实行国库支付制度存在的突出问题

(一)现金使用游离监管之外

由于现金的特殊性,财政部门无法监控预算单位提取现金的具体用途和使用情况,而零余额账户各类性质的用款额度都可以办理提取现金业务。以专有支付指令提取用款额度现金,再行安排现金支出,成为预算单位调剂使用不同类别资金的方法。审计中发现,基层国税预算单位不同程度地存在以下违规操作:

1. 以基本支出的公用经费支付指令提取现金,用作发放津补贴或支付对家庭个人的其他补助等人员支出,具有单笔金额较小但业务量频繁的特点,不易发现。

2. 以项目支出经费的支付指令提取现金,用于基本支出的人员或公用开销,人员支出主要是非常规发放的部分人员的奖金、值班补助或独生子女幼儿管理费等其他个人补助,公用支出主要是职工差旅费报销、小额维修费用或零星购买支出等。

3. 以零余额用款额度的支付指令提取现金,转入本单位基本存款账户,如对某市国税局的某预算单位2008年度财务审计中,发现2008年12月31日记163#证收到的零余额用款额度办案费20000元,记164#

---

① 解学智在2009年5月13日全国国税系统财务工作视频会议上的讲话,《厉行节约 强化管理 为推动税收事业科学发展贡献力量》。

证以办案费支付指令提出现金20000元,记165#证将现金20000元存入该单位基本存款账户。

上述情况反映了国库集中支付制下,现金使用游离监管之外,成为基层预算单位转移零余额用款额度、混用财政资金的"温床"。

这些违规操作有的属于无意,如上述第一、二种情况,因提取出来的现金无法具体区分原来的性质,在现金支付时混用。有的则属于认识误区导致,如上述第三种情况,主要发生于年末,用款额度到账过迟时基层国税预算单位来不及安排支出,又不愿结余在零余额账户上,认为额度未到时已用基本存款户的实有资金进行垫付,理应归还,有的则是有意钻空。

(二)追加预算资金到位不及时

目前基层预算编制时间较短,国税系统每年所涉及的项目经费有18项,有些项目经费,如代征代扣手续费等据实结算类经费,预算编制时无法准确预测,使得预算与执行存在偏差。执行年度内不可避免出现追加等调整,涉及调整指标、用款计划等多个环节,尤其是年末的指标追加,往往造成追加的中央财政拨款用款额度到达基层国税预算单位时较晚,如2008年某市国税局12月30日收到用款额度283万元,分别是行政运行费247万元、一般行政费9万元、办案费13万元、三代手续费8万元、税务宣传1万元、公积金5万元;31日收到用款额度378.6万元,分别是两证0.6万元、公积金24万元、办案43万元、行政运行费311万元。追加预算资金到账过迟不利于基层预算单位理性安排支出,客观上造成基层预算单位突击花钱,违规使用。在审计中发现财政授权支付中的一些项目经费被挪用或被混用,都与此相关。

(三)资金使用监控不到位

虽然国库集中支付改革使基层国税预算单位授权支付的每一笔财政资金的金额、付款科目、付款用途、付款账户、收款人、收款账户、交易时间等都纳入了财政部的监控,但是基层预算单位有些违规操作财政部并未监控到,在实际工作的财务审计中发现超范围使用零余额公积金、转移零余额用款额度、超范围使用办案费等情况均有发生。其中，用住房公积金的零余额度发放职工工资等，收款人不是当地住房管理中心或部门，从业务的逻辑层面就存在明显的漏洞，财政部未监控到，未下达监控疑点通知要求解释及纠正。对于超范围使用办案费的这类情况，代理银行垫支时不了解国税业务、不具备审查资金支付的合理性的能力，清算时财政部又不能见到实际发生的原始票据等凭证，不能辨明收付款双方交易的资金因何发生、是否确实属于某类项目经费支出范畴。也就是说财政部只能对基层国税预算单位授权支付的资金的名义支出进行形式上合理、合法性的审核，不能防止名义支出与实际用途不一致现象的发生，不能完全堵住不合理的支出、真正实现实时监控。

（四）代理银行业务能力亟待提高

代理银行是指由财政部按照招投标程序，从获得中国人民银行资格认证的商业银行中选择的、具体办理财政性资金支付业务的商业银行。国家税务总局选定的代理银行有中国工商银行、中国建设银行和中国农业银行三家。2009年8月，财政部国库司下发了文件组织问卷，调查了解代理银行受理财政授权支付业务有关情况和具体操作中存在的问题。调查内容具体包括代理银行与预算单位对账时间、对账单提供方式、对账单种类、对账单内容、是否营业日全天受理业务、在营业日15点30分后办理业务时，是否填写《代理银行垫付资金计息明细表》、代理银行受理业务的截止时间、营业日15点30分以后办理业务有何不方便等。某A地市级国税预算单位按要求将问卷调查表和对账单表样电子文档下发至所属14个县区级预算单位，加上市本级的调查表共收回15份，涉及6个基层工商银行、6个基层建设银行和3个基层农业银行。调查结果（如图1）显示：

1. 对账时间方面：53%的受访单位在3—10个工作日可收到上月对账单，仅有20%在3个工作日内可收到；对对账单寄送的及时性不满意率为33%；与代理银行对账的频率为一月一次的67%；对对账频率不满意率为33%，67%希望的对账频率是一个月固定对账一次，平时根据需要随时要求代理银行提供。

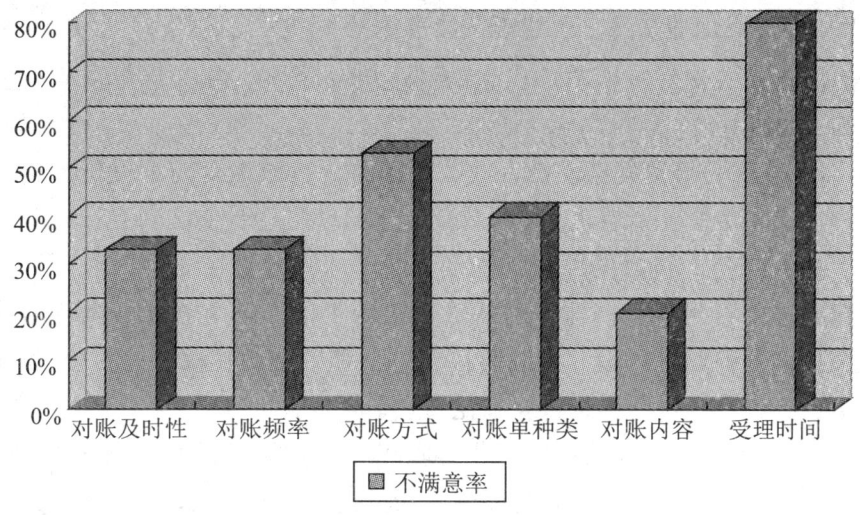

图1 受访单位对代理银行业务评价

2. 对账单提供方式方面：80%是去银行柜台领取，对目前获取对账单的方式，53%受访单位不满意；53%希望银行送单上门，40%希望银行电话通知去柜台领取，33%希望银行邮寄，20%希望通过网上银行打印。

3. 对账单种类和内容方面：60%受访单位认为对账单种类能够满足工作需要；53%希望在保留现有种类的前提下，格式和内容方面作调整；80%认为对账单内容能够满足需要。

4. 业务受理时间方面：80%受访单位反映代理银行未做到营业日全天受理财政授权支付业务，其中58%反映代理银行受理财政授权支付业务的截止时间为每日下午3点，而42%反映代理银行只在上午12点前受理财政授权支付业务，下午不予以办理。

上述调查反映基层代理银行在对账单提供及时性、方式方法及对账频率、所提供的对账单种类及业务受理时间方面存在问题。除此之外，基层国税预算单位普遍反映支付单据返回不及时，一般在两天至一周内，一旦因收款人账号有误等原因造成拨款退回，则需时更长，影响会计核算的及时性。

(五) 增加业务量、挑战现行岗责体系

国库集中支付制度改革产生的制度创新成本，在基层单位主要反映为：

1. 会计核算更复杂。纳入改革的单位，行政账套需增设资产类科目"零余额账户用款额度""财政应返还额度"会计总账科目，在收入类"拨入经费"科目的原明细科目下增设"财政直接支付"和"财政授权支付"科目。在基建账套的资金来源类的"基建拨款—本年基建基金拨款"科目下增设"财政直接支付"和"财政授权支付"。新设科目下还有诸多三级明细，核算细化与复杂程度加大。

2. 业务量激增。改革取消非全职能局预算资格，不予开设零余额账户，地市级国税单位所属直属分局和稽查局的财务核算并入市局机关本级，市本级预算单位的业务量激增，涉及经费管理、支出审批、会计核算、凭证装订等。

3. 新增软件多。目前基层国税预算单位在完成预决算、财务核算、政府采购、资产管理及授权支付业务等工作中，要使用中央部门预算软件、国家税务局系统部门决算（专用版）、住房改革支出预决算管理系统、网络财务软件、国库集中支付专用软件、政府采购软件、固定资产信息管理系统等。基层业务人员需培训、适应熟练流程及改变思维习惯等，工作任务多、压力大。

4. 挑战现行岗责体系。改革后，一些岗位的具体工作发生了实质的变化，而现行岗责体系未系统地修正，使变化了的职责不够明确，未落实到人到岗，游离在体系之外，使财务工作内在的流程运转不够顺畅，掣肘国库集中支付业务。

三、建议与思考

（一）国库集中支付制度自身的完善

1. 推广公务卡结算

在基层国税预算单位推广公务卡结算，可以弥补现行国库集中支付

制度的缺陷，解决大量现金支付游离于国库动态监控之外的难题，实现改革深度上的突破。

从当前的情况看，推广公务卡结算的有利条件基本具备。按照财政部规划，我国2010年前建立比较完善的公务卡管理制度，在所有中央预算部门和省市两级预算单位全面推进公务卡管理，逐步实现使用公务卡办理公务支出（李甫君，2009）。在规划期内相关的法规制度框架、业务运行系统等基本形成。

当然，推广公务卡结算还是有一些困难与阻碍需要面对。从其他部门及各地试点反馈的信息来看，存在的问题主要有：刷卡环境建设滞后，受制于驻地经济发展情况；制度设计存在漏洞，非消费类公务如差旅费中的出差补助、支付给自然个人提供维修等小型服务的劳务费等，仍需现金结算；公务卡支持系统某些业务细节设计不到位、不稳定；来自公务交易双方的阻力，即受传统思维方式和经济利益影响，商家更倾向现金交易，POS机普及程度不高；而因公务卡消费在基层可选择范围小，容易形成垄断，商家往往将手续费转嫁给单位，增加单位的运行成本。推广公务卡伴随着新软件、新业务新一轮的学习、使用及业务量的增加，加大基层预算单位工作负担。

根据气象部门公务卡试点工作有关数据的统计结果分析，平均每笔公务卡支出金额为973.93元，使用公务卡后平均现金流量降低率只有7.81%，最高的是13.6%，最低的仅1.6%，现金报销量没有实质性的降低，比预期也有较大的差距（张田华、刘京平，2009）。

要顺利在基层国税预算单位推广公务卡结算，需针对上述阻碍采取措施，继续改善用卡环境、提高公务卡支持信息系统性能；确保相应的财政资金投入，加快基层单位公务卡使用环境建设；完善制度设计和公务卡结算制度化管理。通过配套工程的完善，积极调动基层国税预算单位、代理银行及持卡公务员三方积极性。

2. 加强资金监控力度和范围

充分发挥国库集中支付改革的"杀手锏"——监测系统的动态监控作用，才能真正起到对基层预算单位财政资金使用的震慑作用，做到全程掌握资金支付信息、促进资金使用规范，最终提高基层预算单位的预算执行水平。对目前改革中反映出的监控不到位的现象，应当做以下方面的工作：

首先，加强现有监控范围内的力度。一是财政部通过国库集中支付动态监测系统的自动扫描应常态化，随时通报监控结果，加强对预算单位资金使用的考核评比。二是针对国税系统预算部门业务特点，对自动扫描系统中的指标体系细化，有重点、全方位进行监控。某市级国税预算单位实施国库集中支付改革两年多以来，只接收到两次财政部监控疑点通知，均为使用零余额账户提取现金发放工资和津补贴，而在审计中发现的类似问题及超范围使用、转移住房公积金等问题，未被监控到。监控常态化和针对部门特点的监控可以解决上述问题。

其次，财政部应组织专家或国税系统预算单位内熟悉其财政资金使用特点及违规操作热点的工作人员作为动态监控系统数据分析员，或对现有的操作员就国税系统预算单位财政资金使用特点进行培训或加强基层工作调研、了解掌握，弥补动态监测系统中对预算单位名义支出与实际用途不一致监测不到位的漏洞。

再次，延伸监控范围，开展监测疑点实地审查制度。财政部通过国库集中支付动态监测系统监测到财政资金使用疑点时，首先通过下发疑点通知到预算单位要求合理解释，确实有错误的，要求纠正，如解释不成立的，财政部应组织疑点实地审查组进行查实，越早发现问题越有利于减少或杜绝基层违规操作并及时纠正。

3. 细化集中支付系统中的指标

目前，集中支付专用软件中的预算指标是按大类下达的，没有细化到支出科目，还不能实现对每一笔支出按其预算指标进行控制和监督，不能完全阻止预算单位自行调剂资金、项目资金混用，不能完全堵住不合理的支出。目前，基层国税预算单位在编制"二上"预算时，在上级下达的预算控制数内，使用中央部门预算软件已按经济分类科目细化基本支出（项目支出目前仍然是大类）。因此，在细化预算编制的基础上，财政部、国家税务总局应进一步细化预算批复，细化国库集中支付系统中的预算指标，逐步使基层预算单位用款计划申报、用款额度接收时，也细化到支出科目。

4. 加大对违规操作的惩处力度

进一步明确惩处预算单位违规操作行为的法律依据。《国家税务局系统财政国库管理制度改革试点资金支付管理办法实施细则（暂行）》对预算单位违反规定的行为做出的惩戒及明确的法律责任共有四项具体的规定。目前，通过财政部对基层国税预算单位财政资金的监控、财监办对国税系统以及国税系统内部财务审计途径，发现的基层国税预算单位的违规操作，多数为超范围使用、混用预算资金。第九十四条规定："预算单位擅自变更预算，改变预算用款方向或性质，造成预算资金损失浪费的，追究单位负责人和有关直接责任人的行政责任。情节严重构成犯罪的，移交司法机关，依法追究刑事责任。"基层国税预算单位的超范围使用、混用预算资金，有没有"造成预算资金损失浪费"的标准不明确，一方面使审计后无法定性，另一方面没有明确在不构成追究行政、法律责任的要件的情况下，该如何惩处，是否适用第九十三条中列举的第5种"预算执行中发现严重违规、违纪问题的"，此款中的"严重"又是模糊标准，诸如此类的模糊说法，使对预算单位的一些违规行为的惩处无法进行，立法机关应当予以明确。

（二）完善预算管理体制

1. 延长基层单位预算编制时间

部门预算编制的时间从2004年起提前到7月份进行，到下年3月份人大讨论批准为止，历时9个月，但真正留给基层单位编制时间仍然较短，"一上"和"二上"合计不足一个月，内容多、任务紧势必造成预算编制不够准确，执行中较多调整，削弱了预算执行的严肃性，同时增加了基层工作量。因此，预算编制应借鉴国际上编制时间较长、注意中长期规划的经验，启动时间提前到年度伊始。当前，国库单一账户体系已经可以在上一个预算年度结束时实时反映出其全年纳入国库集中收付制改革范围内的预算执行情况，包括收入和支出。因此，笔者设计了新的编制预算时间表。

表 1　预算编制时间安排

时间	操作部门	工作内容
1—3 月	财政部	根据通过国库集中收付系统掌握的上年度预算执行情况、已汇总成的本年度预算草案和下一年度国民经济和社会发展计划初步安排情况及下年度变化因素，初步测算下一年度的预算收支指标，提出方案布置下一年度的编制工作。
4—6 月	单位及部门	各部门汇总向财政部报送预算建议数。
7—8 月	财政部	审核并向各部门下达预算控制数。
9—11 月	单位及部门	汇总向财政部报送正式预算。
12 月	财政部	汇总草案上报到国务院。
次年 1 月	国务院	上报人大预算工作委员会后根据意见修改。
次年 2 月	国务院	提交到人大审议。
次年 3 月	财政部	批准后在 30 日内批复各部门。

通过这样的调整，将编制时间拉长为 15 个月，形成预算草案的时间足有一个年度，给基层预算单位留有充足时间进行编制工作。

2. 预算追加时机的选择

造成预算追加的部分原因是编制不准，实质则涉及预算分配权的问题。省级以上国税预算单位系统财务都预留有待分配资金，这部分待分配预算的预算指标拆分到省或地市授权支付的额度中，但不申请用款额度，待年内分配到具体预算单位后，将此部分预算指标相应增加到拟分配的单位，然后由该单位填报用款计划。由此可知上级有追加预算指标分配的主动权和时间选择权，要改变基层国税年终预算到账过迟的现状，省局、总局甚至财政部就应适当提前将追加预算分配下达，应当考虑在预算执行年度的 10 月份末至 11 月上旬完成本年度需要调整的预算的分配、计划补报、审批等业务，留下充足时间给基层安排资金的使用，客观上避免基层年末突击花钱、违规使用的不合理现象。

3. 构建基层单位预算绩效评价体系

首先，应建立适用国税系统基层单位的统一规范的预算绩效评价制度体系。目前，以基层单位绩效预算为导向的预算绩效评价体系的规划尚在起步阶段。加快制度的建立，针对基层国税的现状和特点，探索预算绩效评价的原则、内容、方法、指标、组织管理、工作程序及结果的应用等，推动基层国税预算单位预算改革深化。

其次，设计科学合理的评价目标、评价指标及评价标准。基层国税单位的预算绩效目标主要应包括其年度工作计划、中长期发展规划等，项目预算绩效目标应包括立项时的项目总目标和阶段性目标。预算绩效评价指标应基于基层国税预算管理的客观现实，以预算编制、执行与决算为主轴线，充分利用预算编制报表数据、决算报表数据及单位基础信息数据设计多层次、可量化的指标，并尽可能使用定量指标。将绩效目标的各项重要内容全部纳入评价指标体系之中，并对各指标的分值或权重进行科学、合理的分配。国税系统中先进单位的相关指标、数据、规程、管理流程，或先进的管理理念、管理制度和管理方式则作为评价标准，确定基层国税预算管理应达到的目标水准。

最后，充分应用评价体系，发挥预算绩效目标的导向作用。通过对预算绩效客观评价及时发现、整改预算管理中现存的问题；分析、总结评价结果，调整以后年度预算支出的方向和重点，优化资金支出结构，最终达到提高预算资金使用效益和效率的目的。

（三）提高代理银行服务水平

1. 改革清算业务方式

当前代理银行使用手工传递清算票据，效率低下、易出错，影响清算进度，客观上造成代理银行为了规避垫付资金的风险等自身利益，缩短办理集中支付业务时间，违背了方便预算单位用款的改革初衷。尽管财政部对代理银行下午三点半后办理业务垫付的资金予以利息补偿，然而该办法在基层几乎被闲置，代理银行原则上下午不予受理预算单位用款业务的情况未改观。因此必须尽快开发清算业务传递系统，改革手工传递票据的清算方法，设计全国通用的国库支票作为财政资金清算的唯一支付工具，推广应用电子印鉴，实现清算信息与资金流动的同步传输。

2. 充分考虑代理银行利益

目前,代理银行对代理业务支付的款项与国库单一账户实行的是"先支付、后清算"模式。在银行业竞争激烈的形势下,为了争取财政资金业务这块"蛋糕",代理银行在竞标时对手续费要求较低。垫付资金成本过大,特别是基层具体经办行积极性大打折扣。因此,财政部在核定代理手续费时,应从市场规律及长远出发,充分考虑代理银行的付出与成本,维护其代理积极性。

3. 加强代理银行业务监管

财政部与中国人民银行负有对代理银行代理业务进行监管的责任,进一步做好代理银行业务综合考评工作,健全有效的激励和约束机制。应当依托财、税、库、行一体化网络,做好对代理银行申请划款数额的审核,监督其按规定为预算单位办理资金支付等;及时收集代理银行协议履行的问题,定期向代理银行、预算单位和人民银行反馈问题的投诉、整改情况;财政部国库管理部门应当将对代理银行业务处理能力、内控管理和业务操作的规范性等检查日常化;将对代理银行协议履行问题实施考评落在实处,避免流于形式。

(四) 完善基层财务岗责体系

1. 改革预算编制方法

在基层国税预算单位实行"立足职责、部门分工、全体动员"的编制制度,具体内容为两个方面:

第一,跨部门协作。预算单位内的各职能部门依据各自工作职责范围来确定编制开支项目,参照历史支出水平,考虑当年度物价合理波动水平来编制预算年度内相关日常公用支出需求,具体分工如下:

(1) 各职能部门确定办公费、活动费、印刷费、培训费、会议费、计算机类设备购置、电子设备维修等开支需求;印刷费、培训费、会议费归口服务中心(后勤部门)汇总统计,计算机类设备购置维修归口信息中心汇总统计。

(2) 服务中心(后勤部门)负责印刷费、培训费、会议费、招待费、维修费、水电费、通讯取暖费、其他商品服务费及办公设备购置等大型日常公用开支需求测算。

（3）票证中心负责税收票证印刷、运输、存储等开支需求测算。

（4）信息中心负责计算机类设备购置、维修、耗材及金税运行网络支出需求测算。

（5）人事部门（含老干部管理）负责预算年度内人员基础信息提供，以及因人员增加、工资津补贴政策等变化引起的人员支出、离退干部的医疗费用支出需求测算。

（6）财务部门负责汇总统计并编制以上各部门测算的预算年度内各项支出，包括人员、公用、项目经费开支需求，并依据预算年度编制原则，通盘考虑全局掌握。经局长办公会审批通过后逐级上报。

"立足职责、部门分工"不仅可细化预算，更促使经费开支与部门职责紧密相连，部门全动员编制的预算更切合实际、更科学，真正体现"部门预算"内涵。

第二，部门内协作。财务部门内部各岗位积极参与配合、了解熟识预算编制的内容过程，提升用预算控制实际收支的有效性。具体分工为：预算管理岗负责汇总编制各部门分类别测算的预算年度内的开支需求；其他岗位负责分类整理历史支出项目及水平，如财务会计岗根据上年财务收支结构分类别整理支出水平，政府采购岗整理上年实际政府采购项目及金额，固定资产管理岗整理上年新增资产配置等；两组数据集中汇总到预算管理岗，由其从全局出发，依据当年预算编制原则，来对比修正相关数据，最终形成年度预算。

2. 简化支出审批程序

基层国税预算单位在严格执行预算的前提下，简化支出审批程序。经费开支时，严格按预算来控制，经"部门测算需求——财务汇总编制——局长办公会审批通过"定案的预算应成为开支时的一把标尺。预算项目和额度内的支出可执行，无需再次经局长办公会审批或审批权下放；原则上无预算或超预算不允许支出，特殊情况确需开展的业务，需经分管业务及财务领导事前同意，支出前经局长办公会审批。实实在在将预算管理提升到财务收支的上游，真正做到事前控制。

3. 明确职责归属

基层国税预算单位针对改革中具体实务的变化，重新界定相关职责的归属、明确岗位责权利。具体包括集中支付专用软件中预算指标的管理、用款计划申报等应明确具体到岗到人。着重加强岗位协作职责：明确协作的义务；针对不同的岗位明确协作内容，如为了避免漏计固定资产，建议在涉及资本性支出时，财务会计必须凭实物管理员开具的入库单再行付款，部门决算时，基建管理岗与资产管理岗应协作财务会计岗完成基建收支决算和资产明细决算等。

4. 加强培训及轮岗制度的落实

在基层财务部门更新知识受训理念，拓宽不同岗位知识培训的受训面，每个岗位有接受新知识培训的机会时，不必局限于在岗的个体，其他岗位人员也应参与。这种方式一是可以提高科室业务人员对整体财务工作的认识和业务水平，使其在实务操作中互相帮助、监督，促进财务链条衔接更顺畅；二是有意识地随时培养后备力量，在某岗位某时段工作量集中或激增或本岗人员因出差等不在岗时，随时有备用人员可以熟练开展或接手工作。另外，目前基层财务人员普遍有五至十年的本岗工作经历，缺乏工作热情，而岗位的轮换能有效地调动其工作积极性，基层国税单位应积极落实财务轮岗制，考虑三年一轮岗。

【参考文献】

高鹤：《公务卡推广的问题与对策探讨——对临汾地区公务卡推广情况的调查报告》，载《现代商贸工业》2008年第11期。

郝红林：《当前国库集中支付业务存在的问题及对策》，载《金融发展研究》2008年第8期。

李甫君：《略论县级单位推行公务卡结算方式的难点与对策》，载《经营管理者》2009年第13期。

李文杰：《国库集中支付对预算单位财务的影响》，载《财会通讯（综合版）》2006年第11期。

龙玥、龙昌华、余蓉：《国库集中支付制度建立的原则及实施流程》，载《商业时代》2008 年第 16 期。

徐蓉：《对财政国库集中支付制度应用情况的思考》，载《经济研究导刊》2008 年第 12 期。

詹静涛：《财政国库管理制度改革全面推进成效显著》，载《中国财政》2008 年第 23 期。

张田华、刘京平：《现行公务卡制度存在的问题及解决对策》，载《冶金财会》2009 年第 6 期。

赵成毛：《2008 年行政事业单位预算编制与以前预算编制异同》，载《时代金融》2007 年第 10 期。

"预算调整"决策权配置研究[*]

徐曙娜[**]

内容摘要：预算调整分为全面调整和局部调整，本文仅分析局部调整。预算调整决策权配置结构主要取决于立法机构的预算监督导向。我国应以绩效导向的人大预算监督制度为长远目标，结合国内外的预算调整决策权配置经验，分阶段构建我国预算调整决策权配置制度。

关键词：预算调整　预算监督　绩效导向

所谓预算调整，就是经过立法机构批准的预算法案在实际过程中由于种种原因需要经过调整和变更，一般包括全面调整和局部调整。全面调整，是指在某些特殊情况下如整个宏观经济或者经济管理体制发生重大变化，需要对预算进行全面的修正和变更，一般很少发生。局部调整，是指经过立法机构批准的预算法案的某个部分因为需要而进行的调整和变更，这种调整是经常发生的，局部调整从理论界看，一般包括动用预备费、预算的追加追减、经费流用和预算划转。

预算调整的决策权配置一般有三种情况，一是只要政府部门内部同

---

[*] 此文已发表于《上海财经大学学报》2011年第3期。
[**] 徐曙娜，女，上海财经大学公共经济与管理学院副教授、财政系主任，主要从事公共预算管理、预算会计、公共支出、财政政策与管理研究。

意即可；二是需要向立法机构备案；三是必须经过立法机构审批同意。这是三个不同层面上的制度规范。如果只要政府部门内部的核心预算机构甚至只要预算单位的主管部门同意即可，实际上是把预算执行的自由裁量权完全授予了政府部门；而如果必须经过立法机构同意才能进行调整，立法机构还是拥有了预算调整的决策权。而第二种情况，笔者认为还是将预算调整的自由裁量权授予了政府部门，虽然要向立法机构备案，但决策权其实还是在政府部门手上，只是通过备案制度，加强了立法机构对政府部门预算调整的监督。①

其实预算调整的决策权是集中在立法机构还是授权给财政部门甚至是预算单位，主要取决于立法机构与政府部门财政权的配置，在绩效预算实行较彻底的国家，授予政府部门较多的自由裁量权，预算调整的决策权也倾向于政府部门，如澳大利亚；实行传统线性预算的国家，预算调整的决策权更多地集中在立法机构；而正在改革中的国家如法国、英国则介于两者之间，一般只对原有立法机构审批的项目之间的资金转移需要立法机构审批，而在这个层次下的资金转移就不一定需要立法机构审批了，目前这种情况较多见。

一、本研究问题的现行法律规定简述

在我国，《宪法》和《预算法》对预算调整的审批都做了较为明确的规定。《宪法》第六十七条规定："全国人大常委会审查和批准国家预算在执行过程中所必须作的部分调整方案。"《预算法》第五十四、五十五条规定："各级政府对于必须进行的预算调整，应当编制预算调整方案。中央预算的调整方案必须提请全国人民代表大会常务委员会审查和批准；县级以上地方各级政府预算的调整方案必须提请本级人大常委会审查和批准；乡、民族乡、镇政府预算的调整方案必须提请本级人

---

① 王晓阳在其博士论文《民主政治下的中国预算立法研究》中认为第二种情况也是一种预算执行的补充立法行为，笔者不敢苟同，笔者认为第二种预算的调整实际决策权还在政府部门，只是通过备案加强了立法机构对政府部门预算调整的监督。

代会审查和批准。未经批准,不得调整预算。"按照《宪法》和《预算法》的上述条款,我们可以看到预算调整应该由同级立法机构审批,但是法律又是如何规定预算调整的呢?《预算法》第五十三条规定:"预算调整是指经全国人民代表大会批准的中央预算和经地方各级人民代表大会批准的本级预算,在执行中因特殊情况需要增加支出或者减少收入,使原批准的收支平衡的预算的总支出超过总收入,或者使原批准的预算中举借债务的数额增加的部分变更。"从上面的规定可以得出:须经立法机构审批的预算调整是指调整后预算不平衡时的预算调整,而动用储备金或在项目之间重新配置资金并不会使预算平衡发生变化,预算总额也不会增减,所以立法机构审批预算拨款的真正追加,而对于动用储备金和在项目之间重新配置资金并不需要立法机构审批。《预算法》第五十七条规定:"各部门、各单位的预算支出应当按照预算科目执行。不同预算科目间的预算资金需要调剂使用的,必须按照国务院财政部门的规定报经批准。"第五十一条规定:"各级政府预算预备费的动用方案,由本级政府财政部门提出,报本级政府决定。"

从上面的这些法律条款我们明白了只有使原本预算平衡变成预算不平衡的预算调整即预算拨款的真正增加才需立法机构审批,动用储备金只需报政府审批,而项目之间的资金再分配则按财政部门的规定操作。

这样的结果使得很多地方为了逃避立法机构的审批,故意少列预算收入,用超收收入安排超支就不用立法机构或财政部门的审批了(在我国由于预算编制的不科学、粗糙使得政府部门很容易做到少列预算收入),因为这样的预算调整既不用动用储备金也不需动用其他项目的资金,更不会引起预算不平衡。这样人大审批预算就没有实际意义了。除此以外,我国的预算调整经常发生,严重影响了立法机构对预算执行的监督和原预算法案的严肃性。因为:一方面,由于预算编制时存在着仓促和草率等问题,内容不切合实际,使预算编制的预见性、科学性不强,以致付诸实施后,难以按预算编制来执行,不得不忙于调整预算,使预算执行在总数内自由调拨、暗箱操作的现象非常多见,透明度很低;另一方面,中央新政策不断出台,使得原先编制的预算不符合事宜，也就很难按照预算法案执行，预算就不得不一而再、再而三地调整。所以经常出现："地方预算刚刚编制好，国家部委又出台了新的政策措施，各种增支政策都要求地方落实配套资金，而不考虑地方预算已经确定，再没有资金来源的问题。为了落实中央政策，地方财政不得不经常性地追加预算支出；追加支出以后，为了保持收支平衡，又不得不追加收入任务，从而带来预算执行的频繁变动。而为了完成收入任务，数字上搞列收列支、收过头税等弊病就容易产生。"（甘肃省人大制度研究会预算监督课题组，2000）最后，因为不同预算科目之间的资金转移按财政部门的规定操作，使得财政部门不必经过立法机构的审批而自主调整。本来这种做法也无可厚非，但是由于我国本来提交立法机构的预算分类就很粗，再允许不经立法机构的同意就可以在大类之间随意流动财政资金，使得立法机构的审批只剩一个总额，而财政部门的经费流用（即财政资金在不同项目之间的再分配）就司空见惯。

二、国内外预算调整的决策权配置分析

（一）国外预算调整的决策权配置分析

预算作为下一个财政年度的支出计划，在编制时不可能考虑得非常周到。用制度经济学解释，就是由于编制者和决策者的有限理性，预算作为一种契约不可能是完备（完全）契约。所以执行过程中很难完全按照它原来所制定的或被立法机构所批准的形式去执行。但是由于预算法案是经过立法机构审批的，具有法律地位，所以不管实际情况怎么变，预算法案的有效性是不应该被质疑的。如何协调好预算的调整与原来的预算法案的严肃性、有效性之间的关系是非常重要的。在大部分国家一般都对追加支出或追加拨款或财政资金的不同项目之间的转移做出规定。很多国家，为了防止预算赤字和维护预算法案的严肃性和有效性，追加支出一般都是通过动用储备金和在项目之间的重新配置财政资金来解决，而不是要求国会追加拨款。所以我们在国外的现况分析中只分析经费流用和预备费的动用。

1. 项目之间资金重新分配的审批情况，即经费流用的决策权配置

关于项目之间资金重新分配的审批情况，主要有两种：

其一，在原经立法机构审批的级次上重新配置财政资金必须经立法机构审批，其他层次则有所不同，大部分情况下都将预算调整决策权授给核心预算机构（一般是财政部门）或预算单位。在加拿大，在没有得到国会同意的情况下，支出部门不能在不同拨款项目之间改变资金的用途，但可以在同一拨款项目内部重新分配资金，即便如此，各部门也不能随意改变特定的资本项目支出之间的资金配置。在土耳其，在不同拨款项目之间调配资金也需得到国会的同意，但在同一项目的不同科目之间调配资金只需得到财政部的授权，而在同一项目的不同投资支出之间调配资金需得到计委和财政部的同意。在美国，不同预算账户之间调拨资金必须得到国会的同意，在同一账户内调拨资金需得到国会相关委员会的同意。在法国，拨款的项目之间转移资金，如果没有国会的授权，也是不允许的，但有两种情况除外，一是不超过10%的资金可以在同一个部门的同一支出类别下转移；二是如果支出的性质不变，资金就可以在不同的部门之间转移。

其二，无论在哪个层次上重新配置财政资金都无需立法机构审批，只要政府部门内部同意，不过一般都需要财政部门或者其他核心预算机构同意。如，比利时资金在不同项目之间的转移只需经财政部门同意即可；在澳大利亚，日常支出计划在财政部门的授权下支出部门可以自行在项目之间转移资金，而无需经立法机构或财政部门的审批。

世界银行在2003年对60多个国家做了一个预算实践调查，共有41个国家做出了回应。从回应的情况看：（1）如果政府组织因运行费用接受两种以上的拨款，那么不同拨款之间（比如，工资和其他支出之间）转账需要立法机构同意的占5.7%；只要财政部门或其他核心预算机构审批的占42.8%。（2）政府组织在不同运行支出、投资和项目资金之间转账需要立法机构同意的占20%；只要财政部门或者其他核心预算机构审批的占35%。（3）拨款在项目间重新分配需要立法机构审批的占17%；只要财政部门或者其他核心预算机构审批的占39%。（4）资本投资或转移支付（社会养老金等）和运营支出之间转账需要立法机构同意的占20%，财政部门或者其他核心预算机构同意的占27.5%。前面四种经费流用无需任何部门同意，完全有预算单位自由做主的国家很少，只有第一种情况有两个国家，第四种情况有一个国家。当然，完全不能转账的国家也比较少。[①]

从前面世界银行的调研结果我们可以发现，西方国家这些经费流用需要财政部门或者其他核心预算机构审批的比例大于立法机构审批，即在西方国家大部分国家将预算调整的决策权授予了政府部门（财政部门或者其他核心预算机构），而出现这种情况主要是绩效管理理念在西方国家的盛行。绩效管理强调授权，强调给予政府部门更大的自由裁量权，所以会出现无需条件或者在限定条件下将预算调整的自由裁量权授予政府部门的情况。

2. 储备金动用的审批情况，即预备费动用的决策权配置

储备金既可以设立在中央也可以设立在各部门，但设立在中央更多见，英国财政部认为部门储备金会削弱政府在安排预算支出时评估各部门竞争性预算申请的能力。加拿大则出于简化和集中支出管理的角度设置中央储备金。一般部门储备金都有财政部门或支出部门自行决策。而中央储备金的动用是否需要立法机构审批，各国也不一样，有些需要立法机构审批，如意大利国会批准的储备金高达全年总支出的8%—10%，用于应付新增项目或现有项目的成本超支；英国国会每年通过两个或以上的追加拨款，从储备金或其他项目的减支中解决这些追加支出。日本《财政法》第三十六条规定："内阁必须将预备费支出总报告书和各省厅的预备费支出报告书于下一次国会例会期间提交国会，并请求国会决议通过。"而有些国家只需财政部门审批即可，如澳大利亚某部门出现未料到的紧急情况需要追加预算时，有该部门的部长向财政部长提出申请，财政部长根据程序决定是否追加及追加的金额。

---

① http://ocde.neverso.com/Content.aspx? CHAPTERID =3&CHAPTERNAME = PART 3. BUDGET EXECUTION &SubChapterID =3.2.d&SubChapterName =3.2.d In-Year Reporting.

预备费的动用如果由财政部门决策,那么预备费动用的自由裁量权也就属于政府部门,所以预备费的动用和经费流用一样,主要取决于一个国家的管理理念,倾向于绩效管理的则授权给政府部门,否之则授权给立法机构。

(二) 我国各地预算调整的决策权配置分析

我国各地人大对预算调整的规范主要是通过地方预算监督法规进行的,但规定有所不同,一般有三种情况,第一种,跟《预算法》相一致,或者需要政府向人大提交预算调整方案和超收收入方案,但只要汇报或者备案,不需要批准。第二种,地方人大对预算调整监督较严格,一般所有的超收收入都要向人大汇报,超收收入超过原批准预算的1%—3%,就要编制超收收入使用方案提交人大常委会,由人大常委会审批。至于科目流用,不管在哪种情况下,重点的科目如农业、科技、教育和社保因为受相关法律的制约,一般调减都必须由人大常委会审批,其他则不同,在第二种情况下还会要求其他经费流用在5%—10%左右以上就要报人大审批。第三种,地方人大对预算调整也有自己的规定,但要求相对较松。对超收收入一般也要求严格,要编制使用方案,由人大常委会审批,但对经费流用的规定则比较笼统和宽松,如某地方的预算监督条例规定,"扣除上级专项补助调增或者调减预算收支涉及科目超过预算科目30%以上的",才需要编制调整方案报人大审批。

三、相关问题的国内外学术观点综述

国内外对于预算调整的研究主要集中于实际部门,学术部门虽然也有一定的研究,但一般都比较笼统,一般都主张对我国的预算调整加强人大监督和财政透明度。对预算调整的法律调整有系统研究的可以算是全国人大2006版的《预算法修订草案》。

全国人大2006版的《预算法修订草案》对相关的"预算调整"条款进行了修订。其对预算调整的内涵做了明确的界定,采取了列举法将应报人大常委会审批的预算调整事项进行了明确的列举。

全国人大2006版的《预算法修订草案》第六十九条规定五项内容属于人大审批的预算调整范围：预算支出总额比原批准预算支出总额超过1%的；部门预算财政拨款总支出比原批准预算增加或者减少超过1%的；农业、教育、科技、社会保障等重点预算资金比原批准预算调减的；原批准的类级科目之间发生资金调剂的；中央财政国债余额超过经全国人民代表大会或其常务委员会批准的限额的。新法还在第七十条规定，前面五款的调整必须编制预算调整方案，报同级人大常委会批准。新法不仅列举了这五款预算调整的范围，还在第六十七条中明确规定了超收收入的具体用途，只能用于弥补赤字，当年需要用于其他支出的，按照预算调整处理。当年不使用的，则列入下年预算。

所以从前面全国人大2006版的修订来看，第一，对经费流用进行了规范，使得财政部门不能在预算科目之间随意调剂。第二，对预算的追加追减进行了限制，而且限制的幅度还很少，比较各地近几年的做法，这个幅度是属于严厉的。近几年来，各地都相继出台了地方预算监督条例或者办法等，一般也对预算追加追减的幅度进行了限制，但一般都限制在5%—10%，很少限制在1%，对于部门预算的限制就更少看到1%的，所以这一点大大提高了人大对预算调整的实质性监督的力度。第三，严格规定了超收收入的处理，没有像地方上那样对超收收入规定一定的幅度，超过这一幅度需要人大审批，而是直接规定超收收入如果不是用来弥补赤字，当年使用就必须纳入预算调整方案中接受人大的审批，这使得不管超收多少，只要符合预算调整条件，必须纳入人大监管范围，为杜绝大规模超收收入的存在奠定了良好的法律基础。第四，除此以外，还对专项转移支付和一般转移支付引起的预算调整做了明确的规定，尤其指出由一般性转移支付引起的预算调整也应编制预算调整方案，报人大常委会审批，这样进一步加强了人大对一般性转移支付的监控。

四、预算调整决策权的配置最终取决于立法机构的预算监督导向

(一) 立法机构的预算监督有投入导向和绩效导向两种

在西方政府部门的预算管理主要有两种导向：投入导向和绩效导向。

投入导向式管理的理论基础是传统行政理论中的政治与行政二分，以及唯一的科学管理方法理论。按照政治与行政二分理论，政治家制定政策，行政人员执行政策，政治家对结果负责，而行政人员对过程负责。所以按照政治与行政理论，预算应该由政治家来决策，而行政人员则是执行预算；另一方面，唯一的科学的管理方法理论强调程序控制，认为任何一种公共活动都只有一种科学的管理方法，结合政治与行政二分理论，政治家制定这一科学的管理方法，而行政人员按照政治家制定的程序执行，为了更好地让行政人员按照政治家制定的政策执行，政策必须是非常详细。按照传统行政理论的这两个理论，预算也必须由政治家来编制和决策，而且编制得必须非常详细，行政人员才能按照这个非常细化的预算执行。而且政治家对预算的结果负责，行政人员只对程序即过程负责，所以编制和决策预算时必须是一种投入导向的预算，即编制和决策预算的理念是指导行政人员如何去用财政资金，用到哪里，而行政人员无需对财政资金的使用效果负责。

所以在传统行政理论盛行的年代，西方国家实行的都是投入导向式预算制度。这种预算制度下，预算的拨款基础是现金制的，预算支出的分类是按照用途分类的，预算管理是投入导向的，预算准备和拨款需要遵循详细的事前控制和拨款规则。对于这个"过于详尽和严格"的投入导向式预算制度，主要的批评：只问资源的使用，而不问资源使用的结果（绩效）如何，因为它并不关注政府目标、政府目标与预算间的联系、产出——由政府提供的服务，以及不寻求在投入与产出间建立最有效的联系等（Schiavo-Campo & Tommasi，1999）。由于立法人员是政

治家的主要组成部分，所以在实行投入导向式预算制度的国家，也就非常强调立法机构和立法人员对预算的控制，要求详细的审批预算草案、决算草案、预算调整草案，尽量详细地控制预算的执行，而且这种控制和监督是投入式的，即非常详细，关注投入，而非结果。这种预算监督模式就是投入导向式预算监督模式。这种预算监督模式的最大特点就是监督者关注财政资金的投向，即用途，而非财政资金的使用效果（绩效），同时这种监督尽量细化。

绩效导向式管理的理论基础是新公共管理理论，在新公共管理理论下，制度经济学家们认为信息是不对称的，预算过程中存在着委托—代理关系，即立法机构是信息劣势者，政府机关是信息优势者；另外，预算过程还存在着法学家描述的委托代理关系，即立法机构授权给行政部门。前者关系下由于信息的不对称，代理人—政府就有可能违背委托人—立法机构的利益，追求自身利益的最大化，所以委托人必须通过制度来约束和监督代理人，由于公共部门的激励是不足的，所以立法机构必须靠监督制度来约束代理人。但是由于信息的不对称，立法机构自己决策的成本太大，所以必须委托给政府部门进行预算的编制和部分决策，这也就产生了法学意义的委托代理关系。立法机构将部分预算决策权委托给了政府部门，同时立法机构也将全部的预算执行权委托给了政府部门，既然立法机构授权给政府部门，政府部门就必须为立法机构负责，为财政资金的使用效果负责，并且承担相应的责任。所以新公共管理理论强调绩效导向、政府问责制、公众满意度以及分权等理念。

新公共管理理论所倡导的预算是绩效预算制度，绩效预算制度的理念是政府和公共机构不仅对资源的使用负责，而且应对资源使用产生的绩效负责。绩效预算一般按照功能、计划、活动、成本划分支出编制预算，在绩效预算中先确定目标，再制定为实现目标而必须实施的计划和活动，然后按照活动的成本编制预算，事后对计划和活动进行绩效评价，为下一次的预算提供参考依据。绩效预算中的绩效评价并不仅仅是事后的评价，在为实现确定目标选择计划和活动时，也需要对计划和活动的绩效进行事前的绩效评价，评价好的会被选中列入当年的预算，否则会被淘汰，同时预算执行中也会进行事中的绩效评价，以防结果偏差太大。从绩效预算中可以了解政府部门或财政资金使用单位到底在做什么事情，提供哪些服务，绩效又是如何的。

实行绩效预算制度的国家和地方，立法机构一般也实行绩效导向式的预算监督模式，而且按照新公共管理的分权理论，立法机构和政府部门一般都强调对代理者给予一定的自由裁量权，同时对他们的结果进行考核，要求他们对自己的绩效负责。这种以结果导向的绩效预算的改革，放松了对财政资金使用单位的控制，预算分类也开始变粗。以芬兰为例，以前单列的项目，像工资、其他消费和设备购置等已经被统一成一个项目，相应地，国会划拨的支出项目的数量大幅度下降，与1989年超过1200个项目（账户）相比，1994年的支出项目（账户）还不足600个（经济合作与发展组织，2001）。甚至有些地方开始出现了总额拨款制度。总之，绩效导向式的预算监督模式的特点是，强调分权，赋予财政资金使用单位一定的自由裁量权，给予一定的预算决策权，但必须对财政资金使用单位即政府部门的绩效进行监督，进行绩效监督时必须结合政府部门的远景目标、战略目标和年度目标进行效益评价，并且要求政府部门对自己的责任负责。但我们要注意的是，实行绩效预算制度和绩效导向式监督模式的国家，它们大部分以前是实行投入导向式预算制度和预算监督模式，有着很好的政府内部控制制度。

（二）两种预算监督导向成为预算调整决策权配置的主要因素之一

西方国家预算调整决策权是倾向于立法机构、还是政府部门，主要决定因素之一是绩效管理在该国盛行的情况。如果一个国家比较倾向于推行绩效管理，那么不管在政府部门内部还是立法机构的预算监督一般都倾向于绩效导向，在这种导向下，一般都将预算调整决策权大部分授予了政府部门，即立法机构只要对预算总额和大类支出总额进行控制，其他的预算调整则由政府部门自主决策。就如我们前面看到的世界银行的调研，预算调整决策权属于政府部门的情况都于属于立法机构，这是因为这几年绩效管理理念在西方的盛行。同时我们也发现在绩效导向实行较彻底的国家，如澳大利亚、新西兰等国家，政府预算调整决策权大于传统国家。

立法机构到底是实行绩效导向式监督还是投入导向式监督,主要还是与政府管理导向有关。实行投入导向式管理的政府有着非常详细的投入信息和严格的控制方法,为立法机构提供进行投入导向式监督提供基础。而实行绩效导向管理的政府往往对下级也是分权式的、问责制的管理模式,强调绩效信息而非投入信息的收集和提供,为立法机构实行绩效导向监督提供基础。在投入导向政府管理模式下,立法机构无法实行绩效监督,因为没有绩效信息的自下而上的提供和收集;在绩效导向政府管理模式下,立法机构无法实行投入式监督,因为没有自下而上的详细的信息提供和收集。所以从刚才的分析看,政府管理导向实际上决定了立法机构监督的导向,而立法机构监督导向又最终决定了预算调整决策权的配置。

(三)不同的议会体制也是影响预算调整决策权配置的主要因素

美国的议会与总统是分别选举产生的,议会的多数党并不一定就是总统所代表的党派,两者往往相反,所以议会的监督并不是形式上的,而是实质上的,而且倾向于较严格的控制。而英国等实行威斯敏斯特体制的国家(主要是英联邦国家)由于议会中的多数党组成政府,所以实质上是政府控制立法机构,立法机构在监督预算时会更宽松。但不同的议会体制并不决定立法机构监督的导向。

五、理想模式下"预算调整"决策权的制度规范

我国预算调整决策权到底是倾向于政府还是人大,我们认为主要还是取决于我国人大预算监督的导向,如果我们实行绩效导向式的预算监督模式,我国的预算调整决策权应该倾向于政府,否则倾向于人大。从长远看,随着预算管理理念在世界各国的盛行和改革的成功,我国政府也会逐渐实行绩效管理模式,人大也应相应地实行绩效导向式监督模式。但要建立绩效导向的政府管理和绩效导向的人大预算监督制度都需要良好的政府内控制度如政府问责制度、政府会计制度、政府审计制

度、政府预算管理制度、政府计划制度等。所以我国在实行绩效导向式以前必须先建立良好的政府内控制度，并同时完善人大预算监督制度的基本框架和制度基础。

在绩效导向的人大预算监督制度下，我国的"预算调整"决策权配置应该如下：

（一）预算的追加追减

预算的追加追减是预算总额的一种变化。这个肯定要接受立法机构的监督，各国对于通过国会追加拨款而实现的追加支出则都需要立法机构审批。因为按照财政学原理，预算追减几乎是不存在的。所以人大控制的主要是追加，而这种预算追加的实现主要表现为超收收入的存在和债务的增加。所以对预算追加的控制不仅仅表现在对支出增加的控制上，还应该表现在对超收收入和债务的控制上，这样收支两头都被纳入监督的范围中了。我国人大就应该对将超收收入的动用和增加债务这种增加支出的变化纳入预算调整草案，由人大常委会审批。

但是是否是任何额度的总额增加都要进行审批呢？因为预算支出总额会涉及纳税人的负担、财政支出所形成的社会需求等因素，赤字规模的扩大还会影响债务额度，从而影响政府的财政风险和财政可持续性，所以一般与预算总额的增加有关的都要地方人大审批。但是如果只是变化很少的部分，对前面的因素不会产生很大的影响，应该是可以允许的。所以笔者认为如果预算总额的变化在 0.5% 的范围内，应该允许政府自己决策，向人大常委会报告即可。当然 0.5% 的幅度比较主观，如果真要确定一个非常科学的额度，应该需要一定的实证分析，只有证明这个额度对纳税人负担、社会需求、财政风险和财政可持续性不会造成影响，才是可接受的。如果一点都不允许政府决策，势必就是一种详细而严格的控制，反而不利于地方政府预算执行，也不利于绩效监督的目的。

（二）经费流用

我们认为按照法理人大审批的预算就具有法律地位，所以不能随意更改。如果人大在项级（按照功能分类）层面上审批预算，项级之间发生变化就应该由人大审批；如果人大同时审批部门预算，那么部门之间的经费流用也应该由人大审批，而部门内部的项目之间的经费流用以及项目内部按照经济分类的款级之间的经费流用，从法理上也应该由人大来审批。但是我们这里实行的是绩效导向式的预算监督制度，如果部门内部的项目之间的经费流用甚至项目内部的款级之间的经费流用都要人大来审批的话，势必造成这种监督是僵死的、不灵活的，而支出单位可以以此推脱责任，不利于绩效责任的追究。所以我们主张在部门内部的项目之间的经费流用可以授权财政部门，由财政来审批。而项目内部的各款（按经济分类）之间甚至各类（按经济分类）之间的经费流用可以由支出部门自己来决策。这样等于对政府部门进行了授权，有利于绩效监督的实施。

但是我们要注意的是，我们的绩效导向式的监督需要良好的政府内控制度作为基础，在良好的政府内控制度还没有建立以前，就不能简单地放权和分权，也就是不能直接搞绩效导向式的监督，还是要比较详细地控制，所以在现在过渡时期我们主张部门内部项目之间的经费流用，甚至项目下的类级（经济分类）的经费流用也可以由人大审批，款级（经济分类）之间的经费流用则由财政部门控制。

（三）动用预备费（储备金）

我国各地的地方政府都有储备金，主要用于突发事件和意外事件，一般都控制在后半年使用。按照我国现行的《预算法》的规定，预备费的动用只要政府决策即可。

从西方的情况看，政府的储备金一般都有立法机构来审批的，但实行绩效导向式比较彻底的国家则授权政府来决策。

我们认为如果良好的政府内控制度建立起来后，同时政府也是实行绩效导向式管理的前提下，我们的立法机构也可以实行绩效导向式的预算监督制度，在那时我们同样应该授权政府来决策预备费的动用。但是在这之前，则应该由地方人大来决策。具体的原因我们在下节中再详细分析。

总之，在绩效导向式预算监督制度下，对预算调整的审批，人大应该以政府更好地实现绩效目标为基础进行监督,所以不能向投入导向式监督模式下控制得那么细,应该允许一定幅度内的预算调整,包括一定幅度内的预算追加追减和一定幅度内的经费流用;应该允许部门内部项目之间的经费流用由政府来决策;预备费的动用也由政府来决策。但这些制度的实施,一定要有良好的政府内控制度、政府的绩效管理和良好人大预算监督制度基础为前提的。

六、现阶段我国"预算调整"法律修订建议

在现阶段,我国还未实行绩效导向式政府管理和人大预算监督模式,良好的政府内控制度也正在建立中。我们认为在这种情况下,我国"预算调整"的决策权配置与长远目标有些差距。所以我们建议在目前《预算法》可以做以下修订。

(一) 预算的追加追减应该允许在一定幅度内由政府自主决定,只是这个幅度可能会有一个从宽到紧的过程

全国人大2006版《预算法修订草案》规定是1%,各地的做法是5%—10%,从我们调研来看,由于我国政策的不确定性以及预算编制人员的素质问题,1%可能是较难一下子做到的,所以可能会是一个过程,目前可以暂定为5%。

(二) 较低层次上的经费流用也应纳入预算调整方案

对于经费流用,目前的《预算法》没有规定要人大审批、人大版《预算法修订草案》则规定类(按功能分)之间的经费流用是需要人大审批的。我们认为人大版《预算法修订草案》规定太过于松,因为如果只是类之间流用才需要审批的,那么对政府的授权就太大,尤其是还未建立绩效导向式监督制度之前,即便已经建立,也不可能有这么大的授权,给予政府这么大自由裁量权。由于过渡期我们还没有建立一个绩效导向式的预算监督制度,所以还是要加强对支出调整的控制,虽然并不一定要先建立一个典型的"严格而详细的"投入导向型的预算监督

制度，但还是要比绩效导向式监督要稍微严格些。所以我们认为不仅政府预算中项（按功能分）之间的流用和部门之间的经费流用需要人大审批，部门内部项目之间的经费流用，甚至项目下的类级（按经济分类）的经费流用也可以由人大审批，款级（按经济分类）之间的经费流用则由财政部门控制。

（三）预备费的动用应纳入预算调整草案

在没有建立良好的政府内控制度和绩效导向式预算监督制度之前，我们认为人大还是应该控制预备费的动用，也就是预算费的动用也应该纳入预算调整的草案，由人大来审批。但由于预备费一般用于应急项目，所以应该允许政府先借用后审批。

（四）应明确预算调整方案提交的次数和时间

现行的《预算法》根本没有涉及预算调整方案提交的时间和次数，但这其实也是一个非常重要的问题，如果只容许提交一次，那么预算调整方案通过后，政府在预算执行过程中需要再次调整预算怎么办。如果允许政府再次调整预算，而且再次要求审批，那么是否应该也有次数的限制。因为过多次数的调整，人大是没有时间和精力进行审批的。所以笔者建议：预算法可以明确预算调整方案一年可以提交两次，一次在7、8月份，一次在10、11月份。因为从各地的情况看，现在有些地方预算监督法规就规定在7、8月份提交预算调整方案，而另外一些则规定在10、11月份。根据笔者的调研发现，7、8月份的地方政府叫苦说是太早，因为我国很多政策出台都在9、10月份；而10、11月份的地方人大则认为太晚，他们认为这么晚审批预算调整方案，意义不大。所以笔者以为两者可以结合起来，允许政府提交两次预算调整方案。

（五）应允许人大及其相关部门拥有对预算调整方案的修正提案权

我国有些地方的预算监督法规规定这些地方人大及其相关部门可以对预算调整方案提修正案；在西方，允许对预算草案提修正案的国家一般也允许对预算调整方案提修正案。既然人大拥有预算调整方案的最终决策权，为了更好地实现这一决策权，更好地监督预算调整，笔者认为应该赋予人大及其相关部门如常委会、财经委等拥有对预算调整方案的修正提案权。

需要强调的是，所有现阶段与"预算调整"相关的制度并不是到了理想模式（绩效导向模式）下就不可以用了，第三点和第四点仍然适用。

总之，"预算调整"不是一个单一的独立的问题，它是人大的预算监督制度中的重要一环，所以与人大预算监督制度的导向密切相关。

【参考文献】

阿维纳什·迪克西特：《经济政策的制定：交易成本政治学的视角》，刘元春译，中国人民大学出版社2004年版。

甘肃省人大制度研究会预算监督课题组：《预算监督问题探讨（三）：预算执行监督中的主要问题及对策》，载《人大研究》2000年第12期。

简·莱恩：《新公共管理》，赵成根等译，中国青年出版社2004年版。

经济合作与发展组织：《比较预算》，人民出版社2001年版，第49页。

马骏：《中国公共预算改革：理性化与民主化》，中央编译出版社2005年版。

徐曙娜：《公共支出过程中的信息不对称与制度约束》，中国财政经济出版社2005年版。

徐曙娜：《谈谈〈新预算法修改草案〉中"预算调整"的一些想法》，载《上海财经大学学报》2008年第3期。

徐曙娜：《走向绩效导向型的地方人大预算监督制度》，上海财经大学出版社2010版。

袁星侯：《中西政府预算比较研究》，博士论文库。

Salvatore Schiavo-Campo and Daniel Tommasi, *Managing Government Expenditure*, the Asian Development Bank, 1999, p.62.

政府决算问题研究

邓淑莲 彭 军[*]

内容摘要：政府预算与决算的一致性是预算法律性的要求和体现，也是公民决策权力得到尊重和保障的重要标志。我国政府决算存在的问题主要体现在两方面：一是预算与决算之间存在巨大差异，二是缺少对政府资产负债信息的报告。这不仅违背了公共预算的法律性原则，而且导致政府财政信息残缺，从而威胁公民的知情权、决策参与权和监督权。为此，本文建议按照权力制衡原则进行《预算法》修订，明确各级人民代表大会的预算决策权、政府的预算执行权以及公众对政府财政的知情权、决策参与权与监督权。同时，建立规范的预算执行期间的定期报告制度和预算执行结束后的政府财务报告制度。

关键词：政府预算 公共预算 政府决算 政府财务报告

一、政府预算、决算与财务报告

（一）预算与决算的关系

政府预算是政府的收支计划，是行政部门和立法部门之间的法律契

---

[*] 邓淑莲，女，上海财经大学公共经济与管理学院教授，主要研究领域为公共预算理论与实践；彭军，男，浙江财经大学财政税务学院海外教师，教授，主要研究领域为公共预算管理。

约,它规定了政府在未来财政年度中应该做的事以及做事的成本。政府预算作为一个过程,分为编制、审批、执行和评估四个阶段。预算由政府编制,形成政府预算草案,之后提交立法机关审批。立法机关审批形成具有法律效力的预算,由政府严格执行。为使政府严格按立法通过和调整的预算执行,防止预算执行过程中政府道德风险的产生,政府预算的执行过程需要立法机关和公众严格的监督;政府预算执行的最终结果必须经独立于行政的审计机关的审查和评估。

政府预算执行的最终结果在我国也被称为决算(准确说应该是决算草案)。由于政府预算草案被立法机关审议和批准后即成为法律。它与其他被立法机关通过的法律一样,没有立法机关的同意是不能被任何人,包括政府改变的。任何不经立法部门批准的预算变动都被视为违法行为。从这个意义上说,政府预算执行的结果也即我国政府的决算草案与政府预算应该是一致的,没有任何差别。但实际情况是,预算执行结果与预算经常是不一致的,中外概莫能外。因为预算作为政府的收支计划,其收支数是基于对未来年度的预测而成。由于人的有限认知能力,预测数总会与实际情况有差距。因而预算与其执行结果的差距不可避免。对预算和实际执行情况的差异,预算管理中一般采用以下方法处理。

1. 关于收入的处理

当预算收入数与实际执行数不一致,如出现余额时,一般有两种处理方法。

(1)政府无权使用余额,而只能花费立法通过的预算收入数。余额将作为下一财政年度的收入增加而编入下年度预算收入。采用这种处理方式,在其他情况不变的情况下,预算与执行结果将一致。

(2)如果政府希望使用余额从而扩大本年度支出,则必须事先征得立法部门的批准和同意。没有立法部门的批准,政府擅自使用余额则构成违法。当政府获得立法部门授权使用余额(部分或全部)增加支出时,预算与预算执行结果则不同。此处关键的问题在于预算的任何变动必须经由立法部门批准。预算执行结果只是经立法部门批准而修订了的预算。

当预算收入小于预算支出而出现赤字时如何处理？由于几乎所有国家都以法律规定地方政府预算必须平衡，所以在预算执行过程中出现入不敷出时，政府必须削减预算。预算的削减以及削减量也必须报送立法部门批准。在其他情况不变的情况下，预算与预算执行结果将产生差异，差异额等于赤字额。当出现入不敷出的情况时，如果政府设有准备金，则可以准备金弥补收入的不足。同样动用准备金亦须获得立法部门的批准。如果准备金足以弥补赤字，在其他情况不变的情况下，预算执行结果将与原立法通过的预算一致。

2. 关于支出的处理

实际支出数与预算数不一致的情况大致有三种。由法律规定的权利性支出增加。政府的支出一般分为斟酌性支出和法定支出（主要是权利性支出）。斟酌性支出是指可以根据公共需求控制其数量和结构的支出，如国防经费、公用经费等，但这种改变支出数量和结构的权力并不属于政府。法定支出是指由法律事先规定而无需每年经立法部门审批的支出。最典型的法定支出是社会福利支出。这部分支出的特点是政府无法事先预知支出的具体数字。在预算执行过程中，当经济形势发生变化，更多的人按法律规定符合享受社会福利项目如失业保险、贫困补助时，政府的社会福利支出就要超出原定预算数。而立法部门只能批准类似的支出增加。在这种情况下，政府预算将与预算执行结果不同。斟酌性支出在预算执行过程中也会根据需求发生变化。政府会发现某些项目如差旅费也许需要更多的资金，而另一些项目如办公设备则需要较少的资金。在这种情况下，政府可以在总额不变的情况下在不同项目之间调节使用资金。这种项目之间资金的调节是否需事先报经立法部门批准，在美国则取决于流用资金额的大小。如果流用资金额较小（如小于预算的一定比例，这一比例由法律规定），且发生在同一政府部门内部，则政府可以做而无需报立法部门批准。如果经费在同一部门不同项目之间的流用额超过法定比例，则需事先报立法部门审批。这种支出转移不会引起预算和预算执行结果之间的差异，只会使相关项目的支出数额发生变化。但不同部门之间任何资金转移必须事先征得立法部门的批准和同意才可进行。不可预见事件如自然灾害的发生也会导致预算和预算执行结果之间的差异。理想的情况是设立专用应急准备金以备此类支出。无论动用准备金还是新增支出，都需报立法部门审批。

如果预算由政府部门专业人员根据合理的经济假设，采用科学方法编制而成；如果预算必须由立法部门批准才能由政府执行；如果政府能够严格执行立法通过的预算，执行中任何预算变动都需立法部门批准，那么，预算执行结果或决算与预算没有多少差别。或者说，决算就是修改了的预算，而不是独立于预算之外的过程。管理好预算就管理好了决算。

如果政府的预算与决算之间产生了很大差异，其原因只有两种：一是政府没有良好的预算能力或财政管理能力，不能有效地预测收支数；二是预算对政府没有约束力，政府在预算执行过程中可以随意变动预算。这意味着立法部门没有或没有完全掌握政府预算的决策权（包括审批权、修正权、调整权、监督权和否决权）。而公共资金由立法部门决策、政府预算由立法部门审批是公共预算的本质特征。

（二）政府财务报告

政府财务报告是全面、真实、系统地记录和反映政府财政活动结果的书面报告。政府的财务报告与政府的预算和决算（预算执行结果）密切相关，但又不完全相同。政府财务报告包括更为广泛的内容。这种区别可以从存量和流量的概念上去理解。政府的财政信息分为两类：一类是流量信息，另一类是存量信息。流量信息是指政府在财政年度内的财政活动信息，如征集了多少收入，花费了多少资金。政府财政活动的流量信息正是预算报告和决算报告中反映的信息。政府财政活动的存量信息反映的是政府整体财务状况的信息，如资产、负债和净资产等。这两种信息是相互联系的。政府的年度流量信息变化会引起政府存量信息即净资产的变化。也就是说，体现在每年预算和决算中的政府财政活动会引起净资产的增加或减少。如果净资产增加了，说明政府整体财务状况改善了。反之，如果净资产减少了，说明政府的财务状况恶化。政府提供公共服务的能力取决于其金融资产和实物资产的状况，政府净资产的减少意味着政府未来提供公共服务的能力减弱。所以政府财务报告不仅反映了政府年度财政活动结果，而且还反映了政府长期的财务状况，因而它更能体现政府财政透明度和政府履行受托责任的情况。

政府财务报告的目的是向政府之外的立法者和公众提供全面、真实、系统的财务活动、运营绩效和现金流量等方面信息，是政府以外的使用者评价政府受托责任履行情况和进行相关决策的重要依据，是履行受托责任的政府必须向委托人报告的书面信息。任何从人民取得收入、为人民服务的政府都不仅应该而且必须向人民提供全面、真实的财务报告。

二、政府决算问题分析

我国习惯上把政府预算执行结果称为政府决算。这种对政府决算的界定容易让人产生误解，似乎政府在预算执行结束后只需报告和公开其预算执行结果就完成了受托责任。而实际上，预算执行结果只是政府在财政年度结束后应该报告和公开的一部分内容，只反映政府财政活动的部分结果，还有一部分结果即政府的资产负债情况亦应属于报告和公开的不可或缺的内容。唯有如此，人们才能了解政府履行受托责任的完整情况，也才能对政府财政活动进行有效的监督和检查。因此本文认为，我国意义上的决算应扩展内容。决算应指财政年度结束后由政府编制，向立法者、监督者和市场全面报告和公开政府履行受托责任情况的书面报告。它应该包括两部分内容：一是政府财政年度中预算收支执行结果；二是政府资产负债情况。下文使用的"决算"是指这种意义上的决算，而非我国学术界和实践中使用的含义狭窄的"决算"。

我国决算中一直存在着两个严重问题：一是预算执行结果与原来由人大通过的预算严重背离；二是缺少对政府资产负债信息的报告。

（一）预算与预算执行结果严重背离

立法部门批准预算是公共预算的本质特征。政府预算一经立法部门批准即具有法律效力,政府应严格执行。但从我国的财政实践看,政府预算虽经立法部门批准,但政府并没有严格执行。预算执行结果与人大通过的预算严重背离。

1. 预算收入方面

自 2000 年以来,我国预算出现严重超收现象。实际收入数比预算数最多超出 3 倍(2004 年),最少也超出 1.75 倍(见表1)。

表1 2000—2006 年度预算增幅与实际增幅比较

年份	预算增幅(%)	实际增幅(%)	实际增幅占预算增幅比例(%)	备注
2000	8.4	16.9	201.20	
2001	10.3	22.2	215.53	
2002	7.7	15.4	200.00	已按可比口径调整
2003	8.4	14.7	175.00	
2004	7	21.4	305.70	已按可比口径调整
2005	11	19.8	180.00	
2006	12	22.4	186.67	

资料来源:马蔡琛:《政府预算》,东北财经大学出版社 2007 年版,第 55 页。

2. 预算支出方面

预算执行中背离预算、违法违规现象严重。主要表现在以下方面。

(1) 预算管理部门违规违法分配、拨付资金现象屡禁不止

根据审计署 2005 审计报告,财政部作为中央预算的主要管理部门,2005 年在政府性基金自身的收入能够满足支出需要的情况下,仍从预算内为政府性基金安排 15 亿元;截至 2005 年底,5 省(区)本级尚有 95.28 亿元中央专项转移支付资金应拨而未拨付,占中央拨付资金总额的 11.6%。[①] 2006 年,财政部在年度预算执行中追加部门预算 816.5 亿

---

① 李金华:《关于 2005 年度中央预算执行和其他财政收支的审计工作报告》,http://news.xinhuanet.com/fortune/2006-06/28/content_4762987.html。

元，占年初批复部门预算的 12%。而且在批复的部门年初预算中，部分资金未细化到具体单位和项目。抽查 9 个部门 2006 年预算有 96.85 亿元未细化，占这些部门财政拨款项目支出预算的 35%。这种做法容易产生资金分配的随意性。2006 年，财政部在部门预算之外，按国债发行额的一定比例提取国债发行业务经费 4500 万元，安排人民银行 3615 万元、财政部 885 万元，主要用于职工补贴、宣传费、会议费等日常开支。财政部在部门预算之外不应单独安排这两个部门国债发行业务经费，有关支出应全部在部门预算中安排。应缴未缴预算收入 45.36 亿元。具体是：国债转贷资金回收专户存款利息 16.11 亿元，14 家中央外贸企业 1999 年以前欠缴中央财政的利润等 29.19 亿元，国家农发办截至 2005 年底取得的投资参股产业化经营项目股权收益分红 599.11 万元。这本是按预算管理规定应由财政部收缴并纳入预算管理的资金。自 2004 年至 2006 年，财政部在预算中安排下岗职工微利项目贷款贴息资金 55 亿元，实际执行只有 2.85 亿元，仅占预算的 5.2%。[①]

根据审计署 2005 年的审计报告，至 2005 年底，尚有国债资金 234.54 亿元没有安排下达或投入使用，占当年可安排国债投资的 20.1%。对 354.4 亿元中央预算内投资，发展改革委年初下达计划 267.37 亿元，扣除其中含有的可行性研究报告尚未批复和"打捆"项目 22.98 亿元，以及未细化的投资 1.67 亿元，实际落实到项目 242.72 亿元，占当年中央预算内投资的 68%，未达到"有预算二次分配权的单位年初下达预算要达到当年预算 75% 以上"的预算管理要求。2006 年 10 月，发展改革委批复宜昌至万州铁路项目建设调整方案，将国务院确定的项目概算总投资由 167 亿元增加到 225.7 亿元，增幅达 35.1%。按我国目前预算管理规定，发改委无权擅自做上述预算调整，而应将上述概算投资调整情况报国务院审批或核准。2005 年审计曾发现发展改革委向尚未批复可行性研究报告的 5 个项目下达投资计划的问

---

① 李金华：《关于 2006 年度中央预算执行和其他财政收支的审计工作报告》，http://www.audit.gov.cn/n1057/n1087/n524092/557707.html。

题。2006年,发展改革委再次向其中仍未批复可行性研究报告的4个项目下达投资计划7.5亿元,还向未批复初步设计的"中央直属水文基础设施建设工程"等3个项目下达投资计划2.05亿元。①

预算管理部门在预算执行过程中担负的职责是严格按立法批准的预算分配和拨付资金,并监督资金使用部门的预算执行情况,在政府内部维护预算的严肃性和纪律性,以保证政府政策的顺利执行。但从上述审计署的报告中可以看出,无论是财政部门,还是发改委,都严重违反预算和预算管理规定,在预算执行规程中,随意调整预算,该拨付的资金不拨付,或不按时拨付,该上收的资金没有及时上收,该纳入预算管理的资金,仍然放在预算外运作,等等。预算管理部门的违法违规行为直接造成预算与预算执行结果之间的背离,并成为预算资金使用部门和单位不能严格执行预算的重要原因。

(2) 预算资金使用部门和单位不按预算行事、违规违法现象严重

审计署2005年审计查处部门预算执行过程中违法违规问题55.1亿元,其中,9个部门多报多领财政资金1.76亿元。②2006年审计发现部门本级预算执行过程中本级存在问题资金348.53亿元。其中:管理不规范问题331.15亿元,占95%;违法违规问题15.24亿元,占4%;损失浪费问题2.14亿元,占1%。南水北调办、海关总署等33个部门挤占挪用财政资金和其他专项资金等8.59亿元;供销总社、新闻出版总署等15个部门截留、少报和转移资金等3.94亿元,具体是:截留、少报、应缴未缴专项资金1.83亿元,采取隐瞒收入、虚列支出等手段转移资金1.3亿元,存放账外8140.61万元用于发放补贴等。卫生部、国家信息中心等12个部门存在违规收费或未严格执行非税收入管理规定的问题,涉及金额1.85亿元。具体是:7个部门自定项目收费、无证收费或向企业收取赞助5735.83万元,3个部门未将房屋租金、捐赠等

---

① 李金华:《关于2006年度中央预算执行和其他财政收支的审计工作报告》,http://www.audit.gov.cn/n1057/n1087/n524092/557707.html。

② 李金华:《关于2005年度中央预算执行和其他财政收支的审计工作报告》,http://news.xinhuanet.com/fortune/2006 - 06/28/content_4762987.htm。

非税收入 1.16 亿元纳入"收支两条线"管理，两个部门未及时上缴非税收入 1184.97 万元。烟草局、教育部等 19 个部门存在预算不细化、不完整和批复不及时等问题，涉及金额 190.03 亿元。同时，审计还发现部门所属单位存在的问题 120.27 亿元。其中：管理不规范问题 41.66 亿元，占 35%；违法违规问题 53.48 亿元，占 44%；损失浪费问题 25.13 亿元，占 21%。其中，发展改革委、文化部等 25 个部门所属的 92 个单位挪用财政资金和其他专项资金等 27.54 亿元。民航总局、信息产业部等 4 个部门所属的 5 个单位存在未经批准和超标准、超概算建设办公楼、培训中心等问题，涉及金额 17.39 亿元。[1] 2007 年审计发现部门本级存在的问题 293.79 亿元。其中：管理不规范问题占 98%，违法违规问题占 2%。教育部、中科院等 28 个部门年初预算不细化、不完整和批复不及时等问题 174.98 亿元。其中，11 个部门年初预算 108.57 亿元未细化；7 个部门自行调整预算 7.22 亿元；4 个部门未及时批复预算、拨付所属单位资金 17.7 亿元；13 个部门动用以前年度财政拨款结余和其他收入等 41.03 亿元，未编入预算。统计局、质检总局等 29 个部门挪用财政资金和有专项用途的其他资金等 2.63 亿元。其中，弥补本部门基本支出 1.38 亿元，用于基本建设等其他项目支出 8800 万元，向非预算单位拨款 3704 万元。如统计局挪用专项普查活动等专项经费 1451 万元，主要用于局机关经费等日常开支。贸促会、人口计生委等 9 个部门少计收入、虚列支出等截留、转移资金 2.49 亿元。商务部、财政部等 20 个部门因预算编制不合理、项目执行进度缓慢等，2007 年底共结余资金 73.41 亿元，致使这些资金当年不能发挥作用。[2]

由于预算是以对未来政府收支的估计数为基础做出的行动安排，因而实际执行结果与预算之间有差别在所难免，但像我国这样连续多年预算收入执行结果大幅度超过预算、预算管理部门和预算资金使用部门随

---

[1] 李金华：《关于 2006 年度中央预算执行和其他财政收支的审计工作报告》，http://www.audit.gov.cn/n1057/n1087/n524092/557707.html。

[2] 李金华：《关于 2006 年度中央预算执行和其他财政收支的审计工作报告》，http://www.audit.gov.cn/n1057/n1087/n524092/1718206.html。

意变动、调整预算、违法违规行事的情况，恐怕不能单纯用正常的计划与实际差异原因加以解释。

3. 原因分析

造成我国预算执行结果与预算之间较大差异的根本原因在于政府的预算权力没有得到有效制约，从而使预算在我国还没有获得实际上的法律效力，预算及预算法律、法规对政府没有实际约束力。

（1）我国的立法机构——人民代表大会不具有实质性预算决策权

公共预算的重要特征是公共资金的所有者、决策者和使用者分离。公共资金归纳税人（或全体或集体）所有，公共资金使用的决策则由纳税人的代表组成的立法部门做出，而公共资金的使用则由公众代理人——政府执行。资金使用者和决策者的分开是由于由众多纳税人直接决策的成本十分高昂以致现实中无法实行造成的；资金决策者与使用者的分离则是为了预防和修正委托代理关系中代理人的机会主义。因此，立法机构拥有预算决策权，政府部门只有预算执行权是保证公共资金使用按照公共利益要求有效率使用的必然要求。正因如此，预算才被赋予法律性。但我国的预算实践中，公共预算的这一必然要求并没有得到满足。法律虽然赋予人大预算审批权，但由于以下原因，人大的预算审批权只具其形，而无实质内容。

立法审批预算只具有形式上的意义。各级人大对预算并无实质上的决策审批权。

第一，立法机构对预算没有修正权和否决权。预算修正权即改变政府预算草案的权力，预算否决权即整体否定政府预算的权力。这两项权力是现代议会最重要的权力（林慕华、马骏，2008）。立法机构是否拥有预算的最终决定权，能否成为公众钱袋的真正守护者的关键在于是否被赋予了预算修正权和否决权。虽然我国《宪法》和《预算法》规定了人大具有审查和批准国家预算和预算执行情况的权力，但规定非常笼统，没有具体说明人大预算审批权的具体内容，更没有说明人大是否可以修改或否决政府预算草案，从而使人大对政府预算的修正权和否决权没有法律上的保证。事实上，新中国成立以来，无论是中央预算，还是地方预算，罕有被人大修改或否决的现实案例。

第二，政府提交立法机构的预算不完整，且过于粗糙，人大代表没有足够的信息判断政府的预算是否符合公众利益。首先，目前我国各级人大代表行使预算审批权的信息来源只有政府提供的预算报告，没有其他信息来源。这使得人大审批权的行使完全受制于政府提供的信息。且不说政府提供的信息是否可靠，是否足以让人大代表做出正确的预算决策，单就信息的政府垄断而言，人大代表也难以做出正确的决策。因为在委托代理关系中，任何代理人都有利用信息优势谋取自身利益的动机。信息由政府垄断提供，政府提供什么样的信息，人大都无从判断其对与错，在这种情况下，公众又怎么能指望人大为他们拿主意、定决策呢？其次，政府提供的预算草案不完整。我国各级政府提交人大的预算草案都只包括了政府收支的一部分，而不是全部。预算之外的收支没有包含在政府提交人大预算草案之中。① 这意味着有相当一部分公共资金的筹集和使用从形式到实质都是游离于人大和公众监督之外的。这部分资金的收支既然没有通过人大审批，自然不受法律约束。最后，即使是政府向人大提交的只占政府全部收支一部分的收支预算草案也过于简单、笼统，只提供了预算收支的几个大类数字，没有详细的资料。而且预算草案通篇只以文字描述，没有一目了然的预算收支总表、收支明细表、收支分级表、各部门基本数字表等，对每项支出的理由也没有详细的预算说明书。部门预算也只提供了部门预算收支的类、款级科目信息。从预算审批的角度看，只有这些信息是无法判断一个部门的预算是否合适，一个项目是否应该批准；无法判断资源进行何种配置才符合效率、效果和经济性原则。

第三，政府预算审批方式和程序使得人大代表无力审批整个政府预算。政府预算是政府的收支计划，体现了政府提供公共服务的成本。人

---

① 对预算之外的资金规模至今没有确切的数字资料予以说明。郑春荣（1998）认为预算之外的资金包括预算外资金和制度外资金，二者各占预算内资金的50%；高培勇（1999）认为，预算外收入加制度外收入占GDP的比重为11%—12%。随着对预算外资金管理的加强，相信目前预算之外的资金规模较之前规模要小一些。

大具有预算审批能力的前提是人大代表必须了解以下信息：公众在未来财政年度对公共物品的需求是多少？提供每一种公共物品的必需成本是多少？提供每一种公共物品有多少备选方案？哪种方案是最有效的？公众对各种公共物品需求的重要性排序是怎样的？这些信息的获得需要有足够的专业知识，有充足的时间，有有效获取信息、证实信息的渠道，如召开听证会、调研等。要在一定时间里对政府预算所涉及的全部内容都达到如此专业了解的程度是任何个人都难以做到的事情。因此，像我国让全体代表集体审查和批准政府全部预算的做法，而且是在几个小时（地方）或一天（中央）的时间内完成预算审批，超越了人大代表自身的能力（没有什么人能够做到），其结果自然是政府预算自己编制，自己批准，自己执行了。要使人大代表真正能够行使预算审批权，必须分派与其自身能力相匹配的预算审批任务。

第四，立法机构审批预算的时间不足以保证立法机构预算审批权的实施。我国预算年度与日历年度同步，自公历1月1日起到12月31日止，而立法审批机关全国人民代表大会召开会议的时间一般在每年3月上旬，地方人代会开会时间更晚些，待预算获得正式批准后，预算年度已过去三四个月的时间了，有的地方已经过去半年了。政府部门在预算没有经立法审批通过情况下就已经开始执行预算长达几个月之久。从而使得我国政府预算执行每年总有几个月处于无法律可依的状态。虽然《预算法》对此做出规定，即在此期间，各级政府可先按上一年同一时期的预算数额支出，待预算获得批准后，再按批准的预算执行，但由于这项制度缺乏相关条例的具体指导和约束，实际约束力并不大，这就出现了预算约束的"真空"期，造成预算先执行、后编制、再审批的局面，影响了预算的严肃性和权威性。

不仅如此，每年政府报送人大代表审查预算的时间很短。全国人代会会期只有15天左右，其中预算审查时间最多一天，地方人大对预算的审查则只有几个小时。在如此局促的时间内审查政治性、经济性、技术性都很强的政府预算，不走形式是不可能的。

既然立法机构没有事实上的预算审批权，那么预算决策权究竟由谁掌握？中国目前各级预算的决策权事实上牢牢掌握在各级政府手中。

（2）政府内部分散的预算管理制度导致预算执行力差

政府部门具有预算执行权。为保证预算执行的效率，政府部门内部必须实行统一的预算管理。但目前我国政府内部预算管理权是分散的。除了财政部，政府其他一些部门，如发展和改革委员会亦有预算资金的分配和管理权。公共资金的管理在政府部门内部呈现出分散化状态。预算资金分配和管理权在行政部门内部的分散不仅导致预算控制的困难，预算执行的低效率，而且亦会造成预算编制过程中决策成本的无谓增加。[①] 美国1921年《预算和会计法案》通过之前的预算管理混乱状况就是由于在行政部门内部没有形成集中统一的预算管理所致。

（3）《预算法》相关规定的缺失

我国的《预算法》强调的是代表政府的国家权力。《预算法》第一条规定："为了强化预算的分配和监督职能，健全国家对预算的管理，加强国家宏观调控，保障经济和社会的健康发展，根据宪法，制定本法。"这一规定从整体上体现了国家或者说是政府管理本位思想，确立了政府预算权的中心地位，而这与《预算法》作为约束政府财政权力的法律精神是相违背的。《预算法》赋予政府较大的预算自由裁量权。根据《预算法》规定，预算调整是指预算在执行中"因特殊情况需要增加支出或者减少收入，使原批准的收支平衡的预算的总支出超过总收入，或者使原批准的预算中举借债务的数额增加的部分变更"。换言之，在我国，只有当预算赤字额增加时才属于预算调整，需经人大常委会审批。而在预算执行过程中，预算的追加追减、科目流用和预算划转等情况则都不属于预算调整，行政部门可以自由处置，无需接受人大监督。因此，在预算过程中，行政部门的预算执行权是很大的。在预算执行时，行政部门这种几乎不受限制的自由裁量权，使其能很容易地应对复杂多变的预算环境，但是同时"增加了政府及其部门在预算执行中的

[①] 刘小兵、刘守刚：《关于预算法律体系与预算权配置研究》，"中国预算法修订草案若干重大问题研究"课题组项目。

随意性和腐败行为"(上海财经大学公共政策研究中心,2005),而且这是以牺牲预算的严肃性、侵蚀立法部门的预算审批和执行监督权为代价的——这种行政部门在执行预算时,未经立法部门的审批即可做随意调整的权力,首先使得立法部门在预算执行阶段审批预算调整案的权力、进而执行监督权变得空泛;其次,这种随意调整所导致的最终的决算结果和立法部门通过的预算案大相径庭①的情形,使得立法部门审批通过的预算案的法律效力大打折扣,其预算审批权的程序意义远胜于实质意义。如何既给予行政部门以适当的、执行预算的自由裁量权,又保证预算作为立法部门通过的法律的严肃性,是在预算实践中需要认真考虑的一个问题。

(二) 政府决算中缺少政府财务报告内容

目前我国各级政府在向委托人公众及其代表机构——各级人代会公布的信息中,缺少政府财务报告信息。

我国政府一直采用以收付实现制为基础的预算会计制度,政府财务报告则以预算执行情况报告代之,包括财政总预算会计报告、行政事业单位预算会计报告。这种会计和报告方式不可避免地使一些与预算收支没有直接关系的重要会计信息,如政府的资产和负债信息被忽视和遗漏,从而不能全面、准确、系统地反映政府财政活动的结果。

1. 不能全面准确反映政府的资产负债信息(刘笑霞,2007)

(1) 缺少政府固定资产信息

从总预算会计来看,一方面,现行的预算会计制度并不要求总预算会计核算和反映政府的固定资产;另一方面,行政和事业单位的固定资产核算结果又并不纳入总预算会计的资产负债表中,而只是提供给统计部门作为参考资料,所以总预算会计的资产负债表并没有反映政府每年的预算支出所形成的资产存量。从行政、事业单位来看,虽然会计制度要求其对自身拥有的固定资产进行核算,却不要求计提折旧,目前复杂的固定资产报废程序还会使一些实际中早已淘汰的固定资产仍反映在账

---

① 当然,这还要看编制的预算和决算的细化程度,及两者的编制方式是否一致。

上，导致行政、事业单位报表中所反映的固定资产账实不符。

(2) 缺少政府金融资产信息

随着我国政府投资形式的日益多样化，政府对外合作投资或参股投资的行为日益增多。然而对于此类投资，我国目前的财政总预算会计制度要求以当期的财政支出来反映，对投资形成的国有股并不要求予以核算和报告，因此无法真实地反映政府的资产状况，也无法对国有资产的所有权和收益权进行有效的管理。

(3) 缺少政府全面债务信息

由于我国的预算会计制度以收付实现制为基础，这就使那些当期虽已发生，由政府负责或担保偿还但尚未以现金偿付的政府债务，并不能反映在总预算会计报表中。这些债务包括政府发行的中、长期国债中尚未偿还的部分，政府为企业贷款提供担保产生的或有负债、社会保险基金的支出缺口及地方政府的欠发工资等。

(4) 汇总的资产负债表不能完整地反映一级政府的财务状况

依据我国现行的预算会计制度，虽然总预算会计、行政单位会计和事业单位会计分别编报资产负债表，并由总预算会计提供汇总的资产负债表，然而由于各报表的编制自成体系且三张报表无需合并，因此汇总的资产负债表不能全面完整地反映一级政府的财务状况，即合并的政府整体财务状况。

2. 政府报告不完全

即使是预算收支信息，政府报告得也不完全。我国现行的预算会计系统提供了关于政府整体的"预算收支表"和依据财政总预算会计的收入支出表编制的"政府财政收支的决算总表"，但政府收支表仅仅提供了政府预算收支的一部分信息，还有相当一部分预算收支执行情况的信息没有反映在这两张表中。这些缺失的信息包括：预算外资金收支信息、社会保障资金收支信息和政府权益基金收支信息。

3. 没有反映公共部门成本与绩效方面的信息

我国现行的预算会计体系以收付实现制为基础，而这种以收付实现制为基础的会计核算制度并不能公正客观地核算公共部门提供公共服务的成本,也无法对公共部门进行绩效考核。对行政单位来说,收付实现制是与以投入控制为中心的预算管理模式相适应的,然而它不能真实客观地反映政府部门和行政单位提供公共产品和公共服务的成本耗费与效率水平,因而不能适应开展绩效预算管理的需要。对事业单位而言,我国经营性和非经营性业务分别采用不同的会计基础,而在实际工作中两种业务又很难区分,从而导致无法进行全面的成本核算,这不仅不利于事业单位的内部管理和预算资金的有效使用,也容易造成国有资产流失。

三、政府决算制度改革及立法建议

(一) 加强政府预算管理

如前所述,预算管理的目的是使预算执行结果与立法通过和调整的预算一致。政府预算是法律,政府部门只有严格执行由立法审批和调整的预算,预算管理的目标才能实现。所以,决算的好坏是由预算的好坏决定的,管理好预算也就管理好了决算。

1. 建构对政府具有真正法律效力的公共预算

建构具有真正法律效力的公共预算是解决我国政府预算与预算执行结果背离的根本途径。预算在我国还不具有实质性的法律意义,这是我国政府不严格执行预算、随意调整预算的根本原因。赋予预算真正的法律性需要进行一系列制度建设。其中最为重要的是按照权力制衡原则进行《预算法》修订,明确各级人大的预算决策权(包括审批权、修正权、否决权、调整权、监督权)和政府的预算执行权,明确政府只能按照人大通过和调整的预算执行,并设有违反预算和预算法律的制裁条款,明确对政府预算执行的审计由独立于政府部门的审计机构进行。

2. 提高政府预算能力

政府预算能力好坏直接决定预算执行结果是否背离原来通过的预算。政府预算能力好坏取决于收支预测是否由专家进行,预测方法是否科学合理。如收入预测要由专家使用复杂的经济计量预测模型做出;政府主要项目的支出预测要根据经济模型而不是简单的估计做出。如果预算执行过程中实际数和预算数之间出现较大差别，这种差别必须向公众公布，并进行公开讨论，找出差别的原因，为提高未来预测的准确性提供依据。科学、专业的收支预测是避免预算和预算执行结果之间出现较大背离的前提条件。预算收支及经济假设均需由专业人士使用科学方法做出，政府应建立这样的专家队伍，或者将这一任务外包给专家。

3. 政府应准备和编制详细的预算

为使政府严格执行预算，预算的编制应非常详细。首先预算编制要包含政府所有的收入，无论是预算内还是预算外。其次，从不同层次对政府收支进行细化。预算不仅仅要提供项目和部门的总量指标，如教育部门的支出总量，而且应该提供部门和项目预算的详细分类信息。如，教育部门下每个单位的信息。每个单位不仅要列出单位的预算总数，而且要列出工资、办公经费、差旅费和公用经费等详细项目。只有当政府预算足够详细，预算财政成为控制和约束政府的工具，立法部门才可能在预算执行过程中行使对政府的监督权力，而所有这些都是保证预算和预算执行结果不产生较大差别的决定因素。

4. 建立预算执行定期报告制度

政府在预算执行过程中，要定期（每月一次）向立法部门和公众公布预算执行情况，包括收支执行数及与预算数之间的比较。立法部门和公众从中可以看出政府部门是否按照立法通过的预算执行以及预算执行出现余超还是赤字。不仅如此，定期的预算执行情况报告还为立法部门进行必要的预算调整提供依据。

当预算执行半年后，政府对财政年度的经济形势和收支情况有了更为可靠的估计。此时政府应向立法部门提交对原有预算的所有修改意见。立法部门通过了修改过的预算后，政府就要严格按照修改过的预算执行。

当财政年度结束后，政府要公布一个详细的预算执行情况报告，以表明政府是否严格执行了立法通过或调整过的预算。预算执行年度报告是政府综合财务报告的重要组成部分。

(二) 建立政府财务报告制度

在我国，政府预算执行的结果形成由政府部门自下而上编制的决算草案，反映政府年度预算收支执行情况，然后报同级人民代表大会审议通过，形成决算报告。

从国际上看，政府预算执行的最终结果只是政府财务报告的一部分内容，财政年度结束后，政府需要编制内容更为丰富的财务报告。财务报告经独立于行政的审计机关审批后，一个完整的预算过程才真正结束。

我国没有真正意义上的政府财务报告，只有预算会计报告。预算会计报告提供的政府财政活动信息对政府之外的立法者、监督者履行职责而言是远远不够的。由于我国政府也是公众的代理人，承担着公众赋予的受托责任，而财务报告是政府履行和解除受托责任的直接载体，因此我国各级政府都应该编制真正意义上的财务报告。

政府的财务报告最重要的原则是完整性。完整性是财务报告的基本原则。财务报告的完整性包括两层含义。一是所有使用公共资金的政府部门，包括基本政府部门和由基本政府部门设立的组织，如企业的财政活动结果都应反映在政府财务报告中，虽然二者的财政活动结果是分开报告的。二是所有政府资金的活动结果都必须包括在财务报告的内容中。政府资金包括一般政府基金、信托基金和经营基金。虽然这三种资金的活动结果要分开报告，但都属政府财务报告的内容。政府财务报告的完整性原则的设置是为了防止不同资产和债务之间的违法、违规转移，从而掩盖和模糊公共资金活动的实际情况。

政府财务报告的内容包括两个基本财务说明和一些支持性文件。两个基本财务说明包括净资产说明和收、支及平衡情况说明。

1. 净资产说明包括政府所有资产和债务变动情况说明

就资产而言，政府财务报告应反映政府所有资产的变动情况，包括金融资产和实物资产。金融资产包括银行存款、债券和股票等所有政府投资。政府信托基金投资而形成的金融资产要在政府财务报告中分开列出。实物资产应包括扣除折旧后的全部政府建筑物、道路和其他政府拥有的基础设施的价值。就债务而言。所有政府债务包括从银行和其他政府企业的借债都应该包括在政府财务报告中。政府资产额减掉债务额后的余额是政府的净资产。

2. 政府收支及结果说明实际上是我国目前意义上决算的内容

它列出了政府在报告财政年度中的实际收支数。其中的差异是政府净资产变动的原因。

政府财务报告的支持性文件主要包括三类：注释、预算与预算执行结果之间的比较以及统计信息。

（1）注释。政府财务报告中的收支表和资产负债表列出的是一些基本的总括性的数字。使用者要理解这些数字，还需要掌握更多的信息。如资产方面，如果使用者要完全了解政府的金融投资，他不仅需要金融投资总量信息，还需要更为详细的信息，包括：政府购买了什么种类的金融资产？利率是多少？期限多长？（信托基金的金融投资同样需要提供类似详细的信息）。同样，政府的实物资产也需要分别列出各种不同资产的价值。政府除了提供债务总额外，还要详细列出债务种类、来源、各种债务金额、利率提供每种贷款的数额及债务用途。还要提供当前债务负担率和5—10年的还本付息计划，以便于报告使用者了解未来的债务负担。总之，财务报告注释使财务报告的内容更为详细，使政府的财务更为透明。

（2）比较。政府财务报告的另一个内容是预算与预算执行情况比较表。将各收支详细项目的预算数和实际执行数列在一张表格中进行对比。各项预算数和实际执行数间出现较大差别，政府必须在预算报告中进行说明。如前所述，预算是政府最重要的财政计划，因为决定了政府如何使用纳税人的资金。在政府财务报告中进行预算与预算执行结果比较的目的是检查政府是否在预算年度内按照事先由立法通过的预算行事。预算执行结果经常大幅度偏离预算只有两种原因：要么是政府的预算管理能力很差，要么是预算对政府根本没有实质性约束力。预算与预算执行结果比较表是衡量政府财政管理能力好坏的最有效工具。

（3）统计信息。统计信息是政府财务报告不可缺少的内容。它提供了政府财务状况的长期（通常为10年）信息，从而使人们可以了解这一时期里政府的发展趋势。统计部分同样包括两方面内容。一是政府收支长期变动趋势。通过这一信息，人们可以了解政府收入来源、收支结构以及收入政策上的变化；了解哪些支出项目受到重视，哪些项目次之以及政府支出政策的变化趋势。二是政府资产负债的长期变动趋势。净资产的变化可以使人们了解政府整体财务状况在一段时期里是变好了，还是变差了。总之，统计信息可以使人们了解政府在过去较长时期里的发展趋势，为人们判断政府未来的走向提供依据。

目前我国建立政府财务报告制度面临制度重建和改革的重重困难，最为重要的是目前实行的政府预算会计制度不能适应编制政府财务报告要求。另外还有审计独立问题。但是，所有这些困难与保障人民的利益相比都是次要的，都是必须克服的。"人民的利益高于一切"是中国共产党的立党之本，是我国宪法的精髓。"只要是对人民有利的事情，我们都应该去做"。政府财务报告不仅仅只是对人民有利，而且是人民根本利益的保障，是人民的政府必须做的事情。

【参考文献】

李金华：《关于 2005 年度中央预算执行和其他财政收支的审计工作报告》，http: //news. xinhuanet. com/fortune/2006 – 06/28/content_4762987. html。

李金华：《关于 2006 年度中央预算执行和其他财政收支的审计工作报告》，http: //www. audit. gov. cn/n1057/n1087/n524092/557707. html。

林慕华、马骏：《中国"钱袋子"权力的突破：预算修正权》，"构建中国公共预算法律框架"（2008，广州）全国学术讨论会论文集。

刘小兵、刘守刚：《关于预算法律体系与预算权配置研究》，"中国预算法修订草案若干重大问题研究"课题组项目。

刘笑霞：《论我国政府财务报告的构建——基于财政透明度的考察》，载《当代财经》2007 年第 2 期。

马蔡琛：《政府预算》，东北财经大学出版社 2007 年版。

上海财经大学公共政策研究中心：《2005 年中国财政发展报告》，上海财经大学出版社 2005 年版。

郑春荣：《"九五"后三年中国财政支出问题预测及其控制》，上海财经大学硕士生学位论文。

公共预算研究系列
Public Budgeting Research Series

人大预算监督与审计

部门预算审查监督的温岭实践*

张学明**

内容摘要：本文试图以浙江温岭参与式预算的积极推动者和实施组织者的视角，着重介绍温岭市人大自 2008 年以来组织开展政府部门预算审查监督的基本情况。一是积极运用温岭原创性基层民主形式——民主恳谈，组织民众广泛参与，为部门预算编制、初审服务。二是人代会上组织人大代表对政府部门预算开展实质性审查监督。三是大力推进预算公开。进而结合其背景、动因、思考、设计、实施、比照等较为丰富的第一手实践资料，综合分析部门预算审查监督形成的特点与成效，探讨提出寻求参与式预算与人大制度的有效对接、提高部门预算编制的科学性和透明度、组建公民志愿参与预算监督人才库等今后继续深化推进的途径与方法。

关键词：人大　部门预算审查监督　参与式预算　民主恳谈

浙江温岭的"参与式预算"，是指公民以民主恳谈为主要形式参与政府年度预算方案协商讨论，人大代表审议政府财政预算并决定预算的

---

* 此文已发表于江西省机关刊物《时代的主人》2013 年第 6 期。
** 张学明，男，浙江省温岭市人大常委会党组书记、主任。

修正和调整，实现实质性参与的预算审查监督。

从 2005 年开始，温岭市在新河、泽国两镇率先"试水"公共预算改革，积极运用民主恳谈为基层人代会审查预算服务，不断强化对预算的审查和监督，形成了对预算进行实质性审查监督的"参与式预算"，在国内首开先河。其后，温岭市人大常委会按照"由下而上""由点到面""由表及里""由软变硬"的路径有序推进，将参与式预算从 2 个镇逐步推广至 6 个镇，直至 2010 年在全市 11 个镇和 5 个街道全面推开；并从镇一级提升到市一级，开展部门预算民主恳谈、人代会代表团"一对一"审议部门预算、推动预算公开等部门预算审查监督，进一步将参与式预算引向深入。

一、部门预算审查监督的基本做法

（一）部门预算民主恳谈

2008 年，温岭市人大常委会率先在市交通局探索实施部门预算民主恳谈，相继在 1 月份和 8 月份，分别举行了交通部门预算编制、执行民主恳谈，让部门预算审查监督开始进入实质性监督轨道。2009 年，增加了水利部门预算民主恳谈。2010 年人代会召开前夕，又再增加了建设规划部门，分别组织人大代表和公众代表，举行了交通、水利、建设规划部门预算民主恳谈。

在民主恳谈之前，由市政府有关部门编制部门预算（草案），市人大常委会财经工委对此进行初审，并提早 10 天将部门预算（草案）发到与会人大代表和公民代表的手中。随后市人大常委会举行部门预算民主恳谈，邀请来自社会各个层面的市人大代表、普通公民、老干部、镇（街道）人大负责人、相关部门负责人或专家、常委会有关委办负责人及财经工委议事委员会成员等参加恳谈活动。2010 年，温岭市还首次在当地各大主流媒体上发布公告，面向社会公开邀请公民参加部门预算民主恳谈。最后，通过自愿报名、组织推荐、邀请参加等途径，共有 18 个中介机构、行业协会、社团组织和群众代表报名参加了恳谈，其中包括4名"新温岭人"。

恳谈活动中，与会人员先集中听取市发改、财政及要审查预算的部门（如交通局）有关情况的汇报和财经工委初审情况的汇报，然后采取分组恳谈与集中恳谈相结合的方式，就部门预算进行深入恳谈，充分发表意见和建议。分组恳谈活动根据与会人员的身份、地域分布状况分成四组进行；集中恳谈活动先由各组组长汇报分组恳谈情况，再让部门领导与代表、公众进行面对面恳谈并回答询问，市政府领导最后做表态发言。

另外，为了更全面地收集民众意见，进一步体现预算恳谈的效果，温岭市人大还专门制发了《温岭市2010年水利建设重点项目民意调查问卷》，在水利部门预算民主恳谈前和恳谈后，分别请代表们对水利重点工程按其重要性和紧迫性打分。通过恳谈前后数据上的对比，了解大家的想法有哪些改变和调整，也为人大下一步的监督提供依据。

恳谈结束后，常委会及时跟踪督促政府部门落实恳谈意见，完善预算编制工作，并提交人代会审查批准。半年度时再举行部门预算执行民主恳谈，确保部门预算民主恳谈的质量和效果。同时，以电视专栏、报纸专版、温岭人大网专题的形式，对恳谈活动进行公开深入报道，让公众了解部门预算民主恳谈的全过程。

（二）代表团"一对一"审议部门预算

早在2003年，温岭市就建立了部门预算书面提交人代会审查制度。2006年起，温岭市在人代会期间开始对上会的部门预算有重点地进行专题审议，并逐步加大力度。2009年，安排出席人代会的139名市人大代表和82名列席人员分成三组，对建设、科技、计生3个部门预算开展专题审议。2010年人代会上，又专门安排半天时间，以代表团为单位，分别对市卫生局、人事劳动社会保障局、科技局、教育局、工业经济局、人口与计生局、农林局、环保局、海洋与渔业局、文化广播电视新闻出版局、民政局、残联等12个部门预算"一对一"进行专题审议。

为确保专题审议会的实效，此前一个月，温岭市人大常委会将12

个部门预算草案提前发到全体代表的手中,要求各个代表团分别在会前深入有关单位调研,并组织代表对预算草案进行初审。2010年提请人代会审查预算的12个部门,加上会前开展预算民主恳谈的三个部门,这15个部门预算总额达到17.64亿元,占温岭市2010年财政预算支出的70.26%。为进一步提高代表审查预算的深度和实效,在2010年人代会上,改变往年书面审查预算报告的做法,在听取政府工作报告之后,听取了财政局长代表政府所做的预算报告。这是2005年以来,温岭市人代会首次恢复听取预算报告。人代会闭会后,温岭市人大办公室将专题审议会上代表们提出的119条意见梳理反馈给财政局。在市级部门预算民主恳谈与专题审议的基础上,市人大召开主任会议,就代表与市民提出的意见落实情况,专题听取市财政部门有关调整完善情况的汇报。

(三) 推动部门预算公开

在2008年,温岭市人大常委会就将预决算审查监督的所有信息在网上公开。2009年7月份,温岭市首次在温岭人大网和温岭新闻网上公布人代会审查的八个部门预算,并通过《温岭日报》和温岭广播电视台发布公告,公开提供市民查阅并下载,引起了全市各界以及国内有关专家、学者、媒体的高度关注,《浙江日报》作了题为"阳光预算破冰之举"的整版报道。

2010年,温岭市人大常委会又首次在5月7日的《温岭日报》上,整版刊登温岭市建设规划局2010年部门预算。同时,将20个部门预算在温岭人大网等网上全面公开,总额约占全市财政预算的80%。此外,已连续三年在网上全文公布了审计工作报告,毫无保留地将审计中发现的部门预算运行中存在的问题公之于众。

(四) 加强刚性监督

按照温岭市人大常委会《关于政府重大投资项目监督的规定》,首次对2010年投资3000万元以上政府性重大项目进行全面审查,提出了项目重新论证、项目增减和投资规模调整意见,市政府及相关部门经过重新研究,对多个项目做出调整,额度达2亿元,有力地促进了政府部门规范投资行为、提高投资效益。

温岭市人大常委会在审议市人民政府提出的《关于调整温岭市医疗中心工程项目的议案》时，考虑到医疗中心建设预算投资额大，与其他医疗机构建设关系密切，社会关注度高，认为在审议议案时有必要全面了解全市医疗机构基本建设、医疗资源整合及债务偿还情况，为此，首次启动专题询问，就资金筹措、债务偿还、建设规划、资源整合等方面提出了许多具体问题，由市政府相关职能部门负责人在会上一一做出答复，并要求市政府会后根据询问情况，认真加以研究，限时做出书面答复。

温岭"参与式"公共预算改革曾高票入选"十大地方公共决策实验"，入选"中国改革开放30年创新案例"120个候选名单。2010年1月，荣获第五届"中国地方政府创新奖"提名奖。在第十九、二十届全国人大新闻奖评选中，报道温岭市"参与式"部门预算审查监督的通讯《阳光预算破冰之举——温岭政府"账本"公开调查》和摄影作品《温岭部门预算民主恳谈》先后分获二、三等奖。时任浙江省委书记、省人大常委会主任赵洪祝做出重要批示："温岭市实施参与式预算的做法，是扩大公众有序政治参与、推进公共财政规范化建设的有益探索，对于加强基层民主政治建设、促进政府职能转变、构建和谐社会具有积极意义。"并对总结完善深化推广提出了明确要求。时任台州市委书记陈铁雄、台州市人大常委会主任薛少仙等也先后就参与式预算做出批示，台州市委全会工作报告和台州市政府上半年工作通报均明确提出"总结推广温岭参与式预算做法"。

二、部门预算审查监督的特点与成效

（一）以"人大主动"赢得了"党委重视""政府支持"

过去，法律赋予的人大职权好多并没有真正到位，财政的预算和执行权实际上掌握在地方政府个别领导手中，人大基本处于虚位的状态。现在，参与式预算改革从预算民主切入，把民主恳谈制度引入预算审查监督过程，以民主恳谈激活人大作用，促进人大和人大代表更好地依法履行自己的权力，完全符合党的十七大报告提出的"完善公共财政体系，深化预算制度改革"、"强化预算管理与监督"、"保障人民的知情权、参与权、表达权、监督权"、"支持人民代表大会依法履行职能"、"从各个层次、各个领域扩大公民有序政治参与，最广泛地动员和组织人民依法管理国家事务和社会事务、管理经济和文化事业"等精神。

从实践来看，人大预算审查与监督中既有公众的参与，又从制度上完善了人大审查批准预算与监督预算的执行，使人大在公共预算中发挥越来越重要的作用，不仅极大地丰富了人大代表工作内容，而且也使得人大在监督预算时行使职权更加到位。

对政府而言，参与式预算是一个接受代表、公民参与决策的过程，是一个吸纳"民意"的过程，是一个得到公众认同的过程。通过这样一个人大、政府、代表和民众互动的过程，减少了政府"拍脑袋"决策，使得决策更加科学化、民主化和规范化，进而使政府领导逐步确立这样的观念：必须对本区域内经济社会发展的进程有全面的掌握，必须对真正的民意有清晰的了解，必须对有限的财力用在刀口上有准确的把握。只有这样，才能使政府工作更加贴近实际，更加得到民众的理解支持。同时促进政府及部门依法理财、科学理财和民主理财，积极控制财政赤字，努力建设节约型政府。另外，通过预算过程的参与、对话和协商，政府行为也更具合法性与正当性，工作效率更高，治政能力更强。

因而，部门预算审查监督得到了中共温岭市委的高度重视，得到了温岭市政府的大力支持。如开展交通部门预算民主恳谈时，市委书记亲自到会讲话，充分肯定此项人大工作创新的价值和意义，并提出工作要求。市长和分管副市长不仅到会详细回应与会人员的意见和建议，还表示，部门预算民主恳谈活动非常有意义，有利于构建机关与人民沟通、交流的平台，有利于延长政府工作的手臂，有利于促进政府决策的科学性，政府将坚决支持和配合市人大常委会的这项举措。

(二) 进一步推进了参与式预算改革

温岭的"参与式预算"，开始于2005年，历经多年改革，已初具规模、初见成效。不仅建立、完善了"新河做法"和"泽国做法"，而且按照"由点到面"、"由下而上"、"由表及里"、"由软变硬"的路径有序推进，将参与式预算从2个镇逐步推广至6个镇，直至2010年的全市11个镇和3个街道。相继推动的部门预算民主恳谈、人代会代表团"一对一"审议部门预算、预算公开等探索，又将参与式预算改革从镇一级延伸到市一级，进一步向纵深推进。

由于市人大对新河、泽国等基层乡镇参与式预算的高度重视、密切关注及指导推进，再加上在程序、方式、人员组织等方面成功做法的借鉴，部门预算民主恳谈和代表团"一对一"审议部门预算都组织开展得比较顺利。大部分与会人员已不止一次地参加过乡镇参与式预算民主恳谈，显得驾轻就熟。内容上，也有了一些改善和深化，如：由政府部门向与会者报告本部门对于该部门预算的计划和编制情况，具体包括市发展和改革局关于该部门年度建设计划情况的汇报，市财政局关于该部门年度预算编制情况的汇报，该部门关于年度工作安排情况的汇报，以及市人大常委会财经工委关于该部门预算编制调查情况的汇报。在这些报告中，对于该部门的预算安排，不仅有文字说明，而且还有分类别、项目和科目的明细表格说明，从而使得与会者能够更加清楚地了解预算安排，便于与会者审查。

（三）提高了部门预算编制的科学性和透明度

参与式部门预算民主恳谈，促使政府预算编制更为详细、更为科学。以前，政府及其部门的预算草案都还只是个粗略的框架，仅列出十几个没有具体内容的支出大项，而没有将这些支出项目细化、具体化，代表能看到的只是预算数字的汇总或堆砌，往往造成"外行人看不懂，内行人搞不清"的结果。因此，在审查和表决预算时，只能是形式上的表决通过，缺乏实质性的审查。现在，参与式预算的基本要求是政府制定预算时必须要详细，为人大代表和公众代表提供更清晰、更明了的预算草案，与会者方能理解并提出意见。这样就促使政府投入更多的时间和精力去编制预算，进一步提高预算编制水平。参与式预算增强了民意的表达和公民在决策过程中的影响力，通过充分的讨论和比较，推动政府将有限的资金用在社会事业发展急需投入的项目上，用在人民群众密切关注需要解决的项目上，使政府部门花钱更加向民生倾斜。如建设规划部门根据代表和公众的反映，增加了500万元的"廉租房（新建）"项目，用于保障性住房建设；交通部门在"农村公路养护"、"老年人免费乘公交车"项目中分别调增了90万元和50万元。

另一方面，促使预算进一步走向公共化。通过邀请人大代表及社会各界民众广泛参与预算审议，体现了公众参与预算的广泛性和有效性，也进一步促进了预算的公开化。从参与式预算实践来看，不仅详细公开了预算报告和草案，使得公众对政府部门在本年度怎么花钱、钱花在哪里都清清楚楚，而且还公开了预算审议过程，无论是对每一个预算项目的审议，还是审议的每一个环节，都是在完全公开、透明的状态下进行。同时，通过协调、沟通还消除了政府、公众之间的许多隔阂，减少了矛盾和阻力，推动了相关项目的顺利实施，有利于改善政府的形象，提升政府的公信力，促进社会更加和谐稳定。

经过近年的部门预算民主恳谈、人代会代表团"一对一"审议部门预算、预算公开等之后，政府各部门也都对部门预算进一步走向科学化、民主化、透明化有了计划和打算。

（四）积累了审查监督政府预算的经验

虽然温岭已有多年的基层乡镇参与式预算改革经验，各方早有将其提升推进至市级政府财政预算的呼声，但面对市级政府财政预算资金庞大、门类繁多的现状，温岭市人大常委会经过认真思考和深入分析后提出，要集中力量，突出重点，抓好试点，然后循序渐进，逐步加强专业人员的配置、专业经验的积累，更加积极稳妥地推进。

首选交通部门预算民主恳谈涉及2008年预算总计7.6亿元，资金量大，涉及面广，试点效果明显。选择交通部门，事关民生，与广大民众密切相关，便于民主恳谈顺利有效开展。相继进行的水利、建设规划部门预算民主恳谈，也都延续了这一思路。

通过部门预算民主恳谈，在政府预算审查监督方面至少实现了四个收获：一是使公民了解了部门预算编制的基本原则；二是清晰地掌握了人民对政府部门的需求，各方面利益通过这个平台得到最真实的反映；

三是认识了财政能力与满足人民愿望之间存在的差距；四是实现了充分的交流并达成了共识。

作为公众参与下的公开透明的预算编制、审查和监督，参与式预算使财政资金安排更加科学合理、使用更加有效。据统计，2010年温岭市人代会各代表团专题审议12个部门预算提出的119条意见，促进政府调整了42个预算项目（其中教育部门就调整了16个项目）。通过交通、城建、水利三个部门预算民主恳谈，调整了2亿余元的预算资金。在建设规划部门预算民主恳谈中，梳理后代表和公众提出的19条意见，通过温岭市人大常委会两次听取财政局、建设规划局关于意见研究处理情况汇报，最终这19条意见中有16条意见得到了落实。如建设规划部门原计划要安排15160万元的"移山工程三期"项目、1000万元的"湖心公园至锦屏公园沿河两侧征地及绿化亮化工程"项目等被取消或重新论证，增加了东月河防洪老街拆迁预算资金665万元、镇规划区范围内村级污水管网建设补助预算资金500万元等。水利部门也取消了3500万元的温岭市防灾避灾教育中心建设项目和总投资约9.35亿元的大港洋围垦前期工程项目。

部门预算审查监督的有效推进，还消除了市政府及财政部门等各方原先对细化公开预算可能带来区域利益难以平衡等问题的顾虑，为下一步深入推进参与式预算打下了良好的基础。

（五）推进了民主进程

从部门预算民主恳谈实践来看，扩大了公民有序政治参与，赋予了人大代表和民众充分的知情权、参与权、表达权和监督权。通过人大的法律地位，在政府和社会公众之间建立起了一个对话机制。各个层面围绕预算进行公开的、面对面的、有理有据的恳谈，为公民自由、广泛、直接、真切地参与社会公共事务决策、管理和监督提供了新的渠道，也为公民监督政府预算的权力行使提供了新的方式，增强了民意的表达和公民在决策过程中的影响力。一定意义上来说，参与式预算在丰富民主形式、拓宽民主渠道上提供了很好的样板。同时，参与式预算也是一所很好的"民主学校"，通过这样一种民主操练，培育了公民意识，使公民的民主意识和民主观念不断增强、民主习惯不断形成、行使民主权利的能力不断提高，有利于形成一种更加民主的政治文化。

部门预算审查监督，促进了干部执政理念的转变，提升了干部依法执政的本领，有效克服了政府部门随意性花钱和预算"软约束"问题。政府部门认真考虑与对待代表和公众提出的合理意见建议，一定程度上改善了领导干部的工作作风，消除了滋生腐败的部分体制根源，推动了政府职能的转变和服务型政府建设，促使政府树立服务意识，提供让民众满意、认同的公共产品和服务。另外，它也为政府部门集中精力办事奠定了良好基础。通过参与式预算，使得政府部门的预算法制观念不断提高，也使全社会的预算意识进一步增强。在预算执行中，政府部门的行为更具合法性、正当性与规范性，更加严格按照预算排定的项目实施，把人代会通过的决议作为平时支付的依据，这样就减少了工作干扰，可以集中精力办事情，提高了工作效率。

三、不足及思考

（一）如何更好地与人大制度紧密结合任重道远

预算民主恳谈，作为一种预算监督民主形式，属于体制外的自然生长，尚没有法律地位，尚游离于制度框架之外。而这种形式如想获得生命力，具有合法性，必须与当前人大制度结合。这就涉及一个深层次问题，也就是参与式预算与法律、法规和现行的人大制度如何协调的问题。我们将积极寻求参与式预算与法律、法规和现行人大制度的有效对接，由人大常委会制定出台具体的办法意见，用制度形式将参与式预算固定下来，并将参与式预算纳入预算编制、审查、监督的整个过程，让参与式预算成为人大预算审查监督的常态。

（二）继续强化人大预算监督职能

"参与式预算"，除了公民以民主恳谈为主要形式参与政府年度预算方案讨论，还应该包括人大审议政府财政预算并决定预算的修正和调整，实现实质性参与的预算审查监督。应充分运用法律赋予的职责和权利，强化人大对预算全过程的审查监督。在当前县一级人大常委会没有预算专门工作机构的情况下，探索一些方式和方法，弥补预算监督工作的不足。温岭已在市一级建立人大财经工委议事委员会，聘请熟悉预算审查监督业务的有关专家或专业人士，专门从事人大预算审查监督辅助工作，还需要进一步加强力量，优化人员结构，使其真正担负起预算监督的相应职责。除此之外，还要强化预算刚性监督措施，真正发挥人大监督预算的有效作用。如督促政府改革预算编制，细化预算项目和深化部门预算；对事关经济社会发展的重大项目安排提前介入，参与时间前移，监督力度加大；及时掌握财政运行情况，建立政府重要财经情况报告分析制度和重大支出行为的审查批准制度，完善财政预算初审制度，增强预算的约束力。适时启动询问、质询等法定监督手段，全面盘活人大监督。建立财政预算执行人大在线监督系统，加强对预算执行的动态监督，促进部门预算编制科学和执行到位。只有在人大的强力监督下，参与式预算的成效才能真正体现。

（三）进一步完善部门预算审查监督的程序环节设计

由于每次部门预算民主恳谈等审查监督，环节多，涉及面广，所以时间安排上往往显得比较仓促，程序设计上有些不尽如人意的地方。如与会者确定、交通部门预算草案提供的早与迟，都会直接影响参与人员能否有更充足的时间、精力，去征询听取民众的意见，去开展必要的调查研究。后续监督环节尚需进一步加强，也就是成果反映还应充分体现。从部门预算民主恳谈来看，人大代表和公众在恳谈会上提出的意见和建议由于没有法律效力，对政府预算的修改缺乏刚性约束。如果人大不跟踪监督，预算是否进行修正和调整，主动权仍掌握在政府手中。我们认为，公众参与预算民主恳谈后的反馈和监督机制尚需探索建立。

（四）不断提高参与者的能力和水平

继续探索有效的途径和方法，提供更多的机会和渠道，吸纳更多的公众参与到预算改革过程中来，进一步扩大公众的参与面，激发公众的民主参与热情。可以设计一定的程序，引导社会中介组织、行业协会、社会团体等一些非政府组织参与，或者通过组建公民志愿参与预算监督人才库等办法，邀请社会各界中对政府预算感兴趣、懂预算的人参与，以备预算民主恳谈参加对象的随机抽选、科学抽样，表达意见建议，反映利益诉求，使部门预算审查监督具有更加坚实广泛的民意基础，逐步形成参与式公共预算的常态机制。

作为部门预算审查监督的主体，人大代表的素质是改革成功与否的关键。当前情况下，代表的素质还不能完全适应部门预算审查监督的要求，如不少代表对如何站在全局高度来考虑局部利益的思考不多，反映区域性的意见较多而反映整体利益的较少。对预算审查知识仍缺乏了解，在参与过程中，针对预算方面提出的意见建议不够充分，而就政府具体工作内容提出的意见建议比较多。从当前现状看，人大代表对预算方面的知识相对比较缺乏，深度理解和掌握预算草案、政府财政收支报告等有一定的困难，这就需要我们加强对人大代表的预算知识培训，以提高参与式预算的质量和效果。特别要采取有效的方法措施，加强对人大代表如何撰写预算修正案、如何更好地与政府博弈对话、怎样争取自己所代表的民众利益等方面的培训。通过预算培训和实践，使人大代表能掌握技能技巧，更加有效解决某些代表看不懂预算草案、听不懂财政报告、监督无从下手等问题，从而充分行使审议决定预算和监督政府预算执行的权利。

【参考文献】

李凡：《温岭试验与中国地方政府公共预算改革》，知识产权出版社2009年版。

慕毅飞：《民主恳谈——温岭人的创造》，中央编译出版社2005年版。

马骏、李黎明：《为人民看好"钱袋子"》，黑龙江出版社2010年版。

全国人大常委会预算工作委员会办公室：《预算审查监督手册》，中国民主法制出版社2003年版。

温岭市人大常委会：《民主恳谈与基层人大》。

温岭市人大常委会参与式预算有关文件和材料，2005—2010年。

张学明：《从政府预算到公共预算》，载《人大研究》2010年第2期。

张学明：《参与式预算的温岭"试水"》，载《中国人大》2009年第23期。

论地方人大预算变更监督的制度设计与行动策略[*]

林慕华[**]

内容摘要：立法机关掌握"钱袋子"权力，被视为民主政治与宪政改革的必然要求。预算改革以来，地方人大开始在预算过程中发挥了越来越重要的作用。但是频繁的预算变更削弱了预算的严肃性，侵蚀了人大的预算权力，成为多年来困扰我国人大预算监督的一个重要问题。《预算法》对预算调整所做的规定，限制了人大及其常委会在预算执行中的有效监督与控制。近年来，各地人大通过立法层面的制度设计和行动策略的选择，力图获得预算变更领域更多的"话事权"，开始在预算执行过程中发挥实实在在的影响。地方层面的改革必将推动国家层面立法的完善，从而实现整体制度的建构与完善。

关键词：人大监督 预算变更 制度设计 行动策略

立法机关掌握"钱袋子"权力，被视为民主政治与宪政改革的必然要求。作为选民的代理人，立法机关行使"管家婆"的角色，政府

---

[*] 此文已发表于《岭南学刊》2010年第6期。
[**] 林慕华，女，博士，广东财经大学"卓越青年教师"校长特聘教授。广东财经大学公共管理学院行政管理系副主任、国民经济研究中心兼职研究员，中山大学政治学研究所研究员（特聘）。主要从事公共预算与财政管理、人大制度、财政立宪、公务员制度研究。

的花钱行为要受其监督和控制,政府"在筹措或支出1美元之前,必须得到来自代议或选举机构的授权"(瑞德里克·克里夫兰,2006)。可以说,立法机关对预算过程的监督与控制是对政府进行最有力的民主制约的制度途径。研究指出,立法机关有效的财政监督,有助于提高问责性、参与度和透明度,从而加深民主化程度(Joachim Wehner, etc., 2007)。20世纪90年代末开始的预算改革,为我国各级人大的预算监督打开了"机会之窗"。各地人大在预算过程中,由原来的"橡皮图章",开始发生改变,越来越多的人大开始重视对政府预算收支行为的监督。这其中,地方人大对预算变更的监督是一个非常重要的问题。公共预算是对一定时期的财政收支的计划,在执行过程中,由于客观环境的变化以及其他多种因素的影响,预算变更是难以避免的。但是,预算变更在事实上也改变了立法机关批准的预算。因此,如果政府及其各个部门可以随意进行预算变更,那么,立法机关就无法有效地控制预算执行,预算的严肃性会极大地被削弱,预算"软约束"就难以避免。在实际运作中,甚至有些地区"预算执行之时也即调整之日,有的地区调整幅度竟高达年初预算的50%以上"(韩运镇,2005)。在过去十年所进行的预算改革中,如何加强对预算变更的监督一直是各级人大及其常委会需要面对的一个难点问题。

1994年,《预算法》纳入人大常委会监督范围的预算变更仅仅包括预算调整,而对于其他预算变更情况,却没有规定人大常委会及其预算监督机构的相关职权。然而,《预算法》关于预算调整的定义又过于狭窄,实质上使得各级人大常委会在加强对预算变更进行监督的过程中都碰到了许多障碍。根据《预算法》第五十三条规定,必须报人大审查批准的预算调整是指"在执行中因特殊情况需要增加支出或者减少收入,使原批准的收支平衡的预算的总支出超过总收入,或者使原批准的预算中举债的数额增加的部分变更"。这样定义的预算调整概念有利于控制赤字。但是在这种定义下,只有当收支(收入、支出、或收支同时)方面的改变导致预算不平衡时才算预算调整,也才需要报请人大常委会审批。反之,只要不影响平衡,那就不算预算调整,也就不用报请人大常委会审批。这实质上就意味着,在实践中,如果完全依照预算法的规定,就有五种预算调整不需要报人大常委会审批,主要包括:(1)增加支出的同时增加收入;(2)减少收入的同时减少支出;(3)增加收入;(4)减少支出;(5)减少支出的同时增加收入(朱大旗,2005)。如此一来,实质上赋予了政府在预算执行中无比大的灵活性和自由度,不利于人大及其常委会在预算执行过程中对政府的控制。正如黄平所指出的,如果认为总支出不超过总收入就不用进行预算调整,那就不仅仅是给政府一定的机动权,而是几乎无限的机动权(黄平,1996)。徐曙娜(2007)也认为,在预算执行阶段如何协调好预算的调整与原来的预算法案的严肃性、有效性之间的关系是非常重要的。

预算改革以来,各级人大及其常委会的预算监督在不断加强,但由于立法上的限制,使其对预算变更的监督与控制颇受掣肘。笔者在某省调研时,一位人大的受访者就提到,在预算改革的过程中,当人大决定在预算变更领域加强监督时,财政部门就曾以《预算法》中界定的预算调整的定义向人大表明,许多预算变更不属于人大监督范围。近年来,随着人大组织能力与制度建设的不断完善,一些地方人大及其常委会开始在预算变更领域采取更加积极和主动的行动,寻求监督权能的突破,但是现有文献对此却鲜有涉及。本文旨在探讨当前我国地方人大及其常委会如何通过制度设计与行动策略的选择加强对预算变更的监督与控制。

一、立法层面监督预算变更的制度设计

虽然《预算法》对于预算变更中需经人大常委会审批的内容仅限定在预算调整所规定的范围,但是在立法层面上,地方人大对预算变更监督的制度设计日趋完善,在一定程度上弥补了《预算法》的不足。

(一)预算变更范围界定的突破

相比于《预算法》的保守,地方的立法赋予了人大及其常委会在预算变更监督中的更大权能。早在1988年10月,安徽省人大常委会制定的《安徽省预算管理暂行规定》中就指出"由本行政区域经济发展

变化引起的预算变动，属预算变更"，并且规定："省级预算变更达下列幅度之一的，必须报省人民代表大会常务委员会审议决定：一是实现支出预算总额预计超过预算总额百分之五以上；二是收入预算一类实现额预计低于本类预算额百分之十以上；三是基本建设、支援农村生产、文教卫生事业费、科学事业费、科技三项费用、行政管理费等类支出中一类的实现额预计超过或低于本类预算的百分之十以上。"遗憾的是，1995年该省人大常委会修订该规定时，根据1994年出台的《预算法》删除了关于"预算变更"的相关条款。此后该省2002年制定、2007年修订的《安徽省预算审查监督条例》均未再有关于"预算变更"的量化规定。不过，越来越多的地方人大及其常委会在努力加强对预算执行过程中的预算变更进行监督与控制。重庆、山东、江西、广东、云南、河北、贵州、广西、宁夏、湖北10个省（自治区、直辖市）就在其预算审查监督法规中对需要经人大常委会审查和批准的预算变更情况做了明确的规定，详见表1。

表1　各省人大预算监督法规对预算变更的界定

法规名称	采用术语	需经人大常委会审批的预算变更内容
《重庆市市级预算监督条例》	预算变更	（一）因国家或市人民政府政策调整，需减少收入或增加支出，又不属于预算调整范围的； （二）单项建设项目追加预算支出在3000万元以上的； （三）新增重大建设项目的； （四）农业、教育、科技、社会保障支出预算以及市人民代表大会批准预算决议中提出确保的其他支出预算需要调减的。
《山东省省级预算审查监督条例》	预算变更	（一）预计年度预算收入完不成预算计划，引起赤字的； （二）预计年度预算支出增加额超过预算收入增加额，引起赤字的； （三）重大建设项目追加预算支出在1000万元以上的； （四）新增重大建设项目支出的； （五）农业、教育、科技、社会保障支出预算以及省人民代表大会批准预算决议中提出确保的其他支出预算需要调减的； （六）增加预备费。

(续表)

法规名称	采用术语	需经人大常委会审批的预算变更内容
《江西省预算审查监督条例》	预算部分变更	（一）对本级预算的调整； （二）重要支出科目的调减； （三）超收收入的安排等。
《广东省预算审批监督条例》	预算收支变化	（一）预计年度一般预算收入减少额超过预算额5%的； （二）人民代表大会批准预算决议中强调确保的预算支出项目预计需要调减指标的； （三）农业、教育、科技、环境保护、计划生育、社会保障预算支出预计需要调减的； （四）调增调减预算收支涉及科目超过预算科目30%以上的； （五）人民代表大会常务委员会主任会议认为应当报告的其他收支变化情况。
《云南省预算审查监督条例》	预算收支变化	（一）预计年度一般预算收入减收额超过预算额5%的； （二）省人民代表大会批准预算决议中强调确保的预算支出项目预计需要调减的； （三）农业、教育、科技预算支出需要调减的以及环境保护、计划生育、社会保障预算支出年度调减额超过10%的； （四）动用超收收入追加支出的。
《河北省各级人民代表大会常务委员会预算审查监督条例》	预算调整	（一）预计引起本级预算收支不平衡的； （二）预计本级预算总收入超收或者减收的； （三）预计地方本级预算总支出增加或者减少的； （四）上年结余未列入预算而动用的； （五）农业、科技、教育、社会保障支出预算需要调减的； （六）人民代表大会批准的预算决议中规定确保的支出项目需要调减支出的； （七）不同部门之间资金调剂的。
《贵州省省级预算审查监督条例》	预算调整	（一）预计省级预算减少收入超过预算收入8%的； （二）预计动用省级预算超收收入追加支出超过预算收入8%的； （三）农业、教育、科技、社会保障、计划生育等重点支出项目需要调减预算支出的； （四）省人民代表大会批准预算决议中强调确保的预算支出项目需要调减预算支出的； （五）省人大常委会认为需要审查批准的其他事项。

(续表)

法规名称	采用术语	需经人大常委会审批的预算变更内容
《广西壮族自治区预算监督条例》	预算调整	（一）预计本级预算收入总调减额超过预算额3%的； （二）预计本级年初预算支出总增加额（不包括上级追加、追减的各项专款和专项资金支出）超过预算额3%的； （三）人民代表大会批准预算决议中强调确保的预算支出项目和法定必保的支出项目需要调减指标的； （四）可能引起预算收支不平衡的。
《宁夏回族自治区人民代表大会常务委员会预算监督条例》	预算调整或者部分变更	（一）预计年度预算收入完不成预算计划引起赤字的； （二）预计年度预算支出增加额超过预算收入增加额引起赤字的； （三）新增建设项目预算支出或者建设项目追加预算支出在1000万元以上的； （四）农业、教育电科技、社会保障支出预算以及自治区人民代表大会关于财政预算报告的决议中提出确保的其他支出预算需要调减的； （五）增加预备费。
《湖北省人民代表大会常务委员会关于加强省级预算审查监督的决定》	预算调整	省级预算在执行中，因特殊情况或者发生重大变化，省人民政府预计省级预算收入或者支出总额超过原批准的预算收入或者支出3%的，应当依法在当年第三季度内向省人民代表大会常务委员会提出预算调整方案。

上述立法的共同特点就是对预算变更范围的规定更加明确，并且大多采取了量化的方式和列举的方法，使地方人大常委会的预算变更监督权限更加清晰。这可以说是我国《预算法》和地方人大预算监督法规修订的趋势。

（二）预算变更监督内容的细化

预算改革以来，各地人大及其常委会在进行预算变更的制度设计时，尤其重视对监督中涉及的预算变更的具体内容进行细化，使人大及其常委会的监督控制权限更加明确，也确保了政府及其各部门在预算执行中拥有必要的灵活性与自主性。

1. 法定及重点项目的调减

法定支出及重点支出是人大及常委会监督的重点，为了保证这些资金的落实到位，各地一般都规定相关资金的调减，必须经由人大常委会审查和批准。第一，预算安排的农业、教育、科技、文化、卫生、社会保障等资金的调减。除了天津、黑龙江、陕西和山西四地没有对此做出规定外，其他地方都明确规定需经同级人大常委会审批。第二，人代会决议中提出确保的支出项目。重庆、山东、河北、安徽、浙江、江西、广东、广西、贵州、宁夏、内蒙古等11个省（自治区、直辖市）都规定，人代会批准的预算决议中提出确保的支出预算如果需要调减，必须报常委会审查和批准。而云南省虽不需常委会审批，但也要求财政部门应向省人民代表大会财政经济委员会报告。

2. 预算超收收入的安排和使用情况

现有的30个省级人大预算审查监督法规，都对预算超收收入的安排和使用情况有所规定：第一，规定超收收入的使用方向，北京、山西、辽宁、黑龙江、河北、甘肃、山东、江西、青海、广西、内蒙古、西藏等地的法规都有相关条款，主要要求超收收入优先用于：（1）弥补财政赤字；（2）用于农业、教育、科技、文化、卫生、社会保障等法定及重点支出；（3）用于重大自然灾害救灾；（4）解决历史遗留问题；（5）偿还欠账；（6）安排保障人民生活；（7）安排政策性支出及其他必要的支出。第二，要求编制使用方案。除黑龙江、安徽、青海、云南和西藏没有规定超收收入要编制使用方案，其他们省份都明确规定，将超收收入用于当年支出安排时，应当编制超收收入使用方案。其中，河北是将超收收入列为预算调整的一种，要求编制"预算调整方案"；江苏是作为预算部分变更，要求编制"省级预算部分变更方案"。第三，及时向人大预算审查监督机构通报情况。虽然各法规措辞有所不同，但除了黑龙江、青海和西藏之外，其他省份都强调了政府财政部门应当确保人大预算审查监督机构及时了解超收收入的安排使用情况。一般主要是由财政部门要向人大财经专门委员会或人大常委会财经工作机构通报情况。而甘肃则规定"由省人民政府财政部门向省人大财政经济委员会汇报";云南规定"省人民政府财政部门应向省人民代表大会财政经济委员会报告"。另外,浙江省要求财政部门报告超收收入使用情况,但根据不同的情况报告的对象不同:"省人民政府应当编制超收收入使用方案,并由省财政部门向财政经济委员会报告;需要动用的超收收入数额超过原批准预算收入总额10%的,省人民政府应当向常务委员会作预计超收收入安排使用情况的报告"。第四,将超收收入使用方案报常委会备案。北京、辽宁、广西[①]三地要求政府将预计超收收入使用方案报人大常委会备案。第五,需经人大常委会审查批准。相较于通报、报告、汇报、备案等做法,审批可以说是对超收收入使用的最有力的监督方式。目前,包括河北、陕西、江苏、福建、贵州、海南、广西在内的七个省份,对超收收入的使用都有经人大常委会审查批准的要求。其中,河北、福建、江苏、陕西规定凡是动用超收收入,均需经人大常委会审批方能使用。另外,海南规定"各级政府需要动用超收收入安排支出预计超过本级预算总收入3%的,须经本级人大常委会审查和批准";贵州规定预计动用省级预算超收收入追加支出超过预算收入8%的需经人大常委会审批;广西规定"属于用在兑现欠发工资、弥补财政赤字以及安排法定和政策性支出的,应当将使用方案报人大常委会批准"。第六,向本级人代会或常委会报告超收收入安排使用情况,这是对超收收入使用的事后监督要求,各级人大在审查决算草案时一般将此作为审查的重点内容之一。

3. 不同预算科目之间的资金调剂

关于不同预算科目之间的奖金调剂,《预算法》仅规定"各部门、各单位的预算支出应当按照预算科目执行。不同预算科目间的预算资金需要调剂使用的,必须按照国务院财政部门的规定报经批准"。而《决定》则强调要"严格控制不同预算科目之间的资金调剂,各部门、各单位的预算支出应当按照预算科目执行"。湖北、海南、四川、辽宁和

---

① 广西自治区按超收收入使用的不同情况作了不同的规定,其中"属于用在重大自然灾害救灾或者应付突发性事件支出的,应当将使用情况报人大常委会备案"。

西藏等地，均规定要"严格控制不同预算科目之间的资金调剂"；江苏省规定"以后根据需要逐步增加对其他方面的项目的资金调剂进行审查批准"。而河北省已经明确将"不同部门之间资金调剂"列为预算调整的范围，需经人大常委会审查和批准。

二、地方人大监督预算变更的行动策略

除了完善预算变更监督的制度设计，各地人大及其常委会也积极通过行动来争取获得更多的"话事权"。正如林尚立指出的，人大预算监督制度运行的效度不完全取决于制度的健全，而在很大程度上取决于制度的行动者；行动者虽然受制于所运行的制度以及该制度所在的更大制度空间，但行动者的积极行动依然是使制度得以运行和健全的关键（林尚立，2006）。换言之，各地人大作为预算监督改革的行动者，其能动性以及所采取的行动会对预算监督制度运行起关键作用。地方人大并不只是制度环境的被动适应者，他们也可以改变制度环境。因此，地方人大对于预算变更的监督，更需要通过特定的行动策略加以实现。

（一）策略一：先改正式规则，再落实为具体行动

河北省人大常委会就通过制定预算监督条例，明确列举了纳入人大常委会预算监督的"预算调整"的若干种情况，然后在预算执行的监督过程中，要求政府及其财政部门按照法规执行。河北省2001年通过的《河北省各级人民代表大会常务委员会预算审查监督条例》第二十三条规定，超收减收、增支减支；使用未进入预算的上年结余和当年超收；不同部门之间的资金调剂；减少农业、科技、教育、社保支出资金的要经本级人大常委会批准。由于行政区划、行政事业单位隶属关系的变动和上级政策、追加和追减各项专款及专项资金引起的预算变更，进行季度备案。总体说来，预算改革以来，河北省人大常委会不断加强对预算调整的审查监督，严格区分批准和备案的范围：中央下达专款、预备费和部门内部调剂采取备案制度，超收安排支出、中央一般转移支付、部门间调剂则必须报人大审批。例如，2008年5月，河北省人大

常委会根据2007年预算调整后省本级财力又有新增加的实际情况,听取审议了省政府关于2007年省本级超收资金支出安排的说明,批准了超收资金支出安排方案。河北省设计的这种关于预算变更的制度既能够将重大的改变预算的行为纳入事前控制,又能够确保在预算执行中赋予政府必要的灵活性。

在省以下,河南省新密市在这方面的探索也是比较引人注目的。该市人大常委会于2003年作出了《关于加强财政预算执行监督工作的决定》。该《决定》对人代会闭会期间新增项目和超预算支出资金的审批等内容都作出了明确规定:"人民代表大会闭会期间新增加的重大经济、文化和公共事业建设支出项目,须报请市人大常委会审查和决定","凡超出财政预算支出的项目,10万元以上须报经市人大常委会主任会议批准,50万元以上须报经市人大常委会批准,200万元以上须报经人民代表大会批准"。同年9月,该市二届人大常委会第八次主任会议对政府所提请的十项超预算支出项目进行审批,对其中4项支出项目分别作出了不予批准或压减支出的决定。在人大常委会的监督下,新密市的预算执行工作日渐规范,随意变更预算的情况没有了,乱批条子的现象不见了。正如该市一位政府部门的负责人所说:"如今,有市人大把关,没有人敢再向财政乱伸手了。"(周晓丹,2004)

(二)策略二:先改变实际运作,再动正式规则

这一行动策略的特点在于先通过工作中的沟通与协调,在实际工作中不断争取更多的权力,然后等待时机成熟之后才通过正式制度加以巩固。例如,早在1998年福建省人大常委会就与省政府经沟通协商,达成共识:省级预算超收收入只有经过省人大常委会审查批准后才能合法地用于当年开支。据不完全统计,自1996年以来的12年间,除1999年、2002年外福建省省级预算共有10年出现超收,省政府都向省人大常委会报送了相关议案。其中8年由于是省本级财力超收相应安排追加支出,因此报请常委会批准;另外2年由于超收的收入都为政府性基金或专项收入等专款专用性质的收入,不形成省本级财力的增加,也不涉及省本级支出的追加,所以采取了报告备案的形式(李卫民,2008)。

然后在 2002 年 5 月通过的《福建省人民代表大会常务委员会关于加强预算审查监督工作的决定》中才将这一做法固定下来，形成了预算超收追加支出报批的正式制度。

（三）策略三：规范增支政策，减少预算支出变动

在预算执行过程中，各种增支政策也会导致预算发生变化，既使得预算执行失去应有的严肃性，弱化了预算约束，也给预算执行带来很多干扰，使得预算执行过程充满各种不确定性（马骏、侯一麟，2005）。因此，要确保预算执行的严肃性，就必须首先控制增支政策。近年来，一些地方人大及其常委会开始重视对各种增支政策的约束和监督。但是，增支政策一般是由党委或政府制定的，所以，约束和控制在预算执行过程中出台新的增支政策，就需要党委和政府的支持与配合。例如，2000 年，河北省省委办公厅和省政府办公厅联合发文，要求各个部门严格执行省人民代表大会批准的预算，不得突破预算；年中一般不出台增支政策，确需出台的政策要推迟到下一个年度解决。而且，该文件还特别强调，省领导一般不直接确定新项目，涉及增支项目及申请的事项不再以省领导督办件的形式批转。从过去几年预算执行的情况来看，这些规定对于强化预算约束起到了积极的作用（河北省人大常委会财经工作委员会预算处，2006）。

三、地方人大预算变更监督权力的突破

通过立法层面的制度设计以及实际行动中的策略选择，地方人大及其常委会逐渐在预算变更的监督中取得了一定的突破。这些突破，既改变了以往人大"橡皮图章"的形象，使人大在预算过程中扮演更重要的角色，更在悄然改变着地方的政治权力格局，重塑着人大与党委、政府之间的权力关系结构。

（一）审批程序的规范化

近年来，各地人大常委会审批预算调整方案逐渐成为预算执行过程中的正式程序，日益被政府及其财政部门所接受。尤其是最近两年来，

由于受国内外经济形势和自然灾害的影响，我国各地进行预算调整的情况明显增多，地方人大常委会对预算调整方案的审批也日渐规范化、程序化。《广东省预算审批监督条例》就详细规定了预算调整的程序，要求"人民政府应当编制预算调整方案，列明调整预算的原因、项目、数额、措施及有关说明"，"财政部门应当在同级人民代表大会常务委员会会议举行的三十日前，将预算调整方案、说明及有关的详细材料提交同级人民代表大会财政经济委员会或者人民代表大会常务委员会财政经济工作委员会进行初步审查"。① 在人大常委会会议上，组成人员听取人民政府关于预算调整方案的报告和人大财政经济委员会的审查报告，进行审议并做出决议。例如，河北省人大常委会在审查2006年预算调整方案时，就提出有的项目尚在可研和报批过程中，应待项目正式批准立项后再做资金安排。该省财政厅采纳了这个建议，取消了这些项目的资金安排（张彬、张莉，2007）。这类个案的出现，也说明人大常委会对预算变更的监督在不断强化，相关程序日渐规范。

（二）报告内容的细化

人大常委会对预算调整方案的审议，既是人大掌管"钱袋子"的体现，更是规范财政资金使用、确保财政资金"用之于民"、实现财政责任的必要之途。预算调整方案的细化，是人大常委会进行实质性审批的基础。近年来，各地提交人大常委会审批的预算调整报告的内容越来越细化，有效地弥补了预算执行过程中人大常委会信息不对称的困境。例如，在2009年10月中山市人大常委会会议上，常务副市长所作的《关于中山市2009年预算调整方案和超收收入预测及安排情况的报告》中，详细说明了科目间调整、预备费调整的具体情况以及超收收入使用计划，并附了相关数据表格。② 以深圳市宝安区2008年提交人大常委会审批的预算调整报告为例。该报告详细说明了该区预算调整的具体事由及内容，包括：（1）基金收入的减少：由于受房地产的影响，国土资

---

① 相关规定详见《广东省预算审批监督条例》第二十二条、二十三条。
② 具体内容可查阅《关于中山市2009年预算调整方案和超收收入预测及安排的报告》，载中山市人大常委会：《中山市人民代表大会常务委员会会刊》2010年第1期。

金减收7.16亿元；（2）基金支出的增加：政策性增支8586万元；（3）基金支出的调减安排：由于国土资金实际缺口8.02亿元，因此作出"调减国土资金支出计划8.02亿元（含还贷款及利息调减865万元、本年结余调减911万元）"的支出变动安排；（4）本级年终可调整使用财力：59088万元，其中一般预算可调整使用财力26929万元，统筹资金可调整使用财力32159万元；（5）对可调整使用财力的安排方案，包括：解决2008年欠发达社区原村民缴纳社保困难资金、推行居住证制度工作经费等10个增支项目共23205万元。① 宝安区的这一预算调整方案，涉及增收、减收、增支、减支、资金调剂等多项预算变动，在提交人大常委会审议的议案中均做了较为详细的说明，使常委会组成人员能够更加清晰地了解预算执行变动的具体情况，更好地行使审批权力。

（三）实际约束力的强化

地方人大预算变更监督权力的突破，更表现在预算执行过程中对政府及其财政和支出部门日渐强化的约束力。当前，有一些地方人大已经远远走在了前面，对于预算执行的各种变更，拥有更多的话事权，开始能够发挥实实在在的影响。例如，广东省从2004年开始，就把预算调整、超收收入使用纳入人大的监督视野，减少其随意性。又如，2006年甘肃省永昌人大常委会在一个月内就连续两次审议了预算调整方案。其中第二次调整所涉及的资金，除了一般预算收入由8195万元调整为8201万元，调增6万元外，其余调整都属于财政转移支付后的政策性调整。该县人大常委会组成人员说："为了区区6万元的预算收入，就要向人大常委会进行汇报，这在以前是从来没有过的。这体现了政府主动接受人大监督的意识明显增强。"（李武，2007）政府对于人大监督的主动接受与配合，正反映了人大对政府预算行为约束力的强化。正如某省人大一位官员所说：

---

① 有关该预算调整方案的详细内容可见《关于提请审议〈宝安区2008年区本级综合财政预算调整方案（草案）〉的议案》，见宝安人大网：http://www.szbard.cn/Show.aspx?nid=1410。

只要有收入增减,支出增减,都得经过我们审批。这个财政、政府那边实际上有点意见,收入超额完成了,这不是挺好的,还要审批什么呀?现在他们实际上还有些看法。但是执行还是照样执行,依照执行的。支出上边,咱们也是,无论增加还是减少,只要动一分钱,增加收入、减少预算,都要咱们审批。……他花钱,人大不批,他也不敢动。确实闹得比较好。①

随着人大及其常委会对预算变更的监督逐渐日常化、程序化、规范化,人大及其常委会对政府及其各部门的预算行为开始具有一定的约束力。这种约束力也必将使人大在预算过程中的权威受到重视,从而在潜移默化之中改变人大与政府之间的权力关系。

四、小　结

地方层面的立法与行动不仅现实地促进了地方人大预算监督权能的发展,而且也将极大地推进国家立法层面的进步。《预算法(修订草案)》第六十九条就明确规定了属于人大审批的预算调整范围包括如下五项内容:预算支出总额比原批准预算支出总额超过1%的;部门预算财政拨款总支出比原批准预算增加或者减少超过1%的;农业、教育、科技、社会保障等重点预算资金比原批准预算调减的;原批准的类级科目之间发生资金调剂的;中央财政国债余额超过经全国人民代表大会或其常务委员会批准的限额的。并且规定上述五款的调整必须编制预算调整方案,报同级人大常委会批准(徐曙娜,2007)。当然,我们也看到,各地人大在预算变更的监督中能够起到怎样的作用存在着较大差异,这从各地人大对于预算变更监督的制度设计的差异与行动策略的不同可见一斑。产生这种差异的更深层次的原因需要通过进一步的比较研究加以分析。但从整体来看,随着立法层面的进一步完善以及行动策略

---

① 访谈编码:J0RWA20060814。

的灵活选择，各级人大及其常委会在预算执行过程中的监督将更加到位，预算的严肃性和有效性将更有保障。地方层面对人大预算变更监督的制度设计与行动策略选择，必将推动国家层面在制度设计与运转的完善，从而实现人大预算监督制度的整体建构与完善。

【参考文献】

黄平：《我对〈预算法〉关于预算调整规定的理解》，载《人民之声》1996年第8期。

韩运镇：《规范程序 推进预算调整监督》，载《人大研究》2005年第10期。

河北省人大常委会财经工作委员会预算处：《预算编制、审批监督简要情况》，2006年。

李武：《永昌人大预算监督"滴水不漏"》，载《人民之声》2007年第21期。

林尚立：《行动者与制度效度：以文本结构为中介的分析——以全国人大预算审查为研究对象》，载《经济社会体制比较》2006年第5期。

李卫民：《预算超收追加支出实践与思考》，载《人大研究》2008年第3期。

马骏、侯一麟：《中国省级预算中的政策过程与预算过程：来自两省的调查》，载《经济社会体制比较》2005年第5期。

徐曙娜：《论立法机构对预算执行过程与结果的监督》，载《人大研究》2007年第11期。

徐曙娜：《谈〈预算法（修订草案）〉中"预算调整"的相关规定》，载《上海财经大学学报》2008年第3期。

张彬、张莉：《河北省把住三个关口 对预算实施全程监督》，参见河北人大网：http://www.hbrd.net/Other/gzdt/2007112190005.htm，2007年1月12日。

朱大旗：《关于修订〈预算法〉若干问题的法律思考》，见预算法修订起草工作小组编辑：《中外专家学者预算法研究》，2005年。

周晓丹：《督促政府科学理财——新密市人大加强预算监督工作纪实》，载《中国人大》2004年第20期。

[美]弗瑞德里克·克里夫兰：《美国公共预算理念的演进》，见海迪：《公共预算经典——现代预算之路》，上海财经大学出版社2006年版。

Joachim Wehner, etc., *Strengthening Legislative Financial Scrutiny in Developing Countries*, Report prepared for the UK Department for International Development, 2007.

县级预算过程中的人大：J 县的经验*

曾 明**

内容摘要：通过在江西省 J 县的调研发现，县级财政的预算过程仍是一种行政主导型的政府过程，县政府和预算核心部门具有较大的发言权。人大处于比较尴尬的地位：一是人大财经小组预算技术性审查权力和人大代表大会的预算立法权力因实际权力结构中人大的弱势地位而被预算核心部门技术性消解；二是人大常委会在代表大会闭会期间对预算的编制和执行过程也只能协商性参与和事后确认政府的预算收支。它是以一个与政府商议预算的机构介入到预算过程中，所提的预算修正意见是否能够受到重视主要取决于人大领导人与县委县政府领导的私人交情；人大拥有选举地方领导人的程序性权力也会产生一定的影响。也正因为如此，在不超出地方财力的情况下，人大领导所提出的预算建议还是能够得到支持，起到一种非强制性的"协商性参与"的作用。这些发现表明，改变人大在县级权力结构中的地位，激活人大自身的责任意识和权力意识，可能是中国地方预算民主化过程中的一个重点。

关键词：县级财政预算　预算过程　行政主导型预算　协商性参与　县级人民代表大会

---

* 此文已发于《四川理工学院学报》2012 年第 3 期，被《高等学校文科学术文摘》2012 年第 1 期转载。

** 曾明，男，南昌大学公共管理学院教授、博士，研究方向为公共财政、地方治理。

一、问题的提出

公共预算的核心问题是有关财政资源配置问题。由于一直缺乏一种确保政府预算履行公共责任的预算制度,政策上的"取之于民,用之于民"的财政承诺一直未能得到很好的兑现。历年来无论是学术界还是公众舆论,对中国政府公共支出的批评都不绝于耳,特别是在每年"两会"召开期间,政府预算收支更是成为公众关注的焦点。

从形式上,我国的财政和预算体制似乎和西方国家相差不大,但在实质内容上则与市场经济所需求的相距甚远。因为我国的财政和预算体制仍然带有严重的计划经济色彩(袁星侯,2006:23)。当前,中国正在进行的政府预算制度改革,是一种政府推动型的改革,其重点也主要是在政府内部加强集中的行政控制(马骏、罗万平,2006:31),并没有改变这一计划经济的特点。在技术上,我国预算改革进展不小,如部门预算、国库集中支付等,尽管预算改革离不开技术创新,但是这些创新都是服务于特定历史时期的政治、经济、社会、意识形态等环境变化的结果(牛美丽,2008:188),也没有从根本上改变我国既有的党委领导下的"行政预算"体制。有研究发现,行政首长制的权力体制决定了地方党政首长是实际的财政资源申请的审批者或最终资源配置者。这种预算过程中的权力结构,它由中国特殊的预算环境,尤其是预算的政治环境所决定(於莉,2007:60)。因此,中国预算制度改革,必须首先审视所面临的问题和管理的客观环境。通过建立现代预算制度建构一个高度负责任的政府,从而改善国家与公民之间的关系(牛美丽,2008:188)。

公共预算问题是一个政治问题,公共财政或公共预算研究就是政治的研究(Wildavsky,1964:25)。政治制度理论总把预算决策看成是政治制度和组织过程的产物(Davis,et al,1966)。议会在这一过程中起了非常大的作用,某项公共政策的潜在利益相关者能够促使议会更努力去确保它获得更多的财政支持(Rich,1989)。从契约关系的角度来看,政府是因公民将权力让渡而产生，以便提供公民个人无法实现的各种公共职能，每个公民都需要向政府纳税，前提是公民必须从政府那里得到相应的公共服务，而政府必须综合考虑公共诉求并有效提供公共服务（如公共基础设施服务）（Rubin，2000：10）。近年来，国外学术界特别关注公共预算中的公民参与现象，并提出过很多参与过程的建议（King, et al, 1998：322）。有研究表明，公民参与预算有助于提高公众对政府的信任，并会减少公民对政府的嘲讽态度（Berman，1997：110）。在中国现行的政治体制框架中，人民代表大会是实现政策过程与预算过程有机结合，也是实现预算民主化最关键和最具合法性的国家机关。但人大虽然拥有宪法和法律赋予的预算权力，可在原有的预算关系网络中，它并没有真正介入其中并发挥作用。近年来有研究发现，个别省级人大（J省）借助于预算改革的契机，充分运用现有资源，采取一系列的行动，获得更多的预算权力建构所必需的核心资源，更加积极、主动地去重塑预算关系网络及其预算权力（林慕华，2008：162）。有些地方，如河北省承德市人大在2009年人大会上两次将政府预算退回修改，在其他地方也出现过若干次人大否决同级政府预算草案报告、要求重编再审、再通过的经典案例（田必耀，2005）。

还有一些基层的地方政府已经开始将公民参与纳入预算资金的分配过程。2006年开始的浙江温岭新河镇预算民主恳谈就是一个很好的例子，它的贡献在于通过重构公民和国家之间的关系，增强公民和政府官员的民主理财意识，提高预算决策的科学性，推动了地方政府的民主治理（牛美丽，2007：14）。上海市闵行区人大2008年在全国率先举行人大听证会，由7名人大代表和4名志愿报名参加的公民、人大邀请的预算专家组成的听证会成员，听取区民政局、区劳动社会保障局关于养老机构政府补贴和农民养老保险的财政预算安排情况，听证会成员可以陈述意见和发言，另外还有20名区人大代表和20名公民组成的旁听人，他们虽然不能发言，但可以会后以书面形式提交意见。听证会结束后将形成一份听证报告。这份报告将作为区人大常委会对年区财政预算初审的重要参考，并向社会公开。此外，听证报告连同听证笔录还将转给政府预算编制部门,作为修改预算草案的重要参考材料(周扬,2009)。尽管新河和闵行区的实践,可以让我们看到"预算民主其实离我们并不遥远"(牛美丽,2007),但它们在学术界和各级人民代表大会中所引起的巨大反响却也说明这一美妙图景是多么的珍稀。有学者对西北三省的调研就发现,县级财政的预算决策权力是高度集中的,实际上往往是个别县领导说了算,在一定程度上,甚至一些政府部门的领导也被排除在预算制定的过程之外(王蓉,2004:53)。绝大多数地方人民代表大会并没有采用与上述案例地区类似的做法,也未产生相似的对政府预算监督的效果。那么它们到底在公共预算过程中做了什么?起到了一个什么样的作用?

本文将通过对江西省 J 县的实地调查,了解县级人大在县级财政预算过程中的角色及其作用,以此来回答上述问题。县在中国历来既是一个承上启下,又具有特殊地位的行政层级,所谓"郡县治,天下安",县级财政资金的使用效率和预算过程的民主程度都会对整个国家的政治稳定和治理效率产生基础性的作用。此次调研是在 2009 年 12 月和 2010 年 5 月进行的,我们主要采用深度访谈的方式,对 J 县人大副主任、人大财经委主任、财政局副局长、预算科长等分别进行单独访谈,并获得该县主要的财政管理、财政基本数据等方面的资料。[①] 文章后面部分的结构如下:第二部分介绍 J 县的基本概况,第三部分分析 J 县人大在常规预算过程的职能与作用;第四部分是结论。

二、J 县概况

J 县地处江西省中部,赣江中游,吉泰盆地东北部,京九铁路中南段。境内赣粤高速公路、京九铁路、105 国道、赣江水道四条大动脉纵贯而过。现辖 15 镇 3 乡 3 场,总面积 2509.73 平方公里,属丘陵地形。

---

① 由于财政预算问题的敏感,为尊重受访者的要求,本文隐去他们的名字,文中直接引用部分的说法都来自县财政局、县人大有关人员的原话。本文数据除特别说明外,均来自作者在 J 县调研时该县财政局提供的各种内部财政资料。

有蒙古、回、畲等19个少数民族，总人口47.09万人。全县城镇化率达28.5%，城镇人均住房28.6平方米，农村人均住房35.43平方米。近年来在中央财政不断增加对民生项目和支农支出类财政转移支付的支持下，J县的社会事业和基础设施建设有了迅猛发展。目前，全县城乡电网密布，基本实现了初级电气化标准；有4座自来水厂；邮政、电讯业务齐全，移动、联通、电信等网络遍及全县所有乡村，通讯十分便捷；文化、教育、医疗、卫生、环保等社会事业设施配套齐全。公路交通建设突飞猛进，已开成"二纵五横二斜"路网主骨架，通村水泥路改造取得突破性进展，全县已有101个行政村通水泥（油）路，县乡1小时交通网基本形成。农业产业化进程加快，全年粮食播面93万亩，总产量达2.8亿公斤，优质稻播面占全县粮食播面的67.7%，素有"赣中粮仓"美称，既是全国商品粮生产基地，也是联合国粮农组织重点扶持的全国18个农业可持续发展试点县之一。无公害蔬菜、花卉苗木、草食畜禽三大特色产业初具规模。全县已发展常规蔬菜8.9万亩，其中无公害蔬菜4万亩，建成了6个颇具实力的无公害蔬菜生产基地。

J县仍属于一个农业大县，工业发展不足，这些年J县主攻工业园区建设，"（工业园区）每年投入都很大，差不多都是1000多万，但只是投资大，回报却相当少"，招商引资成为经济建设中的头等大事，"当前我们是实行全民招商，每个单位机关都有招商指标，并且分为一、二、三类单位，甚至书记、镇长也必须出去招商，喊出'招商引资第一菜单'的口号"。但是引进的"企业很多，但缴税很少"，为了吸引县外投资，J县不惜在税收方面给予相当幅度的优惠，对来县投资的农产品加工企业的地方税收返还税比率高达35%—38%，政府甚至要贴钱给这些农产品加工部门。这对地方财政反而造成了负担。

从经济发展水平来看，J县的经济发展水平处于全省中游，近年来虽然地方财政收入增长较快，2006年全县一般预算收入14094万元，2007年增长到17213万元，2008年达到了20507万元，年均增长近20%，但地方财政的收支差额依然较大，这三年的财政支出分别为43593万元、57336万元和75657万元，其中的差额主要是依靠上级财政的税收返还和转移支付。J县的这种财政状况在全省有一定的普遍性。1994年分税制改革以来，中国政府间财政关系呈现出收入上中央集权、支出上地方分权的特点。我国从1994年实行分税制到2005年，中央财政收入比重保持在49%—55%之间，支出比重则从30%下降到26%。同时，地方财政收入比重在45%至51%之间徘徊，支出比重则从70%上升至74%[①]，而县级财政，由于处于收入上收、支出下移的底端，财政支出的自给率更低。江西省县级财政的自给率在2000年后基本都在35%左右[②]，而J县这三年的财政自给率也仅在32.7%。J县的这些财政经济特点在江西省颇具代表性。这也使我们对它的个案研究有着一定的代表性。

三、文本与现实的反差：财经小组与人大代表的尴尬

（一）法律文本上的人大预算审查权力因实际权力结构中人大的"弱势"地位而被忽视

人大肩负着预算审查与监督的权力与责任。党的十七大报告提出，要完善公共财政体系，深化预算制度改革，强化预算管理与监督，同时强调要"健全民主制度，丰富民主形式，拓宽民主渠道"，"保障人民的知情权、参与权、表达权、监督权。支持人民代表大会依法履行职能"。《预算法》第三十七条第一款规定："国务院财政部门应当在每年全国人民代表大会会议举行的一个月前，将中央预算草案的主要内容提交全国人民代表大会财政经济委员会进行初步审查。"该条第二款规定："省、自治区、直辖市、设区的市、自治州政府财政部门应当在本级人民代表大会会议举行的一个月前，将本级预算草案的主要内容提交本级人民代表大会有关的专门委员会或者根据人民代表大会常务委员会主任会议的决定提交本级人民代表大会常务委员会有关的工作委员会进

---

① 数据根据国家统计局编《中国财政统计年鉴（2006）》提供的数据整理得出。
② 根据财政部历年编的《全国地市县财政统计资料》的相关数据整理得出。

行初步审查。"1999 年第九届全国人大通过《关于加强中央预算审查监督的决定》，规范了人大预算监督的具体程序。同时，各省、自治区和直辖市也相继出台了操作性较强的"预算审查监督条例"，截止到 2009 年，全国各个省级人大都已通过本地的预算监督条例或决定，所有这些都为人大行使预算审批监督权提供了法理依据。2006 年的《监督法》是目前最为重要的指导立法监督工作的法律。《监督法》明确规定"审查和批准决算，听取和审议国民经济和社会发展计划、预算的执行情况报告"是人大监督的内容，并专门在第三章对预算监督进行了较为详细的规定，包括对国务院向人大提交预算草案的时间、决算草案的编制形式、汇报预算执行情况的时间、预算调整的主体、预算审查的重点内容、预算审议意见的处理等。《监督法》第四十七条规定："省、自治区、直辖市的人民代表大会常务委员会可以根据本法和有关法律，结合本地实际情况，制定实施办法。"许多地方以此为依据，对人大审议预算的实施办法进行了有益的探索，并且以地方法规的形式加以固定。

但从目前人大审查监督政府预算的实践来看，尽管宪法明确赋予了人大审查、监督预算的权力，但这种预算审查实际只是一种形式审查或者程序审查，而非实质性审查，我国《预算法》没有赋予人大预算修正权。从预算草案表决来看，各级人大对预算的表决方式实行的是一次性表决，一揽子通过。即使有些代表对即将表决通过的预算草案部分内容有质疑，由于没有审批辩论程序，在表决时既不能全部否决，也再无发表意见的机会。这导致人大的预算监督并没有起到约束政府财权的作用，与现代公共预算制度要求通过人民及其代议机构对预算过程施加外部政治控制与监督的民主原则存在一定差距（戴激涛，2010：19）。值得关注的是，人大官员自己也认为这是理所当然、无可厚非的事情，似乎它成为了一种历史惯例。J 县人大财经委主任说："人大必须要收敛，程序必然是要走①，或许预算合理不合法，但你还真能完全弄成个什么法治社会啊。"在这种"务实又无奈"的认识背后，是对现行的县级政

---

① 即还是要按程序通过的。

权结构的正常反应。一是党委对人大的领导地位决定了县委常委会通过后的预算草案在人大看来只能是提建设性意见，J县人大对自身工作的定位是："县委放心、政府服气、群众满意。"其中最重要的是让县委放心，而群众满意则显得不那么重要，因为人大必须在县委的领导下工作。而"老百姓根本不知道上面有多少财政下来，也不知道具体的收支情况"。"人大（自己）也不知道有些经费是怎么运作下去的"。二是人大的经常性经费和项目经费也要依靠政府的预算，"人大领导更多的是必须搞好县委与政府两方的关系，人大的经费还是由他们做预算，如果不搞好与政府的关系，人大的自身预算费用必然也会缩水"。在人大看来，他们的工作更像是在帮县委和政府部门做事，帮助政府实现预算合法化。

（二）具体的预算编制过程中人大的初步审查权会被技术性地消解

县级财政的预算编制一般按"单位申报、财政审核、政府审定、人大批准"的程序进行。首先是各部门预算基层单位按照要求编制基础资料表、单位收入情况调查表，并将有关数据上报主管部门审核。主管部门审核、汇总后，于规定时间内将本部门的基础数据和有关报表报送县财政局相关业务股室，业务股室审核完毕后，报送财政局预算编审中心。这当中，全县的所有乡镇也作为部门预算上报财政局。

然后，财政部门按照县长的要求"由县长拿出一个大的轮廓（定出大致的原则）"，在考虑本地经济发展状况、可能获得的财政转移支付、调资补助、增值税、消费税等各方面的收入情况的基础上决定总的预算控制数，然后再根据各部门上报的基础数据，计算各部门当年公用支出定额及财政拨款控制指标预计数，并将预算控制数下达给各部门预算单位。定额是指在定员的基础上，根据各种客观因素确定每一人员的资源消耗补偿额。人员经费的定额项目包括基本工资、津贴补贴资金、社会保障费等八个项目；公用经费的定额项目包括办公费、印刷费、水电费、差旅费、招待费等30个项目。对各部门预算，主要包括人员经费确保，加上公用费和业务费，都以"基数+增长"的方式确定各部门预算控制数。在这些支出项目中，有三项法定支出增长必须确保，即支农支出、教育支出和科技支出，都必须高于经常性财政收入的增长幅度。在这一阶段，人大基本不参与其中。

但到预算草案正式编制阶段，人大财经委开始参与进来。各预算单位根据财政下达的支出定额及财政拨款控制数，编制部门预算草案，并在规定的时间内上报部门预算草案及部门预算编制说明。财政局对各部门预算单位上报的项目支出进行审核。财政局审核完毕后将部门预算草案报县政府审核。先是报常务副县长，然后再报县长。在程序上，县政府会在开会讨论前与县委书记进行沟通。一般来说，书记不太干预政府的财政预算，也不会在具体支出上提出不同意见。但是在重点项目支出上，他一般会要求保证他所关注的重点项目的资金保障情况，在此之外的财政支出就不太关注。正如财政局一位官员所说的，"书记最关心的是他确定的重点项目的资金保证，如果没有安排资金或安排的资金太少，他会要求重新预算，如果已经安排了，他一般就不会提什么意见"。这种重点项目一般是与经济建设、招商引资或是城市建设等"政绩工程"有关。因此财政预算报告在提交县人民代表大会审议前，一般都经过了县委书记和县长的同意。这就使得随后介入的人大财经小组颇为尴尬。

预算草案在正式提交人大全体代表会议前，人大财经小组会有一个预算初步审查程序，它主要同财政局的主要预算人员和县人大的部分常委组成。财经小组审查时的主要工作：一是与上年的支出进行比较，当年的预算是否合理，如果不合理会向人大领导汇报，由领导去与县长协调，这种情况一般较少；二是考察预算是否确保了一些法定增长的支出，比如义务教育和科技三项经费。J县人大副主任认为，人大预算审查工作具体就是"审查每年预算支出与本县发展是否相适应，看财政增长和市里要求的是否相一致"。由于提交给人大专门审查的时间很短，"何况人大部门缺少财经方面的专业人士"，因此往往这种审查会流于形式，通常"人大关心的是数字，具体资金去向人大不太过问"。如果有不同意见通常也很难做出较大的调整，财政局有时会出于怕麻烦的原因，不愿意更改，有时又担心各方利益的重新协调难度很大，因而往往会以"这是经过县委书记和县长批准的"为理由来搪塞。在这种情况下,财经小组也只能作罢。但如果人大财经小组提出的意见很重要或是态度比较强硬,财政局会与财经小组协商之后加以修改,但不一定会再上报领导审批,而是直接提交人大会讨论。在这一审查过程中,人大财经小组只是有建议权,"只是说说呗,还真不同意啊,不通过又怎么样,下次还是要通过"。在这一过程中,作为人大常设机构的人大财经委只起一个文件传递的作用。J县人大财经委主任跟我们提到:

> 我以前是做妇联工作的,后来调到人大财经委这边做主任,财政局那边有这方面的专业人才(我们没有),我过来的时候本想安排一两个专业人士来到这边,结果没被批准。每年人大开会之前,政府部门的预算材料都会提交人大审查,但是人大财经委这块没有一个专业的财经人士,材料当中提到的内容我们是什么都看不懂,而且他们提交材料的时间也就是在人大会议前几个小时,在人大会上实行举手表决通过方式,基本上每年都会通过,你说会前我们都看不懂,更别提会上会有什么样的举动了。

在财经小组的审核通过后,财政局就会将预算报告正式提交县人大会议审议。各人大代表手中所拿到的是一个综合性的财政预算报告,具体的部门预算只发到各代表团主席手中,而且项目支出并不列出具体项目。特别是党派预算支出只由政府讨论决定,并不会列入部门预算交由人大讨论。人大代表们能够审议预算报告的时间非常短,他们只是在预算报告会的前半天才能看到预算材料,到了下午就要进行表决。由于预算知识的缺乏和时间不足,很多代表"根本就看不懂,或是没时间去考虑清楚,当然也就没有什么意见了"。

更重要的是在会议期间,特别分组讨论时,各代表团的团长(一般是由县直部门或乡镇的主要负责人担任)会被要求做好各自代表团代表的思想工作,要确保预算报告获得通过。可以说,保证组织意图得到贯彻,是团长的重要职责。所以在这种情况下,人大会议对预算的监督审查往往会在"团结、和谐"的旗号下流于形式。

四、协商性参与与事后追认：人大常委的尴尬

（一）预算草案编制后的协商性参与

人大常委会作为人民代表大会的常设机构，按照规定在代表大会闭会期间，它负有监督本级总预算的执行，审查和批准本级预算调整方案，审查和批准本级决算，撤销本级政府和下一级人民代表大会及其常委会关于预算、决算的不适合的决定、命令和决议等职责。而且人大常委会中的主任、副主任都是县级领导干部，这种身份决定了他们的地位与人大财经小组和人大财经委有很大的不同，但在预算编制过程中也仅有有限的"协商性参与"的权力。协商性参与指人大是以一个与政府商议预算的机构而不是以地方最高权力机关的身份介入到预算过程中，它所起的作用是协商和建议性的，并不具有强制性。他们可以对预算草案提出建设性意见，也可以要求预算核心部门修改或调整预算草案，但这一调整意见能否得到尊重，主要取决于人大主要领导人的权威和他们与县委、政府的私人关系。通常在县财政局编制完预算草案后，分管财政的常务副县长会带领财政局长和预算科长到人大走访，人大常委会就会对预算草案提出建议和要求，这些要求一般能够得到较好的回应，有些还能够直接影响预算的修正。比如2008年J县人大常委会提出要保障公办中小学教师的阳光工资从年人均1.3万元提高到1.5万元、乡镇事业编制（七所八站）人员的工资要由财政全额负担等建议都得到了实现。毕竟过分无视人大常委会主要领导的意见也可能会对预算的最后通过产生一些影响，甚至会对常务副县长的仕途产生一些影响，因为副县长如果要转为正县长的话，程序上还得经过县人大选举任命。

（二）预算调整的"事后追认"式的审查

预算执行中的自由裁量权掌握在县党政主要领导手中，人大大多时候只有对事后决算的确认权力。在预算执行过程中，预算的权力也相对比较集中。预算支出的最终批准人是县长，在此之前要经过分管财政的

常务副县长的审批。尽管预算编制时，各类支出都有详细的总额控制，但县长仍有较大的支出自由裁量权（或者是在支出用途上，或者是在支出部门上）。这些有自由裁量权的支出主要来源有：财政增收部分，财政预备费（一般在财政收入的1%），上级拨付的财力性转移支付，各类并没有规定使用部门或用途的资金，如纳入预算内管理的政府性基金和行政事业性收入的调节基金部分（占这部分预算收入的20%左右），等等，这里面不包括没有纳入预算内管理的非税收入①。这些资金有些是规定了用途，但没有规定使用部门，大多数是连用途也没有明确。因而它们的支出支向基本取决于常务副县长和县长。一般程序是：首先由基层预算单位提出增加财政资金要求，报分管本部门的副县长批准，事情重要时副县长会主动与常务副县长或县长先沟通，然后将报告交由财政局。财政局根据财力状况和申报单位的实际情况提出追加财政拨款建议，报常务副县长，由常务副县长在县长办公会上提出讨论，最后县长签批。一般情况下副县长或是其他县委常委并不会直接向县财政局提追加预算要求，而是会主动与常务副县长或县长沟通，主要原因是"不通过他不可能签批，而且会显得不尊重常务副县长，因为即使其他县领导提出要增加预算，财政局还是得报告给常务副县长，只有他和县长才有签字权，与其这样由财政局来转一下，不如直接向常务副县长提"。当然，在县级的权力架构中，权力最大的是县委书记，但由于县委书记并不主管具体的财政工作，所以"聪明的县委书记一般也不会直接递条子或签字要求财政局支付某项财政支出，这样会显得自己干预了政府的工作，又会在今后的财政审计中产生不必要的麻烦。通常是直接与县长商量，有时就是直接提要求，然后再由县长在县长办公会上提出讨论后解决，一般情况下，只要是书记提出的，县长办公会都能通过"。在这一追加拨款过程中，人大基本没有参与，更谈不上过程监督，只是在年终决算或是预算中期调整时能够看到预算调整报告。

---

① 非税收入主要由各执收部门使用，其中有20%会被作为调节基金由县财政统一安排，但它不算预算内收入。

（三）大多数财政转移支付资金的"事后追认"式的审查

各级财政部门在编制年初预算时，纳入预算的收入部分主要是一般预算收入、相对较固定的转移支付补助（如税收返还、工资性和社会保障转移支付补助等）、上年度结余、下级固定的上解收入等。由于专项转移支付资金没有一个明确的办法和科学合理的分配标准，许多补助地方的财政资金要到年底视中央财政预算执行情况而定，且部分中央专项补助资金国家并没有明确规定下拨时间，因而部分中央专项补助资金下达不够及时，地方收款后又以专项资金需要进一步分解为由，层层滞留，资金实际下拨到用款单位往往到年底甚至第二年度才能完成。地方财政部门年初基本无法掌握本年度能得到多少专项补助，所以在年初的预算草案中，没法正式地反映专项补助，部门预算时不能确定的补助收入也不能纳入预算，只在平时列入追加预算报告。因而各部门基本把它作为预算外收入来对待。这些资金的使用不需要人大批准，财政局只在年底时将一年来获得的财政转移支付和使用情况全部上报给人大财经委，由人大常委会进行确认批准。

五、结 论

建国60年来，中国的财政与政府预算制度发生了巨大的变化，预算也正从政府预算走向公共预算。近年来在预算技术方面的改革，如部门预算、政府采购、国库集中支付等对完善预算制度、实现科学预算取得了良好的效果。但在作为公共预算更核心内容的预算民主化上，还任重道远。比如预算公开，尽管进入新世纪以来，舆论的呼声非常高，但进展仍不明显。人民代表大会作为现有制度框架内的预算立法、监督的法定机构，它一方面代表人民在行使对政府预算收支的立法和监督权力，另一方面也是公共预算的实际参与者。它在预算过程中的作用和地位，直接决定了中国公共预算的民主性和法治化程度的高低。

虽然这些年来人大在预算过程中的作用和地位得到了一定程度的加强，在一些地方还进行了大胆的改革尝试。然而，江西省J县的经验表明，当前地方政府的预算体系仍是一种行政主导型体系[①]，它先由行政部门准备一份标准的预算作为人大的预算议题，人大并不与各预算单位直接发生关系，县委、县政府和预算核心部门拥有更大的发言权。县级人大在公共预算过程中的作用仍然有限，县级人大虽然拥有宪法和法律赋予的预算权力，可在现有的预算结构中，人大却既没有真正地行使预算立法权力，也无法在预算过程中掌握真正足以监督的权力。县级财政预算编制过程中人大主要起到了咨询建议的作用，预算编制的主导权完全在政府手中，公共支出的决定权主要集中在县委书记、县长和常务副县长等主要党政领导手中，其他的县级领导影响力非常有限，而人大的监督职能更是没有发挥应有的作用。特别是在当前财政转移支付制度不完善的情况下，政府的很多财政转移支付支出无法进入预算，预算的中期调整较大，人大对此只能起到"事后确认"的作用。当然人大也并不像我们印象中那样，仅是"橡皮图章"，县级预算核心部门在预算编制过程中还是会征求和尊重人大常委，特别是人大主要领导的意见。在不超出地方财力的情况下，人大领导所提出的预算建议还是能够得到支持，起到一种非强制性的"协商性参与"的作用。但是普通代表在这一过程中的作用几乎没有得到体现，人大会议期间代表对预算审议基本流于形式。这其中除了有预算技术性强、代表们对预算的理解能力差等原因之外，政府核心预算部门刻意地想避免人大代表过多干预预算也是一个重要的原因。它会在会议安排、预算文件的编制等方面做一些技术处理，以促进预算草案的顺利通过。另外，人大本身对自身地位和职责的认识也是一个原因，人大自身并不认为自己有必要或是有能力去切实地行使自己的权力。但了解那些能够影响预算形成和执行的政务官和事务官员的行为激励是理解一个地方预算过程的关键（Norton，Elson，2002）。从这个意义上来说，要重塑中国基层人大的预算权力，除了在最重要的制度安排上应有突破外，人大自身的责任意识和权力意识也要

---

① 这种行政主导型预算体系在美国地方政府中也常见，但不同的是它的方法机关有较大的修正和否决权，详见麦克夫雷（Jerry Mccaffery）：《预算过程的特征》，见梅耶斯等：《公共预算的经典：面向绩效的新发展》，敬燕楠、董静等译，上海财经大学出版社2005年版。

得到激活。

【参考文献】

戴激涛：《协商式预算：地方人大探索预算民主的新路径——基于浙江温岭"泽国实验"的一种考察》，载《人大研究》2010年第3期。

林慕华：《重塑人大的预算权力——基于某省的调研》，载《公共行政评论》2008年第4期。

马骏、罗万平：《公民参与预算：美国地方政府的经验及其借鉴》，载《华中师范大学学报》2006年第4期。

马骏、侯一麟：《中国省级预算中的非正式制度：一个交易费用理论框架》，载《经济研究》2004年第10期。

牛美丽：《预算民主恳谈：民主治理的挑战与机遇——新河镇预算民主恳谈案例研究》，载《华中师范大学学报》2007年第1期。

牛美丽：《书评：公民权与公共预算：民主治理之道》，载《公共行政评论》2008年第1期。

田必耀：《预算监督正在走强》，载《人大建设》2005年第12期，第33页。

王蓉：《中国县级政府教育财政预算行为：一个案例研究》，载《北京大学教育评论》2004年第2期。

於莉：《省会城市预算过程中党政首长的作用与影响——基于三个省会城市的研究》，载《公共管理学报》2007年第1期。

袁星候：《中国政府预算制度演变与西方经验借鉴》，载《决策与信息》2006年第5期下。

详见周扬：《养老补贴的一丝阳光，直击国内首场由人大主导的预算听证会》，载《人大建设》2009年第2期，第3—4页。

A. Wildavsky, *The Politics of the Budgetary Process*, Boston: Little Brown and Company Press, 1964, p. 25.

A. Norton, D. Elson, *What's Behind the Budget? Politics, Rights and Accountability in the Budget Process*, London: Overseas Development Institute, 2002.

Cheryl S. King, Kathryn M. Feltey, Bridget O. Susel, "The question of participation: toward authentic public participation in public administration", *Public Administration Review*, Vol. 58, No. 4, Jul. -Aug. 1998, pp. 317 – 326.

Evan M. Berman, "dealing with cynical citizens", *Public Administration Review*,

Vol. 57, No. 2, Mar. -April. 1997, pp. 105 – 112.

Irene. S. Rubin, *The Politics of Public Budgeting: Getting and Spending, Borrowing and Balancing*, New York: Chatham House Publishers of Seen Bridges Press, 2000, p. 10.

Michael J. Rich, " Distributive politics and the allocation of federal grants", *The American Political Science Review*, Vol. 83, No. 1, Mar. 1989, pp. 193 – 213.

Otto A. Davis, M. A. H. Dempster, Aaron. Wildavsky, " A theory of the budgetary process", *American Political Science Review*, Vol. 60, No. 3, sep. 1966, pp. 529 – 548.

公共预算研究系列
Public Budgeting Research Series

预算公开与透明

财政信息公开法制建设的国际比较与借鉴

李 燕[*]

内容摘要：财政信息公开是国家决策机关和政府主管部门制定公共政策、做出宏观决策、进行公共管理的需要，也是公众了解政府财政状况、衡量政府绩效、评价政府受托责任履行情况的需要。作为良好财政制度的一个重要方面，推行财政信息公开，实现"阳光理财"，保证财政的公开和透明，不仅是保障公民行使权利的基本前提，也是规范财政权力行使、限制财政权力滥用的重要措施。目前来说，我国政府财政信息公开的程度和范围方面还有着很大的局限性，存在着形式上公开多，实质上公开少；原则方面公开多，具体内容公开少；公众被动参与多，主动参与少的现象，还有很大的提升和改善空间。

因此，推进财政信息公开，还要从理论、理念到制度的全方位的建设实践。其中，加强相关法律建设，通过法律法规保障公众获得公共信息的权利尤为重要。改革开放后，尽管我国也在这方面做了很多尝试，陆续出台了一些重要的法律法规，但是迄今为止，我国尚未形成完善的财政信息公开法制体系，财政信息公开依然缺乏直接有效的法律依据和独立完整的法制保障。

---

[*] 李燕，女，中央财经大学财政学院教授，研究方向为政府预算。

一、国外财政信息公开立法概况

许多西方国家经过长期的发展,已经在财政信息公开立法上进行了卓有成效的探索,并且形成了具有本国特色的系统立法,为我国财政信息公开的法制建设提供了宝贵的经验。

(一) 美国财政信息公开的立法实践

美国是制定信息公开法律制度比较早也比较完善的国家,它是当今各国政府信息公开制度中影响最大的国家。但是美国政府信息公开制度的建立也不是一蹴而就的,而是经历了一个漫长的不断完善的过程。美国1946年制定《联邦行政程序法》,其中第三节"公共情报",规定公众可以得到政府文件,但却设置了很多限制,例如行政机关可以为了"公共利益"和"正当理由"而拒绝向公众提供文件,而"公共利益"和"正当理由"是模糊而广泛的概念。该法还有一个严重的缺点,就是没有规定救济手段,公众对政府拒绝提供政府文件的行为没有任何约束手段。在律师界、行政改良人士以及新闻界三股力量的强烈呼吁和推动下,美国1966年制定的《信息自由法》取代1946年《联邦行政程序法》第三节的规定。《信息自由法》第一次在成文法中保障了私人取得政府文件的权利,这在美国历史上是一次革命,在世界信息公开发展史上也是一个重要的里程碑。作为美国财政信息公开法律体系的核心,它的立法原则和司法实践,对世界各国制定和实施政府信息公开化的法律制度产生了重要的影响。1974年制定的《隐私权法》则是信息自由法的重要补充,该法规定了行政机关对个人信息的搜集利用和传播必须遵守的规则,保证政府对个人信息使用的正确性,禁止行政机关滥用个人信息侵犯个人的隐私权。但是《信息自由法》与《隐私权法》所要求的政府信息的公开均不涉及政府的活动或者会议。1972年的《联邦咨询委员会法》要求为联邦行政机关服务的咨询委员会的会议必须对公众公开,不过,该法同时规定了九类例外,在讨论这些例外问题时,咨询委员会的会议可以不公开举行。1976年制定的《阳光下的联邦政府法》要求合议制的政府机关的会议必须对公众公开，除非有九种例外的情况。另外，由于 1966 年制定的《信息自由法》所依据的假设是所有的政府材料都以书面方式保存，因此在电子数据大量采用的新环境下，为应对部分政府钻法律规定的空子，阻碍公众获得电子信息的难题，美国于 1995 年制定《削减公文法》，进一步禁止政府机关以版权之类的措施控制信息，禁止政府机关对信息的流通进行限制或规制，禁止政府机关对公共信息的再流通或传播收费或收使用费。1996 年，美国国会通过了《电子信息自由法》修正案，要求每一个政府机关以电子数据方式为公众提供索引材料或本机关指南，以便利公众提出信息申请（易晓阳，2003）。

1. 立法目的

主要是防止政府机构垄断、独占政府信息资源，消除政府机构的任何限制性做法，及时、公正地干预政府机构对信息资源的垄断行为。

2. 政府财政信息公开的请求权人

根据美国的《信息自由法》，任何个人和组织，无论国籍和种族，均可以提出信息申请。请求权人包括：个人（包括外国公民）、合伙企业、公司法人、协会、外国与国内的政府机关，等等。"任何人"也可以通过律师或者其他代理人提出信息申请。唯一的例外是逃犯，他们不能提出申请，也得不到法院的保护。

3. 政府公开财政信息的例外

美国的政府公开信息例外立法具体且详细，司法实践也较为成熟。《信息自由法》以信息公开为原则，不公开为例外，通过列举的形式规定了政府可以拒绝公开政府文件的九类例外：第一，保密文件。第二，机关内部人事规则与制度。第三，根据其他法律作为例外的信息。即根据修正后的信息自由法，其他法律所规定的豁免必须满足以下两个条件之一：一是其他法律必须对应该作为例外的情况予以明确的规定，不给行政机关留下任何自由裁量权；二是确立特定的豁免标准或明确特定的豁免事项。第四，商业秘密与商业、财务信息。

第五,政府的内部联系。本类例外保护的是政府机关之间以及政府机关内部的备忘录或者信函。第六,个人隐私。第七,执法文件。第八,金融制度。根据信息自由法,凡是为金融监督机构或由这些监督机构准备的材料,如评估、运行或现状报告等,都属于本类例外范围。第九,地质信息本类例外,包括地质与地球物理信息、数据与钻井地图等,实践中很少适用。

4. 政府财政信息公开的程序

美国的信息公开制度主要依据是来自《信息自由法》,其主要程序也包括申请提出的程序、申请书的内容以及收取的费用等。但《信息自由法》更详细地对申请人进行分类收费:第一类包括传媒、教育与科研等非商业单位。这类申请人只要不是为商业目的申请信息,就只能收取标准的文件复制费。第二类是商业用途的申请人。对他们的收费包括复制费、寻找费与审查费。在这两类之外的都属于第三类,如个人、公共利益团体、非营利性组织等。对第三类,只收取合理的复制费与寻找费,不收取审查费。申请人既可以在最初的申请书中提出减免请求,也可以在提出申请以后提出减免请求。

5. 政府财政信息公开的法律救济

美国的政府信息公开的司法救济,主要是通过行政复议与司法审查的手段。政府机关如果拒绝信息公开申请,应告知申请人理由及申请人向机关首长提起复议的权利。申请人可以就申请本身被拒绝或减免费用申请被拒绝提起复议,也可以就其他任何不利的决定提起复议。如果申请人的申请部分满足而部分被拒绝,可以就被拒绝的部分提起复议。如果政府机关已经答应公开部分申请的材料,提起复议不影响这部分的公开。因此,复议并不影响申请人的权利,不会对申请人造成任何风险。《信息自由法》并未规定提交复议的时限,有些部门规章规定了时限。如政府机关以时限为由拒绝复议,申请人可以再次提出信息申请,重新启动复议程序。然而,延迟提起复议申请可能会冒申请的文件被处理掉的风险。复议申请通常必须在20个工作日内得出结论,但政府机关可以额外延长10个工作日。一旦复议期限超过,申请人可以认为复议请求被拒绝并据此提起司法审查。

(二) 新西兰财政信息公开的立法实践

除了制定信息自由相关法律之外，很多国家还通过财政、预算法中的相关规定做出政府财政信息公开的承诺。例如一些国家颁布了《财政责任法》，并将这类法律作为永久性的制度手段，其目的是为了通过可信、透明和可预测的方式，来加强财政纪律。

新西兰《财政责任法》是一部比较标准的法律，该法规定了关于财政政策透明度和财政信息公布的法定标准，正式要求政府就财政收支对公众负责。该法制定了管理财政的五条原则，即：(1) 把公共债务降到审慎的水平；(2) 在适当长的时间里保持收支基本平衡；(3) 公共部门净值要保持在有缓冲余地的水平；(4) 管理好财政风险；(5) 维持税率的可预测性和稳定性。尽管政府可以暂时偏离这些原则，但其条件是发生这种偏离的理由必须充分，而且必须有返回这些原则的明确计划。《财政责任法》还明确规定了政府公布政策建议及实际执行情况的具体方法，以便向议会和公众保证政府遵循财政管理的原则。该法要求政府：第一，对于从 7 月 1 日开始的财政年度，在当年 3 月 31 日前公布一份"预算政策说明"，其中包括：最新预算的战略重点、短期财政意图和长期财政目标；第二，公布财政决策在未来三年中可能产生的影响，并且定期更新这种预测分析；第三，根据公认的会计准则提供所有财务信息。为此，要求提供全套的预测财务报表和报告，即所有能够反映政府财务状况的报表；第四，将该法要求的所有报告提交给议会的有关委员会。《财政责任法》关于报告财政信息的要求还包括以下几个方面：一是每次大选前 14 天至 42 天公布选前经济和财政新情况；二是至少对未来十年财政趋势做出预测；三是政府的支出承诺和具体的财政风险，包括或有负债。

与新西兰《财政责任法》所确立的原则和做法相似，澳大利亚和英国也分别通过了类似的法律，即《预算诚实法》和《财政稳定法》。因其联邦结构的特点，澳大利亚的《预算诚实法》强调了统计局为各级政府制定报告财政信息的标准的作用。该法还具体要求每五年一次公布代际财政报告和税收支出报告,这一要求是新西兰的法律所没有的。英国考虑到政府变更时可能会引起财政政策的变更,颁布了与新西兰的《财政责任法》的原则和做法相似的《财政稳定法》(国际货币基金组织,1998)。

二、我国财政预算信息公开法制建设的借鉴与完善

(一) 我国财政预算信息公开法制建设的主要发展脉络

1988年9月,七届全国人大常委会第三次会议通过了《中华人民共和国保守国家秘密法》(以下简称《保密法》),其中规定属于国家秘密的范围包括国民经济和社会发展中的秘密事项。其后,1997年7月原国家计委、财政部、国家保密局等八部委根据保密法的规定联合制定了《经济工作中国家秘密及其密级具体范围的规定》(以下简称《规定》)。根据《规定》,在国民经济和社会发展中列入绝密级的事项有:全国财政收入、财政支出、国家年度预算草案、中央年度预算草案及其收支款项的年度执行情况、国家年度决算草案、中央年度决算草案和未公布的国家决算、中央决算收支款项等。列为机密级事项的有:各省、自治区、直辖市及计划单列市和省会城市财政收入、财政支出等。

2006年8月,十届全国人大常委会第二十三次会议通过的《中华人民共和国监督法》(以下简称《监督法》)首次规定,权力机关听取的预算执行情况的报告及审议意见应当公开。该法第七条规定:"各级人民代表大会常务委员会行使监督职权的情况,向社会公开";第二十条规定,(各级人民代表大会)常务委员会听取的国民经济和社会发展计划执行情况报告、预算执行情况报告和审计工作报告及审议意见,人民政府对审议意见研究处理情况或者执行决议情况的报告,向本级人民代表大会代表通报并向社会公布。

2007年4月,国务院第165次常务会议通过了《中华人民共和国政府信息公开条例》(以下简称《政府信息公开条例》),该条例第十

条第二款和第四款规定，国民经济和社会发展规划、专项规划、区域规划及相关政策，国民经济和社会发展统计信息，财政预算、决算报告是县级以上各级人民政府及其部门重点公布的政府信息。该条例第十二条第二款规定，乡、镇人民政府还应当重点公开财政收支、各类专项资金的管理和使用情况。《政府信息公开条例》按政府层级明确规定了要重点公开的信息，以行政法规的形式进一步明确了各级政府的预算公开义务，在全国范围内统一规范了政府信息公开的政策和程序，结束了我国在信息公开制度方面没有统一的法规约束的历史。

接着，财政部在2008年9月发布了《关于进一步推进财政预算信息公开的指导意见》，明确将通过深化预算管理制度改革逐步提高财政预算的公开性和透明度，加大财政预算信息的主动公开力度。并于2009年1月向各地财政机关发出《财政部关于进一步做好地方财政预算信息公开的通知》的征求意见稿，对各地财政预算信息公开的内容、方式和范围做出了统一的要求，要求规范各级财政机关向同级人大送审的财政预算决算报表以及部门预算报表的格式和内容，同时主动公开财政预算和决算报表以及预算执行和财政转移支付情况，要求各地"规范、有序"地推进地方财政预算信息公开工作。

2009年3月5日，温家宝总理在政府工作报告中提出，要积极推进政府预算公开。2009年3月20日，财政部在其官方网站正式公布了经第十一届全国人民代表大会第二次会议审查批准的2009年中央财政收入预算表、中央财政支出预算表、中央本级支出预算表、中央对地方税收返还和转移支付预算表。这是财政部首次在全国人民代表大会批准预算草案后在第一时间向社会公开。

据不完全统计，截止到2010年8月，共有70多个国务院部委及其直属机构在其官方网站公布了2010年部门预算。

这些行动表明中国政府已经意识到必须大力推进财政信息公开工作，中国社会环境正朝着一个更公开、更细致、更深入的良好趋势发展。

从以美国与新西兰为代表的许多国家的成功经验来看,财政信息公开的推进需要一套完整的法律制度来实现。财政信息公开法律制度是通过法律确立的使政府公开其所拥有的财政信息的制度,即由宪法、财政信息公开法及其他相关法律关于政府财政信息公开的法律规定构成的制度。其中宪法是政府财政信息公开法律制度的基础,而财政信息公开法是政府财政信息公开的专项法律,其他法律是配套性法律。与财政信息公开法相配套的法律包括财政基本法、预算法、财政转移支付法、财政监督法、信息公开法、政府采购法等。而我国现行财政信息公开规定大多散见于《宪法》《监督法》《政府信息公开条例》等法律法规中。单行的财政信息公开规定大多为财政部门制定的规范性文件或者地方法规、地方政府规章,其立法的位阶与立法的价值目标出现偏差,不仅效力层次较低,还直接影响了财政信息公开法律规范的权威性、稳定性。

表1 中美财政信息公开法制建设进程比较

国家	美国	中国
法律法规	《联邦行政程序法》(1946)	《档案法》(1988)
	《削减公文法》(1955)	《保密法》(1989,2010年修订)
	《信息自由法》(1966)	《行政处罚法》(1996)
	《联邦咨询委员会法》(1972)	《监督法》(2006) 《政府信息公开条例》(2008)
	《隐私权法》(1974)	
	《阳光下的联邦政府法》(1976)	
	《电子信息自由法》(1996)	

注:除基本的财政法律法规、部门文件与地方条例之外。

因此目前,我国当务之急是在现在法律法规的基础之上,借鉴国外的成功经验,不断完善财政信息公开的法律体系,为财政信息公开提供有力的法律保障。

(二) 我国相关法律法规的建设与完善

1. 完善《政府信息公开条例》,增强财政信息公开的法制保障

政府信息公开制度属于一项重大的法律制度,涉及政府的义务和公民的基本权利,在公民于法律面前一律平等原则和法制统一原则的要求下,国务院于 2007 年制定了具有试验立法性质的《中华人民共和国政府信息公开条例》。这是我国首部有关保护公众知情权、规范政府信息公开制度化运作的法规,被认为是各级政府部门迈向"信息公开时代"的标志,是政府部门新一轮的"自我变革"。《政府信息公开条例》对政府信息的概念进行了明确的界定,同时规定了政府信息公开的主体,明确了行政机关主动公开政府信息的范围,界定了不予公开的政府信息范围,确立了依申请公开政府信息的制度,并对政府信息公开申请的形式、答复方式和时限要求,做了详细规定。但是,由于《政府信息公开条例》的位阶太低,只是国务院制定的行政法规,还没有上升为法律,且没有实施细则,因此政策性过强,缺乏现实的可操作性。再加上《政府信息公开条例》中对信息公开的适用范围、请求权人以及公开内容等方面缺乏实质的可操作的规定,因而给《条例》在实践中的贯彻执行造成了巨大障碍。如由于《政府信息公开条例》对信息公开的范围采用列举法,而不是采用国际上通行的排除法,在《政府信息公开条例》中涉及财政直接信息仅包括财政预算、决算报告;行政事业性收费的项目、依据、标准,政府集中采购项目的目录、标准及实施情况等;再如《政府信息公开条例》将信息公开的方式分为主动公开和申请公开,但没有明确规定"依申请公开的政府信息"的范围;《政府信息公开条例》还规定了对拟公开的政府信息要进行保密审查,但除"公开的信息不得危及国家安全、公共安全、经济安全和社会稳定"的原则规定外,没有明确不予公开的范围,等等。这些都给政府信息公开带来了很大的限制和不确定性,一方面使得信息提供者处于公开和保密的两难境地中,信息公开的操作难度加大,另一方面过于自主和缺乏约束,信息提供者便可以随意地、有选择地公开信息,必然是能不公开就不公开,能少公开就少公开。

表2 美国《信息自由法》与中国《政府信息公开条例》的比较

	美国《信息自由法》	中国《政府信息公开条例》
立法层级	法律	行政法规
适用范围	行政部门、军事部门、政府公司、政府控制公司或其他隶属行政部门之机构（包括美国总统所直接主管的机构在内），以及独立性质的管制机构在内	各级行政机关、公共事业单位和法律、法规授权的一些具有管理职能的单位
请求权人	适用于任何人，没有其他限制，法人等组织和外国人也在法律的适用范围以内	公民、法人和其他组织
公开内容	原则上公开，列举九类非公开事项	公开事项列举，非公开事项做原则性规定

我国政府信息公开立法的最终目标应当是通过全国人大或其常委会制定《政府信息公开法》，但是回顾国外政府信息公开立法的进程，很多国家在政府信息公开方面也经历了从"办法"到"公开法"这样一个完善的过程，这个转变不可能一蹴而就，需要深厚的理论基础和大量的实践积累。从行政法规到法律，这不仅仅是字面上的变化，更是法治政府的体现，是法律权威的显现。因此我们可以借鉴国外渐进式的立法模式，总结自身经验教训，学习先进立法范例，在实践中切实贯彻"以公开为原则，不公开为例外"的原则，对《政府信息公开条例》的不足之处加以完善，明确各条内容的执行标准，待时机成熟时，再在初步立法的基础上制定一部更为详尽，实施性和操作性更强的《政府信息公开法》（韩璐，2009）。

2. 修改《预算法》，强化公开性与增加透明度

在市场化改革的今天，政府预算已成为各级政府最重要的施政工具。《预算法》是调整国家机关、社会组织、公民在预算资金的筹集、分配、管理和使用过程中所发生的预算关系的重要依据。一部好的预算法，应该能够充分体现公开透明的原则，以此约束政府权力和保障公民对于预算的知情权、参与权和监督权，以及确保公民和立法机关对预算决策和执行过程的最终控制。我国1995年开始实施的现行《预算法》囿于当时的认知水平，对预算公开的问题没有做出明确规定。

(1) 国际经验的借鉴。公开预算的编制、执行和实施结果,是预算公开的核心内容,我国应该借鉴国际货币基金组织推荐的良好做法。**在编制预算文件方面**,年度预算应包括对财政目标的声明和对财政可持续性的评估;应明确编制预算所奉行的财政规则;应在全面、一致和量化的宏观经济框架内编制和表述年度预算;应向公众提供编制预算所采用的主要假设;应明确表述年度预算所体现的新政策;应当识别并尽可能量化主要的财政风险。**在表述预算文件方面**,应在总量基础上报告预算数据,区分收入、支出和融资,并根据经济、职能和行政类别对政府支出进行分类;应申明主要预算目标所要达到的政策目标;反映政府财政状况的指标应当是广义政府的总体差额;当非政府公共部门进行重大的准财政活动时,应报告其收支差额状况。**在披露预算执行程序方面**,应建立全面、统一的会计制度,为评估支付拖欠提供可靠的基础;有关政府采购和就业的规定应当标准化,并为有关各方所了解;应对预算执行情况进行内部审计,审计程序应经得起检验;税收征收机关应受到法律保护,免受政治影响,并应定期向公众汇报其活动。**在编制和发布财政报告方面**,应向立法机关提供有关预算发展情况的年中报告还应更频繁地(至少每季度一次)公布其报告;应在财政年度结束后一年内向立法机关提供决算账户;应每年向立法机关报告主要预算项目目标的实现情况。

(2) 我国的具体实践。一是建议在正进行的《预算法》修改工作应在总则中将预算公开明确规定为其基本原则,并在其他各章相关内容中做具体规定,这样既可以弥补现行预算法的不足,也可以提高预算公开法律依据的位阶。二是可在预算法实施条例中明确规定预算公开主体及其义务与责任,即各级政府财政部门负责本级政府总预算的公开,各部门负责本部门预算的公开。同时明确规定公民、法人或者其他组织有权根据自身生产、生活、科研等特殊需要向各级政府财政部门申请获取预算信息。此外,还应明确规定不履行预算公开义务的法律责任。三是明确规定预算公开的范围,增强预算的完整性。财政信息应该包括收支信息、债务信息、绩效信息、风险信息等。除目前已经和将要向人大提供的一般公共预算、国有资本经营预算、政府性基金预算、社会保障基金预算外，还应当通过深化改革预算管理制度，提供有关政府债务信息及或有负债的信息，政府预算的绩效信息及税式支出的信息等，以满足社会获取政府有关收支、负债、绩效、风险等全面信息。四是明确规定预算信息的具体化程度，增加透明度。例如作为财政信息公开透明的基础性制度安排的政府收支分类改革，关系到内行人是否说得清和外行人是否看得懂。目前的支出分类体系分为两层，即按功能分类和按经济分类，功能分类解决的是政府行使了哪些职能，如国防、教育、医疗等；经济分类解决的是财政的钱到底化到什么具体用途上了，如工资福利、公用支出、基本建设等。改革的目的是要通过两层分类实现"多维定位"，以准确真实地反映预算信息。但是存在的主要问题，一是如何使分类归口进一步科学规范，如按现行科目分类不能清晰准确地反映政府的行政管理支出；二是细化经济分类并予以公开。目前社会公众反映比较强烈的"三公"支出主要通过经济分类科目反映，但由于经济分类的不具体和不公开引起社会公众的不满，也不利于人大监督。

此外，应将列入人大会议议程的预算草案文本以及预算编制的一些背景文件于会议举行前一段时间发给人大代表，以便人大代表有足够的时间就准备通过的预算事项进行调查研究或者征求选民意见。人大及其常委会会议准备审议的文件应当于会前以适当形式公开，这也是人大信息公开的核心。社会公众只有在对上述情况享有知情权的条件下，才有可能进行有效监督。

3. 进一步完善《保密法》，寻求信息公开与保密的协调统一

我国现行《保密法》制定于1989年，实施已有20年，它产生于特殊的历史环境下，深受传统保密思想与行政法制的影响，奉行"全民保密"的宗旨，已不适应当今国际国内的发展趋势。

2010年4月29日第十一届全国人民代表大会常务委员会第十四次会议通过了修订的《保密法》，并于2010年10月1日起实施。这表明随着中国改革开放深入推进，依法治国基本方略贯彻实施，公民的知情权日益得到尊重，各级政府向着"阳光政府"的方向不断迈进。

一般来说，国家在确立政府信息公开或行政公开原则的同时，都在这一前提下同时对部分涉及国防、外交以及安全等方面的特殊事项做出不予公开的规定。即使在推进政府信息公开的同时，一定范围内的保密制度还是存在的，但其特点表现在：一是强调保密是政府信息公开制度中的一个特殊内容；二是保密制度的出发点是为了保障公民获得政府信息的权利，是为政府信息公开制度服务的，因此一般都对保密的具体范围做明确的限制性规定。

就国外经验来讲，通过一部法律既保证政府信息公开又规范特定范围内的保密，就可以避免政府信息公开制度强调公开而保密制度强化保密的尴尬，还可以有效地解决目前我国信息公开规范与保密规范法律位阶不一致的问题，促使我国信息公开制度与保密制度在现代法制的背景下协调发展。然而，由于制定既能促进信息公开又规范保密的统一的《信息公开法》还尚需时日，短期内不可能实现。那么，现阶段我们只能通过对现有法律法规的修订来有效地协调政府信息公开与保密这二者之间的关系。第一，《保密法》的进一步完善应贯彻"以公开为原则，不公开为例外"的思想。第二，保密的事项范围应当在信息公开的前提下由法律做统一规定：一是应当具体明确，避免抽象和笼统；二是范围相对于现行《保密法》的规定，要有明确的限制；三是将保密范围规定的出发点定位在保障公民依法获得政府信息和知情权的实现方面，从而限制行政机关在保密事项范围方面的自由裁量权。第三，建立与政府信息公开制度相适应的保密争议解决机制。应建立有关定密、涉密纠纷的处理和救济机制，将定密、涉密纠纷与《条例》中建立政府拒绝公开信息的行政复议，特别是行政诉讼的救济相联系（沈福俊，2009）。

4. 制定财政基本法，明确财政信息公开的法律依据

目前，我国虽已基本形成了包括预算法、税收法律法规、政府采购法等在内的一系列财税法律法规体系，但国内还没有专门的财政基本法。从财政法的本质或实质内涵讲，财政法应是国家依照统治阶级的意志和利益制定与认可，并由国家强制力保证实施的财政法律规范的总

称。财政法在国家生活中具有重要的作用：一是财政法是国家宏观经济的调节器，财政法除具有对财政关系进行调整外，最主要的调节功能是以实现国家不同历史阶段的宏观经济目标作为自己调控的价值取向，反映财政政策，规范财政活动；二是财政法具有保护或保障职能，即指财政法对自己所调整或调控的财政经济关系负有保障作用，同时也负有对违反财政法的行为予以惩罚或制裁的任务；三是财政法具有教育职能，即财政法在调整或调控宏观财政经济关系过程中，要求人们必须遵守与执行国家财经法纪，否则对违反者依法追究法律责任。

新西兰《财政责任法》就是一部比较标准的财政法律，该法规定了关于财政政策透明度和财政信息公布的法定标准，要求政府就财政收支对公众负责。借鉴其成功经验，我国应该考虑制定一部财政基本法，对财政法的原则、财政权力的分配、政府间的财政关系、财政收入和支出的形式、重要的财政收支制度、预算制度监督制度等加以规定，以体现其重要性和普适性，尤其要澄清政府在财政信息公开中的作用与职责，为财政信息公开提供直接的法律依据。应当明确政府的结构和职能；明确界定各级政府以及行政立法和司法机关的责任；对于预算和预算外活动，应建立明确的协调和管理机制；对于政府和非政府公共部门，应明确安排其相互关系；建立明确的执法规范，限制税收机构的自由裁量权；应确定公务员的行为道德规范，并公之于众。就财政公开披露的内容及其相应的披露对象做出明确规定或授权规定，特别是要对保密或披露的信息类别做出界定；对于各类公开披露的财政信息，也要规定公开披露的时间和信息真实准确性、数据质量等其他具体要求。

5. 完善财政责任监督法律制度，加强财政的监督管理

改革开放后，我国在财政立法上做了大量的工作，并相继制定或修订了《预算法》《政府采购法》《会计法》《税收征管法》等财政法律法规，应该说现有的财政法律、法规相当一部分已包含着财政监督检查的内容和手段，财政监督执法已有了一定条件。但由于没有将财政监督提到足够的立法高度，所以总体上说，现有的财政法律、法规中有关财政监督内容和手段还不够完善。

健全的财政监督法律体系应该包括三个方面：（1）规范财政监督客体行为的财税法规以及相关的经济法规；（2）规范财政监督主体自身行为的财政法律法规；（3）规范财政监督主体处罚违法违纪行为的法规（肖圣忠，2007）。因此，我国应尽快制定和颁布《财政监督法》以及完善各项财政、预算、税收和国有资产管理法律法规，初步建立适应社会主义市场经济需要的财税法律框架和财政监督法律体系，从法律上确定财政监督的公开原则，通过法律程序明确监督机构的职权、责任、监督程序、监督方法、当事人的权利义务、违反财政法规的法律责任等方面的问题，同时制定财政管理、监督各环节的行政法规及其实施细则，减少行政手段的使用，多采用法律手段，公众监督、违纪监督更多地通过司法诉讼程序进行，减少暗箱操作现象，为财政部门行使财政监督职能、加强执法力度、坚持依法行政、提高财政监督工作的透明度创造良好的法制条件。

【参考文献】

国际货币基金组织：《财政透明度良好做法守则——原则宣言》，1998年。

韩璐：《海峡两岸政府信息公开制度比较研究》，载《台湾法学研究》2009年第2期。

李林：《2010法治蓝皮书——中国法治发展报告》，社会科学文献出版社2009年版。

李燕：《财政信息公开是预算监督管理的基础》，载《财政研究》2010年第6期。

刘静：《美日政府信息公开制度比较及其启示》，载《科技情报开发与经济》2007年17期。

刘素玲：《国外信息公开的立法实践及其启示》，载《齐齐哈尔师范高等专科学校学报》2007年第2期。

沈福俊：《建立与政府信息公开制度相适应的保密制度—以〈保守国家秘密法〉的修改为视角》，载《法学》2009年第9期。

王雍君：《中国〈预算法〉的修订：精神、理念和核心命题》，载《经济社会体制比较（双月刊）》2009年第2期。

肖圣忠：《我国财政公开法律制度研究》，安徽大学研究生论文，2007年。

徐文星、王明星：《现行法制对〈政府信息公开条例〉的影响—以〈保密法〉与

〈档案法〉为例》,载《公共行政》2007 年第 10 期。
　　易晓阳:《政府信息公开的立法研究》,湘潭大学研究生论文,2003 年。
　　易晓阳《政府信息公开的立法研究》,湘潭大学研究生论文,2003 年。
　　张煊:《我国政府信息公开研究》,华中师范大学研究生论文,2008 年。
　　周汉华:《外国政府信息公开制度比较》,中国法制出版社 2003 年版。

中国特色的政府预算透明度研究*

王淑杰**

内容摘要： 研究预算透明度有助于将预算透明的思想落实为预算实践。国际上若干预算透明度虽然具有重要的参考意义，但符合本国国情的预算透明度才是最佳的。设计我国预算透明度要考虑到我国的特殊国情并且应该具有指导意义。本文认为在我国只有规范预算的公开才有意义，否则不但没有维护公众的知情权，反而是对这一权利的藐视和践踏。规范的预算起码包含法律法规、可信确实、具体准确、完整全面、可得参与、及时实时等方面。

关键词： 政府预算　预算度　指标体系

在现代社会，政府预算是沟通政府与公众的桥梁，政府通过预算表达它对公众的受托责任，公众通过预算来监督政府的履约情况。可以说，没有预算或者预算不透明的政府就不是民主的政府。关于这一点，社会各界已经达成了共识。那么，什么样的预算是透明的，什么样的预算是不透明的，哪些应该透明，哪些没必要透明？目前各国预算透明的程度如何，怎样来衡量和评价？这些问题都关系到预算透明的衡量标

---

* 本文已于2012年4月发表于《财经科学》。
** 王淑杰，女，中央财经大学副教授，研究方向为财税理论与政策。

准——预算透明度问题。研究和把握预算透明度，有助于我们更好地衡量和评价预算透明的状况，从而将预算透明的思想转化为实践，更好地监督政府，提高民主程度。基于此，本文将对现有的有影响力的预算透明度国际标准进行总结，并提出适合我国国情、有利于指导我国预算逐步走向透明的标准。

一、预算透明度的若干国际标准

上世纪末以来，若干国际组织为推动政府公共治理、抵制腐败、培养公民参与和帮助建立良好的金融环境，纷纷推出了指导政府预算透明的范本或者最佳做法。

（一）IMF 的预算透明度——《财政透明度守则》

1998 年，国际货币基金组织（IMF）推出了《财政透明度良好做法守则》（以下简称《守则》），2001 年进行修订，当前最新的版本是该组织于 2007 年发布的版本。IMF《守则》的核心思想是政府应当定期向公众提供全面并且真实的财政信息，并对公开财政信息的内容、程序以及如何确保这些信息的质量进行规范。IMF 2007 年《守则》的内容可概括为四方面：明确职责、公开预算程序、方便公众获得信息、确保真实性。

与《守则》配套发布的还有《标准与守则遵守情况报告》和《财政透明度手册》。《标准与守则遵守情况报告》是由 IMF 联合世界银行、巴塞尔银行监管委员会（Basel Committee on Banking Supervision）、金融行动专责委员会（Financial Action Task Force）等组织对世界各国遵守国际标准和守则情况的评估报告，其中包括财政透明度，此外，还包括会计、审计、银行监管等共 12 项标准。财政透明度《标准与守则遵守情况报告》是根据一个国家的有关当局的要求进行的。《标准与守则遵守情况报告》的评估及其公布完全出于自愿。从 1998 年以来已经对很多国家进行了评估，截止到 2010 年 3 月份已经对 91 个国家进行评估并完成了评估报告，我国目前还未参加。《财政透明度手册》进一步阐述和说明了《守则》中的四项原则，并为财政《标准与守则遵守情况报告》的执行提供了指南。与

《守则》主要面向政府不同,《手册》旨在面向国际货币基金组织本身、民间组织、学术界和立法机关等(国际货币基金组织,2007)。

IMF 创立的《财政透明度守则》以及《财政透明度手册》和《财政透明度标准与规范遵守报告》是目前世界上最具影响力的透明度评价标准。由于它旨在为各国的财政透明度实践提供指导,因此它的财政透明度评估本质上是定性的,没有提供定量评估标准,也就没有关于各国透明度情况的评级。

(二) OECD 的预算透明度——《预算透明度最佳做法》

经济合作与发展组织于 2001 年发布了《预算透明度最佳做法》。《预算透明度最佳做法》是在 1999 年预算高级官员工作年会上,根据与会者的要求,在总结成员国经验基础上形成的。其目的是为成员国和非成员国提高预算透明度提供一个参考性工具。这些最佳做法是围绕各类具体的报告而设置,仅为表达直观清晰之目的。不同的国家有着不同的报告制度,关于透明度的侧重点也由此而各不相同。这些最佳做法是基于不同成员国在各自领域中的经验累积。虽然它并没有提供一套普适的衡量预算透明度的指标,而只是国家经验的总结,但它为后来的预算透明度研究提供了参考。OECD 将预算透明度的内容以报告形式列示出来,首先指出政府应该编制和公布的与预算有关的报告种类以及各种报告的内容。其次强调了预算报告中应特别需要详细列示的具体信息,如经济预测指标、税式支出、金融债务和金融资产、非金融资产、雇员养老金债务以及或有债务。最后给出了保证预算报告质量和完整统一性的措施(国际货币基金组织,2007)。

表 1 OECD:预算透明的最优方法

公开形式	具体内容
预算报告	先期预算报告、月度报告、半年报告、年终报告、选前报告、长期报告
专项公开	经济假设、税式支出、金融负债与金融资产、非金融资产、雇员退休金债务、或有负债
诚信保证	会计政策说明、体制与责任、审计、公众与议会审查

(三) IBP 的预算透明度——《开放预算指数》

除官方组织外,民间组织也积极制定预算透明度标准并推动预算公开。当前最有影响力的就是国际预算合作组织(IBP, the International Budget Partnership)编制的《开放预算指数》(*OBI, Open Budget Initiative*)。1997 年,美国以财政预算研究和监督以及扶贫为主旨的非政府组织——预算和政策优先序中心(Centre on Budget and Policy Priorities)成立了国际预算合作项目(IBP, the International Budget Partnership)。国际预算项目致力于促进民间社团参与预算,从而使预算系统更加透明、更具公信力,并更能迎合贫困及低收入人群的需要。

国际预算项目有诸多成果,其中之一就是编制了世界上第一部有关预算透明度和公信力的独立性、比较性调查——《开放预算调查》(*Open Budget Survey*)(详见表 2)。为了便于衡量被调查国家在透明度上做出的整体努力,并在各国之间做出比较,国际预算项目在《调查》中编制了《开放预算指数(OBI, Open Budget Initiative)》(详见表 3)。《开放预算指数》根据它在整个预算期间公开的信息给每一个国家打分。2006 年 IBP 开始在 85 个国家(不包含中国)收集数据进行调查并公布结果。2008 年又调查一次,是当前的最新评级。《调查》依据的是严格设定的调查问卷,它反映了与开放财政管理有关的公认良方,所用的许多标准同多方组织制定的标准相类似,如国际货币基金组织、经济合作与发展组织,和国际最高审计机构组织。根据排名,中国预算透明度得分为 14 分,排名第一的英国为 88 分,刚果、苏丹等为 0 分(经济合作与发展组织,2001)。

表 2　IBP:公开预算问卷调查表

公开形式	具体指标
预算文件的获取	答复问卷使用的预算年度,主要预算文件的网址链接,与行政预算文件相关的预算发布,立法批准的预算及其他报告的发布
行政预算建议	对预算年度及未来年度的预测,对预算年度以前年度的评估,预算的全面性,对预算的解释及绩效监测,预算分析与监督中的关键性附加信息
预算程序	行政部门编制预算,立法机构批准预算,行政部门执行预算,年末报告及最高审计机构

表3 各国预算透明状况

提供广泛信息 （81—100）	法国、新西兰、南非、英国、美国
提供大量信息 （61—80）	博茨瓦纳、巴西、捷克共和国、德国、挪威、秘鲁、波兰、罗马尼亚、斯洛文尼亚、韩国、斯里兰卡、瑞典
提供部分信息 （41—60）	阿根廷、孟加拉国、波斯尼亚和黑塞哥维那、保加利亚、哥伦比亚、哥斯达黎加、克罗地亚、埃及、格鲁吉亚、加纳、危地马拉、印度、印度尼西亚、约旦、肯尼亚、马其顿、墨西哥、纳米比亚、尼泊尔、巴布亚新几内亚、菲律宾、俄罗斯、塞尔维亚、土耳其、乌干达、乌克兰、赞比亚
提供少量信息 （21—40分）	阿尔巴尼亚、阿塞拜疆、厄瓜多尔、萨尔瓦多、哈萨克斯坦、黎巴嫩、马拉维、马来西亚、蒙古共和国、摩洛哥、尼日尔、巴基斯坦、坦桑尼亚、泰国、特立尼达和多巴哥、委内瑞拉
提供极少信息或 根本不提供信息 （0—20分）	阿富汗、阿尔及利亚、安哥拉、玻利维亚、布基纳法索、柬埔寨、喀麦隆、乍得、中国、民主刚果共和国、多米尼加共和国、赤道几内亚、斐济、洪都拉斯、吉尔吉斯斯坦、利比里亚、尼加拉瓜、尼日利亚、卢旺达、圣多美和普林西比、沙特阿拉伯、塞内加尔、苏丹、越南、也门

资料来源：国际预算合作组织，预算公开报告，www.internationalbudget.org。

与前两个预算透明标准相比，《开放预算调查》及《开放预算指数》具有以下特点：第一，《开放预算调查》是独立性的民间社团专家进行的调研，而非政府官员或捐献机构员工。第二，《开放预算调查》围绕着公众是否能查阅政府预算信息。相反，其他倡议通常围绕着政府出具预算信息的能力，它们并不检查该信息宣传的可能性、对象以及途径。第三，《开放预算调查》中提出了一些问题，这些问题涉及公众参与预算的机会以及立法机关监督和最高审计机构。《开放预算调查》的局限性在于它的重心在中央政府，它根本不检查政府以下的各级政府是否提供信息。另外，这项调查考察信息的全面性，但并未对该信息的质量和可信度进行评价。

除上述国际组织外，其他国际组织也对预算透明度进行了解释和界定，如世界关税组织 Arusha 宣言（2003）（该宣言主要用于指导各国实现关税完整性所具备的关键性要素，其中专门有一部分是关于透明性的）、采掘业透明度公约（2002）（其中包括督促政府公开采掘业开发特有自然资源所得的相关内容）、资源收入透明度指南（2007）（适用于财政收入的相当大一部分来源于自然资源的国家。在许多国家，此类资源的数量庞大、交易技术复杂而且流量波动巨大）。除国际标准外，各国和地方也逐渐建立了预算透明度标准，如日本非营利民间组织"全国市民行政监察（ombudsman）联络会议"的"地方政府透明度排名调查"等（经济合作与发展组织，2001）。

二、符合本国国情（有特色）的预算透明度是最佳的

上述这些预算透明度就是最佳的吗？笔者认为，虽然上述具有影响力的预算透明度是评价和指导各国的重要参考，但这些标准并不是绝对的。正如OECD组织在《预算透明度最佳做法》中所言：不同的国家有着不同的报告制度，关于透明度的侧重点也由此而各不相同。比如OECD提出的"长期报告"。长期报告用于评估政府当前的政策在长时期内的可持续性，应至少每五年发布一次，或者，当主要的收入或支出项目发生重大变化时即行发布。长期报告应该考虑到人口统计变动对预算产生的潜在影响，如在未来长时期（10—40年）内人口老龄化发展及其他潜在因素的变化。对长期报告中隐含的所有重要的假设都应做详细阐述，对一些可能发生的事件也应予以披露。从各国实践来看，长期报告的发布通常需要以中期预算作为背景。但是，从对预算的监督控制来看，年度预算更能实现立法机关的监督控制从而提高预算透明度。所以，对于英美等历史上预算监督就很强的国家而言，中期预算有利于预算的施政功能，提高预算的透明度。对于包括中国在内的很多预算管理水平落后的国家而言，预算监督控制本身就很弱，如果僵化地追求OECD的预算透明度最佳做法，实行中期预算、发布长期报告，那么结果将会更加弱化预算监督，从而可能降低预算透明度。因此，最佳做法的提出并不意味着我们要为预算透明度制定一套正式

的"标准",相反,设计出符合本国国情的预算透明度标准是非常重要的。

符合本国国情的预算透明度指标不应仅是评价性的,而且还应该是指导性的,即这套指标应该给本国提供一条发展路径以使预算渐进地走向"最佳"做法。对于我国而言,预算透明度的指导性价值似乎大过其评价性价值。因为评价我国预算透明度的意义已经不大,预算透明度肯定很差,所以更重要的是可以依据这套指标的路径指引我国预算渐进地走向透明、改变现状、向国际标准靠拢。

在我国已经有学者对我国预算透明度及其状况进行了研究。有学者用国际标准衡量我国预算透明度,如王雍君2003年套用IMF《财政透明度守则》的标准,结论为我国预算透明度太低。我国的各项指标基本都不符合或者部分符合IMF的要求,只有"明确政府责任和角色"中的"审查预算外活动"一项符合要求。[①]笔者认为鉴于我国预算发展短暂的历史和落后的管理现状,直接套用国际标准似乎太高。

还有学者自己设计了中国的透明度评价标准,如上海财经大学公共政策研究中心2009年和2010年对我国省级财政透明度做了调查,并发布了《中国省级财政透明度评估报告》。该调查以公开和完整为原则,依照政府基金、社会保障基金、国有企业基金三个方面,设计100多项问题,并考虑调查对象配合的程度对31个省的财政透明度进行评价。结论为:省级财政透明度很差,整体得分为21.87%(满分为100%,2010年得分),只有排名第一的福建得分为50.41%,其余省份均在20%左右,得分最低的宁夏为15.37%。这次透明度评估在我国是一次突破,也引起了一定的反响。但这次评估仍有待改进之处:首先,评价的原则较为简单,仅依据公开和完整;其次,评估仅限于省级,而我国有中央、省、市、县、乡五个预算级次,显然这次评估覆盖面不够广泛,不能够代表和说明我国整体的预算透明度状况;再次,这次

---

① 实际上,审查预算外活动也并不能保证预算外资金的完全公开透明。因此,笔者认为,按照IMF的标准,我国没有一项符合要求。

评估没有考虑到预算透明的宏观因素。比如法制，很多地方之所以不公开是因为法制没有"公开"的明确界定，所以，严格地说，很多地方和部门不配合调查是合法之举。而此次评价得分很低也是意料之中的。

那么，设计我国的预算透明标准应考虑到哪些国情呢？笔者认为，与其他国家相比，我国起码有以下不可忽视的几个特殊性，这也是我国不能简单、直接套用国际标准的原因。首先，我国实行社会主义体制。目前国际上仅有中国、朝鲜、越南等少数国家还实行这一体制。而国际标准基本上都是考虑到资本主义体制国家的情况设计的。体制不同，预算透明度也会有差异，因此我国至少不能完全使用国际标准。换言之，这些国际标准并不是为我国量身订做的，如果非要套用，则必然带来很多不适。其次，我国预算改革真正开始是上世纪90年代末，不过十年左右的时间，预算制度可以说刚刚起步，用凯顿的定义就是"前预算时代"。而国外很多国家都是经过了上百年的时间来发展和完善预算制度。预算管理水平相差悬殊，不在同一个起跑线上，当然不应该适用同一标准。第三，与国外预算自下而上、主动地产生过程不同，我国预算是自上而下、被动产生的，公众监督预算以及政府主动公开预算的意识没有培养起来，先天不足的预算再加上发展滞后，预算透明不像国外那样具备深厚的公众基础。在这种情况下，我国预算透明度要考虑到对公民民主意识的培养，来补上预算产生过程中落掉的"课"。第四，当前我国不和谐的社会因素众多。预算本身充满着矛盾和冲突（David Nice），因为他与机构、部门甚至个人利益攸关。预算一旦公开，会比不公开引起更多的矛盾和争论，这是任何国家都面临的情况。但我国当前正处于社会矛盾非常激烈的时期，从收入分配的角度看，我国基尼系数已经超过了国际警戒线，影响到了社会稳定。按照世界银行的统计，我国基尼系数已经非常高，仅低于南非和巴西。而近年来基尼系数不断扩大，2007年达到0.48，当前已经超过了0.5（王绍光，2010）。在这种情况下，就不能简单地追求预算的透明，而是要在保证社会稳定的前提下渐进地公开预算。

三、中国特色的预算透明度——规范基础上的透明

本文认为公开预算本身并不是很难,难点在于预算公开之后引起的公众的反响、对政府部门的掣肘。那为什么会有这样的顾虑呢?笔者认为,关键原因在于预算管理不规范。因为不规范,财政不知道是否应该公开、哪些应该公开,不愿意公开,不敢公开;即便公开了预算,由于看不懂、看不清,公众也不买账。从英美等国预算公开的实践来看,虽然预算公开也引起一定的矛盾,但由于预算管理非常规范,所以这些矛盾都是可控的。因此,只有预算管理规范了,财政才会照章办事,拿出完整、具体的预算给公众看,公众也会得到所需的信息,这样公开才实现了它的终极目的——搭建起沟通政府和公众的桥梁。如果能够围绕"规范预算基础上的公开"建立起中国特色的预算透明度标准,那么这套过渡性的标准将是非常有意义的,既能比较客观地评价当前我国预算透明状况又能够指导预算走向更加透明。

基于这一初衷,笔者立足我国国情、借鉴上述国际标准,遵循规范预算基础上的公开路径,按照既满足公众预算知情权又符合政府信息公开能力,最大程度利用预算履行受托责任的原则,设计了一套预算透明度。总体来讲,预算透明可以沿着法律保障、可信确实、明确具体、全面完整、及时即时以及可得参与等几个方面来衡量。具体如表4所示:

表4 中国预算透明度——规范基础上的公开

法律法规	可信确实	明确具体	全面完整	及时即时	可得参与
公开法	审计	经济分类	预算过程	报告制度	公民预算
保密法	金财工程	部门预算	预算内容	金财工程	听证
监督法	财务风险	政府会计			参与预算
预算法					

(一) 法律法规

按照代议制政府和有限政府以及公共财政等理论，政府是公民选举产生的代议组织，要对公众负责，其职责就是满足公共需要。预算作为政府的钱袋子，自然也要公之于众，并且让公众监督。对于公开和监督预算信息，在现代社会，最有力的武器就是法律。只有在相关法律中对于预算公开进行明确规定，才能使预算公开有法可依，落到实处。尤其在当前我国很多地方，预算信息公开都与当地领导人密切相关。如果领导开明，可能会主动推进预算公开；否则就不会公开，反正法律也没规定必须公开，怎么公开。因此要避免预算公开的随意性和主观性，使之成为稳定的制度，就要强调法律保证。考虑到我国整体的法治环境还较差，可以不必要求法律层次，只要有地方性的法规甚至部门性的规章能够为预算公开提供依据就是值得鼓励的。

具体来讲，有以下方面的法律法规：（1）信息公开法。信息公开法实际是公共部门信息公开法，即作为公共部门应该公开其政务信息，其内容主要包括信息公开的范畴。目前很多国家都有专门的信息公开法律法规。比如美国、英国都有信息自由法，并且在法律中明确规定预算信息应公开。我国目前并无专门法律，只有信息公开条例，且关于预算的规定非常粗略。2008年5月1日起实施的《政府信息公开条例》中将预算、决算报告列为政府部门应重点公开的信息。（2）保密法。有公开就有保密。只有界定清晰保密的范畴才能保证公开的范畴。在我国由于《保密法》界定过于宽泛、什么是国家秘密由政府行政部门决定、程序上缺乏必要的制约等问题，形成了与《政府信息公开条例》的冲突。在这种冲突中，属于政府行政法规的《政府信息公开条例》服从了《保密法》，突出表现在《政府信息公开条例》第十四条："行政机关在公开政府信息前，应当依照《中华人民共和国保守国家秘密法》以及其他法律、法规和国家有关规定对拟公开的政府信息进行审查。"这样，"以公开为原则，不公开为例外"在实践中就成了"以不公开为原则，公开为例外"。因此，《保密法》对于公开预算信息必不可少。根据公共预算的原则和各国经验，在保密法中通常规定，涉及影响国家安全、国际关系、商业秘密等信息是不宜公开的信息，除此之外的信息均应公开。(3) 监督法。监督法主要规范作为立法机关监督政府部门的权利与义务关系。监督政府的钱袋子已经是国会最有力的武器（威尔逊）。通过监督法来明确立法机关的监督权力并督促政府公开预算是提高预算透明度的重要途径。2007年1月1日开始实施的《监督法》是我国第一部监督法律。(4) 预算法。预算法的宗旨是为了规范政府的财政收支行为，保证在公共资金的筹集、分配、使用方面最大限度地满足社会的共同需要，符合人民群众的根本利益。要实现预算法的宗旨，财政信息向公民及其代表机构公开是一个必要条件。

（二）可信确实

预算是专业的政府理财行为，随着政府职能的扩张以及政府会计的复杂专业化，公众不容易看懂预算，即使原原本本地呈现在公众面前，恐怕公众也难辨真假，因此，保证公开预算信息的确实可信就是非常重要的。实际上，与企业预算做假账一样，政府部门也有做假账的动机和倾向，这可能缘于赤字界限的法律规定、迎合上级良好预算状况的需求以及部门申请预算的要求等多种原因，所以，公开的不一定就是真实的，而只有真实的公开的预算才有意义。

要保证预算的可信确实起码要做到以下几点：(1) 审计。预算的专业性决定了审计是保证其真实可靠的最有利的手段，就像上市企业的财务需要经过审计才能向公众披露一样，政府预算也需要经过审计才能公开。所有预算文件和预算报表以及数据如草案、预算年中报告、决算报告等都应经过审计。预算审计的公开透明包括以下内容：对政府预算执行的全部情况进行调查和评价，没有遗漏公布全部审计结果，没有保留追踪政府部门对问题的处理过程等。(2) 金财系统。政府财务信息管理系统（government financial information management system）（以下简称GFMIS）是采用电子信息手段处理政府财务管理事务的系统，一般包括预算编制模块、拨款模块、支付模块、非税收入模块、税收收入模块、政府采购模块等。政府财政管理信息系统是主要市场经济国家政府信息系统中最核心的系统，美国、法国、英国财政部的管理信息系统已运行了近20年，一直是国家经济运行和管理的核心。GFMIS系统能够完整记录财政收支过程；及时提供各种准确可靠的财务信息；为预算编制、执行提供全面、综合的管理报告。我国1999年开始推广，从实践来看，GFMIS系统从根本上改变了财政系统多年来随意粗放的管理模式，大大提高了预算管理的效率，更重要的是，保证了预算信息的真实性。(3) 财务风险。可信的预算须包含财务风险的报告，包括隐形负债、或有负债、地方政府债务等。

(三) 可得、参与

预算信息的可得是指公众能够比较方便地获得并理解预算信息，这一方面要求政府提供公众获得预算的途径比如网络、光盘、书籍等；另一方面还要求政府的预算信息能够看得懂、看得清，这是公开预算的基本要求。在此基础上，如果能允许公众参与预算，那就是更高层次的透明。因为其一，公共预算本来就是花公众的钱，公众有权利参与并发表意见。其二，通过参与预算能够更好地表达公众的利益诉求，减少和降低各种预算请求之间的矛盾冲突。因此，在条件适合的情况下（比如基层预算、公众参与意识较强、政府愿意采纳和实施公众的意见建议），参与预算是应当鼓励的做法。

可得参与至少包括以下方面：(1) 公民预算。公民预算是指面向公众编制的简单易懂同时突出了公众关心的预算信息如医疗教育等内容的预算，它与提供给立法机关审批的预算或者供专业人员研究的预算版本不尽相同。信息是提供给不同对象使用的，而不同使用者对于信息的需求侧重点和难易程度都是不同的，如果不把这些信息经过加工整理再加提供，那么信息获取的效率可能会非常低。(2) 听证。在当前预算公开的做法中，保证公众获得预算同时也能使公众参与的最常用的途径就是听证。预算听证制度是预算公开的必要制度。听证制度最初源于英美法律中的自然公正原则，也是当前很多国家采用的公开预算的措施之一。(3) 参与预算。巴西、美国、德国、北欧国家和我国温岭、哈尔滨、焦作、无锡等地方政府都在积极推动参与预算。实践证明，参与预算已经超越了预算透明的简单要求，吸纳了公众的预算诉求，更为公开、公平地分配了预算资源。

（四）明确具体

明确具体是指预算信息能够详细准确地说明每项预算收支的来龙去脉。这正是当前我国预算看不懂、看不清的典型表现。比如根据公开的预算报告，每年用于基础建设有几个亿，但这只是一个总数，公众根本没办法看懂究竟这些钱是如何花销的。所以，这种大块的数字意义不大，而如果把数字细化，多少用于工资、用于哪些人、职务分别是什么，多少用于采购，采购了工程、服务还是商品，分别花了多少钱，这对于信息使用者而言才是更有意义的信息。

（1）经济分类。我国目前公开的预算支出信息基本上都是按照功能分类的财政支出。功能分类立足于国家宏观层面，旨在为决策者和管理者提供关于预算支出实现了哪些国家职能以及实现如何的信息。对于公众而言，更为具体的经济分类似乎更容易理解。经济分类按照预算支出的经济性质和具体用途进行分类，大体上分为人员开支、办公开支和项目开支等，而且一般设有二级科目（在我国分为类、款两级）。我国自2007年开始采用新的收支科目分类，支出方面综合采用功能分类和经济分类，比以前单纯采用功能分类更为明确具体，这也符合IMF的要求。

（2）部门预算。部门预算是指一个部门一本预算。按照分类标准，部门、功能和经济性质这三种标准，部门预算是最基本的分类。因为它能够比较明确地表明某一个部门的收支情况。而政府的收支多是从各个部门收和支的。在国际上，基本不将部门预算作为重要的透明标准。（IBP将它作为一个标准）。这是因为在国外，基本上从开始就有部门预算，并不需要进行专门的部门预算改革。但在我国，部门预算从2000年才开始改革，目前各地推进程度也不一。我国有些部门的预算只有1页纸左右，而南非科技部的部门预算有32页纸。中国公布的仅有两张报表：收支总表和拨款表；而美国公布的部门预算报表达十多页。中国没有行政部门的汇总预算，每个部门都在各自网站上公布它的预算，但没有汇总的；印度财政部将各部门的预算都链接到它的网站上，可以搜索到综合的部门预算。

(3) 政府会计。政府会计是对政府预算收支行为及其资金的记录和核算,如果想了解某一项预算资金的来龙去脉,那么运用政府会计来查询无疑是最为细致具体的。

(五) 全面完整

全面完整是指预算的过程要完整并且要公开,而预算的内容也要完整。如果预算不完整,那么部分公开的预算也不能算是可信的。

(1) 预算全过程要公开。从一个预算周期来看,预算过程包括预算编制、预算审批、预算执行和决算。全过程公开意味着这些行为及其结果都应公开。比如预算编制阶段,应公开预算编制的依据(预算前报告)、预算执行阶段应公开不同执行阶段的情况包括年中报告、半年报告、季度报告等。预算过程公开的指标对我国非常重要,正如IBP评论中国当前的预算公开"距离透明负责的预算还有很长一段距离,最重要的就是公开的预算只是经过人大审批后的预算,至于预算是如何形成的则没有公开"。

(2) 预算内容全面。预算内容全面是指政府的全部收支都要公开,通常包括一般预算、基金预算和债务预算。从内容上来看,包括国有资产和政府采购。在国外,预算外资金是重要的公开内容。而上世纪末开始推行的收支两条线才刚刚将预算外资金纳入预算管理,当前我国预算外资金的规模和来龙去脉仍旧是"冰山"。

(六) 及时实时

所有的信息都是有时效的,及时甚至是实时地提供预算信息无疑是更好地保证了预算的透明。对于信息使用者而言,可能需要当前预算过程的最新信息,比如预算执行情况或者需要实时地了解税收收入入库或者国库的余额,也可能需要过去几天或者几个月数据的汇总等。(1)报告制度。几乎所有国家都有预算的报告制度,但只是报告的程度不同,如果要满足及时实时地报告,那么起码需要预算前报告、年中报告、决算报告等。(2)金财工程。如前述,这种政府财政管理的信息系统能够实时跟踪记录和监督每一笔预算收支行为,所以在信息化时代的今天,保证预算信息实时透明的最佳途径就是金财工程。

【参考文献】

陈家刚:《参与式预算的理论与实践》,载《经济社会体制比较》2007 年第 1 期。

国际货币基金组织:《财政透明度手册 2007》,http://www.imf1org/external/index.htm。

国际预算合作组织:预算公开报告,www.internationalbudget.org。

经济合作与发展组织:《经合组织预算透明度最佳做法》,2001,www.oecd.org/。

马骏、牛美丽:《公民参与》,中国人民大学出版社 2009 年版。

Brain Wample, *A Guide to Participatory Budgeting Participatory Budgeting*, the World Bank, 2007.

Simonsen William & Mark D. Robbins, *Citizen Participation in Resource Allocation*, Boulder: Westview Press, 2000.

基于政府门户网站视角的预算公开信息评价*

魏　陆**

内容摘要：互联网作为现代社会最便捷的一种互动联络方式，是政府信息公开的一种主要途径。预算公开是社会公众参与预算监督的一种重要手段，有坚实的理论基础和丰富的政策实践。本文基于政府门户网站这一公开渠道，对美国、英国、日本以及中国香港等国家和地区的预算公开信息进行比较，从专门性、全面性、详细性、动态性、便利性、回应性等不同角度构建政府门户网站预算公开信息评价标准，利用这一标准对我国政府门户网站中央预算公开信息进行评价，认为虽然近几年我国在预算公开方面取得了一定进展，但仍处在起步阶段，最后针对性地对提高我国政府门户网站预算公开信息质量提出了一些对策建议。

关键词：预算公开　预算改革　政府门户网站　预算信息评价

　　预算公开，是政府向社会公众最大限度地全面、详细、可靠、及时地告知政府收支情况，让社会公众了解政府活动的真实成本和收益。预算公开是社会公众参与预算监督的一种重要手段，也是我国近年来预算

---

* 此文已发表于《当代财经》2012年第1期。
** 魏陆，男，上海交通大学国际与公共事务学院副教授，研究方向为公共预算、公共财政、公共经济。

改革的一个热点，在社会各方面的共同推动下，社会公众的预算意识明显增强。虽然近年来我国在预算公开方面取得了较大进展，特别是2011年中央部门预算公开迈出了重要一步，但是与社会期望仍有较大的差距。互联网作为现代社会最便捷的一种互动联络方式，是政府预算信息公开的一种主要途径。本文基于政府门户网站这一预算信息公开渠道，对美国、日本、英国以及中国香港等国家和地区的预算公开信息进行比较，构建政府门户网站预算公开信息评价标准，并利用这一标准对我国中央预算公开信息进行评价，最后对进一步提高我国预算公开信息质量提出了一些对策建议。

一、预算公开的理论基础

预算既是一个政治过程，又是这一政治过程的结果。美国著名预算专家威尔达夫斯基认为，预算——即企图通过政治过程配置稀缺的金融资源，以实现各种美好生活——是政治过程的中心（威尔达夫斯基，2006）。在现代社会，政府信息公开已成为世界潮流，作为政府信息的重要组成部分和社会关注的热点，预算信息公开透明是公共预算的本质要求，具有扎实的理论基础和丰富的政策实践。

首先，社会公众与政府作为一种委托代理关系，社会公众有权监督政府如何使用社会公共资源。社会公众作为委托人（纳税人），是政府财政资源的主要提供者，有权了解和监督政府使用公共资源的情况；政府作为受托人，是财政资金的直接使用者，有义务履行公众所赋予的受托责任。如同其他任何委托代理关系一样，在财政资金的使用方面，作为委托人的社会公众和受托人的政府之间也存在突出的信息不对称问题，社会公众则处于明显的信息劣势地位，并且随着现代政府规模的扩大，这种问题愈加严重。在信息不对称情况下，容易导致政府部门的道德风险和逆向选择。因为，政府的行为也是一种"经济人"行为，政府有强大的隐匿信息的动力，如果缺少完善的治理机制，其可能为追求个人和部门利益而做出损害公共利益的行为。在多数公民无法使用

"退出权"对政府进行制约的情况下,为了减少这种信息不对称对其可能造成的风险和效率损失,提高政府决策的透明度,是强化社会公众对政府决策的"发言权"的有效途径,可以有效降低代理成本,增强政府的公共受托责任。因此,政府公开预算不是对民众知情权的"恩赐",而应是其法定义务。

其次,预算信息作为一种公共产品,信息公开可以提高经济社会的运行效率。预算的编制要求政府对当年的经济形势做出准确预测,在此预测的基础上对政府的财政收支做出合理安排,预算资金的使用反映了政府对经济社会问题的侧重点和解决思路,因此,预算具有重要的政策导向作用。一方面,预算公开有利于社会公众了解政府政策,引导其合理作出决策,另一方面,也有助于政府合理配置资源、经济调节等政策目标的实现。例如,在预算的收入编制方面,要对宏观经济走势做出判断,对政府当年的税收政策的变化做出说明,这些都会影响企业和个人的行为预期,使其与政府的政策目标相一致。但是,在预算信息的使用上,具有纯公共产品的特性,即非竞争性和非排他性,个人收集和提供预算信息的动力不足,当然其能力也受到限制,而政府在这方面具有天然的优势,因此,预算信息作为一种公共产品,预算公开是政府的职能所在,有助于提高经济社会的运行效率和政府政策目标的实现。

第三,预算作为一个政治过程,预算公开可以作为推进预算民主与法治的突破口。对社会公众来讲,知情权是公民的一项基本权利,预算信息的公开是保障公众知情权的重要组成部分,预算是公众了解、监督、约束政府行为的有效工具,而要监督和控制政府,必须全面了解政府预算,要求政府公开预算是公民民主意识的体现。对政府来讲,预算公开是实现政府"善治"的制度保证,有利于增强社会公众对政府的信任,也有利于政治人物赢得社会公众的支持。因此,预算公开可以作为完善政府治理和实现预算民主法治的载体。在很多发达国家和发展中国家,预算公开已经成为现代公共预算制度下社会公认的一项基本准则,通过宪法、预算法、财政法或者专门的信息公开法等法律法规,对公共权力机关预算信息公开义务做出了详细规定。特别是对一些转轨国家而言，在走向预算民主与法治的过程中，预算公开更是必不可少的。

二、一些国家和地区政府门户网站预算公开信息比较

在现代网络社会中，互联网作为新兴的信息处理与信息传播途径，是社会公众获取政府预算信息最便捷的渠道，也是政府公开预算信息的一个主要途径。这里主要基于从政府门户网站（包括综合性政府门户网站以及财政部等专门政府网站）获得的预算信息，对一些具有代表性的国家和地区的预算公开信息进行比较和分析，重点选取美国、英国、日本和中国香港地区的预算信息作为研究对象。

（一）美国联邦政府门户网站的预算信息

在美国，管理与预算办公室（Office of Management an Budget, OMB）是主持联邦政府预算的专门机构，因此有关联邦政府预算的信息放在联邦政府门户网站的 OMB 目录下，其网址是：www.whitehouse.gov/omb/budget，或者专门的预算网站下，其网址是：www.budget.gov/budget。在政府门户网站上，预选信息非常丰富。以联邦政府 2011 财政年度（2010 年 10 月 1 日——2011 年 9 月 30 日）预算为例，公开的预算文件包括总统预算信息，2011 财政年度美国政府预算，2011 财政年度美国政府预算项目中止、减少和结余说明，2011 财政年度美国政府预算分析展望、历史表格、补充资料、附录表、补充、修正和披露、事实表格，以往年度的预算，以及中期回顾等内容。

2010 年 2 月 1 日，奥巴马总统向国会提交了 2011 财政年度美国政府预算，内容包括总统向国会提交预算时的演说词、总统预算优先考虑的问题、按照政府机构组织的预算概要以及简要的预算表格。按政府机构组织的预算包括 23 个联邦政府部门和机构的部门预算。以教育部门预算为例，首先列出了 2011 财政年度政府教育支出要点，然后对每项政策进行详细说明，最后给出了教育部门 2009—2011 三个财政年度的每个项目的具体支出数据，包括几十项指标，既包括政府直接支出，还包括教育信贷支出。简要的预算表格列出了 2009—2020 财政年度政府

收入、支出、赤字及其占 GDP 的比重等相关信息,让人们对中期财政收支情况心中有数。报告总计 184 页。

2011 财政年度政府预算分析展望包括针对专门领域的一些分析,或者对预算数据提供非常有意义的解释,具体包括经济和账户分析、联邦收入分析、联邦支出分析、联邦借贷和债务分析,以及其他的技术性解释,文件总计 462 页。2011 财政年度政府预算历史数据提供很长一段时期内的政府预算收入、支出、结余或者赤字、联邦债务、联邦就业等数据,通常从 1940 年或更早开始,一直到 2011 或者 2015 年,并且这些数据尽最大可能地已经被调整过,使其与 2011 年的预算保持一致并具有可比性,文件总计 362 页。

2011 财政年度政府预算附录,包括构成预算的不同拨款和基金的详细信息,主要是供国会拨款委员会使用,对于每一个机构,都列出了预计的拨款环境、每个账户的预算计划、法律建议、应该完成的工作说明、所需要的资金,以及计划运用的拨款条款等,文件总计 1413 页。2011 财政年度政府预算项目终止、减少和结余说明,列出没有完成预定目标的项目,没有效率的项目,或者可以由其他计划完成的项目,文件总计 123 页。在事实表格中,根据政府部门、关键问题以及各州等不同主题对政府预算信息进行了分类,便于读者根据感兴趣的问题进行检索。以前年度的预算列出了各年度的预算资料,其内容类似 2011 财政年度的预算信息。中期预算回顾包含对预算收入、支出估计的修订,以及其他一些简要的信息。

包含这些美国政府预算文件的预算信息都可以免费下载,如果是文字,提供 PDF 版本,并且还提供 FDF 软件供下载后浏览使用;如果是数据,提供 EXECL 版本,以方便用户进行数据处理。此外,还有包括所有政府预算文件的光盘,不过光盘需要购买。为了获得更多电子版本的预算文件信息,可以打电话(202)512 - 1530 或者拨打免费电话(888)293 - 6498。购买光盘或打印文件,可以拨打电话(202)512 - 1800。

(二) 英国政府门户网站的预算信息

英国政府为了便于社会公众了解政府情况,将所有的政府公共服务都放在政府门户网站的同一个网页中,其网址是:www.direct.gov.uk,用户可以根据需要进行分类检索。此外,由于财政部是负责预算编制和执行的主管机构,因此,更加详细的预算信息还能在财政部的网站上获得,其网址是:www.hm-treasury.gov.uk/budget2010.html。

仍以2010年度预算报告(2010年4月1日—2011年3月31日)为例,2010年3月通过的预算报告全文共228页,预算信息包括经济和财政战略报告,财政状况和预算报告两大部分内容。经济和财政战略报告(EFSR)共包含七章内容,第一章是回顾,对世界经济及英国经济前景进行了分析,围绕政府的目标,对2010财政年度的预算政策要点进行简要介绍。第二章是维持宏观经济的稳定性,阐述政府如何促进经济复苏,建立一个强大的经济,同时又确保公共财政安全,并对2014—2015财政年度前的公共部门净借贷、公共部门净投资、公共部门债务等占GDP的比重进行了预测。第三章是改革金融服务。第四章是支持企业和增长。第五章是实现公平和提供机会。第六章是保护公共服务。第七章是保证低碳增长。经济和财政战略报告解释了在2010年预算中为了实现政府的长期目标,政府所采取的措施以及其他决策。

财政状况和预算报告(FSBR)包括三篇,A是预算政策决策篇,B是经济篇,C是公共财政篇,此外还包括缩略语列表、表格列表、图形列表,以方便读者检索。财政状况和预算报告以表格形式介绍了自2009年预算以来,影响预算平衡的所有措施和决策,给出了这些措施和决策对2012—2013财政年度前政府收入和支出可能产生的影响。这部分还包括个人税收和福利制度在税率和津贴方面的变化情况,以及企业税收制度、增值税、环境税和其他间接税的变化情况。

此外,政府门户网站还提供了大量与预算相关的补充报告,如预算报告中的数据来源说明,能源市场评估报告,改革武装部队报告,国家基础设施战略报告,2010—2011年度债务和储备管理报告,到2020年消除儿童贫困路线图,国家审计办公室关于预算假定的审计说明,影响评估报告等，以便于读者更好地理解政府预算。

以前年度的预算以及财政大臣关于预算的演讲等预算信息都可以在政府门户网站上获得，并且相关报告都提供 PDF 格式供读者下载。此外，根据要求还提供不同形式的预算资料，如盲文、录音、录像，还提供其他语言文件，如威尔士语等。如果读者要求其他语言、格式的报告，或者对财政部及其工作有任何要求的话，可以和财政部反馈与查询部门（Correspondence and Enquiry Unit）联系，其电话是（020）7270 4558，传真是（020）7270 4861，电子邮件是：public.enquiries@hmtreasury.gov.uk。

（三）日本政府门户网站的预算信息

日本政府门户网站被称为"首相官邸（Prime Minister of Japan and His Cabinet）"，其网址是：www.kantei.go.jp/index.html，在显要位置列出了平成 22 年度（2010 年 4 月 1 日—2011 年 3 月 31 日）的预算信息。此外，在内阁府财务省的网页上还设有专门的预算栏目提供更加具体的预算信息，其网址是：www.mof.go.jp/budget。

公开的预算信息包括平成 22 年度预算重点，对平成 22 年度政府预算总收入、总支出、与政府重大政策相关的支出等进行说明，基本上采用图表的方式，非常直观。还包括平成 22 年度政府重大政策改革的主要内容说明，包括每项改革的目标是什么，涉及的预算有多少，主管部门是什么，如何与主管部门进行联系。如民主党上台后，为了应对少子化问题，决定自 2010 财政年度开始每月向未成年子女提供 13000 日元的生育津贴，这项工作由厚生劳动省负责，如果想就相关政策向其进行咨询，可以通过电话 03 - 3595 - 2519 进行联系。

最重要的是平成 22 年度预算的主要内容，提供了从平成 21 年 6 月 3 日财务省提出编制平成 22 年度预算要考虑的要点，一直到平成 22 年 3 月 26 日国会最终正式通过政府预算案这一期间每个预算流程的详细内容，包括会议情况、相关的说明等。关于政府预算的内容，包括政府预算总体收入、支出情况、年度变化情况的说明、公务员费用、日本财政形势的说明（对于日本财政形势，主要经济指标与国际一些主要国家进行了比较，时间跨度从 1970 年到 1980 年不等）。部门预算列出每个内阁部门当年度的重大政策、预算支出，与上年的变化情况（包括总额和比例），及关于变化原因的解释，并且细化到每个项目的预算支出是多少，即预算与项目挂钩，图文并茂，简单易懂。

在财务省网站预算专栏下，列出了更加详细的预算信息，包括日本2010财政年度预算要点，日本的财政条件说明，日本2010财政年度预算表格，财务大臣在国会中就预算问题的演讲，2010财政年度预算要求汇总（预算制定初期的文件），其中，最重要的是相关财政统计资料和数据，详细列出了到最新财政年度的政府一般收支状况，按功能划分的政府支出情况，按来源划分的政府分类收入情况，其提供的数据不但有总量，还包括其占GDP的百分比，时间跨度通常从1965年开始，每类信息都十分详细。

所公开的预算文件既提供PDF格式，有的还提供WORD格式，对于数据还提供EXCEL格式，并提供下载服务，以方便使用者加以利用。并且，虽然日本是非英语国家，但其多数预算信息都提供英文版本的文件。在财务省网站上，设有反馈栏（feedback），如果对政府预算有任何评论和要求，可以与财政部门联系，还可以注册电子邮件，财政部门将通过电子邮件提供相关信息。

（四）中国香港特区政府门户网站的预算信息

中国香港特别行政区政府设置政府一站通服务，将政府相关信息都放在香港政府一站通网站上，预算信息有专门的主页，其网址是：www.budget.gov.hk。

以2010至2011财政年度政府预算为例（2010年4月1日至2011年3月31日），2010年2月24四日，香港特区政府财政司司长曾俊华作了动议二读2010年拨款条例的演说词，共八个部分，正文50页，补编和附录35页。其中，经济表现和展望回顾了2009年的经济形势，对2010年的经济走势进行了预测；财政现况与2010至2011年度预算简要介绍了2009至2010年度修订后的预算以及2010至2011年度预算总体收支情况；中期财政预测对2010—2014的基本经济形势、财政盈余情况进行了估计。补编对演说词中的一些税收政策变化及其影响进行了说明，2009年及2010年的详细经济数据用表格的形式展现出来。附录是对2010年至2014年中期财政预测的详细说明。

截至2011年3月31日的财政年度预算案的具体内容，共195页，包括卷一和卷二两大部分，卷一又分为卷一甲部和卷一乙部，卷一甲部载列简介及各项摘要，并连同卷一乙部，提供所有总目开支的分析，包括管制人员报告、按分目列出的开支详情及承担额。卷一乙部亦收录政府一般收入账目的收入分析。卷一甲部及乙部卷末均载有政策范围索引及开支总目索引，详细列出了政府各个部门的2008年度实际支出、2009年预算支出、2009年修订后的支出、2010年预算支出数据，除了总支出外，还有根据不同标准进行的详细分类支出。对于年度变化，都配有详细的文字解释，有的还配有不同的图形加以说明。卷二提供各个为特定目的而成立的基金的法律背景、目的和详情，列出政府九个为特定目的而成立的基金的预计收支资料。

此外，公开的预算信息还包括以前各年度的预算、立法会预算审议情况等，为了便于社会公众理解和了解预算与自己的关系，还用漫画以及Flash生动形象地显示重大财政政策与个人的关系。相关预算文件可以以"WORD"或者"PDF"格式下载，并提供中文繁、简体及英文版本，市民如果希望获得更多的预算信息，或者就预算问题发表意见，可以与特区政府财政司联系，电话是：（852）28103824；传真：（852）21475770；电子邮件：budget@fstb.gov.hk。

三、基于政府门户网站视角的预算公开信息评价标准

互联网作为现代社会最为便捷的联络手段和政府信息公开的一个主要渠道，在预算信息公开方面有其自身明显的特点和优势，如具有开放性、共享性、交互性、动态性，信息数据传递快，覆盖面广，容量大，易于保存和复制，容易检索，这些都是传统手段难以比拟的。目前，国内外关于财政信息公开程度的研究主要侧重于财政透明度方面，这对于评价预算公开信息具有重要的参考价值，但是专门基于政府门户网站视

角的关于预算公开信息评价的研究还不多。这里根据前面美国、英国等一些国家和地区的政府门户网站的预算公开信息特点，提出一些评价政府门户网站预算公开信息质量的标准。

一是专门性。预算作为社会公众了解和监督政府收支活动的一个重要窗口，其信息往往是社会关注的焦点。如果这些信息分散在不同的网页中，将增加使用者的信息搜寻成本和使用预算信息的难度。为了便于社会公众了解政府预算信息，应在政府门户网站和（或）财政部门网站设立专门的预算窗口或者预算主页，将预算相关信息都放在同一个主页内，使社会公众很容易找到自己需要的预算信息。

二是全面性。预算是政府的收支计划，为了全面反映政府收支活动，预算信息应涵盖全部政府收入情况（包括税收支出和非税收收入）、全部政府支出情况（包括直接支出和担保支出）、政府债务情况，此外，为了让使用者更好地理解预算，还应提供中期财政预测、历史数据回顾、以前年度的预算，以及政府或财政部门负责人关于预算的讲话等，体现预算的完整性，社会公众对政府预算有一个全面把握。

三是详细性。只公开笼统的预算数字是没有多大意义的，信息越详细，政府的自由裁量权越小，越有助于加强对政府的监督，预算信息的使用效率也将越高。因此，预算指标应尽可能地细化，并配有辅助性的解释说明材料，预算信息应该包含编制预算的依据（如经济分析展望）、按来源划分的收入预算、按部门划分的支出预算、按项目划分的支出预算，以及对预算政策、项目变化及其对收支影响的解释等，在表达上应图文并茂，易于理解。

四是动态性。预算是一个动态过程，包括预算编制、预算审批、预算执行以及决算，因此预算公开不应是独幕剧，而应是连续剧，每个过程的相关预算信息都应该第一时间公布。预算信息应该包括政府编制的预算是怎么样的，立法部门对预算是如何审议的，最终通过的预算是怎样的，预算执行中的变化如何，以及决算情况、预算审计情况等，让社会公众可以比较预算不同阶段的动态变化。

五是便利性。预算应是用户友好型的，应提供不同的检索方式，使个人很容易找到自己感兴趣的预算信息；还应提供不同的信息模式，如WORD、PDF、EXECEL版本的预算信息，并提供必要的下载工具，便于用户根据自己的需要处理相关预算信息；对于多语言国家和地区，还应提供不同语言的预算信息。

六是回应性。现代互联网还有一个重要特征就是具有回应性，如果公众对预算信息有疑问或者需要进一步了解相关情况，政府应该提供相关部门的联系方式，以方便社会公众进一步获取相关预算信息。

表1 基于政府门户网站视角的预算公开信息评价标准

一级指标	二级指标	中国 2010 年情况
专门性	政府门户网站是否设有预算专栏	否
	财政部门网站是否设有预算专栏	是
全面性	是否涵盖全部政府收支	否
	是否提供政府债务情况	是
	是否提供中期财政预测	否
	是否提供尽可能长的历史数据	否
	是否提供过去年度的预算	否
详细性	是否提供编制预算的依据，如经济分析展望	否
	是否提供按来源划分的收入预算	是
	是否提供按部门划分的支出预算	是
	是否提供按项目划分的支出预算	否
	是否提供对预算政策及收支变化的详尽解释	是
	是否图文并茂，易于理解	否
动态性	是否提供立法部门审议前的预算报告	否
	是否提供立法机关审议修改情况	否
	是否提供预算执行中的变化情况	是
	是否提供决算详细情况	否
	是否提供预算审计详细情况	是
便利性	是否提供对预算信息的不同检索方式	否
	是否提供不同格式的预算文件	否
	是否提供不同语言的预算文件	否
回应性	是否提供索取预算信息的相关联系方式	否
	是否提供意见反馈渠道	否

四、我国中央政府门户网站预算公开信息评价

近年来在社会各方面的共同推动下,预算公开成为我国预算改革的一个热点,以预算公开作为预算改革的突破口已经成为学术圈的共识,一些个人也积极通过信息公开申请等方式,要求政府部门公开预算信息,社会公众的预算意识空前增强。纵向来看,我国预算信息经历了从国家机密到向人大代表公开,再到逐渐向社会公众公开这三个发展阶段,预算公开取得了一定进展,特别是这两年预算公开进程明显加快。但是横向来看,预算公开仍存在很多不足之处,与社会公众的期望仍有较大的差距。

(一)近年来我国预算公开取得的进展

我国预算公开还是近十多年的事情。1997年,国家保密局和财政部制定的《财政工作中国家秘密及其密级具体范围的规定》还指出,财政年度预、决算草案及其收支款项的年度执行情况、历年财政明细统计资料等属于国家秘密,不得向社会公开。1999年,全国人大常委会通过《关于加强中央预算审查监督的决定》,提出编制部门预算、细化预算等要求,2000年全国人大即选择教育部等四个部门作为向全国人大报送部门预算的试点,可以说,部门预算改革为预算公开提供了条件。但是在人代会上,部门预算及预算资料仍被标上"秘密,会后收回"字样,预算文本掌握在代表团的团长手里面,人大代表要看预算案,必须向团长借,十分不便。自2006年开始,湖南省将124个省级一级预算单位的预算情况全部向人大代表公开。深圳等地的人大代表人手一本部门预算草案,而且允许代表带回家。预算公开迈出了体制内的第一步。

2008年5月1日正式实施的国务院《政府信息公开条例》将"财政预算、决算报告"和"财政收支、各类专项资金的管理和使用情况"列为重点公开的政府信息,公开预算信息成为各级政府及其部门的法定义务,预算开始逐渐向社会公众公开,预算公开再次迈出向体制外公开

具有里程碑的一步。2009年10月广州市财政局在网上全部公开当年114个部门预算，获得了社会充分肯定。

2010年3月财政部发文《关于进一步做好预算信息公开工作的指导意见》，要求积极做好预算信息主动公开工作，认真做好预算信息依申请公开工作。2009年全国人代会闭幕不久，财政部即于2009年3月20日在其官方网站公布了经全国人代会审议通过的2009年中央财政预算数据，这是财政部首次在全国人大审议通过预算草案的第一时间将其向社会公开。2010年3月30日，国土资源部率先公布了其部门预算，随后财政部、国家地震局等73个中央部门相继公开了部门预算。2010年5月，财政部公布了2010年政府性基金及中央国有资本经营预算编制情况。

（二）基于中央政府门户网站的预算公开信息评价

应该说，近年来我国预算公开取得的进展是有目共睹的，预算公开步伐是呈现加速度前进的，那么如何评价目前的预算公开信息状况呢？根据前面确定的政府门户网站预算公开信息评价标准，下面基于中央政府门户网站的预算信息，对我国预算公开情况进行评价。

从专门性来看，作为社会关注度最高的政府网站，在中央政府门户网站上（www.gov.cn）没有专门的预算专栏，也很难看到相关的预算信息。在财政部的网站上设有"2010年财政预算报告和2010年中央财政预算"专栏，其网址是：www.mof.gov.cn/zhuantihuigu/2010ysgk，给出了关于2009年中央和地方预算执行情况与2010年中央和地方预算草案的报告、相关名词解释、12张表格以及相关预算编制说明、财政部新闻发言人就推进预算信息公开答记者问等，虽然说预算信息比以前大大丰富，但仍有很多预算信息没有放到这一预算专栏下，而是散见于各个栏目中，必须自己设法搜索，全面了解政府预算信息很难。例如，虽然2011年很多部门公布了部门预算，然而这些部门预算信息并没有纳入预算专门栏目中。

从全面性来看，2011年除了公开2010年首次公开的中央财政收入预算表、中央财政支出预算表、中央本级支出预算表、中央对地方税收返还和转移支付预算表等四张中央预算表格内容外，还增加了八张表格，包括中央财政国债余额情况表、中央政府性基金收入预算表、中央政府性基金支出预算表、中央本级政府性基金支出预算表、中央对地方政府性基金转移支付预算表、中央国有资本经营预算收入表、中央国有资本经营预算支出表、2010年中央财政地震灾后恢复重建基金收支表等，预算信息比以前更加全面，除了社会保险基金外，基本上涵盖了中央预算的总体收支范围。但是公布的预算信息通常只有两年数据，即2009年执行数和2010年预算数，没有提供中期财政预测和历史数据，也没有提供以前年度的预算，很难进行纵向比较和分析。

从详细性来看，除了公开的信息更为全面之外，公开的信息也较以往详细。中央财政收入预算介绍了2010年中央财政收入情况，列出了每个税种2009年执行数和2010年预算数及变化情况，为了方便社会各界更好地理解预算，还简要解释了收入预算编制的依据是什么。如2010年营业税预算数为190亿元，比2009年执行数增加22.89亿元，增长13.7%，主要是根据银行信贷规模、铁路运营收入等因素确定的。同时，一些预算也从以前的类级细化到款级，如中央本级支出预算表以及中央对地方税收返还和转移支付预算表细化到款级科目，这些比以前都是明显的进步。虽然预算信息比以前更为详细，但是总体来看，还是十分粗略和简单，很多只是公布了笼统的数字，对为什么这样缺少详尽的解释，更没有与项目挂钩的项目预算。例如一些部门公布的部门预算，只是简单地列出该部门2011年的收入项目和支出项目，既没有历史数据可供比较，也没有对预算政策及收支变化的详尽解释，无法让人对政府预算做出科学的分析和判断。预算公开信息比较呆板，图表较少，文字晦涩难懂，普遍反映目前的预算不但外行看不懂，就连内行也看不懂。

从动态性来看，在人代会之后预算信息公开开展得轰轰烈烈，取得了良好的社会效果，但是当社会关注的热点转移之后，似乎又归于沉寂。在财政部建立了预算专栏后，其中的预算信息几乎没有补充更新过，预算信息公开好像是一次性的，有些专家戏称为"一锤子买卖"，大有为了应对社会舆论压力走形式的感觉。并且我们的预算报告是在人大审议之后才对外公开的,人大审议前政府提交的预算报告是什么样的?人大是如何修改讨论修改预算的?预算执行中发生了哪些变化?具体决算情况如何?审计部门对预算的审计结果如何?这些详细的预算信息我们都无法在预算公开信息中获得。因此,目前的预算公开只能说是静态的,特别是预算编制和执行等方面的公开非常不足,我们无法系统动态地了解预算相关情况。

从便利性来看,目前公布的预算信息形式较为单一,没有提供的不同的检索方式,没有提供WORD、PDF等不同格式的预算文件,也没有提供不同语言的预算文件,更不用说提供EXCEL格式的数据,预算信息不是用户友好型的,使用起来非常麻烦。

从回应性来看,这一点更为欠缺,如果社会公众想进一步了解预算情况,没有提供专门的联系方式,对社会公众关于一些质疑很少有回应。

总体来看,虽然我国预算公开方面取得了一定的进展,应予充分肯定,但是仍存在很多不足之处。如上表所示,根据前面构建的基于政府门户网站的预算公开信息评价标准,我国能够满足的只是很少一部分,约30%左右,预算公开基本上仍处在起步阶段,似乎形式大于实质,与社会公众的期望仍有较大的差距。这其中既有客观原因,也有主观原因,客观原因在于目前的预算编制和管理基础工作薄弱,主观原因在于一些部门对公开预算心存顾忌,担心公开得越多,可能会引起的麻烦越多,给人犹抱琵琶半遮面的感觉。

五、提高我国政府门户网站预算公开信息质量的建议

预算信息公开是公共财政的本质要求,有助于保障公民的知情权、参与权和监督权,有利于通过外部监督促使政府管好"钱袋子",促进依法理财、民主理财,提高财政资金使用效益,必须坚定不移地继续推进我国预算公开工作。预算公开改革关键不在于技术问题,而是政府的

态度和决心问题。针对我国目前的预算公开情况，为了更好地推进我国预算公开工作，基于政府门户网站这一预算信息公开渠道，对我国预算公开提出以下几点建议：

（一）在中央政府门户网站增设预算专栏

中央政府门户网站是最受关注的政府网站，为了增强社会公众的预算意识，建议在中央政府门户网站上增设预算专栏，将相关的预算信息都放在同一主页下，便于社会公众查询和了解预算信息。在财政部门网站下，继续完善目前的预算专栏，确保动态更新，提供比中央政府门户网站更加丰富和更加具体的预算信息，与中央政府门户网站预算信息形成互补。同时，应广泛宣传，让更多的人了解这一网站和网址，鼓励和欢迎社会公众使用预算信息。

（二）完善预算编制方法，为预算公开提供扎实的基础

目前预算公开信息不理想还有一个重要原因，就是预算编制基础薄。可以看出，我国中央财政的预算文件篇幅相对最短，因此其涵盖的预算信息是非常有限的。应改革我国的目前预算编制方法，细化预算管理，如将全部政府收支都纳入预算，细化编制预算的依据，对预算政策及收支变化做出详细的解释，对中期财政收支进行预测，对部门预算进行细化，将项目与预算挂钩等，为预算公开奠定扎实的基础。

（三）提供用户友好型的预算信息

预算编制的完善可能需要一个过程，但有些技术方面的改进却是可以很快实现的。在政府门户网站上应该提供更加用户友好型的预算信息，如将所有预算信息都放在同一个主页中，对预算信息提供不同的检索方式，提供尽可能多的历史数据，提供以往年度的预算，提供WORD、PDF、EXCEL等不同格式的预算文件，提供不同语言的预算文件，让使用者可以便利地找到和利用预算信息。

（四）发挥互联网的优势，增强预算信息的回应性

交互性是互联网信息传播的一大优点，在预算信息公开时，应向社会公众公布财政部门和相关政府部门的关于预算信息的联络方式，以方

便社会公众进一步获取其所需要的预算信息,对于社会公众的要求,相关部门必须给予回复。

(五) 结合预算法的修订,为预算公开提供法律保障

目前,在预算公开方面虽然有政府信息公开条例、财政部的指导意见等行政法规和部门规章,但是总体来看,其立法层次不高,对于预算公开还缺少强有力的法律支撑,导致《保密法》中关于保密信息的相关规定成为一些政府部门拒绝预算信息公开的挡箭牌。因此,建议结合我国预算法的修订,进一步明确预算公开的范围、时间、主体等相关事项,为预算公开提供强有力的法律保障。

【参考文献】

邓淑莲:《预算透明评价标准研究》,载《南京社会科学》2007年11期。

[美] 威尔达夫斯基:《预算过程中的新政治学》(第四版),邓淑莲、魏陆译,上海财经大学出版社2006年版。

美国联邦政府预算信息:www.whitehouse.gov/omb/budget;www.budget.gov/budget。

日本政府预算信息:www.kantei.go.jp/index.html。

上海财经大学公共政策研究中心:《2009中国财政透明度报告——省级财政信息公开状况评估》,上海财经大学出版社2009年版。

英国政府预算信息:www.direct.gov.uk;www.hm-treasury.gov.uk/budget2010.htm。

中国香港特区政府预算信息:www.budget.gov.hk。

中国政府预算信息:www.mof.gov.cn/zhuantihuigu/2010ysgk。

财政透明度的限度与效率：对一个分析框架的诠释[*]

凌 岚 张 玲[**]

内容摘要：财政透明度的推进是一个循序渐进的过程，需要关注披露信息的限度与效率。在当前中国社会结构转型期，推进财政透明度要避免陷入"过犹不及"的误区，要以改革政府预算制度为重心，通过建立与完善规范的预算报告制度，搭建公民参与的平台，构建高效率的公共财政治理机制。

关键词：财政透明度 预算透明度 治理机制

2010 年中国政府朝着建设"阳光财政"的方向迈出了一大步，在公民推动、地方试验、高层决策三方力量的共同作用下，已经有国土资源部等近 40 个中央部门公开了年度预算。财政部明确表示：推进财政预算透明度是下一步财政制度创新坚定不移的努力方向。我们终于可以乐观地预言：中国的财政管理创新、民主财政制度建设即将实现预期目标，中国开始迈入一个更加自信、开明与开放的进步时代。然而，此时我们或许不应该忘记卡尔·波普尔的著名论断：开放社会是一项渐进的

---

[*] 此文已发表于《当代财经》2011 年第 6 期。
[**] 凌岚，女，天津财经大学教授、博士生导师，主要从事公共经济与公共管理、政府治理、公共政策、国际税收等研究；张玲，女，天津财经大学博士研究生，主要从事公共管理研究。

社会工程，它的建成需要社会各界持之以恒地为之付出努力，尤其需要对事物发展的极端情形做出预见。既然"民主悖论""宽容悖论"的客观存在足以使民主和宽容各自走向反面，那么，我们也有充分的理由追问财政透明度是否也会出现类似的窘境？

本文将引入英国公共管理学家戴维·希尔德（David Heald）的一个分析框架，结合我国财政管理创新的实际，围绕财政透明度的限度和效率等问题做一些粗浅的探索。

一、过犹不及：从限度与效率的视角分析

凡事必有度，过犹不及，透明度亦即如此。英国学者戴维·希尔德以财政透明度为例，给出了一个透明度与效率之间关系的分析框架（David Heald, 2003）。如图1所示，以横轴代表透明度，纵轴代表效率，透明度与效率之间关系变化的普遍规律是：随着透明度的增加，效率提高，但超过"最适度"后效率随透明度的增加而下降。主要是社会制度和文化因素影响着图形中"最适度"的高度及透明度与效率关系曲线的斜率。[①]一般情况下，透明度与效率之间的关系表现为两种情况：

（一）曲线 AA' 是悲观的情形

当透明度几乎为零时，效率处于一般程度，随着透明度的增加效率迅速提高，但是超过了"最适度"（T_A^*）后，增加透明度反而会降低效率，甚至会比透明度为零时的效率还要低（$A > A'$）。这种观点表达的寓意是，尽管透明度能够阻止"内部人"的欺骗和腐败，但过度的透明也会导致所谓"过度曝光"问题，因产生较高的交易成本和过度政治化而导致效率上的损失。

---

① 在原文中，作者对效率一词做了很广泛的界定，它可以应用在政府公共政策的各个方面，如财政收入、支出的效率，或者代表政府经济（Economy）、效率（Efficiency）和效能（Effectiveness）的三 E 目标等。

(二) 曲线 BB' 是乐观的情形

当透明度几乎为零时,效率很低,同样,随着透明度的增加效率提高,超过"最适度"($T_{B_1}^*$)后效率下降,但效率持续提高的时间要长得多,即使效率下降也比透明度为零时高($B_1' > B$)。当然,对于推进透明度,也有极端乐观主义的观点(在图中以虚线延续的 BB_2' 曲线表示),认为根本不存在某一个过犹不及的度,透明度越大越好,认为透明度的正效应总是要大于"过度曝光"的负效应。

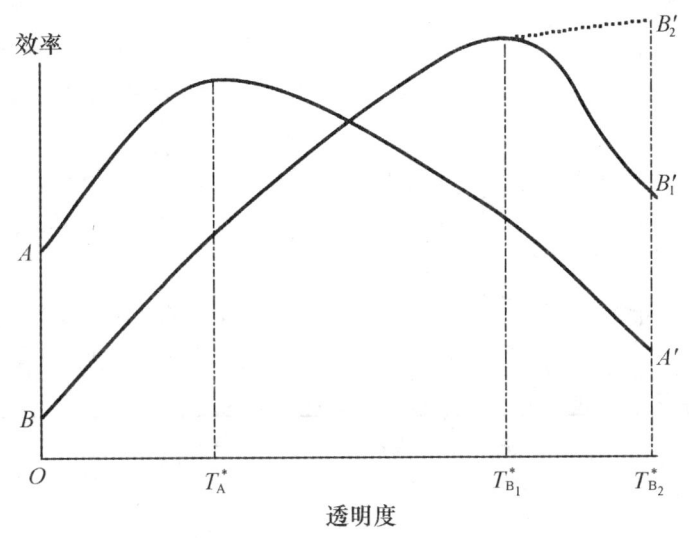

图 1 透明度与效率的关系

(三) 透明度与效率之间的关系随时间的推移而变化

图 2 描述了这种变化。在 $t_0 t_1$ 区间内,效率随透明度的增加缓慢而稳定地提高,在 $t_1 t_2$ 区间内,效率提高显著。但当超过 t_2 点之后,名义透明度(T^N)增加,实际透明度(T^E)降低。对 t_2 点之后变化趋势的解释是:如果政府过度重视透明度,将其奉为圭臬,就会反复无常地修改透明度的基本定义,使提供出的数据失去可比性,政府还会操纵媒体,刻意夸大有利信息,杜撰虚假报道,提供虚假的财政数据等。于是,就会出现图中由 $T_3^E T_3^N$ 之间距离所代表的"透明度幻觉",不管政

府对透明度的解释在技术上看似多么有效,那只不过是假象而已,实际的透明度只是在 T_3^E 点。透明度幻觉的产生可能是因为政府决策失误,也可能就是政府蓄意为之。例如,安哥拉、多米尼加、厄尔瓦多、阿尔巴尼亚等国家,尽管政府制定了信息自由法案,但这些国家仍被国际社会公认为:政府政策透明度很低,治理绩效欠佳。这刚好为验证戴维·希尔德的分析框架的可信度提供了来自现实世界的佐证。

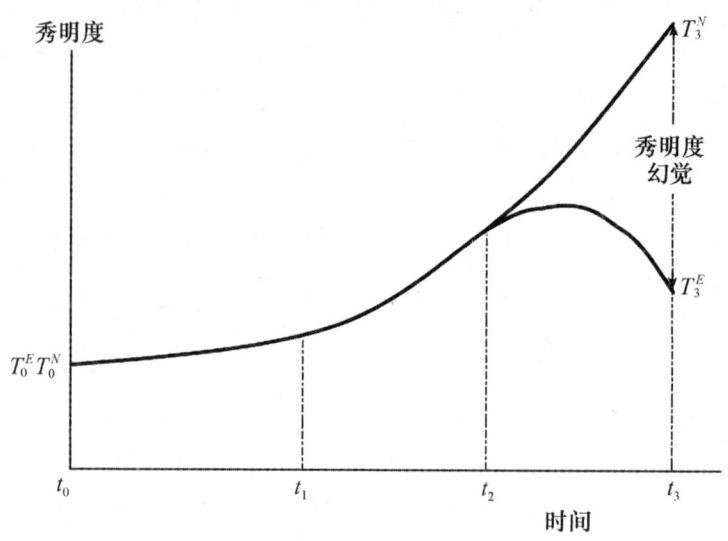

图2　名义透明度与实际透明度

(四) 现实中透明度与效率之间的关系变幻莫测,"悖反性"是客观存在

图3中的 $BB_3'B_1'$ 曲线试图对这种复杂性做出描述。这一曲线在"最适度"(T^*)之后,与乐观的 BB' 曲线完全重合,但在"最适度"之前,它上升的轨迹却与乐观曲线有着很大的偏离,这揭示着透明度每前进一步所得到的"红利"都是来之不易的。一个疑问由此而生:人民是否应该把对政府绩效的期待(比如降低公共部门的资本成本)寄托在某一个绝对或相对的透明度上面?在没有透明度的情况下,通过其他激励措施同样能提高政府效率。而提高透明度要付出成本,且透明度是

一柄"双刃剑",具有内在的"悖反性"。它一方面能促进公共治理,另一方面当负面信息被"过度曝光",也可能引发公众情绪化的反应,使原本简单的、可以缓和的矛盾变得激化而不好收拾。例如,一家国有银行出现了临时性困难,信息披露后极有可能被公众误读引起连锁反应,诱发民众挤兑银行存款。

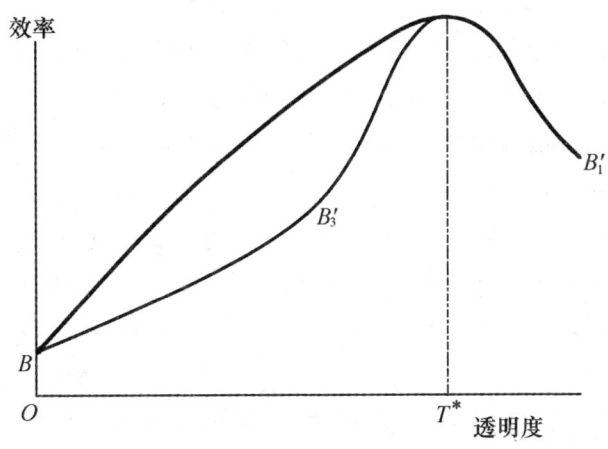

图3 透明度功能的转换

戴维·希尔德的分析框架主要着眼于经济效率,倘若换一个角度,从民主政治的视角考虑问题,结论或许有所不同。但有一点不容否认,透明度是有条件、有限度的,过度曝光有可能破坏某些支持社会正常运转的规则(Hood,2001)。按照弗洛伊德的观点,一个人过度暴露"本我"就是愚蠢,因为每一个人都有隐私。同理,一个企业不保护商业秘密就会在商战中失去竞争优势,对于身处国际竞争环境中的每一个民族国家而言,也理应严守自己的国家机密。关键是在"机密"的认定上不应把需要向公众公布的不属于"机密"的信息界定为"机密"。按照国际惯例,凡涉及国家安全、国际关系、国家经济利益、对第三方的保密义务、法律执行和个人隐私的内容,都构成信息披露的例外。

戴维·希尔德的分析框架对于中国财政透明度的推进颇有助益,它的寓意是透明度不是政府治理的目标,而是达到目标的手段,政府治理的目标是提高绩效,强化责任约束。推进透明度的改革既是在"阳光法案"和"过度曝光"之间寻觅那个"最适度",也是在公平和效率之间、在经济体制改革和政治制度改革之间审时度势地做出理性抉择。

二、绕过误区:专注于财政治理机制的构建

以政府预算公开为标志性事件,财政透明度在我国的推进跨越了漫长的历史时空。粗线条地划分,大体经历了三个阶段:从1949年建国到1999年可谓财政透明度的蒙昧期。在此期间,国家保密法等政府文件把政府预算规定为国家机密,不得向社会公开,即使是人大代表也无法切实履行审议监督政府预算的权力。第二阶段,1999年全国人大常委会通过《关于加强中央预算审查监督的决定》具体提出编制部门预算、细化预算编制等要求。2000年教育部、农业部、科技部、劳动和社会保障部四个部门率先实行部门预算改革,为预算公开积极创造条件。同年,我国加入了国际货币基金组织的数据公布通用系统(GDDS),财政部每季度向国际货币基金组织统计部及其出版物《国际金融统计》提供财政收支(包括债务)数据,能够满足国际组织对财政统计信息的基本要求。第三阶段酝酿于2007年国务院发布政府信息公开条例,这是第一个涉及预算公开的制度文本。将"财政预算、决算报告"和"财政收支、各类专项资金的管理和使用情况"列为重点公开的政府信息,直到2010年国土资源部等政府部委向全社会公开部门预算。

对照戴维·希尔德的分析框架,我国财政透明度的推进是否到达了"最适区间"?是否接近了过犹不及的拐点?我们不曾做实证研究不可妄下定论,但可以从限度和效率的视角,探讨在我国推进财政透明度的几个"误区"。我们的基本观点是:财政透明度作为公共治理的一种有效工具,需要稳扎稳打地奠定基础,这个基础包括制度框架、组织结构、机构能力和人力资源等许多方面。为透明而透明的表层改革,除了徒增行政成本之外,并无提升政府治理绩效的实际意义,切忌在制度设

计的初始阶段即陷入"误区"。上述基本观点可以分解为以下几个要点：

（一）财政透明度信息提供的简明扼要非常关键

现代国家制度的复杂性，直接导致了财政透明度信息披露的复杂性，无论是IMF的数据发布系统和财政透明度基本要求，还是OECD的预算透明度最佳做法，都是非常繁复的一整套系统。如果对透明度的每一项具体要求都不加选择地逐一落实，那将是一个误区。如前述过犹不及的道理，当各方面条件仍不具备，过多的信息倾泻反而会弱化财政透明度。

一个务实的选择是全面考虑国情与时机、成本与效益以及财政管理创新中可能遭遇的风险，区分轻重缓急稳步地推进透明度。有必要强调财政透明度信息提供的简明扼要非常关键，应当有重点，重实效，避免陷入数据编撰的另一套"繁文缛节"之中。应尽量利用较少的文件篇幅披露尽可能多的有用信息，这些信息应便于公众参与。可以先发布扶贫、教育、医疗、社会保障等民生方面的预算信息，疏通公众参与预算监督的渠道，由地方到中央层层推进，自下而上地逐步建立预算透明度的信息发布制度。

（二）在绩效预算改革中关注投入，毫不放松

在国外新公共管理运动的背景下，发达国家的预算改革已经进展到"放松投入，结果导向和关注绩效"的阶段。在我国现阶段借鉴国外经验，引入公共支出绩效评估或预算制度确实非常必要，但如果放松了对投入环节的关注，则会陷入另一个误区。

之所以要持续关注政府投入，首先是基于我国计划经济遗留下的制度缺陷。传统模式下财政透明度很低，从预算科目和体系设计都缺乏完整性，不能把全部预算外、制度外资金囊括其中。政府会计系统亦不健全，不能及时、同步追踪预算资金的真实投入情况，支出机构截留、挪用财政资金的现象时有发生。每年提交人大的政府预算报告只是文字说明而已，不能全面反映各预算部门和项目的投入信息。需要关注投入的另一个原因，是为了监控地方政府近些年来普遍实行的政绩考核。当政

府换届之时做出"让老百姓得实惠"、"办实事、办好事"的"民心工程"承诺已成为惯例,此类承诺通常是公布"时间表"而不提供"预算表"。也就是说对于取得既定政绩需要多少投入,有没有可靠的资金保障,是否需要增税或收费项目等披露信息不够。有鉴于此,为了避免让不切合实际的"高指标"造成"财政幻觉",也是为了保持财政政策的效率性和稳健性,需要对各级政府的"政绩承诺"从资金来源和成本效益的角度实施监控。检验这些"民心工程"是否不给纳税人带来额外负担,还可以把此类"民心工程"或"政绩工程"当成财政支出绩效评估制度的试点,以结果为导向追问前期投入,尝试吸收公众参与和公众监督,并以此为出发点"由点到面"地试验建立中国特色的"结果导向"绩效预算模式。总之,在我国现阶段各项基础制度不完善的情况下,应本着"两手抓,两手都要硬"的指导思想,在关注预算产出与结果的同时毫不放松财政预算投入方面的制度完善。

(三)"结果的透明"比"过程的透明"更为重要

从公共决策的视角分析,保持政策形成过程的相对封闭还是必要的。以公共支出绩效评估为例,虽然"投入、产出和结果"都是财政透明度追求的目标,但从"投入"到"产出"再由"产出"到"结果"的中间转换过程却不一定要求透明。理由有二:一是不宜透明,这是指从"投入"到"产出"这一衡量效率(Efficiency)的转换过程。在这个过程中必然涉及技术、管理制度等方面的创新,如果过于透明就会损失效率。例如,在财政分权条件下辖区间的竞争是地方经济增长的动力,地方政府为了保持本地区的竞争优势,必然要保持本辖区技术和管理创新举措的相对封闭性,这一点不言自明。二是不易透明,这主要针对从"产出"到"结果"这一检验效能(Effectiveness)的过程而言。众所周知,效能目标既不易把握也难以量化。比如,拿某地区的医疗卫生支出,用增加医务人员数、病床数、购买药品及医疗器材等数字来衡量其直接产出比较容易,但要说明该地区人民健康状况的改善等后续结果就不那么容易了。因此要求披露此类"效能指标"或"中间过程"的详细数据既不现实也无必要,而且还容易诱发捏造数据弄虚作假的不良行政行为。

因此，我们基于公共管理的效率目标，提出"结果的透明"重于"过程的透明"。过度追求"过程透明"同样会陷入误区。在现实中，政府必须及时发布公共决策的结果信息，而无需把应对环境变化的政策调整中的每一项备选方案、每一个测算数据都公之于众。作为政府决策结果的各类财政政策法规必须及时公布、规定明确、表达清晰，符合透明度的要求，而政府政策法规本身必须在一个相对封闭的环境下形成。

（四）"机制构建"重于"丑闻曝光"

我们试图强调另一要点是：推进预算透明度的目的在于构建治理机制，而不是"曝光丑闻"。虽然"曝光丑闻"能在短期内迅速引起公众关注，但如果没有相应的措施适时跟进，公众的注意力会逐渐减弱，反倒是"丑闻"越多，公众越麻木，这无助于建立长期的治理机制。着眼于建立治理机制就应该以"丑闻曝光"为先导，抓住公众达成共识的大好时机，采取有效的治理措施，推行制度创新。治理机制是正式规则和非正式规则相融合的产物，构建治理机制不但要求正式制度规则上的创新，还需要在更深层的社会文化层面确立非正式的制度约束。

一般来说，社会文化层次的变革需要相当长的演化时间，非正式制度约束的逐步形成要经过四个阶段：引发→认同→固化→传承。"曝光丑闻"固然能迅速引发公众关注，凝聚全社会惩治腐败，推动财政治理的共识，须知此时也是制度创新的转折点，倘若没有相应的制度供给，治理机制就不能形成，更不可能有一整套固化的治理制度传承下去，并在传承中不断强化和升华，再逐步内化为社会文化深层的潜规则约束。因此说，只注重"丑闻曝光"而不注重"机制构建"是应当避免的又一个"误区"。

三、纲举目张：紧握政府预算这一公共治理的利器

如何让我国财政透明度的推进尽可能保持在合意的区间内，以财政透明度的增强不断提升我国经济和社会发展的效率，而不是让公众面对

犹如"天书"一般的预算文本困惑茫然？我们认为，关键在于紧握政府预算这一公共治理的利器。历史和现实、理论与实践都向我们昭示推进政府预算改革具有"纲举目张"的效果。这是因为公共预算遵循严格的程序安排，体现立法、行政、司法之间的制衡，具有公开、透明、便于公众监督的特点。预算改革一方面在收入和支出的源头上强化对政府行为的约束，另一方面从预算科目、会计规则等技术层面逐渐渗透，对于促进政府制度创新、完善财政治理机制具有深远的意义。

可以说，我国财政透明度的进展正在进入"适度区间"，与这一区间相对应的却是国家政治、经济和社会制度变革的"深水区"。为了能成功跨越深水区的"陷阱"并保持"适度区间"内的良好发展态势，我们应采取以下举措。

（一）建立系统性、高效率的预算报告制度

透明的预算犹如人人皆能运用的公共治理的"利器"，而不透明的预算则被 OECD 比喻为"暗机关（gimmick）"[①]，这样的预算有损政府公信力，也会引起公众的不满。上世纪 90 年代以来，我国财政透明度制度建设上的进步是史无前例的，先后实行了财政部文告制度、审计结果公开制度、政府发言人制度等。政府还间或地以白皮书等形式向社会公布扶贫减灾、社会保障、军费开支等方面的财政信息。在地方层面上，已有广州、上海、深圳等城市实施了与信息公开相关的地方法规。今后我国财政透明度的推进要注重实效，将着力点放在建立和完善系统性、高效率的预算报告制度上面，参照 OECD 预算透明度最佳做法，定期发布月报、季报、年度中期报告，并在其中披露充足的财政预算信息，从而避免纠缠于细枝末节，一哄而起地作秀、造势和跟风。对于公众关心的"三公经费"数据必须尽快公布，但其他无关宏旨的数据无需面面俱到地公布。在这里也有"抓大放小"的智慧，也要考虑推进财政透明度的成本与效率。

---

① Gimmick 一词在英文中指暗机关，一种用来欺骗、行骗或欺诈的装置，尤指秘密地和欺骗地控制赌博器具的机械装置。

（二）培养具有专业素质的人大代表和成熟、理性的公民社会

良好的透明度需要一个对人民高度负责的政府，一个成熟、理性的公民社会以及一种开放、文明的社会氛围。遗憾的是，中华文明上下五千年深植在"保密文化"的土壤中，公众缺乏参与政府预算监督的经验，即使大多数人大代表也不具备监督政府预算的专业素质。要卓有成效地推进财政透明度，当务之急是培养具有专业素质的人大代表和成熟、理性的公民社会。如上海市已经摸索出成功的经验，他们通过学习、培训等途径，使各级人民代表在短期内尽快掌握与预算监督相关的专业知识。①

公共预算的预算程序是周而复始、从不间断的，这一过程同时也是开启民智、培育公民参与和公民精神的课堂。政府通过预算听证、公开质询以及公众辩论等方式集思广益，吸取民意，采取有效措施加强政府机构的能力培养和制度建设。当公众能及时地获取有价值的预算信息，他们就有能力帮助政府分析形势，善意地提出政策建议，成为有作为、有建树的公共政策参与者。这一点已经被我国浙江温岭等地的基层公共预算实验所证实。

（三）借鉴国际经验，以公（市）民预算的方式高效、快捷地发布财政信息

按照国际预算项目的界定，"公（市）民预算"是指为了让全体公民中尽可能多的人能读得懂预算，而对预算文件进行通俗化处理后的预算概要。②其宗旨是尽量对复杂的预算文件做"去神秘化"的处理，使其更贴近民众，让公民了解预算，掌握预算信息，进而更有效地监督政

---

① 上海市人大设立了培训工作委员会，负责对市、区、县各级人大代表分期、分批进行培训。培训目的主要是提高代表的审计监督和司法监督能力，培训内容分三个层面：第一是"应知应会"，包括人大制度基本知识、相关法律法规、如何起草议案和建议意见等；第二是"知情知政"通过报告会等形式，通报经济运行和社会发展情况；第三是"专业知识"，即通过与人大专门委员会合作举办专题培训班，帮助人大代表掌握行使权利所应具备的专业知识。

② 详见美国国际预算项目（International Budget Project），http://www.openbudgetindex.org/tools.html。

府施政。这种预算概要可以采取多种形式,既可以由政府公布,也可以委托学术团体发布,它并不替代常规的、详细的政府预算文件,但却是正式预算文件的重要补充。针对我国公众预算知识欠缺的实际情况,借鉴国外这种"公(市)民预算"的方式很有必要。近些年来我国的预算报告都附加专业术语解释,这是体现"公(市)民预算"精神的良好开端。伴随电子政务工程的实施,更多的政府文件、财政经济数据等上传到政府网上,国内一些研究机构、学术团体、民间智库所扮演的角色并不亚于国外一些公民预算组织。建议我国正式采用"公(市)民预算"这一公民参与的有效方式,高效、快捷地发布财政信息,引导更多的公众参与到预算监督活动中来。

(四)通过政府预算过程兑现政府承诺,强化政府责任

实行预算透明度的前提条件是政府的决心与承诺。当前我国正处于社会转型期、社会矛盾聚集多发期,这使政府治理面临严峻的挑战。此时的政府预算改革能够强化政府乃至广义公共部门的责任约束,预算透明度实际上就是把政府承诺制度化地展现出来。在经济上实施宏观经济规划和中期预算框架,在更广阔的视野上凸显政府治理责任与绩效。在政治上,兑现惩治腐败,实现善治的承诺。在法律上,不仅要建立健全政府预算的各项法定程序和规则,更要注重其执行机制等。如前所述,责任约束还表现在预算透明度推进的限度与效率上,过犹不及,事缓则圆。要循序渐进地在全社会形成一种公开透明的制度氛围,实事求是地公布预算信息,既不夸大政绩,也不遮掩瑕疵。引导公众井然有序地参与预算过程,永远是对政府责任机制的一种特殊考验。

【参考文献】

IMF:《财政透明度手册》,财政科学研究所整理,人民出版社2001年版。

张俊伟:《我国财政透明度现状与完善对策》,载《中国经济时报》2005年12年15日。

田必耀:《从国家秘密到公布于众:中国预算公开路线图》,http://www.pbgchina.cn/newsinfo.asp? NewsID=17477(访问时间:2004年10月)。

申亮：《财政透明度研究述评》，http：//www.chinaacc.com/new/287%2F291%2F323%2F2006%2F9%2Fsh24413539896002942-0.html（访问时间：2004年10月）。

王满仓：《提高财政透明度与构建和谐社会》，http：//theory.people.com.cn/GB/49154/49156/3960860.html（访问时间：2004年10月）。

久泰平：《政府向社会公开公共账目意义重大》，http：//news.xinhuanet.com/forum/2006-04/20/content_4445004.html（访问时间：2004年10月）。

石华：《关于政府预算透明度的几点思考》http：//www.studa.net/yanjiu/061007/16313344.html（访问时间：2004年10月）。

A. Fung, M. Graham and D. Weil, *The Political Economy of Transparency: What Makes Disclosure Policies Sustainable?* Transparency Policy Project, John F. Kennedy School of Government, 2003.

DavidHeald, "Fiscal transparency: concepts, measurement and UK practice", *Public Administration*, Vol. 81, No. 4, December 2003, pp. 723-759.

G. Kopits, and J. Craig, "Transparency in government operations", IMF Oeec asianal Paper, 1998.

J. Ferejolm, *Accountability and Authority: Towards a Model of Political Accountability*, New York: Cambridge University Press, 1999.

M. Petrie, "Promoting fiscal transparency: The complementary roles of the IMF, financial markets, and civil society", IMF Working Paper, 1999.

S. R. Osmani, "Expanding voice and accountability through the budgetary process". *Journal of Human Development*, Vol. 3, No. 2, 2002, pp. 231-250.

T. Willigen and A. Pitt, "Signaling by the Fund-A historical review", International Monetary Fund, July 16.

William Easterly, "When is fiscal adjustment an illusion", the 27th Panel Meeting of Economic Policy in Vienna, October 16-17, 1998.

我国财政信息公开制度构建研究

王 晟[*]

内容提要：本文阐明了财政信息公开相对其他公共管理领域的改革在世界范围内都显得相对滞后，中国的财政信息公开已备受社会各界关注，但目前仅是破冰起航，且进展步履艰难，究其制度原因是缺乏健全完善的财政信息公开制度来支撑、引导、规范。本文论证了上市公司管理与政府财政管理都基于公众委托治理结构，所以，应该借鉴上市公司的信息披露制度，构建财政信息公开制度，其框架和基本内容是：建设财政信息公开的主体体系，明确其权利和义务；设定财政信息公开的完整内容；建立财政信息的质量标准体系；设置财政信息公开中的违法责任追究机制，加强对财政信息公开的监管；此外，还要实施相关配套改革，保证财政信息公开实践的扎实推进。

关键词：财政信息公开 制度构建 公众委托治理

20世纪90年代以来，在新公共管理运动推动下，财政信息公开作为一股强大的国际潮流，推动着世界各国财政管理的民主化改革。

---

[*] 王晟，女，博士，浙江财经大学财政与公共管理学院公共管理系主任、教授，研究方向为财政基础理论与财政政策、公共预算管理。

在间接民主和公共权利（本文指财权）委托代理治理结构下，实现财政信息公开是公共治理和民主社会的应有之义。然而实践中，由于财政信息有着广泛性、丰富性、综合性、复杂性等特点，且部分财政信息还影射着国家安全和国家机密，所以实现彻底的财政信息公开在技术上和业务管理上存在诸多困难；同时，财政信息直接反映政府职能活动的具体内容，以及政府管理体制和管理模式，所以，财政信息公开还受制于社会民主进程。因此，综观世界各国的财政信息公开改革实践，相对滞后于其他公共管理改革，主要表现为政府定期向权力机关报告财政信息，通过公共媒体向公众公布财政信息，财政信息公开还未形成独立的制度规范，更未形成完善的法治机制。虽然有少部分国家初创了"雏形式"的独立财政信息公开制度（王晟，2009：132—141），但都因缺乏一些关键要素如财政信息的质量要求、财政信息公开行为的责任追究机制等而显得不够完善。本文拟在梳理财政信息公开理论研究和国际社会改革实践发展的基础上，重点剖析我国财政信息公开现状和存在的问题，根据公共权力的委托代理治理理论，比较借鉴上市公司信息披露制度，探讨设计我国财政信息公开制度的基本架构和主要内容，以期促进财政信息公开制度的建设和完善，并进而推进整个公共管理改革的深化和完善。

一、财政信息公开实践回顾与理论评述

实践中，国际社会已付出了长期努力并取得了重要进展。1995年5月，国际货币基金组织（IMF）设立了"标准与守则网站"，建立了《标准与守则遵守情况报告》中的财政透明度模块。1998年4月，IMF又通过了《财政透明度良好做法守则——原则宣言》（以下简称《守则》），对公开的财政信息内容提出了完整性要求，同时也明确规定了财政数据必须有质量保证。2000年9月，经合组织（OECD）发布了《经合组织关于预算透明度的最佳做法》，比《守则》更向前推进了一步，明确规定在中央政府预算规范、透明的基础上，将信息公开范围扩

展到全部的财政和准财政活动。新西兰、英国、澳大利亚等国家比照上市公司信息披露的责任机制相继对政府财政信息公开责任进行了立法，并借鉴公司制会计核算基础及其形成的财务报告进行了政府会计改革；IMF、IFAC等国际组织也都出版了重要研究报告，建议公共部门采用类似公司的财务报告制度和披露机制（如权责发生制会计下的政府财务报告）。

国际社会财政信息公开改革发展直接推动了我国财政信息公开改革实践。继胡锦涛总书记在"十七大"报告中强调要保障人民的知情权，国务院于2008年颁布实施《政府信息公开条例》之后，财政部陆续颁布了一系列加强财政部门政务公开、财政预算信息公开的意见办法，部长谢旭人、纪检组长贺邦靖以及财政部党组都在不同公开场合明确表示要推进财政信息公开，财政信息公开在我国实践中也开始破冰。

国内外学者对财政信息公开透明的相关问题展开了广泛深入地研究。国外学者如Stigliz（2002）、Bastida和Benito（2007）分别运用委托代理理论和公共选择理论论证了财政信息公开的必然性；Grigorescu（2003），R. Reinikka和J. Svensson（2004），Gomez、Fridman和Shapiro（2005），Shah（2007）等，则从预算透明对于推动经济发展、促进反腐败建设、实现宏观经济稳定等多方面阐述了财政信息公开的重要意义。不少国外学者还对不同国家财政信息公开的现状进行了研判，如Hameed（2005）认为经济越发达的国家，财政透明度越高；Benito（2007）基于OECD指标对41个国家进行调查，表明各国中央政府的预算透明状况平均满足最优方法的程度仅达到了56.4%。我国社会各界对于财政信息公开透明的认识起源于2001年财政部财科所"引进"了IMF的《财政透明度手册》，之后国内掀起了对财政信息公开透明的研究热潮。宋槿篱（2003）、陈穗红（2008）、马晓玲（2009）等众多学者指出了财政信息公开透明对促进我国公共财政建设、推动我国行政管理改革和社会民主法制建设的重要意义。蒋洪等（2009，2010）对我国31个省2009、2010年度的财政透明度进行了较为深入详细的调查，发布了具有评估意义的报告，结论是 2009 年透明度最高的为 63%，最低为 15%，平均为 21.71%；2010 年最高的为 50.41%，最低的为 15.37%，平均为 21.87%，总体上看，我国目前财政透明度状况不容乐观。① 方向（2003）、刘恒（2004）、颜海（2008）等从行政法视角研究了政务信息公开制度的构建问题。高倚云和蒋平（2007）、常丽（2008）等从改革政府财务报告的视角，提出推进财政信息公开透明的对策；肖圣忠（2007）从法学的视角，对我国财政公开法律制度的部分内容进行了设想性探索。

综上所述，已有的国内外研究着重阐明了财政信息公开透明的必要性和重要作用，介绍评述了发达国家财政信息公开改革实践和国际组织的框架性、范本性制度法规，对我们的研究有重要启示。但是现有研究没有阐明成功的、有效的财政信息公开实践必须在科学、完善的制度框架下进行，必须有强有力的法制作保障，更没有探讨设计财政信息公开制度的基本框架和主要内容。我们认为，如果没有财政信息公开制度对信息质量进行规范，对财政信息公开行为进行约束，缺失对财政信息公开的违规行为进行监督和责任追究的机制，财政信息公开将形同虚设，近乎于一种政治作秀，无助于公共财政建设和民主社会建立。

二、我国财政信息公开实践中存在的问题分析

无论是对照公共治理规范模式的信息公开要求，还是比较一些市场经济发达国家的财政信息公开的实践，我国财政信息公开改革进程都显得较为缓慢而落后，才处于破冰起步阶段。目前主要存在以下三个方面的问题。

---

① 他们的研究对我国省级财政信息的公开情况做出了评价，一定程度上能推动和促进我国财政信息公开的改革实践。但对于如何以制度形式将财政信息公开行为予以规范，如何保证财政信息的质量要求、以及如何对财政信息公开进行有效的监管和规范等重大的、具有实质意义的制度法律性问题却十分遗憾地未纳入他们的研究视野。

(一) 财政信息公开法制体系不健全

继 2007 年 1 月国务院颁布实施了《中华人民共和国政府信息公开条例》之后，财政部陆续制定颁布了《财政部政务公开规定》《财政部机关〈政府信息公开条例〉实施暂行办法》《财政部关于进一步推动地方财政部门政务公开工作的意见》《财政部关于进一步推动驻各地财政监察专员办事处政务公开工作的实施意见》等一系列意见、办法。全国各省级财政部门也基本都制定了政府信息公开指南，少数省份如浙江还制定了政府信息公开实施暂行办法。我们也考察了部分地市县级财政部门的网站，发现只有极少数地市县级财政部门制定了财政信息公开制度。① 因此，从形式上可以说，我国已初步形成了省级以上财政部门信息公开的制度规范。

然而，这些制度规范还相当不健全、不完善，主要体现在：一是虽然明确了财政部门是财政信息公开的主体，但从公共财政的体系看，掌握财政信息且具有公开财政信息义务的主体除财政部门外还包括其他一切筹集、分配、使用财政资源的组织，但现有的制度规范并没有将这些组织确立为财政信息公开的主体；二是现有制度规范所确定的应公开的财政信息内容不够完整，从实际公开的财政信息看，一般只局限于"一般预算"的资金部分，然而，我国没有明确规定公开的财政信息应包含"一般预算"、"基金预算"、"国有资本经营预算"、"社会保险基金预算"、预算外、政府债务在内的所有公共经济资源的配置、使用及其结果；三是现有的制度规范没有规定财政信息的质量要求，缺乏对信息的完整性、真实正确性、及时性以及相关的报告制式等提出明确而具体的质量标准；四是没有完整地规定信息公开中的违规责任，实际上，如果没有严格规定违规行为的追究机制和处罚措施，任何制度都会落空。另外，从根本上说，由政府及其部门自身来制定财政信息公开制度本身在治理结构理论上存在欠缺，因为信息公开是委托代理治理机制中监督职责的一部分，应该由委托者来

---

① 诸如焦作这样的典型，在我国可谓个例。

制定关于委托代理中的信息报告和公告的制度规则，受托者必须向委托者反映履职情况的信息，并规定对不公开信息和所公开的信息不符合要求的行为进行处罚，但现行的财政信息制度（乃至整个政务公开制度）在法律性质上只是政府部门如何进行信息公开的一个操作规程，充其量是一个自我约束性的东西，而不是一个代表公共意志的、对受托者政府的强制约束。

（二）公开的财政信息质量有待提高

1. 公开的信息不完整。我们可以从两个层面来观察

（1）政府向权力机关（人民代表大会）提供的信息不完整。权力机关受公众委托，并按照公共意志委托政府使用公共资源，为了有效监督政府提供公共商品和公共劳务的效果，权力机关必然要求政府及时报告完整、真实、准确的财政信息，其核心主要体现为预、决算报告。[①]然而我国当前各级政府预、决算报告的内容体系相当不完整：第一，国有资本经营预算、社会保障预算正在试编过程中，目前尚不需报人大审批。第二，我国有一块相当特殊的公共资金——预算外资金，因其不纳入预算管理，也就谈不上报人大审批。第三，事关地方社会经济平稳发展，影响地方财政乃至政府安全的地方政府债务更属于"核心机密"。总的说来，人大代表在年度预决算报告审议时可以看到的只有"一般预算""基金预算"所体现的政府收支信息；在大部分县，人大代表甚至只能看到"一般预算"所反映的政府收支信息，而"一般预算"在许多地方只占全部政府财力的一半。没有掌握完整的财政信息，人大就无法对全部的财政资金进行分配决策，更无法监督所有财政资金使用是否公平、合理、有效。

（2）政府向公众公开的财政信息更加有限。公众是公共资源的终极所有者，所以财政信息应该（也必须）向社会公开，接受社会各方监督。然而当前我国向社会公开的财政信息相当不完整。我们通过两个

---

① 实际上，预算执行情况报告也是非常重要的财政信息，但在我国，预算执行报告和决算报告体现为一个整体报告。

主要的财政信息"门户"——财政年鉴和财政部门的网站进行广泛"检索"发现：只有省级（含直辖市、自治区）以上财政部门有以财政部门名义出版的财政年鉴[①]，且在其网站上可以查询到年度财政收支数据信息；而省级以下财政部门大多没有以财政部门名义出版的财政年鉴；甚至地市、县级财政部门的网站就根本没有提供财政收支这样的核心信息，公众根本不知道政府花了多少钱，花到了哪里，是如何花的，政府欠了多少债，计划如何偿还，等等。

2. 公布的财政信息难以为信息使用者有效使用

（1）当前已公开的财政信息比较粗略。以2010年财政部公开的部门预算为例，我们可以看到的信息包含按类级科目编制的收支预算总表，按类、款两级科目编制的财政拨款支出预算表，以及对于这两张报表中所含科目的基本解释说明。显然，这样的报表过于简单，公众甚至学者对其部门的收支情况仍然是"一头雾水"。同时，报表之间的钩稽关系也不明晰，使用者很难理解数据的真正含义，更无法对政府财政活动实施有效监督。

（2）科目体系不尽科学。虽然我国于2007年全面推开了政府收支分类科目改革，改革后科目的科学性和细致性都有了较大改进，但是，与国际相比，现行的科目体系还有待进一步细化、明确、完善。例如在加拿大，公众可以从网上查明任何一位公务员的工资收入是多少，但这在我国是不可想象的事情。又比如我国当前要求公开"三公支出"的呼声很高，但在以现行科目体系编制的政府预算中明确列示几乎是不可能的任务。

（3）缺少对财政信息必要的解释和说明。以2007年"土地出让金收入"纳入"基金预算"管理为例，管理部门在公开的信息中对此数据内容的归属调整和衔接缺乏说明，使得前后的"基金预算"和"预算外"收入缺乏可比性，影响了公众乃至专业学者对财政信息的理解

[①] 财政年鉴是目前承载财政信息最多的载体。但值得一提的是，省（直辖市、自治区）以上财政部门虽然出版了年鉴，但一般都限定年鉴属于"机密资料"，并"注意保密，不要对外使用"。

与运用。

此外，本文认为，各级财政部门公开的信息都不够"精细"，如缺少必要的结构性（如某项收入或支出所占的比重及其变化）、动态性（如财政收支的历史变化趋势）的对比分析等。

（三） 财政信息公开的监督机制不完善

根据委托代理机制的原理，受托者具有隐瞒履职信息的偏好和倾向，这就需要委托者实施有效监督以保证受托者忠实履职，财政信息正是其重要基础和核心要素。然而，我国目前对财政信息质量及公开行为监督的体系中，权力机关的监督力不强，公众和社会中介机构的监督尚处于起步阶段，现阶段主要依赖审计部门的审计监督[①]。遗憾的是，作为主要力量的审计监督在我国具有较大的局限性：第一，《审计法》第三十六条规定："审计机关可以向政府有关部门通报或者向社会公布审计结果"，从措辞来看，"可以"体现的是一种权力而并非义务，也就是说，审计机关有权自行决定公开或者不公开。第二，审计公开受到我国保密制度的限制。《审计法》第三十六条也规定，"审计机关通报或者公布审计结果，应当依法保守国家秘密和被审计单位的商业秘密，遵守国务院的有关规定"，某些政府部门或单位正是以"国家秘密"作为"挡箭牌"向审计部门施压，抵制信息公开。第三，从行政隶属上分析，审计部门隶属于同级政府，经费来源于政府，人事任免也要受到政府控制，这就使得审计监督缺乏强制力和权威性，难以实现独立审计。

出现上述问题，其根本原因在于没有按照公共财政"公共性"要求和公共资源委托治理结构的本质来建立和运行财政信息公开制度。我们从委托代理治理机制来审视上市公司及其信息披露制度的产生与发展，得到有益的启示，即借鉴上市公司的信息披露制度来构建政府财政信息公开制度具有充分的理论基础。

---

① 本文这里所指的是外部监督，财政部门的内部监督暂不在此考虑。

三、借鉴上市公司信息披露制度，构建财政
信息公开制度的理论基础

（一）公共治理和公司治理都是委托代理治理，必然要求建立信息公开（披露）制度

17世纪以荷兰、英国为首的欧洲人发现了美洲新大陆，一些资本家开始对美洲进行冒险性投资活动。资本所有者将资本委托给冒险家到美洲投资，自己却身居欧洲本土，这客观上使得资本的所有权与经营权分离，资本所有者只能实施间接控制和监督，这就必然要求受托运营资本的经营者报告投资的成败得失，在这种委托—报告—评价—继续投资的资本管理运行机制中，有限责任公司建立了，客观评价投资效益的标准体系即独立会计准则应运而生，同时，受托者定期向投资者报告经营业绩信息的机制也开始形成。

公共治理也是一种公共资源的委托代理，而且是多级的委托代理。第一级，公众是公共资源的终极所有者，他们首先将公共资源委托给自己的权力代表者，即国家权力机关，由权力机关代表人民行使财政决策权和对政府理财的监督权；第二级，权力机关将财政的处置权（包括财政收支的筹集、分配）委托给政府（具体体现为政府预算）；第三级，政府将公共资源以财政经费分配的方式委托给政府各职能部门（具体体现为部门预算）①；第四级，政府各职能部门通过财政经费分配方式委托具体的预算单位（具体体现为单位预算）。

从法理上来说，所有的委托者有权向受托者索取相关信息，但是由于：第一，在能力上，受托者可以对非管理者隐藏信息；第二，广大却分散的委托者（如社会公众）由于获取信息的成本大，而收益不确定，权衡之下就可能放弃获取信息的努力；第三，如果委托者为数众多，而

---

① 需要说明，财政部门不同于一般同级的政府职能部门，财政部门代表着政府履行财政资源的筹集、分配、监督职责。

受托者又要向每个委托者分散地提供信息，则在管理的行政效率上将不堪重负，实践中不可行。这三方面的因素阻碍了分散的委托者获得信息，而这又会严重危及委托代理治理机制的生存和运行，因此，信息公开（披露）制度的建立健全必然与委托代理机制的成长相伴生。无论是私人资源的委托代理还是公共资源的委托代理，信息公开（披露）制度实质上是整个委托代理制度中的必要环节，一旦缺失，委托代理制度就会断裂，委托代理机制就会瓦解。因此，比照较为成熟的上市公司信息披露制度，构建财政信息的公开制度具有客观的理论基础，也有现实必要性。

（二）公共权力与上市公司的委托代理治理结构具有相似的性质：委托者的开放性、公开性

为了满足扩张投资的需要，荷兰的有限责任公司率先开始扩大投资者范围，扩充公司的股本规模，有限责任公司开始发展蜕变成股份有限公司。股份有限公司（本文后面将以上市公司作为股份有限公司的典型进行分析）区别于责任有限公司的关键在于，有限责任公司股东数量有限并且固定（股份不能随意流转），受托者只需向委托者报告信息。而上市公司是一种公开公司（open corporation），是向社会开放的，股东分散而又不确定，股东可以随时进出，原有股东可以通过股票市场转让股份，任何有资格的个人和单位都是潜在的投资者，所有者具有不确定、不固定性，这就使上市公司的受托者必须采取公告的形式向所有当前的和潜在的投资者公开公司运营的相关信息。

公共财政的信息公开与上市公司的信息公开（披露）具有共同的理论基础，关键在于两者委托治理结构中的委托者都是开放的、公开的。两者的（终极）委托者都具有"公开"性质，就决定了信息不仅要报告委托者，而且一定要通过公告的形式公布于众。上市公司的受托经营者（管理层）既要向董事会报告，也要向潜在投资者公告信息；公共权力的受托者既要逐级向上级委托者报告财政信息，也要向终极委托者（公众）公告财政信息。这是公共财政重要特征——公共性表现的一个重要方面,也是财政信息公开制度设计可以和应该借鉴上市公司信息披露制度的理论基础。

(三) 财权委托代理关系的特性要求加大财政信息公开的力度

作者还想强调指出,与上市公司的委托代理关系相比,财政的委托代理关系具有两个重要特征:一是上市公司的委托代理治理一般只是单层委托代理关系,而财权的委托代理治理中存在多级委托代理关系。委托代理层级越多,终极委托者的意志实现和利益保障就越容易被弱化,受托者的行为就越有可能偏离终极委托者的意志和利益,即终极委托者的利益与委托层级数量成反向递减关系。二是上市公司的资源支配使用中,管理当局与社会公众投资者的利益除了关联交易之外,在多数场合、在较大比重上是一致的。而在公共资源的委托代理中,政府官员的个体利益几乎不存在与公共利益的一致,即使存在,那也只不过是当他处于一位普通公民享受公共服务时所占有的那一点比例,而如果他以权谋私,或者搞政绩工程等,从中可以获得的利益就要多得多,两者过于悬殊。也就是说,公共资源的管理者更有动机偏离公共意志以增进个人利益。因此,财政资源的委托代理中更需要加强对受托者的监督,因而也就更需要财政信息的公开(披露),接受广泛的社会监督,以尽可能减小财政活动偏离终极委托者利益目标的幅度。

四、我国财政信息公开制度设计的思路与具体建议

根据上述分析,本文拟借鉴上市公司信息披露制度的基本框架和要素内容,探讨构建较为完整的我国财政信息公开制度的框架和基本内容(如下图)。

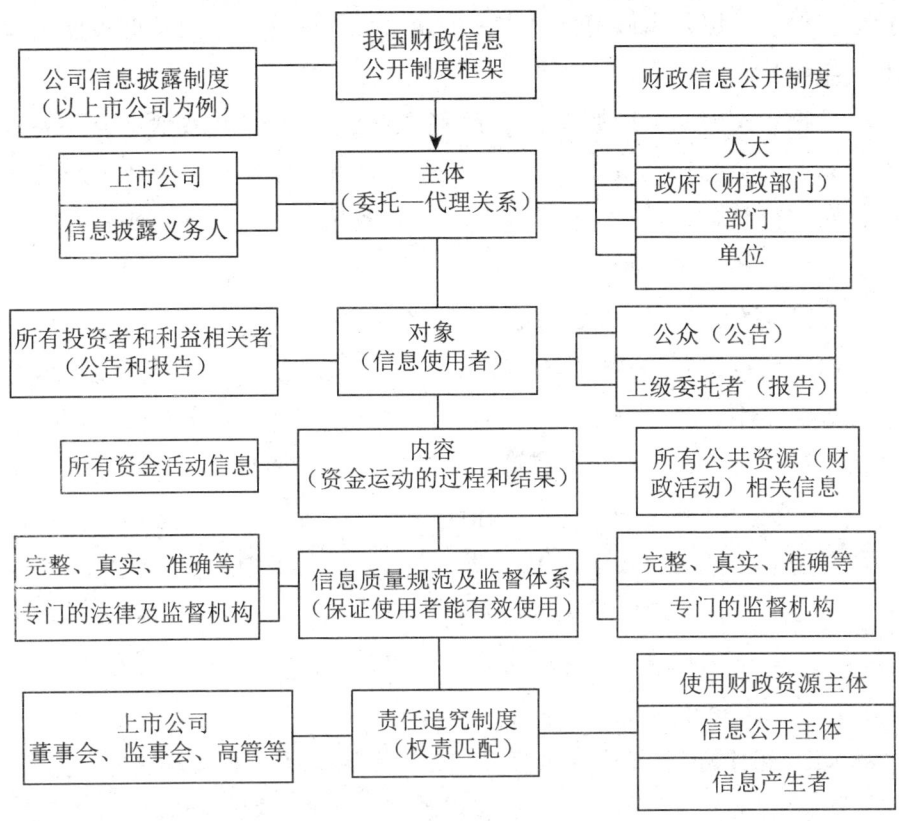

图1 我国财政信息公开制度的基本框架和要素内容

（一）塑造我国财政信息公开主体体系，赋予各主体相应的信息公开职责

根据委托代理的基本原则，受托人必须向委托人报告受托权力和资源的使用效果，因此，所有受托使用财政资源的机构和组织都应该是财政信息公开的主体。以此为逻辑依据，借鉴 IMF 对财政信息公开主体的规定（所有以履行政府职能为主要活动的机构），结合我国实际，本文认为，我国的财政信息公开主体体系应该包括四个层次：一是权力机关；二是政府[①]；三是所有的政府职能部门；四是具体的预算单位（包

---

① 实际上是由专司政府财务管理职责的财政部门作为这个层级的信息公开主体。

括国有企业,以及由政府提供主要资金来源的基金团体及其他各种非营利性组织)。

根据中国财政管理的现实,本文特别强调的是,财政信息公开主体既是公开信息的权利主体,更重要的是责任和义务主体。财政信息公开主体有权公开财政信息,更有义务公开财政信息,且必须对所公开的财政信息的法律后果负责。

(二) 财政信息公开的对象应包含各级委托者

财政信息公开的对象即指财政信息向谁公开。在财政资源的多级委托代理关系中,各级受托者不仅应逐级向上级委托者报告财政信息,还应该向社会公告财政信息。因此,财政信息公开的对象既包括直接委托者,也包括间接委托者,还包括作为终极委托者的公众。其实,在不具民主和公共特征的财政运行中,财政信息只为君王统治者所使用,使用财政资源的机构只需向君王统治者报告财政信息。进入民主社会和公共财政时期,使用财政资源的机构要向包含社会公众在内的所有委托者公开财政信息。

(三) 财政信息公开的内容应充分满足进行决策和实施监督的需要

财政信息公开的内容取决于确保委托主体实行科学合理的财政决策和对受托主体实行财政监督的需要。根据这种需要,应公开的财政信息主要包括基于做出财政决策(主要指预算的审查和批准)所需的信息,以及对政府财政活动的运行及其结果进行监督、评价的信息(主要是指对预算执行情况和决算的监督)两大方面。就财政决策所需信息来说,政府及其职能部门的预算草案在经人大财经委初审并调整完善之后,在递交人代会审核批准之前,应该广泛听取公众意见,真正将政府预算建立在民主的基础上。[①] 就监督财政活动运行及其结果所需要的信息来说,主要是围绕以政府财政收支合法性为标准的监督和以绩效为目

---

① 本文认为,广泛听取公众意见最有效的方式是公示,即把拟将递交权力机关审议的预算草案先向社会公众进行公示,让人大代表在广泛收集公众对预算意见的基础上对预算进行表决,并有权要求进行相应的调整修改。

标的监督。合法性监督是指为保证财政活动的合法合规性，监督政府收支活动是否按照代表公共意志决定的预算计划及相关法规来进行；绩效监督是指通过政府绩效评估，评价政府收支的经济性、效益性和效率性。

从具体内容来看，主要涉及以下六方面：第一，指导政府财政活动的方针政策和相关法规；第二，预决算的编制依据说明；第三，预决算在人代会上的通过情况①；第四，以政府预决算为核心的全部政府收支，包括纳入预算管理的财政资金（一般预算、政府性基金预算、国有资本经营预算、社会保障基金预算）和预算外资金两大部分，这也是公众最关心的核心财政信息；第五，预算执行情况说明，包括政府预算和部门预算年度执行中的具体财政收支数据，以及财政超收资金使用和预算调整等；第六，政府特别是地方政府的债务信息，包括债务的规模、结构、使用方向、使用效益、偿债计划、政府的偿债能力、债务风险等信息。

（四）公开财政信息的质量要求

根据我们对市场经济发达国家财政信息质量要求的研究（将另作阐述），借鉴企业会计准则对上市公司信息质量的规范，本文认为，公开的财政信息必须具备以下质量特征。

1. 完整性。横向上看，当前我国综合预算体系尚未构建，因此我国公开的财政信息应包含"一般预算"、"基金预算"、"国有资本经营预算"、"社会保险基金预算"、预算外、政府债务在内的所有公共经济资源的配置、使用及其结果的相关信息；历史纵向上看，所公开的财政信息应该具有历史连续性，包括科目口径的连续性和可比性。所有因政府管理改革导致的在不同历史时期之间财政信息不能衔接或不能简明理解的不可比因素、变动对应关系等，相关主体都应做出明确说明。

2. 真实准确性。财政信息的真实准确性是十分严肃的法律问题。

---

① 这是指年度财政预决算在人代会上的表决结果状况，如有多少票赞同、多少票反对和弃权，审议和表决过程中提出的异议和提案、建议等。这些信息虽然不是直接体现财政活动的信息，但却能启发和引导社会公众关注、分析、讨论、判断财政资金的使用情况。

制度设计中不仅应明确地对财政信息的真实准确性提出严格要求,而且还应该通过建立责任追究机制予以保障。

3. 时效性。时效性是指财政信息应该在规定时限内公开,对于年度、半年度、季度、当月的财政信息应该在期满后的一定时日之内公开;对于重大事项应该随时及时予以公开公布;对于公民、法人组织等申请获得财政信息的,应该确定一定的时日内给予答复。

4. 明了可读性。明了可读性是出于对信息使用者的专业素质及其需求多样性的考虑基础上提出的。明了可读性主要包括预算科目设置应科学合理;预算各组成部分内容应当明晰,预算报告应采用亲善用户的报告制式等,使不同水平的信息使用者可以理解、运用、分析。

（五）信息公开的法定途径与形式

鉴于公共权力（财权）的委托代理治理有多个级次,且公共资源的终极所有者和委托者是广大却分散的公众,所以,财政信息公开应该包括向上级委托者报告和向公众公告两种基本形式。除了常规所用的按隶属关系实施的财政信息报告制之外,本文特别倡导公告这种形式,并认为应该在具有公信力的媒体上进行公告,如在指定的各级党政报纸上公告本级政府的财政信息。另外,还可以通过举行新闻发布会、听证会、咨询会等形式向社会公告财政信息。笔者认为,信息公开主体的门户网站是公开财政信息的最佳平台,网站不仅可以公开并长久保存财政信息,而且在承载信息的数量上有极大的优势,所以人大、政府及各职能部门、单位应该十分重视开发利用网站这一渠道。

（六）建立科学的财政信息公开责任追究制度

上市公司公开的报告一开头就明确了上市公司董事会、监事会、经理等高管成员对所公开报告应负的法律责任[①],这是确保公司高管成员依法公开信息的根本约束。实际上,对违法行为进行处罚是任何法律得

---

① 我国证监会公布的《上市公司信息披露管理办法》第五十八、六十一、六十二条都明确规定了上市公司董事、监事、高级管理人员应当对公司信息披露的真实性、准确性、完整性、及时性、公平性负责,且信息披露义务人必须在规定期限内履行信息披露义务,否则就得接受处罚。同时,《证券法》第一百九十三条则明确规定了具体的处罚内容。

以有效实施的保障。本文认为,财政信息公开的法律责任应该包含以下三个方面的基本内容:

1. 公开信息中违法行为主体的确定。笔者认为,对于财政信息质量应该根据信息生成、传递、保管、公开各个环节的管理部门、管理岗位的职责来确定相应的责任主体。在信息形成的上述任何一个环节,无论是技术性错误还是人为造假,有关部门和单位的相关工作人员应承担法律责任,同时其领导应承担对外的法律责任。

2. 财政信息公开违法行为的具体内容。这是指不作为(不予公开财政信息),或者在财政信息生成、传递、保管、公开各环节由于故意或过失导致所公开的财政信息不全或失真等违法行为。

3. 违法责任的确定。这是指对财政信息公开过程中的违法行为追究相应的法律责任。违法责任应当包括行政责任和刑事责任。必须指出,从法理上讲,对财政信息公开中的违法行为追究法律责任应该区分两个层次,第一层次是财政信息公开各主体对于信息公开中的违法行为给予以自身为职权主体的处罚,这种处罚只能是行政处罚,且针对的是那些由于工作方法或工作疏忽所导致的信息差错的"过失性行为"(属于"情节较轻")的处罚。第二层次(也是更重要的层次)是由外部主体、外部力量来追究信息公开违法行为的法律责任,这既包括行政责任,也包括刑事责任。①

---

① 我国现行财政信息公开过程中,虽然国务院制定的《政府信息公开条例》中规定了相应的处罚措施,如"构成犯罪的,依法追究刑事责任",但一是对于未公开信息的各级主体,迄今为止全国并未见到追究过责任(更谈不上刑事责任)的事例,二是对于所公开的政府信息质量不符合要求的行为根本没有规定相应的处罚措施——事实上该《条例》也根本没有规定政府信息的质量要求,所以,财政信息公开中的行为是否违规也无从谈起。财政部制定实施的《财政部政务公开规定》中的所谓"责任追究"只是对政务公开中的"不作为"违法行为规定了相应的处罚措施,而且这种处罚仅仅是"情节严重的,对直接负责的主管人员和其他责任人员给予行政处分"。此外,《规定》同样没有明确财政信息的质量标准,因而也不可能针对信息质量不符合标准的违法行为作出处罚措施。可见,财政信息公开的违法行为的责任追究制度不应由政府部门(包括财政部门、财政单位)自身制定实施。由此,本文再次强调,应该由权力机关制定政府信息公开法律制度,国务院制定相应的实施条例,才能使财政信息公开(包括其他部门的政府信息公开)责任追究制度落到实处。

(七) 建立财政信息公开监管体系

1. 建立职责明晰的财政信息监管机构。[①] 既可以考虑在人大内设机构（类似于人大财经委之类的组织），也可以交由现有的某个管理机构管理（如人大财经委），但必须指出，承担监管职责的机构不应隶属于政府部门，同时，必须由财政信息公开的监管机构来制定信息公开制度（至少由监管机构起草再由权力机关审批通过）；并由监管机构监督政府及其财政单位的信息公开行为；对信息公开的违法行为进行责任追究。

2. 加强审计。本文认为，就如上市公司所公开的信息必须经过会计师事务所审计一样，为了保证所公开的财政信息的质量，应该由审计机构对政府及各职能部门（单位）拟公开的财政信息进行事前审计，并确定为必经环节。当所公开的财政信息质量有问题时，除了追究公开信息主体的责任之外，还应该依据归责原则追究审计机构的责任，建立起有效的责任链，以便促使审计机构加强对财政信息质量的监督审查，确保财政信息质量。

五、推进财政信息公开制度建设的相关配套措施

财政信息公开制度的制定与实施是公共财政制度建设和民主社会建立的强有力的推进器。反过来，财政信息公开制度的制定与实施也有赖于政府管理制度的改革完善。

1. 在财政信息公开法律制度制定实施之前，建议通过《预算法》实施细则推进财政信息公开实践。应考虑在《预算法》实施细则中明确规定预决算报告和公告制度的主要内容（即上述财政信息公开制度的基本内容），实现核心财政信息定期、规范公开。

2. 完善与信息公开制度相配套的法律。在我国豁免公开的政府信息，主要由《保守国家秘密法》《档案法》《反不正当竞争法》等法律予以规范。2010 年我国修订通过了新《保密法》，但遗憾的是，对于保

[①] 上市公司的信息公开制度得以有效运行，也正是因为建立了具有充分权威性的监管机构：中国证监会及其下属机构、证券交易所。

密的范围和内容并没有进行调整。此外,《档案法》中也有若干关于政府信息保密的规定,这些规定也常常成了有关政府部门拒绝公开信息的借口,所以,立法机构应重新审视、全面清理、科学界定保密与公开的范围,至少对已有相关法律中应保密的事项做出明确具体的解释说明。

3. 继续推进政府预算管理改革,构造综合预算体系,改革预算报告制式。财政信息是财政活动的全部反映,所以,要想保证财政信息的完整、真实、时效,就必须通过实施财政管理改革,改变目前财政资金分割管理的状态,建立起相对统一的财政预算管理体系。与此相关的是,财政预算科目设置和预算报告制式应该更加科学合理、清晰明了,这是使所公开的财政信息能让公众读懂的技术基础。

【参考文献】

财政部国库司:《政府会计的国际趋势与经验》,中国财政经济出版社2009年版。

常丽:《政府财务报告主体的重整——基于财政透明度的视角》,载《财经问题研究》2008年第6期。

陈穗红:《我国财政信息透明度的改善途径探析》,载《中国行政管理》2008年第9期。

程瑜:《政府预算契约论———一种委托—代理理论的研究视角》,经济科学出版社2008年版。

方向:《信息公开立法》,中国方正出版社2003年版。

高培勇:《实行全口径预算管理——中国财政政策报告2008/2009》,中国财政经济出版社2009年版。

高倚云、蒋平:《我国财政透明度的度量及改进策略》,载《中央财经大学学报》,2007年第2期。

国际货币基金组织、财政部财政科学研究所:《财政透明度》,人民出版社2001年版。

蒋洪:《公共财政决策与监督制度研究》,中国财政经济出版社2008年版。

卡恩,希尔德雷思:《公共部门财政管理理论》,格致出版社2008年版。

刘恒:《政府信息公开制度》,中国社会科学出版社2004年版。

刘笑霞、李建发:《中国财政透明度问题研究》,载《厦门大学学报》(哲学社会科学版)2008年第6期。

马晓玲：《完善财政信息体系 提高财政透明度》，载《行政事业资产与财务》2009年第5期。

上海财经大学公共政策研究中心：《2009中国财政透明度报告——省级财政信息公开状况评估》，上海财经大学出版社2009年版。

上海财经大学公共政策研究中心：《2010中国财政透明度报告——省级财政信息公开状况评估》，上海财经大学出版社2010年版。

宋槿篱：《关于推行财政公开制度的探讨》，载《中国财政》2003年第2期。

王晟：《财政监督理论探索与制度设计研究》，经济管理出版社2009年版。

肖圣忠：《我国财政公开法律制度研究》，安徽大学硕士论文，2007年。

颜海：《政府信息公开理论与实践》，武汉大学出版社2008年版。

Alexandru Grigorescu, "International Oraganizations and government transparency: linking the international and domestic realms", *International Studies Quarterly*, 47 (4), 2003.

Anwar Shah, *Budgeting and Budgetary Institutions*, New York: The World Bank, 2007.

Francisco Bastida and Bernardino Benito, "Central government budget practices and transparency: an international comparison", *Public Adminstration*, 85 (3), 2007.

Hameed, Farhan, "fiscal transparency and economic outcomes", *IMF WP/05/225*. Washington: International Monetary Fund, 2005.

JosephStigliz, Transparency in Government, in The World Bank, The Right to Tell, *The Roles of Mass Media in Economic Development*, Washington D. C: The World Bank, 2002.

Pamela Gomez with Joel Fridman and Lsaac Shapiro, "Opening budgets to public understanding and debate: results from 36 countries", *OECD Journal on Budgeting*, 5 (1), 2005.

Reinikka, R. and J. Svensson, "The power of information: evidence from a newspaper campaign to reduce capture", *Policy Research Working*, 2004.

公共预算研究系列
Public Budgeting Research Series

地方政府财政风险控制

中国地区财力均等化的库兹涅兹拐点到来了吗?
财税包干、分税制和地区财力均等化[*]

张　光　庄玉乙[**]

内容摘要：中国地区财力均等化的库兹涅兹拐点到来了吗？此研究对这个问题回答基本是肯定的。改革开放时期，中国的财力省际分布经历了两个库兹涅兹倒 U 曲线，分别对应于财政包干时期和分税制时期。政府间财政关系的制度设计和安排是决定两个倒 U 曲线形成的最重要决定因素。在财政包干时期，地区财力分布的不平等的降低，主要是由财税包干制下中央和地方的机会主义行为导致的表面产物。在分税制时期，税收返还制度的采用，导致人均财政支出省际分布基尼指数再度上升。但这个制度大大地促进了地方增加财政收入从而发展经济的努力，并且使中央在收入增量中始终分享大头，从而使税收返还在中央对地方的转移支付中的比重逐步下降，最终导致地区间财力分布在 2003 年到达库兹涅兹曲线的顶点（拐点）。在可预计的将来，中国地区间财力分布将继续朝着均等化的方向移动。

关键词：财力省际分布　库兹涅兹曲线　分税制　转移支付　税收返还

---

[*] 此文已发表于《公共行政评论》2011 年第 6 期。
[**] 张光，男，厦门大学公共事务学院教授，主要从事公共财政、比较政治和国际政治经济学方面研究；庄玉乙，香港中文大学政治与公共行政系博士生。

一、导　言

改革开放以来，中国经历了两个政府间财政关系体制，分别是1994年之前的财税包干体制和1994年以来的分税制。这两个财政体制对财力的地区间分布产生了什么影响？本文试图回答这一问题。我们将首先使用人均预算内财政支出省际分布基尼指数这一统计工具，测量改革开放以来中国地区间财力分布的不平等状况的变动。我们发现，对应两个财政体制，地区间财力分布分别出现了两个库兹涅兹曲线（Kuznets，1955）。在两个时期，人均财政支出基尼指数都出现了由较平等趋向不平等，再回归到较平等的情况。然后，我们将证明，财政包干制和分税制的制度设计及其实施是决定两个库兹涅兹曲线形成的关键因素。在财税包干制下，20世纪80年代前期财力省际分布趋向不平等，但在此后不平等水平逐渐降低，并在1992年达到谷底。财政包干制前半段时期的财力地区分布的不平等化发展，是中央计划经济时代高投资的遗留产物，此后的不平等水平的降低，则可明确归因于财税包干成熟期的中央与地方的财政收入分配关系制度。这个时期在财政收入分配上，中央对地方实行差别待遇。获得定额补助、收入全部留成待遇的均为经济落后或比较落后的地区。这个待遇促使它们积极组织预算内财政收入，预算内财政收入和支出增长较快。而其他的省和计划单列市都与中央进行这样或那样的收入分成。这导致这些经济相对较为发达的省市采取了藏富于民、变预算内收入为预算外收入的机会主义对策，使得预算内财政收入和支出增长较慢。穷省财政收入和支出快增长，富省财政收入和支出慢增长，导致财力地区间分布不平等程度在这期间趋于减少。由于富省财政收入不努力，尽量少向中央上解收入，财政收入占国民生产总值比重和中央财政收入占财政总收入比重双双大幅度下滑，中央财政到了"悬崖边的"状态（朱镕基语）。换言之，财税包干时期出现的财力地区分布不平等水平降低的趋势，是不可持续的。

分税制改革在中央独享税与地方独享税的划分和共享税的分成规则

上,对富省和穷省一视同仁,从而断绝了财税包干下差别待遇可能带来的地区财力均等化的可能,这是一项合乎效率原则的制度安排。当然,这也意味着在其他条件保持不变的情况下,富省将比穷省拥有更大的人均财力,导致财力地区分布不平等水平的加大。分税制的税收返还制度进一步强调了效率原则,它的引入和实施,直接导致了1994—1999年财力地区间分布差距的拉大。但是,在税收返还的制度设计中,包含了如下的安排:它的规模将随着时间流逝逐渐减小,从而对地区间财力分布不平等的贡献也将逐渐减小。事实也正是如此:随着税收返还占中央对地方的转移支付的规模的减小,同时随着其他两类转移支付——财力性和专项转移支付——规模的增大,财力地区分布的不平等程度从2003年前后开始出现持续的下降趋势。与财税包干制下出现的财力地区分布均衡化趋势是不可持续的不同,分税制下出现的财力地区分布均衡化趋势,至少在可以预期的将来还将持续下去。总之,我们的研究表明,政府间财政关系体制安排是决定中国地区间财力分布的关键因素之一,如果不是唯一关键的因素的话。

本文接下来将做如下安排:第二节介绍本文的制度分析框架,第三节使用基尼指数统计指标,描述了1978—2010年财力的省际分布的不平等状况的演变,第四节试图解释导致不平等状况演变的原因,第五节总结全文。

二、理论分析框架

本文采取"经济人"理性的观点看待政府间关系安排与地区间财力分布平衡问题。在地区间财力平衡问题上,中央政府和地方政府由于其制度化角色的约束,具有不同的利益取向。地方政府追求本地区利益最大化,有增加自己财政收入的偏好,但没有促进横向财力均等化的偏好和意愿;中央政府也具有增加自己财政收入的偏好,但出于全国整体的政治统一与经济发展需要,需要考虑资源配置、收入分配和宏观调控等事项,因而是唯一有意愿平衡地区间财力差异的制度性角色。然而,地方能在多大程度上追求本地的经济发展,中央在多大的程度上有意愿和能力促进地区间财力平衡,还取决于国家基本政治和经济制度的安排,特别是有关政府间关系的安排。在政府间关系安排上,又以决策权力在各级政府之间的分配和税收征收与分配方式最具相关性。在税收征收与分配方式上,有三种可能的模式:中央征收、地方征收和分税制。在中央征收模式下,中央政府征收所有的财政收入,地方政府的支出依靠税收分享或转移支付,典型代表有 1974—1993 年的意大利和 20 世纪 80、90 年代的匈牙利。在地方征收模式下,由地方政府征收所有的财政收入,中央政府完全依靠地方政府上解收入完成支出,如 1959—1993 年的中国、原南斯拉夫、高度控制时期的苏联(Gurumurthi,1998)。分税制方式指各级政府均有征收自有财政收入的权力,并有各类转移支付以弥补收入与支出之间可能产生的不平衡。这是财政联邦主义倡导的制度(Musgrave,1959),目前在包括中国在内的大多数市场经济国家实行。

在中央与地方权力分配上,可以依据几种标准分为中央集权与地方分权两种形式。第一类标准是根据政治主权归属,分为单一制国家和联邦制国家。中国历史上一直是一个单一制国家。第二类标准可以根据行政任命由上级委任或是本级选举产生进行划分,比如荷兰、瑞典、美国分别为行政任命集权度高、中、低三型(Wilensky,2002:87)。中国从秦朝至今的统一政权都是由上级任命下级官员,属于行政任命集权程度很高的国家。第三类划分依据地方是否对属于自身地区和职责范围的经济事务有决定权划分为经济决策集权和分权。地方无决策权即为经济决策集权国家,有则为经济决策分权国家。钱颖一等所言的市场维护联邦主义国家即为经济决策分权国家,因为在这类国家中,不同层级的政府有明确的权力划分,并且各级政府在各自职责范围内有充分自主权,地方政府对本地区经济事务有决定权等(Montinola et al.,1995)。在这三种中央与地方权力划分方式中,中国在第一类和第二类方式上始终是单一制和行政任命高度集权的国家,可以视作常量。但使用第三类方法可以恰当地将中国划分为两个阶段:一是改革开放前经济决策上中央集权，二是改革开放后地方政府对经济发展有了充分的自主权。结合前面所述的财政收支体制安排，我们可以对政府间财政关系做出一个矩阵式的分类，如表1所示：

表1 政府间财政关系矩阵式的分类表

	中央征收	地方征收	分税制
经济决策集权	一：中央征收绝大多数财税，地方没有经济决策权，从而没有发展地方经济的积极性，中央决定地方财力分布。 例如：中国1953—1958年	二：地方征收绝大多数财税，中央财政依靠地方上解收入，地方没有经济决策权，从而没有发展地方经济的积极性，地方财力分布由中央决定。 例如：中国1959—1978年	三：中央与地方分享财政收入，地方没有经济决策权，从而没有发展地方经济的积极性，中央决定地方财力分布。 自相矛盾，现实中存在可能性极低
经济决策分权	四：中央征收绝大多数财税，地方具有经济决策权，从而具有发展地方经济的积极性。中央决定地方财力分布。 自相矛盾，现实中存在可能性极低	五：地方征收绝大多数财税，中央财政依靠地方上交，地方具有经济决策权，从而有发展地方经济的积极性，财力分布主要由地方发展决定。 例如：中国1979—1993年	六：中央与地方分享财政收入，地方具有经济决策权，从而有发展地方经济的积极性，中央以转移支付影响地区间财力分布。 例如：中国1994至今

数据来源：作者自制

  该矩阵以经济决策集权或分权为纵轴，以财政征收上中央征收、地方征收和分税制为横轴，形成了一个2乘3的矩阵。象限三以经济决策集权（即地方没有经济决策权）与财政征收分税制即中央与地方分享财政收入相匹配，象限四以财政收入集权中央与地方享有经济决策权相匹配。这两对匹配内部显然是自相矛盾的，在现实世界中存在的可能性极低。其他四个象限则可在中华人民共和国的不同时期那里找到对应物。象限一为财政征收方式和经济决策双双集权于中央，即一国的绝大多数财政收入由中央政府征收，且经济决策集权于中央。在这种情况下，地方几乎完全丧失了自主发展本地经济的能力。地区间的财力分布几乎完全取决于中央政府的政策偏好。"一五"计划时期（1953—

1957）和"大跃进"的第一年（1958）的中国就属于这种情况。当时中国不但经济决策高度集权于中央，而且财政收入中央征收比重在77%到83%之间（国家统计局，2005）。象限二为经济决策集权于中央、但绝大多数财政收入由地方政府征收然后上解中央的状态。在这个状态下，除关税等个别税收外，大部分财政收入由地方征收并上解中央；地方在此过程中虽可能采取行为截留部分税收，但中央集权的存在能够遏制这一情况，地方由于同样没有权力采取政策措施发展经济而缺乏发展地区经济的积极性，地区间的财力分布由中央的拨付决定。这个状态是社会主义计划经济的"常态"，中国从1959年到改革开放前一直处于这种状态之中。象限五中绝大多数财政收入由地方征收，中央财政必须依靠地方上解，且地方政府同时有发展本地经济的决策权。在这个制度下，掌握了经济决策权的地方政府可能采取少报、瞒报甚至少收税来减少向中央的上解，中央的收入无法保证，但中央用于全局利益需要的开支却不能减少，最终中央财力将面临收不抵支的绝境，迫使中央采用借贷甚至通货膨胀的方式维持开支（Wang，2002）。中央在此情况下财力难以为继，考虑地区间财力平衡也是心有余而力不足。中国在1979—1993年中实行的财税包干制最终就出现了这一局面。象限六是中央和地方均有征收财政收入的权力。国家财政收入按税种被明确划分为中央固定收入、地方固定收入和中央地方共享收入。同时，地方政府具有发展本地经济的决策权。在这种体制下，中央与地方均有发展经济、扩大税源的强烈欲望，而中央还负有解决国内财力地区分布不均衡问题的责任。分税制下中央财政收入的增长使它有能力通过转移支付来解决地区横向不均等问题。

总的来看，中华人民共和国的政府间关系先后经历了图1所示的第一象限、第二象限、第五象限和第六象限所刻画的制度变迁。这些制度变迁究竟对地区间财力分布产生了怎样的影响？本文将只考察改革开放以来的发展。在这个时期，地方政府获得了发展本地经济的决策权。因此，其财力分布主要是由政府间财政关系决定。下面，我们将首先衡量改革开放以来的地区间财力均等状况，然后探寻政府间财政关系制度的变化是如何影响了地区间的财力分布变化的。

三、1979—2010年省际财力分布不平等状况演变

如何衡量中国的省际财力分布状况？有几组财政数据可供我们选择：人均预算内财政收入和支出、人均预算内加预算外财政收入或支出之和。本文主要使用各省人均预算内支出这组数据，主要原因是无论在财税包干时代还是分税制时代，由于政府间财政转移支付的存在，各省实际可支配的预算内财力基本上都同它们的财政收入规模不相吻合。在这两个时代，决定各省预算内实际财力的公式都是：

各省预算内财力＝各省预算内收入－向中央上解＋来自中央的补助（转移支付）＝各省预算内支出

此外，中国的地方政府确实都在不同程度上依靠预算外财政收入。但是，中国官方提供的分省预算外收支数据仅从1987年开始，我们缺乏能够覆盖整个改革开放时期的完整的分省预算外收支时间序列数据。为此，我们把分析的重点放在预算内财政支出上，但在可能和需要的情况下，也考虑预算外支出情况。

图1报告了1978—2010年人均预算内支出省际分布基尼指数的演变，其中的人均支出系由各省预算内财政总支出除以该省常住人口获得。考虑到西藏因情况特殊是一个异常值，我们也报告了不包括西藏在内的省际基尼指数的变动。观察图1，有如下几点值得指出：第一，整个改革开放期间，省际财政支出基尼指数在0.25到0.35之间波动，均值在0.32。这是一个相当高的地区财力分布不平等记录。日本在经济高速发展的20世纪50—70年代，都府县之间的人均财力基尼指数长期维持在0.1上下的水平（Mochida，2008：37）。不过，当我们排除了因接受中央财政援助一直保持非常高的人均支出水平的西藏个案后，各年基尼指数均显著下降。第二，省际财力分布基尼指数波动明显，意味着

它们的变动主要系政策变动冲击所致,但问题是哪些政策导致波动?第三,波动似乎是有规律可循的:观察不包括西藏的曲线,可以看到,在改革开放的最初几年,基尼指数出现了先降后升的波动,然后,从1982年起,直到1992年为止,出现了长达11年的下降趋势。包括西藏的全国曲线除了1984年基尼指数达到改革开放期间的最高值外,基本取向与不包括西藏的曲线相同。1993年基尼指数微增,紧接着1994年的大幅度上升增至0.3298(不包含西藏则为0.2974),此后一直保持高位到2003年,其中在2000年前后有一个明显的小波谷。从2003年或2004年开始,基尼指数连续六年稳步下降至2010年约0.2484(不包括西藏则为0.221),这也是30年来的最低点。总的说来,改革开放以来,中国的财力省际分布似乎经历了两轮库兹涅兹倒U曲线,分别对应于财政包干制和分税制时期,可见两个制度下均有增大和减小财力地区分布不平衡的因素。那么,这些因素是什么呢?第二个倒U曲线的下降趋势能否得到保持,还是像第一个曲线的下降那样不可持续,被再度上升的趋势所取代?

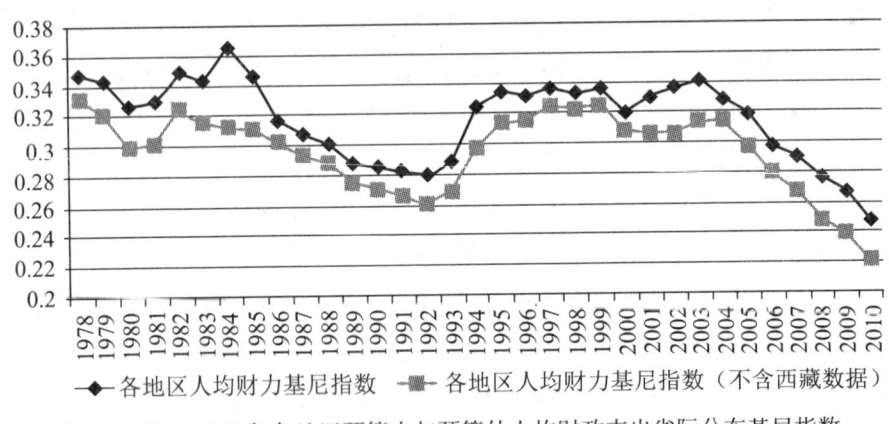

图1 1978—2010年各地区预算内与预算外人均财政支出省际分布基尼指数

注:GINI指数计算使用Wessa(2009)。人口使用常住人口数据,1989年及以前部分省级行政区人口为户籍人口,主要为较富裕省份,考虑到在此之前我国流动人口规模较小,误差忽略不计。

数据来源:《新中国60年统计资料汇编》,《中国统计年鉴》(历年),《中国人口与就业统计年鉴2009》。

按人均预算内支出测量的财力省际分布不平等状况有如上述。图2把人均预算内支出基尼指数和人均预算外、人均预算外加预算内支出之和以及人均GDP的基尼指数做了比较。在财政包干制度下，财力分布基尼指数，无论是以预算内支出还是以预算外支出以及两者之和测量，均显著高于人均GDP基尼指数。换言之，在这一时期，财政起了扩大而非缩小区域经济不平等的作用。不过，在财政包干制的后期，财政基尼指数和GDP基尼指数出现收敛的态势。同时，在这一时期，人均预算外支出的基尼指数始终显著大于预算内支出的GDP指数，反映了预算外财力分布地区分布的不均衡性远甚于预算内财力。两者之和的基尼指数也高于GDP基尼系数，虽然差距不像人均预算外基尼系数那么大。值得注意的是，在20世纪90年代初，各项财政基尼指数和GDP基尼指数出现收敛甚至重合的情况。在分税制时期，预算内和预算外支出两组基尼指数与GDP基尼指数贴得很近，交错而行，而且预算外支出基尼指数始终高于预算内支出基尼的情景不复存在，也是交错而行。最令人惊讶的是，预算内和预算外支出之和的基尼指数始终低于预算内支出和GDP基尼指数。

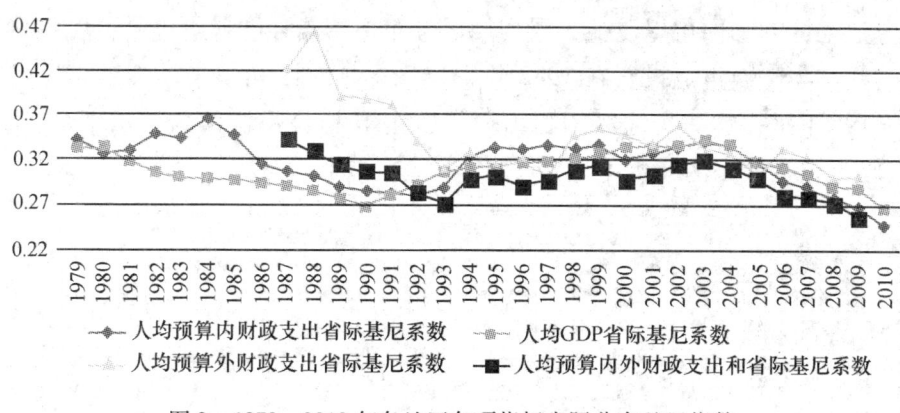

图2 1979—2010年各地区各项指标省际分布基尼指数

注：GINI指数计算使用Wessa（2009）。人口使用常住人口数据，1989年及以前部分省级行政区人口为户籍人口，主要为较富裕省份，考虑到在此之前我国流动人口规模较小，误差忽略不计。

数据来源：《新中国60年统计资料汇编》，《中国统计年鉴》（历年），《中国人口与就业统计年鉴2009》。

四、财力地区分布不均等决定因素分析

在上一节我们观察到对应改革开放以来实行的财政包干和分税制两个体制,出现了两个财力省际分布库兹涅兹倒 U 曲线。这一节我们从财政包干制和分税制的制度设计角度,说明为什么会出现这两个库兹涅兹曲线。

(一) 财政包干时期 (1979—1993)

从 1979 年到 1993 年,财力基尼指数经历了一个先降后升,再平稳下降的过程。1978 年到 1984 年基尼指数先降后升的波动的主要原因是 1978 年的"洋跃进",大量的财政资金用于基本建设,集中投资于 22 个装备国外引进设备的大项目。这些投资,集中于上海等少数工业发达的沿海地区,反映在了各地区的财政支出上,表现的是 1978、1979 年的地区间财力高度不均衡。1980、1981 年,随着中央采取"调整、改革、整顿、提高"的方针压缩投资作用显现,大量国家财力投入少数发达地区的局面得以改变,财力地区分布不均衡程度显著下降。但随着这些基本建设重点投资在 1982 年得以恢复,地区间不平衡程度再度上升。[1] 不过,这一次地区间财力不平衡上升趋势很快消失。从 1983 年(在不包括西藏的样本中)或 1985 年(在包括西藏的样本中)[2] 起直到

---

[1] 张光(2009)发现,在改革开放之前,当中央计划得到强化时(如"一五计划"和 1970 年代上半叶重整中央计划时代),财政支出和 GDP 的基尼指数朝着较高的方向运动。与此相反,在地方分权抬头的"大跃进"时期、中央计划集权因经济困难(20 世纪 60 年代初)或政治混乱("文革"和毛泽东 1976 年去世之后的变动期)而运作困难的时期,财政支出和 GDP 的基尼指数朝着较低的方向运动。

[2] 大量接受中央援助且物价水平甚高的西藏,在跨省财经数据分析中,通常被视为极端异常值加以处理。在 20 世纪 80 年代,西藏的人均预算内支出从 1982 年 265 元和 1983 年的 304 元(这本身就是全国最高之一)剧增到 1984 年的 521 元和 1985 年的 514 元,几乎是同年第二、三高值北京、上海的两倍。随后,在 1986—1988 年三年间西藏的人均财政支出出现了连续的显著下降。这是因为西藏在 1984、1985 年进行了大量建设:1984 年中央召开第二次西藏工作座谈会,决定援助西藏建设 43 项中小型工程项目,至 1985 年全部竣工。这就解释了为何西藏在这两年财政支出的大量增加和在未来三年的下降,也解释了全国地区间财力基尼指数在 1984、1985 年的异常变动。

1992年，出现了多年的连续地区间财力不平衡的下降。导致这一发展的主要原因是这个时期实行的财政包干制度。

财政包干制度之所以产生了均衡地区间预算内财力分布的作用，主要是因为它具有如下两个特点：一方面，这个制度给予经济发展相对落后的地区较多的援助，特别是较好的财政收入包干待遇。在这个待遇下，这些地区的预算内收入悉数归己，无需与中央分成、向中央上解。这就决定这些地方财政收入努力程度较高。另一方面，在这个制度下，经济相对比较发达的地区的预算内财政收入均需要与中央分成，向中央上解部分收入，导致这些地区降低预算内财政收入努力，藏富于民，藏富于企业；或者变预算内收入为无需与中央分成的预算外收入。以1988—1993年第三轮包干体制为例，在39个与中央订约的省级行政区和计划单列市中，有16个享受"定额补助"待遇，即"按原来核定的收支基数，支大于收的部分，实行固定数额补助"（国务院，1988）。换言之，这些地区无需向中央缴纳上解，却能保证每年从中央那里得到一定的固定补助，同时把产自本地的所有预算内收入留在本地使用。显然，这个安排是纯粹援助性的。受援的地区绝大多数是落后地区：吉林省、江西省、甘肃省、陕西省、福建省、内蒙古自治区、广西壮族自治区、西藏自治区、宁夏回族自治区、新疆维吾尔自治区、贵州省、云南省、青海省、海南省、湖北省（不包括单列市武汉）和四川省（不包括单列市重庆）。这个名单中包括了除重庆以外的所有西部省区和若干中部省级行政区。即便是福建和海南，虽然是东部省份，但当时仍然属于经济欠发达地区。第三轮包干体制对其他23个地区采取了收入递增包干（10省市）、总额分成（3省）、总额分成加增长分成（3省市）、上解额递增包干（2省）和定额上解（3省市）等五种收入划分待遇。五种待遇均要求地方与中央收入分成。这23个地区包括了经济比较发达的地区，如上海、北京、天津、辽宁、广东等，它们一直是国家财政尤其是中央财政收入的主要来源。

不同的分成制度安排会对地方征收预算内和预算外收入的行为产生影响。在定额补助安排下，地方政府从中央获得的补助是一个常量，而自己征集的预算内收入悉数归自己,并且是个变量。这将带来两个相辅相成的结果:既然预算内的地方收入都归自己,地方就有很高积极性去提高预算内的财政收入,同时没有多少必要把预算内收入转化为预算外收入。与此不同,需要向中央上解收入的其他省,也许除了定额上解的例外,都会在不同的程度上做出如下两个策略性动作:尽可能地减少预算内收入,因为它必须与中央分成,这客观上起到藏富于民的效果;尽可能地增加无需与中央分成的预算外收入,为此不惜把原本应进入预算内收入篮子的收入转换为预算外收入。例如,对北京采取的是收入递增包干分成模式,约定的年增长率是4%。五年之中,北京每年财政增长恰好为4%。分税制之后才发现北京隐瞒了98亿元的收入。上海实行的是定额上解加递增分成的模式,定下每年财政收入165亿元,100亿元归中央财政,65亿元归地方财政,每增加1亿元,中央与地方五五分成。结果,上海实行财政包干五年,年年财政收在163亿到165亿元之间,一点儿也没增长(《瞭望》,2008)。

表2 财政包干制下不同政策待遇地区预算内和预算外财政收入年均增长率,1988—1990　　　　　　(单位:%)

分类	总额分成	收入递增包干	上解额递增包干	定额上解	定额补助
预算内	7.65	8.74	11.63	9.46	16.09
预算外	8.18	4.13	8.31	2.96	3.48

资料来源:国家统计局,2005;《中国财政年鉴》相关年份。

注:根据当年价格数据计算。总额分成加增长分成地区大连市、青岛市和武汉市由于数据缺乏未报告。

因此,我们可以推论,在1988—1990年财政包干制度下,获得定额补助的地区,在组织预算内收入上的积极性将显著地高于其他各类地区;同时,在把预算内收入转变成预算外收入以避免与中央分成的问题上,定额补助地区比其他地区有更少的动机这样行事。表2报告的数据证实了我们的这个推论。按当年价格计算,1988年到1990年,定额补助地区的预算内收入年均增长率为16.09%,远远高于其他各类地区;

而它们的预算外收入年均增长率则仅有3.48%，略高于定额上解地区的2.96%，但显著低于其他各类地区。由于定额补助地区大多属于落后地区，它们增大预算内收入的努力，有助于降低预算内支出的地区不平衡；而它们在预算外收入的努力程度显著低于大多数其他地区，则增加了预算外支出的地区不平衡。这在很大程度上解释了图3所示的1987—1992年间人均预算外支出省际分布基尼指数显著大于人均预算内支出的发展。

然而，包干制下的地区财力表面上的均衡化倾向是不可持续的，因为这一均衡化的产生，主要起因于1988年的财税包干制度决定经济强省没有动机努力征税来提高预算内财政收入，而经济弱省则有强烈的动机这样做的机会主义行为（Wang, 2002）。这一局面必然导致"两个比例"即财政收入占GDP比重和中央财政收入占全国财政总收入的比例持续下降，直接威胁中央政府的运作，为后者所无法容忍而难以为继。

（二）分税制时期（1994—2010）

1994年起实施的分税制改革，具有如下特征：第一，中央对所有的省级行政区和计划单列市实行统一的规则，财税包干体制下的分类待遇做法一去不复返。第二，按税种把国家税收分为中央独享、地方独享和央地共享税。把国家最大的税种增值税定为央地共享税，按中央75%、地方25%分成，2002年起对企业和个人所得税也成为中央和地方共享税。第三，对增值税、消费税、所得税实行税收返还。第四，全面引入中央对地方财政转移支付制度，除了税收返还外，还有财力性转移支付和专项转移支付。第五，新设国税系统负责征收绝大多数央地共享税。第六，省以下的政府间财政关系安排，在不违反分税制基本原则的基础上，由各省自行决定（李萍，2006；财政部预算司，2007）。从对财力的地区分布的影响来看，这些改革有两点值得考虑：第一，前三个特征表明，分税制使用同样的规则处理中央与各个省级行政区和计划单列市的财政收入分配关系问题，这就去除了财税包干成熟期出现的发达地区税收不努力、不发达地区税收努力的制度诱因。一旦发达和不发达地区税收努力程度一样，在其他条件不变的情况下，前者的人均财力和后者的人均财力的差距必然加大。第二，税收返还制度起到了扩大地区财力不平衡的作用。在中央对地方的转移支付中，税收返还起了扩大地区财力不平衡的作用，而财力性和专项转移支付则可能被用于减小地区间财力差距。于是，转移支付对地区间财力分布的影响，首先取决于税收返还占转移支付的比重。按照分税制改革的制度设计，税收返还所占比重将逐渐下降。这意味着，在其他条件保持不变的情况下，中国的地区间财力分布的不均衡程度也将逐渐下降。这两点中，第一点是自明的，无需多加解释。第二点则需要详细讨论。税收返还的制度设计，充分显示中国的改革在存量和增量、效率和公平的关系之间作文章的智慧，值得多费些笔墨讨论。

通过阅读主持分税制改革的时任副总理朱镕基（1993a，1993b，1993c，1993d，1993e，1993f，1994）的讲话，阅读亲身参与分税制改革决策过程的时任财政部副部长项怀诚（2004，2008，2009）的回忆和《瞭望》（2008）周刊为纪念分税制改革实施10年发表的长篇特写，我们可能复原1994年分税制改革中的税收返还制度的确立过程。从这些讲话和文章来看，国税系统成立并由它来征收中央与地方共享税增值税，中央与地方的增值税分成比例为75%对25%等决策，在中央和地方并没有引起多大的争议。引起激烈争议的是税收返还特别是增值税税收返还问题。税收返还制度的引入，如《国务院关于实行分税制财政管理体制的决定》（国发〔1993〕85号）所言，是为了保持现有地方既得利益格局，逐步达到改革的目标。对于这一原则，各方并无异议。争议首先发生在税收返还的基数年确定上。1993年，财政部按照财税包干制下的做法，提出以已经做过决算的1992年地方收入数据作为返还基数。而当朱镕基率财政部等相关部委官员于1993年9月到广东谈判说服时，广东要求以1993年的地方收入为返还基数，理由是1992年邓小平南方讲话后的经济增长增速在当年下半年才出现，反映到财政上是1993年的事情。这一要求受到财政部的反对，其理由有二：一是账不好做，以1993年为基数，到1994年四五月份才能算清楚；二是担心地方政府会利用1993年剩余的三个月做手脚做大基数。他们认为基数的确定应当和财政包干制时期一样,以过去的、"静态的"数据而非以未来的、"动态的"数据为准。但是,财政部的意见没有得到中央的认可。朱镕基拍板决定,尊重广东等地方的意愿,以1993年的两税收入为返还基数(朱镕基,1993c)。

1993年的税收情况,在一定程度上证实了财政部的担忧。全年财政收入比上一年增加了900多亿,其中就有600多亿是在10—12月三个月征收的。在这场做大基数的竞争中,发达地区一改包干制成熟期的税收不努力表现,导致财税包干期定额补助省份的财政收入增长率显著高于其他省份的情况不复存在(表3)。但是,如表3所示,在1993年的做大基数竞争中,原体制下定额补助地区仍然保持与其他地区不相上下的增长率,这有助于保持财力省际分布在当年的均衡性。结果,从1992年到1993年,财力省际分布基尼指数仅有些微的增长。它的猛增发生在1994年,从前一年的0.288增至0.324(图2)。这不仅仅是由于税收返还效应的体现,而且还同1994年分税制改革实施过程中围绕税收返还政策的一些发展密切相关。

表3 财政包干制下不同待遇地区1993年预算内
财政收入年增长率,1992—1993　　　　(单位:%)

分类	总额分成	收入递增包干	上解额递增包干	定额上解	定额补助
预算内	25.53	43.14	46.57	32.66	41.62

资料来源:国家统计局,2005;《中国财政年鉴》相关年份。

在1994年,财政部经过测算,发现由于1993年财政新增了900多亿元收入,导致1994年中央要返还地方的基数所占比例过大,中央净得收入规模将达不到预定要求,如果都返还给地方,1994年的中央财政预算将有300亿窟窿。如何填补这个大窟窿?财政部的第一个对策是追查地方1993年的财政收入增长是否有弄虚作假的"虚增"成分,希望通过挤掉虚增的水分从而扣减1994年中央对地方的税收返还数。财政部为此设立了检查组,但从年初到4月的大检查并未发现虚增。此后,财政部提出三种解决方案:一是税收增长与各地方GDP增长率挂钩；二是把 300 亿元按照各省的基数增长率进行相应的抵扣；三是向前看，承认地方上报的 1993 年基数，并在此基础上增长 16%。1994 年 7 月，财政部拿着这三种解决方案，与京、沪、浙、苏、辽、鄂、粤、滇、黑、陕和大连等 11 个省市和计划单列市财政厅局长开会协商。在会上，浙江财政局长指出财政部对各省市实施扣减基数的办法（即上述第二种方法）缺乏依据，认为第三个方案即通过提高对各省两税增收目标来解决 300 亿元预算缺口，是一个同心同德向前看的好办法。这个意见，得到了上海、广东、江苏、山东省等代表的一致支持，并最终得到财政部和国务院的认可。第一个方案即与各省 GDP 增长挂钩的方案也被否决，原因是 GDP 有水分，这样做势必使各省挤掉 GDP 水分，而这可能给外界以中国经济搞不上去的印象，与邓小平的把国民经济搞上去的精神不符，有很大的政治风险。从制度主义的观点看，第一和第二方案都是对 1993 年达成的分税制协议的背弃，一旦被采纳并实施的话，则分税制改革和中央政府的公信力将受到极大的伤害。而第三个方案尽管有鞭打快牛、助长财力地区分布不均衡的问题，但在原则上并没有违背 1993 年的约定。

最终，经国务院批准形成的中央预算 300 亿元窟窿的解决方案有四点：第一，全国以 1993 年当年"两税"增幅的三分之一即 16% 为目标，各省以本省上年增幅的三分之一为目标。第二，完不成"两税"增收任务的省市以地方收入赔补，完不成上年基数的要扣减返还基数。第三，凡完成"两税"增长目标的地区，中央对其税收返还基数按当年本地区"两税"增长率的 1∶0.3 返还。凡"两税"收入超过增长目标的地区，其超过部分给予一次性奖励，返还系数由 1∶0.3 提高为 1∶0.6。第四，1∶0.3 返还系数不再与全国平均"两税"增长水平挂钩，而与本省上划"两税"增长挂钩（《瞭望》，2008）。这四点中，有的适用期是一次性的，即各省 1994 年两税收入增幅不低于上年增幅的三分之一，超过这个增幅的增量返还系数提高到 1∶0.6。而有的则是永久的，即第四条关于两税增量 30% 返还税源地的规定。

1994 年由于有两税增量超过增长目标的部分按 0.6 而非 0.3 比例返

还税源地的一次性规定，再次成为地方做大税收返还基数的绝好机会，地方政府自然不会放过。这一点，体现到1994年国家财政收入方式上。这一年，全国增值税收入为2308亿元，比1993年的1081亿元增长了113.5%（当年价格）或72%（不变价格）。而新设的消费税收入也达到487亿元的水平。然而，在1993年财政收入超常增长之后，1994年继续超常增长是不现实的。实际上，1994年国家财政总收入仅从1993年的4349亿元增至5218亿元，按当年价格计算，增加了20%，但由于1994年的通货膨胀率高达24.1%，按不变价格计算下降了3.3%。财政总收入下降的主要原因是当年地方独享的营业税收入仅为670亿元，比93年的966.09亿元少了31.4%（当年价格）或46.1%（不变价格）。地方政府之所以会舍地方独享的营业税收入而拼命做大与中央共享的增值税和消费税收入，一是为了完成中央规定的两税增长不低于上年增幅的三分之一目标，二是争取中央的1∶0.6的两税增量奖励，三是因为两税增量30%返还给税源地和两税返还基数滚动的规定。事实上，《国务院关于实行分税制财政管理体制的决定》（国发〔1993〕85号）对两税增量30%返还地方的受益对象，原本做出的是有利于地区财力均等化的规定："1994年以后，税收返还额在1993年基础上逐年递增，递增率按全国增值税和消费税的平均增长率的1∶0.3系数确定，即上述两税全国平均每增长1%，中央财政对地方的税收返还增长0.3。"据此，中央财政对两税增量0.3比例返还，并非针对税源地，而是由中央统筹使用这笔资金，"按照这个办法，收入增长较慢的省、自治区、直辖市，可以根据返回系数多得一些增量"（《中国财政年鉴1995》）。因此，《国务院关于实行分税制财政管理体制的决定》才表示："要通过中央财政对地方的税收返还和转移支付，扶持经济不发达地区的发展。"然而，"在1994年8月，国务院批准，将递增率改为按本地区的增值税和消费税的增长率的1∶0.3系数确定"。"其理由是原先的方法不利于调动收入增长快的省、自治区、直辖市的积极性，〔新方法则〕有利于调动各地组织财政收入的积极性"（《中国财政年鉴》，1995）。

表4　1994年增值税和营业税不同的增长表现

财政收入来源	1993	1994	增长率%（当年价格）	增长率%（不变价格）
增值税	1081	2308	113.5	72
营业税	966	670	-31.4	-46.1
财政总收入	4349	5218	20	-3.3

资料来源：国家统计局，2005；《中国财政年鉴》相关年份。

结果，1994年的超乎寻常的增值税消费税增收，大大放大了税收返还对地区间财力分布不平衡的作用。在这一年，中央政府的两税收入为2215.8亿元，而两税税收返还为1799亿元，占中央的两税收入的81%、中央财政总收入2906.5亿元的62%、中央对地方转移支付总额2389亿元的75%。这就解释了为什么财力地区分布基尼指数在1994年猛增的原因。然而，由于这次两税收入猛涨主要是受超过增长目标的增量返还系数提高到1:0.6这个一次性的规定的影响，因此1994年的基尼指数的猛增也是一次性的。从1995年到1999年，基尼指数一致保持在0.33左右的水平（图1）。

其实，从长远的影响来看，上述永久性的规定即"1:0.3返还系数不再与全国平均'两税'增长水平挂钩，而与本省上划'两税'增长挂钩"更为重要。这一变动把税收返还的增量奖励部分，从原先的平等导向优先改变为效率优先。而且，更关键的是每年的增量返还即变成次年的返还基数的一部分。于是，两税税收返之于地方政府，犹如"发面"，而非"死面"（《瞭望》，2008；朱镕基，1993b）。这个"发面"的工作方式可比之于滚雪球，依照如下的公式运作："N年税收返还=（N-1）年基数返还+N年增量返还；（N+1）年税收返还=N年基数返还[即（N-1）年基数返还+N年增量返还]+（N+1）增量返还……"

于是，地方从增值税收入中获得的收入比重，实际上不是75:25，而是52.5:47.5。其工作原理是：假定某省某年的增值税收入增量为100元，则该省根据增值税收入中中央拿75%地方拿25%的规定，自动获得这100元中的25元。然后，由于这100元系增量，根据规则，中央应从它所得到的75元中拿出30%即22.5元作为地方的增量返还。因此，地方从100元增值税增量收入中，总共获得了47.5元收入。项怀诚称之为52.5∶47.5模型（《瞭望》，2008）。这47.5元的增值税增量返还故事并没有到此结束：它随即加入该省的两税税收返还基数，变成下一年基数返还的一部分。第二年地方自动从中央获得本年度的增值税收增量返还的收益。在消费税收入上，地方政府虽然没有初始比例分成，但仍有基数返还和增量返还。它在今年获得的30%的增量返还，即变成明年消费税基数返还的一部分。当然，如果地方没能实现两税收入增长，税收返还的雪球就无法滚大；如果两税收入负增长，也即上划给中央的收入低于去年的水平，"则相应扣减税收返还数额"（国务院，1993）。显然，这套基数加增量累积税收返还制度，是一种"奖增罚减"的政府间财政关系设计。

现在回过头来看，1994年分税制改革设立的税收返还制度发挥了撬动中国经济增长的杠杆作用。1993年的地方两税收入构成1994年的返还基数，1994年对中央财政可能出现的300亿元财政赤字的处理，又大幅度地扩大了地方的税收返还的基数，起到了增强税收返还的促进经济增长的杠杆作用。此后，中国的各地政府都在一个相对比较高的基数水平上，进行做大本地财政收入的努力。值得一提的是，尽管在中国地方财政收入的数据报告上，营业税收入大于增值税收入，但若把增值税返还加入，增值税仍然是地方财政收入第一大税种，或者至少与营业税规模不相上下。[①] 因此，地方政府必须努力保证税收返还这个"发

[①] 以2007年为例，地方增值税和营业税收入分别为3867.6亿和6379.5亿元。同年，消费税和增值税税收返还收入为3214.8亿元。增值税和两税税收返还之和为7082.4亿元。考虑到两税返还中增值税返还占绝大部分，可以断言，地方政府从增值税分成获得的总收入，至少不低于营业税。也许正是出于这个原因，绝大多数地方政府都向其所管辖地区内执法的国税部门提供大量的财政补贴。例如，国家税务总局网站公布的"国税系统2010年部门预算"表明，当年国税系统的收入包括228亿元其他收入，占全年预算总收入666亿元的34%。该表的说明对"其他收入"做了如下的界定："其他收入，指国税系统除财政拨款、事业收入、事业单位经营收入以外的收入，主要是地方政府对国税部门加强和改善征管手段的补助。"见http://www.chinatax.gov.cn/n8136506/n8136593/n8137614/n8138787/9629945.html。

面"或"雪球"的不断做大,而实现这一目标的最佳途径就是经济发展。张五常（2009）认为分税制下增值税分成构成中国县域竞争的主要动力之一。我们这里的讨论更加清晰地显示,仅有静态增值税分成（即25%分成）不足以刺激地方政府为增长而竞争。促使地方政府这样做的动力,更多的来自动态的增量分成及其叠加形成的基数增长。这套增量奖励基数累积的制度设计,在世界税制史上可能是独一无二的创造,充分显示了中国人的智慧。①

然而,效率优先的税收返还制度的实施,加大了财力地区间财力分配不平等。在1993、1994年做大返还基数的年份中,地区间财力不平等急剧上升。不过,从分税制改革伊始,中央即认定随着中央财政收入规模的增长,它可能动员更多的财力用于财力和专项转移支付。假以时日,随着这两种转移支付规模的扩大,地区间财力分布将趋向平等。在分税制改革的纲领性文件《国务院关于实行分税制财政管理体制的决定》（1993）中,把"合理调节地区之间的财力分配"作为分税制改革的指导思想之一,认为改革"既要有利于经济发达地区继续保持较快的发展势头,又要通过中央财政对地方的税收返还和转移支付,扶持经济不发达地区的发展和老工业基地的改造"。朱镕基（1993d）当时在新疆劝说地方领导接受分税制时就指出,"分税制改革有利于中西部地区发展"。但他也告诫新疆领导人道:

> 不能太着急。[分税制改革的]第一年不能改变原有的利益格局。开始就拿人家的钱,人家就不干了。只能从第二年开始,拿那么一点点;再过一年,稍微多拿一点;下一年,再多拿一点;越到后来拿得越多……实行分税制的结果,是中央集中了财力。中央集

---

① 国际分税制理论一般把政府间的分税分为税基分享和收入分享两种。前者是中央和地方政府可以分别各自对同一税基（如个人所得税）进行征税,后者是同一税种产生的收入由一级（可以是中央或某级地方政府）征收后,与其他级政府分享部分收入。根据一篇关于分税制国际比较论文的介绍,中国1994年起实行的增值税收入固定比率分享（中央75:地方25）加税收返还（增量奖励加累积基数）制度,在世界其他各国不曾实施过（参看Rao,2007）。

中的财力越多,对中西部地区的支持就会越大（朱镕基,1993d:374）。

后来的发展完全证实了朱镕基的预测。1993、1994年税收返还的基数做大,尽管一方面使财力地区分布不均等水平在1994年陡然上升,但也为中央财政收入的大幅度增加奠定了基础,毕竟在两税收入分配上,除了1993年基数全额返还、1994年超过增长目标之上的增量按1∶0.6比例返还外,其余的一切增值税收入,均按（中央）52.5∶（地方）47.5的比例分成,一切消费税收入,按（中央）70∶（地方）30比例分配,只要各地的每年的两税收入不低于上年均按此办法执行。而事实也正是如此,由于中央在两税特别是第一大税增值税收入上始终拿大头,随着时间的推移,中央财政收入规模将逐渐扩大。而在中央和地方的事权分配没有发生变化的情况下,中央将具有越来越多的财力进行税收返还以外的转移支付活动。① 如表5所示,从1998年起,税收返还在中央对地方转移支付的比重中开始大幅度下降,从1997年的70%逐年降至1998年的62.7%、1999年的53%和2000年的48%。正是在税收返还占中央对地方转移支付比重下降到一半以下的2000年,各省人均财政支出基尼指数出现了明显的下降（图1）。

但是,如图1所示,这一下降趋势在2001年出现了小幅波折。从2001年到2003年,基尼指数又再度上升,其主要原因之一仍然是税收返还：2002年中央发动企业和个人所得税分税制改革。同1994年的两税分税制改革一样,这一轮分税制改革仍然实行基数返还的政策。中央承诺,从2002年起,它将按地方在2001年征收的两项所得税收入规模,年年向地方提供所得税税收基数返还。这马上引起地方在2001年

---

① 严格地说,分税制改革以来,地方政府的事权增大了。以前由国有企业等承担的城镇居民退休养老医疗等福利事业,随着20世纪90年代国有企业改革,转变为由各地方政府负责执行的社会保障事业。有趣的是,中央政府并没有袖手旁观,而是通过社保专项转移支付分担了半数以上的地方社会保障财政补贴支出。例如,2005年,中央对地方的社保补助支出高达952.83亿元,而地方社保补助支出总计1580.93亿元,前者相当于后者的60.2%。

不遗余力地征收所得税，以做大基数，导致基尼指数在 2001 年的反弹。所得税基数返还的不平等性，继续影响财力省际分布朝着不平等化方向发展。但是，与增值税消费税税收返还有增量 30% 累积的奖励不同，这轮改革的所得税返还没有增量分成的规定，而是一个常量。而且，个人和企业所得税的规模要比增值税小得多。这些事实意味着所得税返还对地方财力分布的不均等性的影响，要比两税返还小得多、短得多。如表 4 所示，税收返还占转移支付的比重，仅在 2002、2003 年出现小幅的反弹；而正是在 2001—2003 年期间，人均预算内支出省际分布基尼指数出现上升的趋势（图 2）。此后，从 2004 年起，随着中国经济增长进一步加速，所得税基数返还带来的税收返还规模增加的效应急剧消失，税收返还占中央对地方的转移支付比重逐年降低，直到 2010 年的 15.44%。与此同时，基尼指数开始逐年稳步下降，至 2010 年达到改革开放以来最低点。根据最近数年税收返还比重继续走低的趋势，结合近年来中国西部大开发、中部崛起和振兴东北老工业基地的地区间发展均衡化战略以及政府对社会政策、农业问题和弱势群体的持续关注与转移支付力度的不断加大，我们可以预测基尼指数将在未来几年甚至更多的年份中继续下降。

表 5　中央对地方财政转移支付规模和构成的变动，1994—2011

年份	税收返还		财力性转移支付		专项转移支付		总计
	金额(亿)	比重(%)	金额(亿)	比重(%)	金额(亿)	比重(%)	金额(亿)
1994	1799	75.3	99	4.14	361.37	15.13	2389.09
1995	1867	73.68	133	5.25	375	14.8	2534.06
1996	1946	71.48	161	5.91	489	17.96	2722.52
1997	2012	70.43	199	6.97	518	18.13	2856.67
1998	2083	62.71	210	6.32	878	26.43	3321.54
1999	2167.3	53.03	364	8.91	1424	34.85	4086.61
2000	2267.54	48.6	620	13.29	1440.26	30.87	4665.31
2001	2309	38.47	1176	19.59	2200	36.65	6001.95
2002	3007.21	40.9	1623	22.08	2401	32.66	7351.77
2003	3425.01	41.46	1914	23.17	2598	31.45	8261.41

（续表）

年份	税收返还		财力性转移支付		专项转移支付		总计
	金额(亿)	比重(%)	金额(亿)	比重(%)	金额(亿)	比重(%)	金额(亿)
2004	3608.58	34.67	2605	25.03	3423	32.89	10407.96
2005	3747.58	32.63	3812	33.19	3529	30.73	11484.02
2006	3930.22	29.11	4731.97	35.05	4411.58	32.67	13501.45
2007	4117.3	22.7	7128.2	39.3	6892.4	38	18137.89
2008	4282.16	18.63	8326.85	36.22	10381.75	45.16	22990.76
2009	4886.7	17.11	11317.2	39.62	12359.89	43.27	28563.79
2010	4993.37	15.44	13235.66	40.93	14112.06	43.64	32341.09
2011	5039.88	12.62	18311.34	45.87	16569.99	41.51	39921.21

资料来源：财政部《中国财政年鉴》(1995—2011)，李萍（2006），财政部（2011d）。

五、结 论

中国地区财力均等化的库兹涅兹拐点到来了吗？我们的研究对这个问题的回答基本是肯定的。改革开放时期中国财力地区分布的不平衡状况的变动，在很大的程度上是财政包干和分税制这两个财政体制的制度设计及其实施的结果。在两个财政体制期间，分别出现了两个库兹涅兹曲线，各省人均财政支出基尼指数都出现了由较平等趋向不平等，再回归到较平等的情况。我们详细地证明了财税包干期出现的平等化趋势是表面的、不可持续的，因为它是以牺牲相对发达地区的财政收入努力、从而牺牲其经济发展的积极性，并且助长地方政府的变预算内收入为预算外收入等机会主义行为为代价的。"两个比重"即财政收入占GDP和中央财政收入占财政总收入比重过低，决定中央政府不可能容忍财政包干体制的继续实行。朱镕基主导下的分税制改革通过税制统一、两税税收返还等制度设计及其实施，一举扭转了财政包干制度下发达地区财政收入不努力等机会主义行为。这些制度的实施，虽然从短期看，有增大地区间财力分布不平等的缺陷；但从长期看，它们促使地方努力发展经济并借此获得更高的财政收入。由于分税制对中央和地方共享税的分成始终偏向前者,保证了中央始终拿大头(增值税52.5%、消费税70%、所得税60%),这样随着时间的推移,中央将拥有越来越大的财力进行财力和专项转移支付。随着税收返还占中央对地方转移支付的比重从2004年起稳步且大幅度下降,人均财政支出省际分布基尼指数出现了年年下降的势头(图1)。我们相信,只要分税制的财政体制保持不变,中央和地方的支出职责保持不变,2004年以来的中国地区间财力分布的朝均等化方向移动的趋势,在可以预见的将来,还将持续下去。现在回过头看,分税制的制度设计,尤其是其税收返还的制度设计,虽仍有许多亟待解决的缺陷,但从长远看,不失为一个在中央和地方、效率和公平上获得双赢的好制度。

但是,在结束本文之前,我们必须指出,本文揭示的中国地区财力均等化的发展,是以省级行政区为分析单位而言的,所涉及的仅仅是中央与各省之间的政府间财政关系的结果,从中无法推出省以下的地区间也出现了财力分布均等化的结论。事实上,大量有关基础教育财政支出的经验研究发现,省内的县际支出不均衡程度要远远大于省际支出的不均衡程度(潘天舒,2000;Wong,2002)。马丁瓦奎兹(Martinez-Vazquez,2007)等发现中国省内对县级政府的转移支付并没有使财力的县际分配变得均等化。而问题的关键在于中国的绝大多数公共服务,包括基本教育、公共安全、医疗卫生和文化建设,主要是由县级(包括城市市辖区)政府提供的。因此,财政包干和分税制的政府间财政体制安排,是如何影响县际财力的分布,其中中央政府、省、地市和县级政府扮演什么样的角色,应当引起学者们的充分重视,成为中国地区财力分布均等化研究的重点问题。

【参考文献】

财政部:《中央和地方预算执行情况与中央和地方预算草案的报告》(历年 a),全国人大全体代表会议。

财政部:《中央决算的报告》(历年 b),全国人大常务委员会议。

财政部:《中国财政年鉴》(历年c),中国财经杂志社。

财政部:《2010年中央对地方税收返还和转移支付决算》(2011d),http://yss.mof.gov.cn/2010juesuan/index.html。

财政部预算司:《中国省以下财政体制》,中国财政经济出版社2007年版。

李萍:《中国政府间财政关系图解》,中国财经出版社2006年版。

瞭望杂志社:《我国分税制决策回放》,载《瞭望》2008年8月6日。

潘天舒:《我国县级义务教育投资的地区差异及其影响因素分析》,载《教育与经济》2000年第4期。

项怀诚:《亲历分税制改革:朱镕基同志"东奔西走做工作"》,载《中国财经报》2008年8月25日。

项怀诚、马国川:《改革是共和国财政六十年的主线(上)》,载《读书》2009年第1期。

张光:《中国政府间财政关系的演变(1949—2009)》,载《公共行政评论》2009年第6期。

张五常:《中国的经济制度》,北京:中信出版社2009年版。

朱镕基:《整顿财税秩序、加快财税改革》(1993a),见朱镕基:《朱镕基讲话实录》第一卷,人民出版社2011年版。

朱镕基:《分税制将会促进广东发展》(1993b),见朱镕基:《朱镕基讲话实录》第一卷,人民出版社2011年版。

朱镕基:《关于实行分税制问题致江泽民、李鹏同志并中共中央政治局常委的信》(1993c),见朱镕基:《朱镕基讲话实录》第一卷,人民出版社2011年版。

朱镕基:《分税制改革有利于中西部地区发展》(1993d),见朱镕基:《朱镕基讲话实录》第一卷,人民出版社2011年版。

朱镕基:《精心组织实施分税制改革》(1993e),见朱镕基:《朱镕基讲话实录》第一卷,人民出版社2011年版。

朱镕基:《在一九九三年全国经济工作会议上的总结讲话》(1993f),见朱镕基:《朱镕基讲话实录》第一卷,人民出版社2011年版。

朱镕基:《在一九九四年中央经济工作会议上的总结讲话》(1994),见朱镕基:《朱镕基讲话实录》第二卷,人民出版社2011年版。

Gurumurthi, S., "Intergovernmental fiscal relations: three faces of tax sharing", *Economic and Political Weekly*, 1998, Vol. 33, No. 35.

Kuznets, Simon, "Economic growth and income inequality", *American Economic*

Review, 1955, 45: 1-28.

Martinez-Vazquez, Jorge, Baoyun Qiao, and Li Zhang, "The role of provincial policies in fiscal equalization outcomes in china", International Studies Program Working Paper 07-05, Andrew Young School of Policy Studies, Georgia State University, 2007.

Mochida, Nobuki, *Fiscal Decentralization and Local Public Finance in Japan*, New York: Routledge, 2008.

Montinola, Gabriella, Yingyi Qian, and Barry Weingast, "Federalism, chinese style: the political basis for economic success in china", *World Politics*, 1995, 48: 50-81.

Musgrave, Richard, *Theory of Public Finance: A Study of Public Economy*, New York: McGraw-Hill, 1959.

Rao, M. Govinda, "Resolving fiscal imbalances: issues in tax sharing", In Robin Boadway and Anwar Shah eds., *Intergovernmental Fiscal Transfers: Principles and Practice*, Herndon, VA, USA: World Bank, 2007.

Wang, Shaoguang, "Defective institutions and their consequences: lesson from china, 1980-1993", *Communist and Post-Communist Studies*, 2002, 35: 133-154.

Wessa, Patrick, *Free Statistics Software, Office for Research Development and Education*, version 1.1.23-r4, URL http://www.wessa.net/, 2009.

Wilensky, Harold, *Rich Democracies: Political Economy, Public Policy, and Performance*, Berkeley and Los Angeles: University of California Press, 2002.

Wong, Christine, *China National Development and Sub-National Finance: A Review of Provincial Expenditures*, Washington D.C.: Published for the World Bank, 2002.

中国地方政府债务风险的预算管理与分权体制完善*

韩增华**

内容摘要：针对既已存在的地方政府债务风险，管理要义在于控制。对比分析1978—2008年中央财政收入、财政支出与地方财政收入、财政支出的相对状况，可以认为1994年的分税制改革后形成的收入上移与支出下移的预算管理过程，加剧了地方政府财政收入与支出之间的缺口放大，中国地方政府债务风险扩大的主要制度根源在于分权制度中对于地方政府财政收入与财政支出的不对等。通往善治之路的预算制度设计应满足稀缺财政资源效率配置的要求，结合财政分权理论的既有研究与现实启示，中国地方政府债务风险的中长期预算管理与控制必须通过分权体制的完善而实现，分权体制进一步完善的方向应该是通过税收制度的结构性调整，加强地方政府财政造血功能，增强地方政府财政收入的稳健性与持续性。结合实施绩效管理，实现中国地方政府债务风险中长期预算管理与控制。

关键词：地方政府债务风险 预算管理 财政分权

---

* 此文已发表于《经济体制改革》2011年第4期。
** 韩增华，女，新疆财经大学公共经济与管理学院副教授，主要从事财政税收理论、政府预算管理研究。

一、引 言

对于地方政府债务风险的研究,较多分析都采用 Hana 以矩阵形式对地方政府债务的分类:直接显性负债,直接隐性负债,或有显性负债,或有隐性负债,并由此将地方政府债务风险划分为直接显性负债风险,直接隐性负债风险,或有显性负债风险和或有隐性负债风险,此分类是引用较多的分析地方政府债务风险的典型分类。较多论述将地方政府债务描述为地方政府未来财政收入不足以履行其当期应承担的支出责任和义务而形成的负财政收入,从这个角度理解,地方政府债务似乎是个静态的、存量的概念。静态存量方向上的分类难免使对于地方政府债务风险的认识囿于某个时点或者空间,于是有了对于中国地方政府债务具体规模差距较大的种种估计以及对估计不清的担忧与问责;由于不能准确界定地方政府隐性负债与或有负债规模,于是对于预算透明度的呼声越来越高,不过财政部门对于自己都无法说清的数字或许只能无奈:并非不想透明,实在是无可透明;担心地方政府债务风险转变为地方政府债务危机,于是有关建立地方政府债务预警系统的研究开始丰富起来。

如果负债发展一无是处,如果真正引起担忧的就是地方政府债务风险这一现象本身,那么在地方政府采用隐蔽的负债发展方式之初,地方政府债务风险已经该引起关注;当然,近期关于规范地方政府融资平台的种种举措,是明智之举,因为显性的风险尚可以知晓规模而理智应对,隐性和或有的风险规模不清,一旦爆发,影响必然更加恶劣。按照现代财务管理理念,风险带来的可能是损失,也可能是收益。对于地方政府债务风险管理,风险存在既已成为客观事实,绝对的消减既不可能也不现实,地方政府债务风险的管理要义应在于控制:控制地方政府债务风险引致的损失与收益:若有损失,使损失最小;若有收益,使收益最大;这也是政府大理财思维在地方政府债务管理上应有之思路。思考的另一方面,值得担忧的问题也许并非地方政府债务风险现象本身,真正的隐忧在于地方政府债务风险管理不善可能出现的不可控制的不良后果。这个思路引致对于中国地方政府债务风险管理的纵深思考,如果既有的分权制度是地方政府债务风险扩大的诱因之一,地方政府债务风险的中长期管理与控制通过分权体制的完善而实现才是上策。本论文遵循这个思路,分析1994年的分税制改革与中国地方政府债务风险的关系,分析分权理论在实践中应注意的几个方面,得出相关结论。

二、现行分权体制与中国地方政府的债务风险

既然地方政府债务风险的最直观表现就是地方政府资不抵债,当期财政收入不足以维持当期财政支出,分析地方政府债务风险,从地方政府财政收入和支出的基本状况入手是合适的路径选择。我国现在实行的中央和地方按照税种划分中央和地方财政收入的预算管理体制,是1994年的分税制改革确定下来的,1994年中国的分税制改革可视为财政分权理论在中国的一次实践。财政分权指财政收入和财政支出在中央政府和地方政府之间权限的划分,在中央集权的国家中,中央政府总是强势于地方政府,财政分权实际指的是中央政府把收入和支出的权力划分到地方政府。中国地方政府的债务风险与分税制改革有什么联系呢?

(一) 中央财政收入、支出与地方财政收入、支出的描述(1978—2008)

如下主要通过图表对中国中央政府与地方政府的财政收入、财政支出以及中央政府财政支出占当年GDP比重、地方政府财政支出占当年GDP比重进行直观刻画,数据来源均为2010年国家统计局官方网站公布的资料。

1. 中央财政收入和地方财政收入变化情况

如下的图表分别对中国中央政府预算内财政收入和地方政府预算内财政收入,以及中央政府预算外财政收入和地方政府预算外财政收入进行对比。

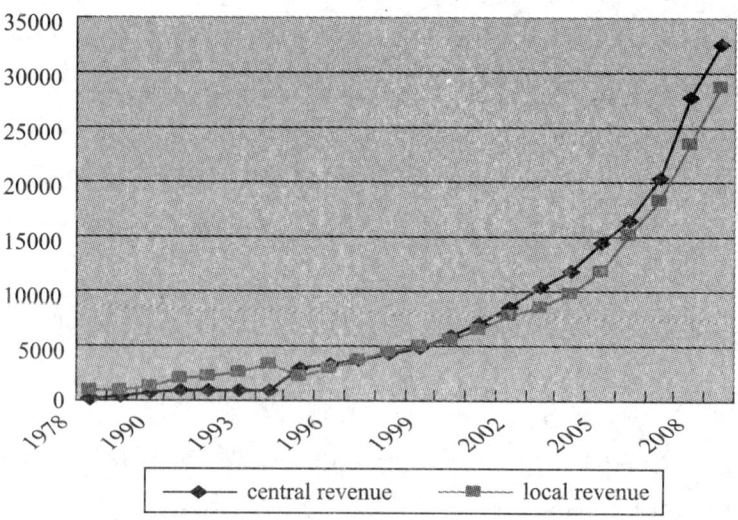

图1 中央和地方预算内财政收入变化趋势（1978—2008）单位：万亿元

注1：制图表的原始数据来源：http://www.stats.gov.cn/tjsj/ndsj/2009/indexch.htm。
注2：central revenue：中央财政预算内财政收入；local revenue：地方财政预算内收入。

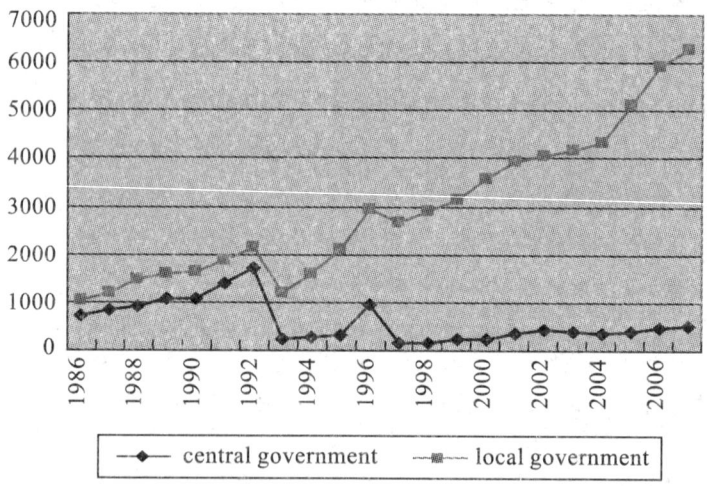

图2 中央和地方预算外财政收入变化趋势（1986—2007）

注1：绘制图表的原始数据来源：http://www.stats.gov.cn/tjsj/ndsj/2009/indexch.htm。
注2：central revenue：中央财政预算外收入；local revenue：地方财政预算外收入。

图1可见，1994年分税制改革以前，地方政府预算内财政收入高于中央政府预算内财政收入；1994年分税制改革以后，中央政府预算内财政收入高于地方政府预算内财政收入，且中央政府的预算内财政收入增长较地方政府财政预算内财政收入增长更多。这表明，1994年的分税制改革，使预算内的财政收入更多集中至中央政府。图2可见，1994年分税制改革前后，地方政府的预算外财政收入一直高于中央政府预算外财政收入，但1994年分税制改革后，地方政府的预算外财政收入与中央政府预算外财政收入的差额比分税制改革前有较大跨越。

由图1和图2可以观察到，1994年的分税制改革后，地方政府预算内收入渐渐落后于中央政府预算内收入，与此同时，地方政府的预算外收入出现较大规模增长。一定时期的财政收入总是为了满足一定时期财政支出的需要，当期财政收入超过当期财政支出，财政有盈余；当期财政收入不足以维系当期财政支出，形成的收入与支出的差额为当期财政赤字。考量地方政府债务风险，必须综合考量地方政府的财政收入与财政支出：如果地方政府同期的财政支出和同期的财政收入是相配比的，或者说如果地方政府的预算内支出与预算外支出在同期亦落后于中央政府的预算内支出与预算外支出，表明地方政府一定时期的财政收入与财政支出缺口没有放大，至少地方政府的赤字风险没有放大。

以下进一步考察中央财政和地方财政的财政支出情况，以了解中央财政支出和地方的财政支出的当期变化是否和同期财政收入的变化相一致。

2. 中央政府财政支出和地方政府财政支出的变化情况

如下的图表分别对中央政府预算内财政支出和地方政府预算内财政支出，以及中央政府预算外财政支出和地方政府预算外财政支出进行对比。

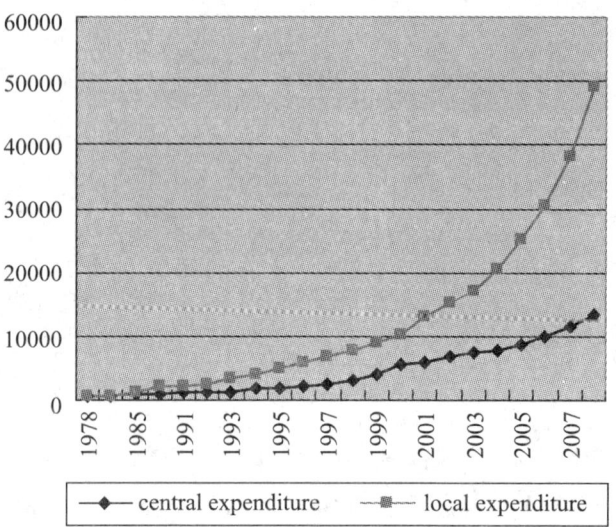

图3 中央政府和地方政府预算内财政支出变化趋势（1978—2008）单位：万亿元

注1：绘制图表的原始数据来源：http://www.stats.gov.cn/tjsj/ndsj/2009/indexch.htm。
注2：central expenditure：中央政府预算内财政支出；local expenditure：地方政府预算内财政支出。

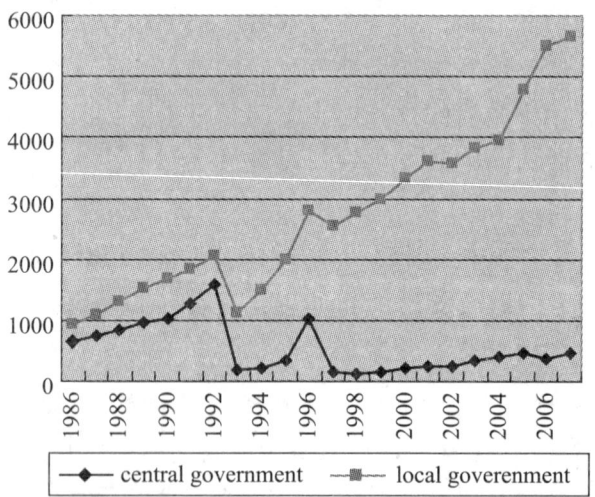

图4 中央和地方预算外支出变化（1986—2007）单位：万亿元

注1：绘制图表的原始数据来源：http://www.stats.gov.cn/tjsj/ndsj/2009/indexch.htm。
注2：central expenditure：中央财政支出；local expenditure：地方财政支出。

由图3和图4可以观察到，无论是预算内财政支出还是预算外财政支出，中央政府和地方政府的长期变化趋势一致，都有增长趋势。但是无论是预算内财政支出，还是预算外财政支出，地方政府的支出增长明显强于中央政府的财政支出增长，1997年以后两者的差距更为明显，2004年以后这种差距有继续加大之势。对比图1和图3，图1表明，1994年的分税制改革后，中央政府预算内财政收入强势于地方政府预算内财政收入；图3表明，1994年的分税制改革后，中央政府的预算内财政支出明显弱于地方政府预算内财政支出。在预算内财政收入与财政支出的对比上，分税制改革确实形成了收入的渐渐上移和支出责任的渐渐下移，这对地方政府是不公平的。

再看图4，对于地方政府，并非仅仅是预算内财政支出超过中央政府，预算外的财政支出超出中央政府更多，对比图2表明的地方政府预算外收入的急剧增长，对于地方政府预算外收支的增长是匹配的。中央政府和地方政府在预算外财政收入与财政支出的对比上，支出责任的渐渐下移现象表现依然突出。

图3和图4直观地显示出，1994年以后地方政府实际财政支出的确强于中央政府财政支出，即通常说的地方政府的事权在扩大。如果一级政府的事权和财力能够对等，或者说地方政府的财政支出是和地方政府的财力相对称的，有财力支撑的支出无所谓风险。不过，将图3和图4与图1、图2对比，地方财政支出的变化与收入的变化并不一致。暂且认为地方政府预算外收入的超常规增长在一定程度上应为弥补当期预算内收入不足以维持当期支出引致。虽然地方政府的财政收入和财政支出都表现出增长的趋势，但是地方财政支出和地方财政收入的缺口的持续扩大趋势，显示着地方政府的债务风险在实质上在朝向越来越难控制的方向发展。对于地方政府债务的预算管理与控制而言，这绝非好消息。

3. 中央政府与地方政府财政支出占GDP的比重

理论上认为，财政支出指标比财政收入指标更能说明当期政府财政活动状况。因为一定时期的财政收入只表明政府当期能做多少事，而一定时期的财政支出，才代表政府当期实际做的事，图5对比了中央政府财政支出与地方政府财政支出占GDP的比重变化。

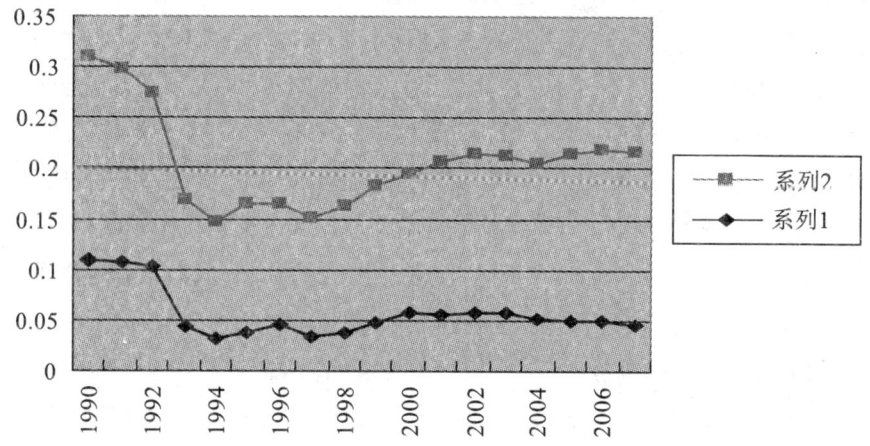

图5 中央政府财政支出和地方政府财政支出占GDP比重变化（1990—2007）

注1：绘制图表的原始数据来源：http://www.stats.gov.cn/tjsj/ndsj/2009/indexch.htm。

注2：系列1：当期中央政府财政支出/当期GDP；系列2：当期地方政府财政支出/当期GDP。

注3：当期中央政府财政支出＝当期中央政府预算内支出＋当期中央政府预算外支出；当期中央政府财政支出＝当期地方政府预算内支出＋当期地方政府预算外支出。

由图5看来，1990年以来地方政府财政支出占GDP的比重一直高于中央政府财政支出占GDP的比重。不过1994年以后中央政府的财政支出占GDP的比重相对平稳，基本上在5%左右浮动变化，而地方政府的财政支出占GDP的比重在1994年以后呈现逐渐上升态势，1994年地方政府财政支出占同期GDP的比重约为15%，到2007年这个比例已经上升到了约22%。这些数据简洁地展示出：如果考察对于中国经济增长的贡献（这里用财政支出占GDP的比重表示），地方政府的财政活动贡献要强于中央政府的财政活动贡献，至少在图中所示的1990年以后是这样。而且随着时间的推移，地方政府的财政活动对于经济增长的贡献还在增强。要知道，地方财政活动对于经济增长贡献的增强过程是与地方政府债务风险的积累过程相伴而生的，这也从侧面说明，控制地方政府债务风险的要义在于控制地方政府债务风险形成的收益与损失的提法是客观明智的：地方政府债务风险的收益性的确客观存在。同时这也在继续验证之前的分析结论，那就是地方政府在努力完成经济增长任务的同时，承担的事权也越来越多，而这种事权在现行的预算管理体制或者分税制度下，和地方政府的财力并不相匹配。

4. 继续现行分税制度对中国地方政府债务风险的影响

综上，分税制后中央与地方财力与事权的不相匹配是造成地方政府债务风险扩大的财政制度原因。如果继续现行的分税体制，不做任何调整，可以预见的趋势是，由于地方政府支出责任的扩大没有得到相应的财力支撑，地方政府的赤字风险必将继续放大。2009年、2010年地方债的发行已经起步，不过在地方政府发债问题上，即使是"禁不若疏"，即允许地方政府发债以使地方政府隐性负债显性化，以方便对于地方政府债务风险的管理控制，这也只是在形式上实现了对于地方政府债的短期控制。如果没有在预算体制上对于地方政府财力长期的"扶正固本"，少量地方债的发行只能是临时输血性地缓解地方政府财力紧张状况，不能从根本上解决地方政府在长期对于地方政府债务风险的防御机能。分税制是财政分权理论在中国的具体实践，财政分权与中国的经济发展关系如何？

三、财政分权与中国经济发展的关系有关理论研究

中国地方政府债务风险是在中国经济发展过程中积累并显现，分税制加剧了地方政府财政收入与支出缺口，如果分税制同时促进了中国经济的发展，那么任何为了加强地方政府债务风险管理而提出的针对分税制改革的举措都必须有所权衡。分税制改革是否以及如何促进了中国经济的发展是分权体制进一步完善必须考虑的问题。

（一）财政分权与经济增长关系的三种观点

综合现有的国内外文献研究，对财政分权与经济增长的关系，存在

三种观点：一是认为财政分权对经济增长存在正向促进作用，即财政分权程度越大，则越促进经济增长；二是财政分权对经济增长起负向作用，即财政集权程度越高，越能促进经济增长；三是财政分权程度与经济增长无明显关系。

（二）财政分权促进经济发展的理论依据

财政分权制度有利于经济发展的观点认为，好的分权制度更好地体现不同纳税人间差异，从而更好实现纳税人需求，提高消费者效率；与中央政府相比，地方政府更贴近本地民众，更具信息优势，因而在提供公共品方面更具优势，所以分权能提高经济效率（Hayek，1945）。人口流动性以及地方政府之间在提供公共品方面的竞争，使地方公众与地方政府的偏好相吻合，居民通过"以足投票"选择偏好地区，对地方政府行为形成约束和激励（Tibet，1956）。针对转型经济体的研究认为财政分权有助于使政府官员部门的激励机制和经济效率保持一致。在转型国家中（如中国），地方政府之间的竞争有助于硬化预算约束，提高经济运行效率。政府在财政分权体制下按块块组织，而非在中央集权体制下按条条组织，指标竞争为政府官员提供的激励机会会更有效（钱颖一和罗兰，1997）。另外，中央政府赋予下级政府一些公共服务职能有助于鼓励下级政府的实践和创新，因而分权有利于制度创新。

尽管无论在发达国家还是发展中国家，财政分权已经成为一种潮流或者趋势，但关于分权制度有利于经济发展的理论一直还在不断完备和接受理论挑战、实证检验。"分权有利于增长的理论总是会受到挑战"（张军，2008：2）。因为在Tibet的理论里，要素（尤其是居民/选民）的完全自由流动和政府对选民负责是两个最重要的假设。而这两个假设对不发达的经济并不容易得到满足。增长与分权之间必然性的相互影响又使得在技术上衡量分权对于经济增长的影响变得困难。虽然在改革开放之后中国要素的流动性在改革开放之后不断加快，但地区间差异较大以及户籍制度的限制使得要素流动性假设并不满足。中国的政治体制和官员治理的特殊性使得政府与地方民众的关系变得更加微妙和复杂。看上去，"中国的地方政府更多地对中央负责，但是因为受到中央执政理念和官员治理模式的约束而未必不向下负责"(张军,2008:5),所以,要弄清中国的财政分权是否正面影响了经济增长,绝非易事。

(三)财政分权理论与中国经济增长的实证研究

事实上,有关中国的财政分权实践与中国经济增长的实证研究得出的结论同样并非总是一致,这似乎在验证这样一个说法:从历史角度看来,财政分权与经济发展之间并不存在单调关系(Oates,1993)。1998年,Zhang and Zou 使用中国 1978—1992 年的省级数据检验财政分权与经济增长的关系,他们的研究注重于财政资源在中央和地方的分配,采用人均省以及省以下的财政支出占中央财政支出的比例衡量财政分权,解释变量包括了劳动力的增长、投资的增长以及用实际税率衡量的税收。Zhang and Zou 发现中国省级财政分权与各省经济增长之间的系数显著为负,财政分权有利于经济增长的理论没有得到中国经验的证实。Zhang and Zou 认为现阶段中国经济发展过程中,资源缺乏限制中央政府在具有国家优先的公路、铁路、电力、电讯和能源等方面的支出,而这些关键设施对于跨省经济增长的影响比在一个省内产生的影响更大。引申这个结论,发展中国家在经济发展的早期阶段,中央政府承担具有加大外部性的公共投资,中央适度集权更有利于经济发展。2000 年,林毅夫和刘志强使用 1970—1993 年中国 28 个省市的面板数据,研究更注重于地方政府对中央财政政策激励的反应,使用了边际留成比例,即使用地方(生)财政收入增量中地方政府的留成比例来度量分权,研究财政分权对人均 GDP 的影响,认为中国的财政分权改善了经济效率,推动了中国经济发展,并推断财政制度变革和资源配置效率的提高是中国经济快速增长的重要原因。1997 年,Ma 采用平均留成比例即省级政府预算收入中的留成比例衡量财政分权,发现财政分权促进了中国的经济增长。也有折衷的观点认为,"综合看起来,财政分权对经济增长的影响未能充分确定"(乔宝云,2002:11)。2006 年,张晏和龚六堂改进了对分权的度量方法,采用了 28 个省市在 1986—2002 年的数据,在度量分权程度时考虑了转移支付和预算外资金,构造了四类分权的定义,重新对中国的财政分权和增长的关系进行了检验,得出了中国的财政分权具有显著的跨市差异和跨地区差异的结论。张晏和龚六堂使用的估计方法与以上研究并没有不同,由于采用了更为全面的数据,他们的研究得出了中国的财政分权与增长存在明显的跨时差异的重要结论:即在1994—2002年间中国的财政分权对经济的影响显著为正,而1986—1993年则为负,由此,他们认为分税制显著改善了财政分权与经济增长的影响。他们还发现,14个人均GDP高于6000元的发达地区,财政分权对经济增长的影响显著为正,而对另外14个不发达地区而言,这一影响则不显著。因此,在他们看来,财政分权对增长的影响同时也存在跨地区的效应。虽然在没有找到更好的工具变量(IV)解决内生性之前都有理由对这些研究结果谨慎对待,但这些研究都表明财政分权对地方政府支出行为的影响不能低估。问题只是在于,这种影响在不同的地区可能以不同的方式影响了经济增长。

(四)定量研究得出不同的结论的原因

为什么对于财政分权对中国经济的影响的有关定量研究会得出截然不同的结论?产生定量研究结论差异的因素非常复杂,数据来源、变量的度量方式和计量策略都有可能是造成研究结论不同的重要原因。就财政分权对于中国经济的影响的定量研究而言,产生不同结论的原因可能有以下几个方面。

1. 数据的时间跨度选择

事实上,就数据的选择而言,Zhang and Zou 的研究数据跨度为1978—1992年,林毅夫和刘志强的研究数据跨度为1970—1993年,Zhang and Zou 以及林毅夫和刘志强这两个较为早期的研究中都没有涵盖中国分税制以后的经验数据。张晏和龚六堂的研究采用的数据时间跨度则涵盖1986—2002,包括1994年我国的分税制改革以后的数据。而1994年我国的分税制改革显然是我国走向财政分权之路的重要标志。而对于时间跨度较大的样本,其间可能会包含政策、体制等方面的影响,实证分析中应该控制体制变革等因素对于分析结论的影响。

2. 衡量财政分权的指标选择不同

Zhang and Zou(1998)的研究注重于财政资源在中央和地方的分

配，采用了 Oates 首先采用的财政支出指标，用地方财政支出占中央财政支出的比例衡量财政分权，解释变量包括了劳动力的增长、投资的增长以及用实际税率衡量的税收。Bird（1986）曾经分析 Oates 方法的潜在问题，认为发展中国家财政数据的正确性、数据的涵盖性和可比性存在疑问。而保证地方官员资助财政决策并保证提供正确激励需要地方财源独立性。因而他建议采用有效财政分权的最低条件，如自有收入的边际增量或民主选举等。林毅夫和刘志强的研究采用的分权指标，就是用自有收入的边际增量刻画分权。他们使用边际留成比例，即使用地方财政收入增量中地方政府的留成比例来度量分权，研究财政分权对人均 GDP 的影响。张晏和龚六堂的研究中，考虑中国的转移支付制度和预算外收支，设计了四类分权指标：预算内本级政府财政收入指标，预算内本级政府财政支出指标，扣除净转移支付的财政支出指标，预算内外总收支指标，这样的度量结果充分考了中国的国情发展与政治状况，得出的中国财政分权对于经济增长具有明显跨时效应和跨地区效应的结论也更具有说服力。

3. 财政分权与经济增长之间可能存在的交互作用

虽然大多数的量化研究表明发达国家的财政分权程度要高于发展中国家，但是由于量化指标在选择时更多关注和财政收入、财政支出等有关指标的选取，而对于不同国家和地区的历史传统、文化传统难以考虑在计量模型中，而一个国家和地区的发展，其历史传统和文化传统都在其经济发展和政治发展中起着举足轻重的作用。Oates（1993）曾经指出财政分权与经济增长之间是否存在因果关系是模糊的，Xie and Zou、Davoodi（1999）、Martinez-Vazqauez & McNab（2003）也指出我们缺乏合适的工具变量控制这种可能的内生性。财政分权与经济增长之间的内生性使得刻画财政分权对于经济增长的影响的客观性难以完全实现。而对于财政分权对于经济增长关系的研究之所以得出不同的结论，除了数据时间跨度的不同以及衡量分权指标的不同，财政分权和经济发展之间的交互作用也是一个隐含的约束。

四、财政分权与经济发展关系研究对中国地方政府债务风险管理的启示

考察财政分权与经济发展的关系,不应狭隘理解财政分权,不能将财政分权与经济发展的关系简单化,财政分权具体制度在我国的设计也应具备一定灵活性(韩增华,2010:72-74)。上述有关财政分权和中国经济增长的文献回顾,对于中国地方政府债务风险管理,有何启示?

(一) 不能就地方政府债务风险论地方政府债务风险

分税制也好,对于地方政府债务风险的管理和控制也好,都是为了使中国的经济发展走向良性循环,改革完善分税制度的根本目的也并非仅仅为了控制和管理地方政府债务风险。正如不应狭隘理解财政分权,也不能把地方政府债务风险的管理目标简单化和单一化。

狭隘理解财政分权,就是将政府间财政分权狭隘化为中央和地方财力的划分。财政分权作为我国财政体制改革的一项重要内容,其分权并不仅仅是财政收支的划分,还包括事权与财权的划分以及上下级政府间的决策机制等内容。如果通过支出指标来衡量,中国地方政府的分权程度可能是世界最高的(张军,2007:2),不过地方事权仅通过财政支出指标衡量的合理性尚需讨论。中国地域辽阔,各地区之间的地理和人口资源禀赋相差很大,大一统的分权标准难以建立,同样,对于地方政府债务风险的管理与控制,也必须考虑地区差距。因为各地区初始资源禀赋与经济发展程度不同,实际财政能力与要承担的财政支出内容在结构上是有差异的,地方政府债务风险在不同的地区表现形式和影响也是有差异的,对于地方政府债务风险的管理和控制在地区间和不同的时期应该是有差异的。

(二) 引入中期预算框架实现地方政府债务风险的中长期预算管理与控制

财政分权在我国通过财政体制的制度安排实现,预算管理制度是财

政分权制度的具体体现。既有研究已经表明，由于各地区初始禀赋的差异和经济发展程度的差距，财政分权对于我国不同地区的经济发展促进作用并不相同，跨时效应和跨地区效应都客观存在。通过预算安排实现地方政府债务风险中长期管理，在预算制度的设计上首先要充分考虑到地区间差异与时期差异，综合考虑政府当期与未来的财政收支，适时引入中期预算框架，有助于解决预算资源的中长期配置，有助于实现地方政府债务风险的中长期预算管理与控制。

（三）完善的分权体制应平衡中央与地方两个层次的财政汲取能力

王绍光在《分权的底限》（1997：5-6）一书中，用三个等式来定义国家的汲取能力：国家汲取能力＝中央预算收入/全部预算收入；国家汲取能力＝中央预算收入/预算内收入＋预算外收入；国家汲取能力＝中央预算收入/国民收入。这三个等式表明，如果地方政府运用所掌握的地方预算内外收入争取地方利益，则地方政府掌握资源越多，越会破坏国家汲取能力，从而会严重损害国家汲取能力。同样如果国家的汲取能力远超地方，地方短期财力不足，在人事制度上的提拔又以短期GDP等经济增长指标为导向，只能激励地方政府管理者的短期行为，只能加大地方政府的债务风险不良影响。完善的分权体制应平衡中央与地方两个层次的财政汲取能力，适度激励地方政府管理者的中长期管理行为，而不是助长短期扩张。

五、结 论

辩证唯物主义告诉我们，事物是普遍联系和变化发展的。研究者和管理者探究地方政府债务风险的原因，担忧地方政府债务风险爆发的可怕后果，实际上，当人们观察到地方政府债务风险，地方债务风险已经是一个结果。借用证券投资中对于风险的定义，风险是"未来收益与损失的不确定性"，风险是"收益的成本——收益的影子价格"（鲍勃·李特曼等，2003：222-252）。公共预算的存在是基于预算资源稀缺性效率配置的要求，是公共理财（public finance），基于公共理财视角认识风险，可以知晓为什么地方政府债务风险可以存在并且继续。借用正确投资中对于"风险"的理解：证券投资中，风险以不确定性的形式表现自己，这种不确定性，可以是损失的不确定性，也可以是收益的不确定性。"个人和组织安排有限的意愿接受损失，对任何风险水平的假定，目标是尽可能地安排明智地获得利益的机会。如果风险被浪费或者不明智地使用，那么组织获得利益目标的能力成为一种风险。如果采用了超过预算水平的超额风险，则组织为了产生收益正在冒不能接受的巨大损失的风险，那既不是期望的，也不是想要的。如果相对于预算水平采用了太少的风险，收益期望可能达不到预算。"（鲍勃·李特曼等，2003：222 - 252）。

中国地方政府债务风险的客观存在，带来的并不都是消极的后果；中国地方政府债务风险产生的制度原因，是特定财政体制安排和预算资源在中央地方之间不均衡配置的结果。另一方面，现行官员的提拔制度和任期制度也在激励地方政府管理者对于短期政绩的追求，所谓"面子工程""形象工程"的提法就是例证，追求短期政绩使地方政府管理者在一定程度上积极参与地方政府债务风险的增加过程。分税制度与人事制度两个层次的制度安排都潜在激励地方政府负债发展，导致地方政府债务风险逐渐积累。地方政府债务风险既因预算管理体制而生，通过对于预算管理体制的修正实现对于地方政府债务风险的中长期预算管理才是治本之策。通过预算管理制度尤其是分税制度的完善，因时因势修正中央与地方财政分权管理体制，适度还税于地方，同时完善地方政府债务风险的绩效管理，通过制度安排使中央政府、地方政府、地方政府管理者都成为地方政府债务风险的利益与损失共担者，有助于中国地方债务风险的中长期管理与控制。

【参考文献】

韩增华：《预算管理视角下的地方政府债务管理》，载《石家庄经济学院学报》2010 年第 1 期。

韩增华：《财政分权：理论探讨与现实启示》，载《当代经济与管理》2010 年第

6期。

林毅夫、刘志强:《中国的财政分权与经济增长》,载《北京大学学报(哲学社会科学版)》,2000年第4期。

乔宝云:《增长与均等的取舍——中国财政分权政策研究》,人民出版社2002年版。

王绍光:《分权的底限》,中国计划出版社1997年版。

张军、周黎安主编:《为增长而竞争,中国增长的政治经济学》,上海人民出版社2008年版。

张晏、龚六堂:《分税制改革、财政分权与中国经济增长》,载《经济学季刊》,2005年第1期。

张晏:《分权体制下的财政政策与经济增长》,上海人民出版社,2005年。

[美]鲍勃·李特曼、高盛资产管理公司定量资源小组:《现代投资管理———种均衡方法》,刘志东等译,中国人民大学出版社2003年版。

Oates, "Fiscal decentralization and economic development", *National Tax Journal*, 1993.

Tao Zhang, and Heng-fu Zou, "Fiscal decentralization, public spending and economic growth in china", *Journal of Public Economics*, 1998 (67).

Tiebout, "A pure theory of local expenditure", *Journal of Political Economy*, 1956 (64), pp. 416 – 424.

地方政府财政破产与财政重建的一般过程分析及启示[*]

李 琦[**]

内容摘要：地方政府破产与财政重建，无论就其实践的发生还是理论的跟进，在国外已颇为普遍。但是，国内既无地方政府破产的实践发生，对其进行的理论研究亦是十分薄弱。因此，本文试图探寻国外地方政府破产与财政重建的机制，建立一般性的过程框架，并选择美国橘县政府作为分析案例。在此基础上，分析了中国地方政府引入破产与财政重建体制的必要性；认为在解决法律设计、预警机制、破产清算、财政重建的路径选择等问题后，其具备可行性。

关键词： 破产 地方政府 财政 财政重建 橘县

当今世界各国越发重视本国各级财政的安全与健全。良好财政体制的设计和运行被普遍认为是与公共福祉、政治民主化的实现紧密地联系在一起的，三者相辅相成。在一些国家的财政体制中，尤其是发达国家，破产设计作为其中的重要一环，对其财政体制的健全产生了深远的实际意义。在一些国家之中，政府破产从法律文本到现实实践到经验总

---

[*] 此文节选发表于《社会科学战线》2011年第5期。
[**] 李琦，男，吉林师范大学管理学院讲师，主要从事公共治理与公共政策、管理理论研究。

结，都已形成了系统化的建制。

本文对破产的关注点在于地方政府，结合美国、日本等国地方政府破产的设计与案例，提供一个一般性的过程分析，先以全貌的视域理解地方政府破产与财政重建的过程，形成中国地方政府可以破产也必将引入破产的基本认识和意识。

一、地方政府破产与财政重建的涵义

准确理解地方政府破产与财政重建的涵义及其相互关系，是确立分析框架的前提与基础。只有在准确理解其涵义的基础上，才能拆除人们对"破产"抵触的藩篱，才能正视，从而确立地方政府破产与重建制度。

（一）破产的涵义

中国学者一般认为，破产制度的起源可以追溯至古巴比伦的汉谟拉比法典，其中第一百一十七条规定："倘自由民因负有法律义务，将其妻、其子或其女作为人质抵押，则他们在债权者之家服役应为三年；至第四年应恢复其自由。"（陈丽君、曾尔恕，1997）破产制度发展至今，已经相当完善。破产的适用范围（破产能力）不断扩大，从法人破产，自然人破产，到地方政府破产（如日本夕张市）、州破产（如美国加利福尼亚州），再到国家破产（如冰岛），破产越来越具有普遍性。

在法律意义上，破产包括狭义和广义两种含义：狭义上的破产，特指清算型破产，它是指当债务人不能清偿到期债务时，由法院根据当事人的申请对破产案件予以受理后，将破产财产公平分配给全体债权人的清算程序；广义上的破产，则还包括预防型破产，它是指当债务人不能清偿到期债务时，由法院根据当事人的申请（有的立法例中法院可依职权），对债务人实施的挽救性程序以及就债务人的全部财产实行的概括性清算程序的统称，它是由破产清算程序与破产和解、破产重整等预防性程序共同构成的一个统一的破产法律制度体系。在各国的破产法中，无论是狭义的破产还是广义的破产，具有普遍共性的都是指债务人不能清偿到期债务时，为保护多数债权人和兼顾债务人的利益，所适用的偿债程序和该程序终结前债务人的身份地位受限制的法律状态。

（二）地方政府破产的涵义

地方政府破产只是破产所涵盖的类型之一。由于不同国家破产法适用范围（破产能力）的不同，因此有些国家在法律中并不存在地方政府破产的概念；而在发生地方政府破产现象的国家之中，破产法中大多对其有明确的所指。一般而言，对于地方政府破产的界定，发达国家的立法比较明确，而发展中国家则普遍欠缺，即使有的发展中国家出现了地方政府破产的现象。

破产法的立法体例一般可以分为商人破产主义、一般破产主义与折中主义。商人破产主义，是指破产法只适用于商人，采此立法例的国家，大多不制定独立的破产法，而将破产制度规定于商法典之中；一般破产主义，是指破产法统一适用于商人与非商人，该立法例多以破产法为独立法典；折中主义，是指商人与非商人均得适用破产法，但分别适用于不同的破产程序。在现代社会，多数国家采用一般破产主义。在一般破产主义的破产立法中，破产法的范围涵盖了地方政府这一主体。例如，美国的《破产法》为一般破产主义，其第九章就是关于"市政府债务的调整"（Chapter 9—Adjustment of Debts of A Municipality），指明美国市政机关适用破产法的相应规定。日本的破产法于1922年放弃了商人破产主义，而采取了一般破产主义。其破产范围涵盖自然人和法人，在法人之中又有私法人和公法人之分，而对于公法人（包括地方自治体），"不管其事业具有多大的公益性，当它陷于支付不能或债务超过而需要清算时，将不得不肯定其破产能力"（伊藤真，1995）。

地方政府破产，虽然会严重损害其提供公共服务的能力，但是必要的公共服务还要得到维系，因而政府主体必须存在，"地方自治体的法人资格则不允许消灭"（伊藤真，1995）。因而，地方政府破产主要是指地方政府财政的破产，具体而言，是指地方政府尝试做出种种努力，但客观上还是无力偿还到期债务而采取的法律程序和措施。地方政府破产行为的发生，通常都会附有细节设计，如在破产预警机制中设定具体参数，达到某个标准即为破产，下文会对其进行论述。

（三）地方政府财政重建的涵义

地方政府财政重建与破产是紧密联系在一起的。地方政府财政重建包含一系列的环节，它既包括破产清算，目的在于最大限度地保障债权人（银行、投资者等）的利益；也包括和解、重整，目的在于侧重债务人（地方政府）的重生和再建。因此，地方政府财政重建就是在对债务的集中清理和安排的基础上，使得地方政府摆脱财政危机、财政恢复正常的措施及过程，地方政府财政重建的完成一般是以其债务偿清、公共服务供给正常为标志。

地方政府财政重建的思想有两个渊源。一个是源于目前破产法的设计初衷大都是积极的，而非惩戒式的。现代各国破产法仅以某些拘束作为破产程序的辅助条件，其目的在于保证破产程序的进行，并无惩戒之意，而是给予债务人重新开始的机会。日本法律体系中独有的"倒产"一词，实际上就体现出了这种积极的意义，因此地方政府的财政重建实际上也有积极的一面。另一个则是源于地方政府不能因为破产而消亡，地方政府作为一种特殊的组织形式，必须承担起特定的公共服务职能，否则就会影响地域经济的发展及民生大事，因此重建的意义十分重大。地方政府破产与财政重建二者不能断裂，破产之后必定是重建。

二、地方政府破产与财政重建的一般过程

地方政府从无力偿还到期债务的行为发生，到破产清算，再到偿债能力恢复、财政正常化，都要经历数月到数年不等的痛苦努力和复杂博弈。根据共性规律，可以把地方政府破产与财政重建的一般过程简化为破产发生、财政重建、破产终结三个阶段。①

---

① 实际上，财政重建阶段与破产终结纠结在一起，财政重建并无固定的时间起讫顺序，往往在破产终结后，财政重建仍在进行，因此，破产终结并不能称之为重建的终止。此处划分为三个阶段，意在便于理解破产与重建的过程。

(一) 破产发生

作为地方政府破产的始点即为破产发生。前述地方政府破产是指地方政府无法偿还到期债务。但是具体的破产发生条件则因不同国家规定不同而有所差异。例如，日本设计出一系列衡量破产的参数，包括实质赤字比率、连结实质赤字比率、实质公债费比率、将来负担比率等，并且明确规定了实质赤字比率都道府县接近5%、市町村接近20%即为濒临破产；实质赤字比率都道府县超出5%、市町村超出20%即为发生破产（前澤貴子，2007）。其他各国也通常用偿债率指标作为地方政府濒临破产和发生破产的评判依据，但是对于偿债率的定义却有所不同，例如，"巴西将偿债率定义为偿债支出占剔除转移支付后的经常收入的比重，哥伦比亚定义为偿债支出占经常性盈余的比重，秘鲁定义为偿债支出占包括转移支付在内的经常收入的比重，俄罗斯将其定义为偿债支出占总预算支出的比重"（财政部预算司课题小组，2009）。这些参数的设计都表明一个共性的问题，即"导致政府破产的最主要原因是现金断流的问题，即政府缺乏足够的现金支付其必须承担的公共服务和债务偿还"（宋凯、赵慧、戴正宗，2009）。

在破产申请人方面，不同的国家也有不同的要求。所谓破产申请人，是指有权向法院提出破产申请的主体。有的国家规定只要是债权人就可以起诉地方政府破产，如南非和匈牙利规定任何债权人均可起诉申请市政府破产。有的国家赋予地方政府也可以自行申请破产，如美国。

在破产受理方面，由于历史、经济体制和法律传统的不同，不同国家对于地方政府破产的受理方式也有所不同。大多数国家将地方政府破产的受理设在法院。如匈牙利通过法院处置，美国通过破产法院进行处置。值得注意的是，地方政府破产如果经由法院等司法程序受理，会存在手续冗繁、时间长、成本高的缺陷，这在不健全的司法体系中表现得更为突出。

(二) 财政重建

在进行财政重建之前，首先要实施破产清算。由法院（破产法院）委托相关组织进行，参加者一般是由地方政府代表、债权人、专业人士组成，目的是为了保障债权人的利益，"破产程序旨在使债务人尽最大可能履行偿债义务，最大限度地保护债权人、债务人的合法权益"（曹思源，2008）。但是，由于地方政府必须要承担必要的公共服务职能，因此，其与债权人的谈判，必定要以维持必要的公共服务为前提，必然要求债权人暂时做出一定的利益牺牲，必要的公共服务基础设施不能被变卖用来偿债。

其次，进行财政重建。地方政府破产之后，为了维持现在及未来公共服务职能、满足选民的需要，务必要尽快进行财政重建。

从财政重建的路径上来看，主要分为两种。一是中央政府或上级政府提供援助，以帮助其从财政困境中尽快脱身，这种情况一般需要由地方政府向国家议会提出申请，如果予以批准，则动用国家力量予以重建，如日本夕张市的财政破产，中央政府对其进行了救助；二是自主重建，如果当国家议会未予以批准，或者是由于制度设计，中央政府或上级政府并无义务予以援助，则只能动用自身的力量予以重建，如美国橘县（Orange County）。

从财政重建的手段上看，主要分为四种。第一，增加税收及使用者付费收入。在原有的税种基础上添置新的税种，或者调高原有税种的税率，或者综合用之。此外，通过在某些公共设施和公共服务中采用使用者付费或提升付费额度的方法，以增加收入。第二，减少政府财政支出。通过减少地方政府浪费以节约财源；削减政府部门、进行裁员；延付工程款项；扣减、延付职员工资，如美国加州自 2009 年 7 月 2 日起，开出 3 万张"白条"作为政府雇员的薪水，并推行无薪休假制（宋凯、赵慧、戴正宗，2009）；削减部分公共服务、牺牲一定的福利标准，如美国加州对多项社会支出和政府采购合同进行削减，包括采用电子教科书的形式替代原由政府免费提供的纸质教科书，取消主要社会福利计划、结束针对低收入家庭儿童的医疗健康保险以及停止向贫困家庭大学生提供资助等（李子旸，2007）；在原来由政府承担的某些公共服务项目中招募自愿者，在无薪、低薪的情况下开展工作，如日本夕张市招募了大量的除雪自愿者。第三，地方政府发债融资。由于地方政府没有发行货币的权力，它们只能通过各种融资平台向金融机构、投资者借款以偿旧债。有一种情况值得注意，地方政府破产后，信用评级会降低，融资难度会加大，因此有些国家中央政府会给予借贷担保，如日本夕张市。第四，地方政府变卖政府资产。地方政府通过变卖手中的资产，以取得现金收入。如美国加州拍卖出售的资产包括曾经举行过两届奥运会的洛杉矶纪念运动场、圣昆丁州立监狱以及橘县的市集场所等（宋凯、赵慧、戴正宗，2009）。以上四种手段并非单一存在，根据形势，这些手段可能会被综合采用，如日本夕张市政府破产发生后，"市民的公共福利被大幅削减，公营住宅租金、水费等公共费用大幅涨价，政府的行政服务水平降低，免费服务将被大量削减，收费服务大幅提高，地方公务员的薪金减少，人员数量削减"（国家发展改革委外事司，2009）。

（三）破产终结

破产终结，是指正在进行的破产程序基于某种法定事由的出现而结束。地方政府的破产终结，通常是指中央政府或上级政府为其提供担保而促使其清偿全部到期债务，或者是指通过地方政府自身的努力已清偿全部到期债务。地方政府破产的终结并不一定意味着财政重建的结束，有时它可以看作是财政重建的阶段性努力的成果。

从地方政府破产发生到破产终结的过程中及破产终结发生后，通常会发生一系列的组织变革，会出现较大的组织、人事调整，也会促使立法方面发生变化，与破产相关的法律、法规及政策会逐渐完善。

三、地方政府破产与财政重建个案分析
——以美国橘县为例

橘县是美国的一个县，位于加利福尼亚州南部，因盛产柑橘而得名。它是迪斯尼乐园的故乡，与好莱坞毗邻。全县 GDP 达到 1180 亿美元，人均收入 7 万美元（李子旸，2007）。它也是美国第五大人口县，1990 年拥有人口 2410556 人（Baldassare，1998）。橘县在全美的信誉评级很高。下文着重分析作为美国最富裕县之一的橘县地方政府破产及其

所进行的财政重建过程。

(一) 破产发生

众多因素造成了橘县的破产。导致破产的直接起因是由于橘县财务主管 Robert Citron 投资策略的失败。他利用橘县投资中心（Orange County Investment Pool，OCIP）集资，然后用于购买债券，结果投资损失 16.4 亿美元，无法按时偿还借款，只好宣布破产（Baldassare，1998）。OCIP 由 Citron 一手设计，其中的集资用款来自华尔街投资公司、橘县政府、下辖城市政府和公共部门以及其他县政府等 194 个投资者。Citron 通过与华尔街投资公司签定非法的逆向回购协议（Reverse Repurchase Agreement）[①]，利用大量的短期借款去购买长期证券以获得利润。加州审计员对 Citron 的复杂投资模式做出了一个简化的描述："首先，他用 100 万美元购买一个利息为 6% 的短期债券，将其作为抵押，再向投资公司借同样数目的钱，利息为 5%，180 天内偿还。然后用借来的钱购买一个利率为 7% 的长期债券，再用此长期债券作为抵押，借入同等数目利息为 5% 的贷款，最后，再用借来的钱去购买 7.5% 的长期债券，并用其抵押了另一个 180 天的贷款"（Baldassare，1998）。华尔街形容他的投资策略为"借短买长"，如果利率下降，就会有相当大的盈利；反之，将带来巨大的损失。1994 年的九个月中（2月 4 日—11 月 15 日），美联储连续 6 次调高利率，利率由 3.25% 升至 5.50%，这给 Citron 的投资带来了毁灭性的打击，投资者纷纷要求还款，而橘县政府无法按期还债，于 1994 年 12 月 6 日下午 5 点，根据破产法的第九章申请了破产保护，成为美国历史上最大的申请破产保护的县（Baldassare，1998）。

(二) 财政重建

橘县政府宣布破产后，其财务状况变得更加困难了：既要偿还巨额债务，还要维持必要的公共服务，而联邦政府和州政府又拒绝给予资金

---

① 逆向回购协议是指资金持有人买入资产（实质是接受资产作为抵押，向对方提供资金），同时约定某一期限后按约定价格将资产卖回给对方。

援助。

在这样严峻的情形下，1994年12月8日，橘县监视会（Board of Supervisors）任命州长推荐的专家Tom Hayes去监管OICP，为期90天。在破产法院的同意下，从1994年12月15日到1995年1月20日之间，出售OICP存有的部分债券，以至于投资参与者能够收回其大部分投资（Baldassare，1998）。Hayes的出任及其措施被认为是解决财政危机的重要转折点。

橘县政府监事会还任命了一个三人组成的运作管理委员会（Operations Management Council）（Baldassare，1998）。其与各个投资参与者会谈，并取得了与他们的合作。委员会的工作为未来的预算提供了一个框架，它的成立对于财政危机的解决至关重要。

破产2周内，美国破产法院在冻结的资金中授权紧急释放1.52亿美元，以使一些参与投资的地方政府能发放工资。破产法院还任命了一个"橘县投资参与者委员会"（the Orange County Pool Participants Committee）。12月22日，破产法院批准了一个由橘县政府和投资参与者委员会之间达成的协议：如果投资者参与委员会不起诉橘县政府，将在OICP中解除10亿美元的冻结用以偿还其投资。到1995年1月19日，投资参与者从OICP中得到5.55亿美元（Baldassare，1998）。这些资金对于维系地方政府的公共服务起到了很大的作用，它阻止了法律诉讼，促进了县政府和下辖地方政府的合作。

私营部门和非营利机构为维持破产后的公共服务也做出了努力。1995年1月12日橘县的联合协会（United Way of Orange County）宣布了一个45万美元的紧急无息贷款计划（Baldassare，1998）。

1月底，监事会令橘县行政长官辞职，由其他人接替，然后任命William Popejoy为橘县首席执行官（Chief Executive Officer，CEO）：他首先令Citron的财务助手、县律师等人辞职；他计划了新一轮的大型预算削减，公共安全、一般政府支出、社区与社会服务每一项将减少大约25%，健康服务减少35%，保险业和储蓄业减少98%，预算的削减将减少大约1700个职位（Baldassare，1998）；他认为解决财政危机的唯一途径是通过六月份的选民投票去增税。

橘县商业委员会（Orange County Business Council）在帮助橘县政府和地方政府投资参与者达成一致协议中起了重要的作用。该小组说服了投资参与者，在投资崩溃的条件下，其投资不可能得到100%的收回。他们的行动避免了在橘县政府和地方政府投资参与者之间引起高昂代价的诉讼发生（Baldassare，1998）。

3月末，监事会同意在6月27日举行关于增税——"措施R"（Measure R）的选民投票。增税的内容是在橘郡，将销售税从7.75%提高至8.25%，为期十年，新增税将用于支付橘县政府的债务。然而，选民以61%的反对票击败了该提议（Baldassare，1998）。

两周后，Popejoy辞职，监事会迅速指定了一个新的CEO。此刻，华尔街警告州政府应该采取行动，避免在全州范围内形成拖欠。加州官员也不想因为橘县的破产而影响加州的评级。州长威胁橘县政府在8月21日前必须拿出方案，否则州将对其接管。在州的最后期限之前，橘县政府拿出了与各方达成一致的重建方案，其主要内容是通过挪用橘县交通局（Orange County Transportation Agency）等部门的税收，来做还债之用。9月15日，州立法部门通过决议（SB863，AB1664，SB1276）（Baldassare，1998），使得橘县的恢复方案得以执行。10月12日，州长签署改革橘县财政主管办公室的决议，在同一时间也通过了县的重建方案。

此外，州通过的SB866决议，对橘县的投资、借款进行了严格要求，如逆向回购协议在其投资组合中的比例不能超过20%等。同时要求县监事会成立一个县财政主管监督委员会（Treasurer's Oversight Committee），对投资中心进行年度审计，并对县财务主管的教育资质、学历背景提出了要求（Baldassare，1998）。SB564决议，要求橘县财务主管向监事会和监督委员会提供年度投资政策报告和季度财务报告（Baldassare，1998）。

1996年1月1日，财务主管监督委员会发挥作用。财务主管也建立了一个监督小组——技术监督委员会（Technical Oversight Committee）。

监事会又建立了一个审计委员会（Audit Committee）（Baldassare, 1998）。这些委员会的成立用以监督财务主管的投资行为。

橘县政府在财政重建过程中，也拿起了法律武器捍卫自己的权利。橘县发起了几波要求投资公司，如 KPMG Peat Marwick、Merrill Lynch 等的赔偿诉讼（Baldassare, 1998），到 1999 年 6 月 15 日全部案件结束时，得到的赔偿费用超过 7 亿美元，通过诉讼取得收入是橘县财政重建的另一项策略。橘县政府也发起了针对 Citron 及其前财务主管助手 Matthew Raabe 等人的刑事控告，他们得到了短暂的刑期。

（三）破产终结

1996 年 6 月 5 日，橘县政府将其部分债券出售，卖得 8.8 亿美元清偿了破产前的债务。6 月 12 日，橘县政府宣布脱离美国破产法庭的破产保护，破产终结。

橘县政府从破产开始至破产终结，直接、间接损失数目巨大。除了债券投资损失的 17 亿美元之外，仅是橘县律师和顾问的开销在破产结束时就为 5000 万美元，仍有针对华尔街公司的数十亿美元的法律诉讼费用。还有很多损失尚无法统计。

破产终结并不意味着财政困境的结束，其恢复方案代价高昂。立法分析师总结，10% 至 15% 的县税收收入将用于偿债。橘县政府的很多基础设施项目被削减：道路工程延误；公共巴士服务减少；社会服务机构的四个办事处被关闭；一个专门针对儿童虐待预防的项目减少了一半；一个产前保健诊所被关闭；15 个儿童诊所被关闭；全县少了将近 2000 名的雇员（Baldassare, 1998）。橘县的居民尤其是穷人是最大的受害者。

破产终结也并不意味着财政重建的结束，后续改革仍在进行。破产结束一周后，CEO 提交了橘县政府的重组计划。重组旨在提高责任意识和成本效益。重组计划分为三个阶段（Baldassare, 1998）：第一阶段，改组涉及县行政办公室（County Executive Office），一般服务局（General Service Agency），以及环境管理局（Environmental Management Agency）。其中最重要的是在行政办公室中增加五个助理 CEO，分别涉及财务、人力资源、信息技术、公共事务、战略事务。第二阶段，消除两大部门——一般服务局和环境管理局。第三阶段，通过橘县政府与其他地方政府的谈判来确定地方公共服务的供给，主要的目标是低价高效地向当地居民提供服务。

地方政府也认识到了应该设置一种机制，使其下辖的松散的地方政府能够联系起来进行交流，这促成了1996年6月政府议事会（Council of Governments）的成立。橘县31个地方政府中有29个参加，但是县政府并没有参加（Baldassare，1998）。

1996年11月5日，选民投票通过"措施A"（Measure A），其主要内容是限制监事会成员的任期。11月，"提案218"（Proposition 218）也被选民投票通过，其主要内容是地方政府如果增税或税收发生变化，必须经过选民投票方能生效。

四、地方政府破产与财政重建对中国的启示

地方政府破产与财政重建是否对中国具有现实意义，在做出肯定判断的基础上，中国如何开展地方政府破产与财政重建的实践，这实质上就需要探究其必要性与可行性的问题。

（一）建立地方政府破产与财政重建机制的必要性分析

从地方政府的负债程度看，地方政府债务负担沉重。审计署审计长刘家义指出，通过审计调查18个省、16个市和36个县本级，截至2009年年底，这些地方的政府性债务余额高达2.79万亿元。刘家义说："从债务余额与当年可用财力的比率看，省、市本级和西部地区债务风险较为集中，有7个省、10个市和14个县本级超过100%，最高的达364.77%。从偿债资金来源看，2009年这些地区通过举借新债偿还债务本息2745.46亿元，占其全部还本付息额的47.97%，财政资金偿债能力不足"（刘家义，2010）。按照地方财政收入状况和国外地方政府的"破产标准"，我国乡镇一级很多基层政府都早已破产。

从地方政府的融资渠道来看，存在着高风险。央行2010年四季度

披露的数据显示,全国3800多家地方融资机构,管理总资产8万亿元,地方政府的负债已达5万亿元,平均负债率高达60%以上。由于地方政府融资平台很难获得大型国有商业银行和全国性股份制商业银行支持,地方政府就把手伸向自己可以控制的城市商业银行和农村信用社。一旦地方政府的财力或还款意愿不足,贷款资金往往不能按期归还,甚至久拖不还,长期占用。此外,融资机构对政府贷款的风险评估,很大程度上具有盲目性,并不真正掌握其总体负债规模和偿债能力,也没有针对地方政府的评级。地方政府融资平台隐藏的各种潜在风险已成为不争的事实。政府融资平台公司贷款的实质是政府负债。

中国地方政府破产的设计可以带来这样一些好处:约束政府减少开支、避免浪费、削除政绩工程、克服盲目举债;问责造成财务状况恶化的相关官员;对债权人的利益进行保护;破产可以看作是一种硬约束,破产设计的最大目的在于使其不破产。破产体制可以视作是悬在地方政府官员头上的"达摩克利斯之剑",迫使地方政府官员对诸如财政收支的透明与规范、政府信用体系的建立与健全等,不断革新或改良,成为内化的激励,以使地方政府组织的运作更富有效率。

(二) 为地方政府破产与重建机制的可行性进行必要设置

第一,进行一系列法律的修改。首先,修改预算法。我国预算法严禁地方政府举债。而由于分税制改革的局限,造成了地方政府财权与事权的不对等,某些地方政府财政入不敷出,迫使地方政府使用很多高风险的办法去取得财政收入。因此,预算法中应该允许地方政府发债。其次,制定地方公债法。可以参考日本的地方公债法,"对地方政府发行债券的主体资格、资金用途、发行规模、债券期限、发行利率、发行方式、发行对象等做出详细的法律规定,使地方政府债券在发行、流通上有法可依"(陆俊龙,2009)。最后,修改破产法。我国大陆目前的破产法是《中华人民共和国企业破产法》,从名称中就可见其范围所属,破产制度的适用范围严格限制在"企业法人"这一经济主体中,这就将地方政府排除在破产范围(破产能力)之外。因此,应该将破产适用范围延伸,将地方政府涵盖在内。在破产法中,还应明确破产受理机构,可以设立单独的破产法院;制定地方政府财政破产时的破产程序及法院外的自愿调解协商程序;设定监管机构,等等。

第二,设定预警机制。可以参考其他各国破产参数的设置,以不能偿还到期债务作为基本指标,进而通过具体参数的设计分为濒临破产和发生破产两个阶段。这个预警机制可以设在地方政府人民代表大会,"全国近3000个县级政府、4万多个乡镇政府都靠中央政府'拉警报'肯定不行。依我看,这个'警报器'安在地方各级人代会最合适"(曹思源,2009)。《中华人民共和国宪法》第九十九条规定:"县级以上的地方各级人民代表大会审查和批准本行政区域内的国民经济和社会发展计划、预算以及他们执行情况的报告。"《中华人民共和国各级人民代表大会常务委员会监督法》第三章中也规定:"审查和批准决算,听取和审议国民经济和社会发展计划、预算的执行情况报告,听取和审议审计工作报告"。这些法律对人大的监督权限做了清晰的阐述。因此,通过地方人大的监督,可以有效规避、指导地方政府的破产。

第三,破产清算设计。破产程序不仅要最大限度地保护债权人的利益,同样也要考虑债务人的合法权益。在进行资产清查后,地方政府与债权人应尽快达成一致方案,经债权人会议表决通过,经破产法院认可,以避免诉讼官司的发生。由于地方政府的特殊性,致使其破产属于重建性破产,地方政府务必还要维持必要的公共服务,因此部分资产,如自来水、消防车等不可拍卖抵债,用于社保等资金也不可抵债,而"80%以上的公车应当拍卖抵债;政府办公当然还需要办公室,但若原先是花园式、宾馆式的办公楼,那毫无疑问要拍卖还债"(曹思源,2008)。

第四,财政重建的路径选择。主要涉及是国家援助还是自行重建的问题。在中国,由于历史、政策的原因,各个地方政府的实力参差不齐。如果地方政府完全依靠自己的力量自行重建,难度会很大,尤其是欠发达地区的地方政府,这会对当地的民生造成严重的影响,严重时还会引起社会动乱。如果依靠中央政府进行援建,一是中央政府无力负担庞大的地方债务;二是有可能引发道德风险,其他地方政府看到中央可以为其巨额债务"买单",因此纷纷效仿,巨额举债,中央政府则根本无力承担。在中国的传统文化中,既不能见死不救,又要发挥"一方有难八方支援"的精神。因此,地方政府的破产范围不宜过大,涵盖县、乡政府最为合适;地方政府的财政重建,由省(自治区)政府负责最为合适,因为省(自治区)政府掌握其财政拨付大权,随着省直管县改革的进行,其直接监督能力也在加强。因此,在中国,地方政府自建与省(自治区)政府的援助相结合,最为妥当。

总之,地方政府破产与财政重建的话题颇令人压抑与不解。但是,有时理论与实践并不是完全同步的。面对着国外地方政府破产的浪潮,中国地方政府又岂能独善其身?中国某些地方政府是否真的已经构成了破产,只有它们自己明了。然而,中国财政建设的公共性正更加明显,在可以预计的情况下,伴随着地方政府破产与财政重建机制的确立,这种自欺欺人的行为终究会常态化。因此,如果事先研究清楚地方政府破产与财政重建的机制,把握中国的时代脉搏,我们完全可以充分挖掘破产与重建机制的益处,未雨绸缪,运筹帷幄,促进中国财政的健全化和民主化。

【参考文献】

财政部预算司课题小组:《地方政府举债的破产机制》,载《经济研究参考》2009年第43期。

曹思源:《建立地方政府破产制度》,载《沪港经济》2009年第1期。

曹思源:《直面地方政府财政破产》,载《上海经济》2008年第12期。

陈丽君、曾尔恕:《外国法律制度史》,中国政法大学出版社1997年版。

国家发展改革委外事司:《一个日本小城市的破产》,载《中国经贸导刊》2009年第17期。

李子旸:《政府是可以破产的》,载《财经时报》2007年8月6日。

李子旸:《政府是可以破产的》,载《财经时报》2007年8月6日。

刘家义:《第十一届全国人大常委会第十五次会议报告》,2010年6月23日。

陆俊龙:《中国应尽快考虑制定"地方公债法"》,载《中国报道》2009年第3期。

前澤貴子:《地方自治体の財政問題と再建法制》,調査と情報,第585号,2007

年5月。

宋凯、赵慧、戴正宗:《是什么导致了加州政府破产危机》,载《中国财经报》2009年7月9日。

伊藤真:《破产法》,刘荣军、鲍荣振译,中国社会科学出版社1995年版。

M. Baldassare, *When Government Fails: The Orange County Bankruptcy*, Los Angeles: University of California Press, 1998.

地方政府破产与财政重建：日本夕张市的个案研究*

孙 悦**

内容摘要：我国没有关于政府破产的法律法规，也很少政府破产的意识。在国外小至日本小城、美国某郡，大到国家比如冰岛，政府破产案例屡见不鲜。在金融风暴席卷全球的今天，关于政府破产的问题越来越多地浮出水面。我们一定要具备政府破产的危机意识。本文参考了国内学者列出的我国地方政府债务的惊人数字，深觉我国地方政府债务形式多样，数额巨大，有很大的潜在风险。甚至某些地方政府虽无破产之名却已具破产之实。研究政府破产与财政重建对我国公共财政建设是具有深刻意义的。我国的近邻日本既有政府破产的真实案例，又有丰富的关于这方面的论述资料。对我国而言，日本的经验具有很大的参考价值。本文选取了一个地方政府破产的典型例子——北海道夕张市地方政府破产作为个案，以实证分析的方法，研究政府破产与财政重建问题。并详细介绍了夕张市的城市概况，夕张市是如何一步一步走向破产的，破产的原因是什么，夕张市政府破产究竟对我国有什么样的启示。

关键词：政府破产 财政重建 夕张市 地方政府债务 日本

---

* 此文已发表于《公共行政评论》2011年第1期，第122—136页。
** 孙悦，女，东北财经大学马克思主义学院讲师，主要从事思想政治教育、公共管理、公共治理与公共政策研究。

导 论

本部分主要介绍论文选题的缘由和价值、文献综述、论文的基本架构以及主要研究方法。

（一）选题的缘由和价值

英国著名的经济学家亚当·斯密（Adam Smith）有这样的说法："巨额债务的增积过程，在欧洲各大国，差不多是一样的；目前各大国国民，都受此压迫，久而久之，说不定要因而破产！"（亚当·斯密，2008）国家的财政问题关系到国计民生，其中的政府债务问题受到各国学者和政府的高度关注。2007年，日本北海道的北部小城夕张市政府因为欠了630亿日元巨额债务而宣布破产，成为"财政重建团体"。在国外，虽然政府是公共部门，但是当其入不敷出，债务支出远远高于财政收入的情况下，面临无法偿还债务的危机时，政府可以申请破产。而在我国，关于政府破产，不仅没有形成法律或规定，就连政府破产概念都非常缺乏。怀有"政府怎么能破产呢？真新鲜，简直是天方夜谭"想法的还大有人在。但是，政府破产却在我国的近邻日本，乃至世界其他地区真实地发生着。由于中国政治结构的特殊性，人民民主专政的社会主义性质的国家的基本特点，决定着政府部门并不存在破产的制度设计。但是对于地方政府而言，财政危机却是影响地方政府职能的重要因素。然而在我国，地方政府缺少财政危机的风险意识，导致地方政府借用各种名义大举债务，这样不仅影响政府部门的正常工作，也对政府的健康持续发展产生隐患，以至于债务危机越发严重。地方政府债务过大的原因之一就是没有政府破产意识。目前，我国地方政府的债务问题虽然诱发的原因是多方面的，但是债务问题在有些地方数额巨大，远远超出了地方政府的偿还能力，甚至某些地方政府虽无破产之名却已具破产之实。通过对政府破产与财政重建的研究，希望能使地方政府具有一定的破产意识和危机意识，并有可能建立起政府破产的制度或法规。这样或许对我国目前地方政府债务过大问题的解决有所助益。为此，笔者选取北海道夕张市地方政府破产这一实例做案例分析，希望对我国现存的问题有所启示。

本选题具有以下理论和实践价值：

探索性地概括总结了政府破产的定义，探讨了财政重建的理论与实践；从实证分析的角度分析了夕张市政府破产的具体案例；有益于增强我国地方政府的破产意识，减少地方政府目前债务过大的风险；总结了夕张市政府破产对中国的几点启示，为防范我国地方政府破产提供了理论资源。

（二）文献综述

我国鲜有政府破产概念，政府破产在很多人眼中还属于新闻性质，所以关于政府破产的中文资料非常少。这为本文的写作增添了不少难度。如果有人说笔者文章中所举的实证分析即夕张市政府破产的案例只不过是一个小城市的破产而已，那么白川一郎的《自治体破産—再生の鍵は何か》一书封面的图片很引人深思。看似井然有序的多米诺骨牌，推倒一张会导致全盘崩溃。一个小小的夕张市的政府破产，实际背后隐藏着日本地方乃至中央政府财政的诸多大问题，甚至折射出日本地方自治制度安排的一些弊端，打击了人们对政府信用的信仰，对未来的影响也是深远的，而对中国乃至世界又有诸多警醒和启示。

1. 国内的研究现状

从检索文献的角度看，国内关于阐述政府债务问题的资料是有一些，但关于政府破产的文献就非常少。很多是新闻媒体人员或政府部门人士对于夕张市破产、美国橘郡破产等事例表示闻所未闻的惊叹。比如曹思源的《直面地方政府财政破产》，华林在《金秋》上发表的《美国杰佛逊政府破产的启示》等，大多是篇幅短小精悍却发人深省的评议，但都从不同角度给了笔者一些启示。《宏观经济研究》上，刘通、韩丽亚共同执笔的《日本夕张市政府破产对中国资源型城市经济转型的启示》，虽然注重谈对资源型城市经济转型的启示，但确实也比较详细地介绍了夕张市的概况和基本问题之所在。这些文章为笔者在撰写论文之前对夕张市政府破产问题的初步了解提供了帮助，但并未提供政府破产的定义，夕张现象背后还有什么更深层次的原因等都未明确回答，而这些涉及政府破产与财政重建问题应该更加详细地研究。这也是笔者选择此题进行研究的原因。

2. 国外的研究情况

地方政府财政危机问题一直就是一个相对冷门的研究课题，一些学者在大量搜索了地方财政风险的相关文献后发现，目前对于政府财政危机的研究大量集中于对美国州以下地方政府的研究，关于其他国家的研究文献仅涉及澳大利亚、新西兰、日本、俄罗斯、以色列、尼日利亚和肯尼亚等几个国家（李建英、于科，2007）。

日本泡沫经济崩溃后，很多政府财政危机问题浮出水面，并出现了赤池町政府破产和夕张市政府破产等真实案例，因此政府破产是国民普遍接受的概念，并且有很多论述政府破产尤其是财政重建方面的著作。日本在这方面的研究中，有一些文献是提出借鉴美国的经验，完善地方政府破产制度的。比如坂田和光《米国の自治体破綻と州の関与——連邦破産法第9章をめぐって》一文就是专门针对美国地方政府破产和美国联邦破产法第九章进行论述的。另外，在白川一郎的《自治体破産》等书中提出了解决日本地方政府财政危机，濒临破产的问题需要导入日本版美国联邦破产法第九章等。井熊均的《自治体再生—資産リストラで財政破綻を回せよ》一书涉及了企业和政府破产的对比。这其中也有读卖新闻北海道支社夕张支局编写的《限界自治夕張検証—女性記者が追った600日》记者的追击采访，以及日本经济新闻社编辑的《地方崩壊—再生の道はあるか》一书。还有保母武彦、河合博司、佐々木忠、平冈和久编写的针对夕张市问题专门研究的：《夕張　破綻と再生——財政危機から地域を再建するために》等书。更有《地方崩壊—再生の道はあるか》这样的文章，讨论的是地方政府财政重建的方法和途径。

日本固然资料丰富，但都是站在日本角度借鉴美国经验，或者是研究日本地方破产考虑对日本的影响和启示的。基于这种情况，本文站在中国角度，借鉴日文资料，通过分析日本个案，尝试提炼基本概念，分析个案，总结对中国的启示。

（三）论文的架构和研究方法

本文在论述了政府破产与财政重建的理论与实践的基础上，选取了一个地方政府破产的典型例子，即北海道夕张市地方政府破产作为个案，以实证分析的方法，研究政府破产与财政重建问题，探讨了夕张市破产的原因、财政重建的措施等问题，并从中得到了对我国的启示。

第一部分是对政府破产与财政重建的理论与实践的综述，阐释了政府破产与财政重建的定义，指出了政府破产职能不破产的要点，并对政府破产的影响加以具体的说明，说明了财政重建的定义，介绍了日本的财政重建。

第二部分开始对北海道夕张市的案例分析研究，介绍了夕张市概况、政府架构、财政制度等背景知识。

第三部分对夕张市政府破产的过程和原因进行了阐释。

第四部分是对夕张市财政重建的分析，主要概述了夕张市政府财政重建的具体举措，以及中央政府和地方政府的援助以及民间的支持情况。

第五部分重点阐述对中国的启示。

本文首先对政府破产和财政重建的理论与实践加以理论综述，并在此基础上举出夕张市政府破产的案例作实证分析，这是一种理论结合实际的研究方法。对日文资料的翻译整理，借助赴日交换留学的机会，收集丰富的日文资料，采集数据。本文的研究方法主要是采用个案分析，列举大量数据图表，翻译引用日本学者的观点，注重理论结合实践，希望对中国地方政府的资不抵债、政府信用降低等一系列问题有所启发。

一、政府破产与财政重建概述

本文主要对政府破产与财政重建的理论与实践进行概述，以便为后文对夕张市政府破产和财政重建的实证分析做好铺垫。

（一）政府破产

在论述政府破产之前，我们有必要看一下破产的定义。查阅维基百科事典，可以找到关于破产的一般定义：公司或政府陷入资金不足的状态，无法运营，或者有这种可能的状态，一般情况下被称为破产，这也被报道为经营失败。由于政府的特殊属性，政府破产显然有其特殊意义。

关于政府破产日本学者一般有如下理解。从法律层面上讲，公司重建、民事重建等通常所说的作为法律上破产程序等概念，都与破产相关，但是这个词并不是法律规定。"破产"这个词最初是由东京商工调查股份有限公司使用的。作为日常用语，也有特指公司因经营上陷入僵局而完结的微妙用法，除了公司以外，自然人也可以成为破产对象的经济主体。另外，包括公司在内的经济实体，由于有破产程序的存在，并不要求一定有法人的存在。关于公司破产，最近报纸的报道之中，很多时候还被称为"经营失败"或"崩溃"，通常所指的是日本国内的地方政府破产。根据重建法，地方政府有被认定为财政重建团体的资格，称为地方政府破产。关于地方政府的破产，参照财政重建团体的文件，"经营失败"和"地方政府破产"也不是法律术语，而是一种约定俗成的说法。

而从实证的角度看，日本地方政府破产的案例有很多。20世纪30年代，可以称为日本地方政府破产的黄金时代的开始，从此，破产的案例渐渐增长。进入1940年，地方政府破产只有79例。到1950年，增加到了112例。1960年，大幅度增长到了294例。自此之后，1972年到1981年是121例。详细看一下这些破产的地方政府，以公共投资发行的地方政府债券的失败为原因的占75%，由这些债券产生的债务无法履行，而这些债券主要是以高速公路、桥、上下水道、游泳池、港口等公共服务项目建设为由募集资金的（白川一郎，2004）。

美国联邦法上关于地方政府破产的界定有二：一是普通的无法偿还债务；二是将来也无法偿还债务。应对地方政府财政危机的常见举措是在地方政府无法偿还到期债务时，实施破产程序。而地方政府破产是一种只有在财政状况出现严重问题,产生严重资不抵债的情况下才可以使用的非常规措施。而关于美国各州地方政府关于政府财政危机的界定的问卷调查显示,无法偿还债务,无法进行财政支付以及薪金支付,无法支付员工的退休金,没有供给警察或消防的基本公共服务的充足政府收入,政府支出超过政府收入,在一般会计上产生赤字,财政赤字超过一定比率,财政赤字持续多年等,都是衡量是否陷入财政危机的指标(坂田和光,2007)。严重的财政危机下,政府可以提出破产申请。

对于政府破产,通过以上对日美政府破产的分析,笔者尝试给出一个这样的定义。一般而言,地方各级政府财政运作失败,政府支出远远高于政府收入,资不抵债,现在及将来都无法偿还债务时应当被视为政府破产。在国外,可以按照法律提出破产申请。政府破产是一种应对财政危机的激烈措施。无法支付工资薪金、养老金、合同款项、债务的本金或利息都是政府破产的证据。引起债务过大的原因很多,但归根结底,政府破产是由政府没有偿还高额债务的能力。政府破产的特点是,即使财政破产,也必须维持公共服务,履行政府基本职能。

美国联邦以下各级政府的破产程序与企业和个人的破产立法不同,不包括为偿付债权人的债权而清算政府资产的内容。地方政府申请破产的程序建立的主要目的是为了加强地方政府的危机意识和对其自身的财政行为负责,进行政府破产的过程并不是关闭地方政府、停止其政府职能、终止其运行,而是通过这样强制性的制度安排扭转地方政府债务过大的危局,为其财政重建提供可行性的解决方案。

1. 申请政府破产的条件

满足何种条件地方政府可以提出破产申请?对于这个问题,美国联邦破产法第九章被学者广泛关注。在破产法中,这一章专门对地方政府破产做出了相关规定。它明确规定了地方政府在何种状态下可以申请政府破产。美国联邦破产法第九章除了保护破产地方政府的资产,制定债务调整计划以外,其实还有对债权人保护程度不足,偏重于州地方政府权利等特征。

按照美国联邦破产法第九章,地方政府申请破产的条件如下:

(1) 必须是地方政府（坂田和光，2007）

参照本法申请破产、接受救济的债务者必须是地方政府，但这不包括州。州和哥伦比亚特区并非联邦破产法第九章适用的对象。第一条是对该法适用的债务者做出界定。联邦破产法规定的地方政府，指的是政治上的下层组织或者州属公共机构、派出机构。

美国橘郡政府破产的案例中，进行资产运作的投资企业联合（OCIP）与郡政府一同申请联邦破产法第九章的保护。但法院仅接受了郡政府的申请。法院认为，历史上地方政府的定义固然宽泛，但 OCIP 也不适合地方政府概念，也不是州政府的派出机构。据此驳回了 OCIP 的申请。

(2) 有州的许可（坂田和光，2007）

申请时，必须有州的许可。1994 年的修正破产法规定，这个许可并不是一般许可，而是明确许可。所谓明确许可，直接地说，就是州法上明确规定可以适用美国联邦破产法第九章。

(3) 对债务的无法偿还（坂田和光，2007）

地方政府能够向法院申请破产的一个重要要件是地方政府对债务无法偿还。无法偿还债务的一般定义是：债务者没有充分的现金和资产偿还债务。但是，这个定义根据条件有不同的意义。例如，广泛运用于企业会计的无法偿还债务的指标，通常是：计算资产负债平衡表，债务在资产之上的状态，也就是一般说的债务超过。在民间企业的案例上，以债务超过作为无法还款的定义。

但是，在公共组织方面，又有所不同。地方政府等公共部门，依据法律有义务对居民提供公共服务。只要居民存在，就必须持续提供公共服务。政府的资产，是为了特别的目的而产生的。多数情况下，其市场价值是不确定的，并且没有什么可供参考的实例。因此，对公共部门而言，由资产平衡表而来的无法还款的定义是不合适的。事实上，在日本下院的报告书里，把这个定义应用于政府，一旦比较"无法冻结的资产以外的资产"和"债务"的时候，会得出大部分的地方政府都处于债务超过状态的结果。

能够应用于地方政府的无法偿还债务的定义是，法律上自治体无法偿还到期的债务的状态。而检验无法偿还的方法按照法院至今的判例来看有两个：一个是现金流量分析。这是单纯以"到债务偿还期限的时候有没有偿还债务的充分的现金"来检验的。这主要是依据预算和政府支出以及以前的常用花费，进而是与相同规模的自治体的比较分析进行的。另一个是不仅到了偿还期限的债务，也要在与偿还未来预期的债务的关联上运用预测分析。

（4）按照联邦破产法第九章申请破产的诚实性（坂田和光，2007）

为回避来自债权者收取债务的申请和没有公开重要信息的申请都作为缺乏诚实性的申请驳回。

（5）得到债权者的同意（坂田和光，2007）

按照同种债务分类，各自的债务分类都必须得到债权者过半数的同意。但是，与债权者诚恳交涉后仍不能得到过半数同意的场合，债权者过多交涉困难的场合，债权者有优先特权的场合，等等，则不受此限。

2. 政府破产的特点

无论任何地方，无政府状态都是不允许出现的。只有根据宪法、选举法、政府组织法等法律才能进行地方政府的改组、改选。政府破产是政府的财政破产，并不等于政府职能破产，这一点可以说是与一般企业破产的显著区别。地方政府是在维持公共服务、履行政府职能的状态下进行健全财政的重建。破产政府负担着维持城市居民日常生活的最低限度的公共服务的义务。政府支出上能节约开支的地方尽量节约。在这个过程中，即使公共服务的水平变得低下，也必须避免由于停止公共服务而造成的极端伤害民众利益的事情发生。

3. 政府破产的影响

有些人可能以为，就算政府破产了，对自己的生活也不会有什么影响。他们觉得，自己并不是政府公职人员，那么政府破产和自己也没有什么关系，只是会比较讨厌政府破产这个说法。究竟政府破产会给国民生活带来什么样的影响呢？

由于政府破产而受到直接影响的无疑是在政府中工作的公务员。日本的公务员制度里，工资的一部分是作为退休金实现的，公务员多会因此而紧张不已。巨额债务，可以减少公务员的退休金和工资，但并不是停止支付。必须负担这项开销的依然是国民。同时，政府为了偿还债务，就要缩减支出，导致公共服务质量的下降，直接影响居民生活质量。政府破产与居民之间的关系并非间接，并且有着很大的影响。

地方政府巨额的债务负担和财政赤字在很大程度上制约着当地的经济发展与社会稳定，导致破产更会影响政府信用。政府破产会引起对居民的公共服务的削减，会造成居民对政府的不信任，政府信用降低。

（二）财政重建的理论与实践

关于财政重建，有广义和狭义两种定义。狭义上的定义指的是"实现普通政府（国家、地方）的债务余额用 GDP 比成为定量，除去纯利支付费的实现初步收支的黑字，此后，使这个债务余额的 GDP 比降低到一定的目标值"。而广义上的定义来看，在狭义之外进一步加上了"重新认识行政范围，各支出项目、保留既得权益的制度整体的同时，从长期性的视点看构筑有效率且有成果的资源分配作为可能的财政管理系统"（岸道雄，2000）。通常是在狭义范围内使用财政重建的定义。

狭义的财政重建的定义主要是通过一定的手段达到债务财政赤字量的缩减和由此引起的债务余额的 GDP 比的固定化，简要地说，就是缩减财政赤字，达到收支平衡。广义上的定义则更具广泛性和前瞻性，即并未陷入财政危机中的地方政府也可以进行广义上的财政重建，构筑更有效率且有成果的财政管理系统，这些活动的主体是公共机构。

通过分析广义上与狭义上的定义，笔者尝试给出以下描述性定义：

财政重建的主体是政府和地方公共团体等公共机构，对于赤字额超过一定范围，处于财政失败状态的公共机构，通过各种控制支出增加收入的方法，致力于使由赤字和债务等恶化的财政状况得以改善，解除赤字，还清债务，让政府财政回复到收支平衡的健全的形态。

对于财政状况未出现严重问题的公共机构，可以进行财政管理系统的整理，以使资源分配更有效率且有成果，进行广泛的前瞻性的财政重建。

本文研究地方政府破产问题，是在狭义上针对政府破产使用的财政重建定义。

1. 财政重建的基本方法

财政重建的基本方法是减少支出或者增加收入，亦或是减支增收同时进行。

一是增加收入方面：通过增税，增加国家向地方政府发放的给付金或者补助金的金额，保证税收以外的收入来源，如设施使用费和手续费等，以及出售政府资产等方式增加政府收入。

二是缩减支出方面：通过事业削减，例如公共事业削减等，事业费用削减（例：推进民间托付，契约方法的改善等），人事费削减等缩减支出。

日本的财政重建团体可以说是财政重建理论的实践，申请破产并得到批准的成为财政重建团体的地方政府需要进行财政重建。

日本所谓财政重建团体的概念，基于财政重建促进特别措施法（重建法），是指处于赤字额超过了标准财政规模的5%（都道府县）或20%（市町村）的财政失败状态，向总务大臣申请并得到总务大臣指定的自治体（地方政府）。在国家的监督指导下指定重建计划，废止独立事业等以推进重建。正式的名称是"适用财政重建团体"。被指定为财政重建团体类似于企业的破产现象，不过与企业破产和民事再生法适用的情况有差异，财政重建团体是以解除赤字、完全还清地方债为目的的。另外，也有满足财政重建团体的各项条件自治体，采用在不适用重建法的条件下，以采用限制地方债发行等为制约，自主性地重建的"自主重建"的方法。这种情况，不能得到以重建为目标的国家的支持。

表1 地方财政重建特别措施法的概要

1	法律制定时期	昭和 30 年 12 月 29 日（公元 1955 年 12 月 29 日）
2	当时地方政府财政赤字的状态	相当于昭和 28 年的道府县的八成、市的七成、町村的 2 成的 1724 个团体的决算是赤字。昭和 29 年的赤字总额是 649 亿日元
3	制定法律的主要宗旨	是为解决以及消除地方团体累计增加的赤字，促进财政重建的临时特别措施
4	财政重建方式	• 全部适用团体（接受适用本法进行财政重建。许可发行财政重建债，并享受利息补给） • 自主重建团体（在不接受本法的状态下自主重建） • 适用重建团体（昭和 30 年以后适用本法的团体）
5	财政重建债的发行额（昭和 31 年）	423 亿日元（政府资金 145 亿日元，民间资金 278 亿日元）
6	财政重建时间	原则八年（最长 15 年）

资料来源：日本自治厅编《地方财政重建的状况》，昭和 33 年制作。

表2 地方政府财政重建促进特别措施法批准的地区（1975 年以后）

地区名		重建起始年	重建终了年	重建时间（年）
县	市町			
福冈县	丰前市	1975	1978	4
大分县	竹田市	1975	1978	4
山形县	米泽市	1976	1980	5
山口县	下松市	1976	1982	7
福冈县	行桥市	1976	1979	4
新泻县	中条町	1976	1978	3
福冈县	屋川町	1976	1982	7
三重县	上野市	1977	1982	6
和歌山县	高野口町	1977	1982	6
三重县	纪伊长岛町	1978	1982	5
爱媛县	小田町	1978	1984	7
和歌山县	广川町	1979	1989	11
福冈县	金田町	1981	1987	7
福冈县	方城町	1982	1990	9
福冈县	香春町	1985	1990	6
福冈县	赤池町	1991	2000	10

资料来源：土居文朗《地方债与破产处理计划》（《财政评论》），2004 年 5 月）

财政重建的目的是让政府财政恢复到健全的形态，而并非废弃这个政府。成为重建对象的地方政府（财政重建团体）要在维持公共服务的状态下进行财政方面的重建。必须有能够维持城市居民日常生活的最低限度的公共服务。在财政重建过程中，由于必须尽量节约开支，公共服务的水平将降低，即便如此也必须避免由于停止公共服务而造成的极端伤害民众利益的事情发生。

2. 财政重建团体的重建手法

首先该破产的地方政府要向总务大臣提交申请。由总务大臣做出"财政重建适用团体"的指定以后，在国家的监督指导下制定"财政重建计划"。这需要地方议会的表决和总务大臣的同意。按照计划，要接受预算编制程序、政府收支两方面的严格审查。在重建过程中，对赤字以募集贷款填埋，对负债进行国家贴息等，可以从国家处获得财政优待措施。按重建计划，大概在七年以内使政府收入和政府支出实质性恢复均衡。对于政府而言，没有相当于破产后公司整顿的概念，地方债务是不能够免除的。财政状况恶化的地方政府的地方债有国家作为后盾，在这个前提下，金融机关可以给予低利或者免息。类似于公司更生法和民事再生法那样的追寻贷方责任的破产法制也应当针对政府的特点调整其具体内容。

3. 成为重建团体的意义

一般地，赤字重建团体以政府自身的力量不能解除赤字，需要在国家的管理下推进财政重建。成为财政重建团体，就无法进行主体性的地方自治。这就等于剥夺了地方自治权，财政重建申请意味着地方自治权的让渡。在制定地方预算的过程中不得不向国家汇报。在自治权限范围内的政策基本上也没有太大的自治权。为了获得财政重建，地方政府被要求确保政府收入、削减政府支出。这样严格的规则和制度不仅对于自治地方政府内部产生很大的影响，而且对市民的公共服务水平也有很大的影响。

具体的在政府收入方面，我们可以看到，实际上地方政府自身单独追求政府收入增加相当困难。地方交付税、国库支出金等政府收入是一定的，而地方税等的税率是由法律规定的。政府收入大多由这些项目而来，能够增加政府收入的就只有提高公共设施的使用费或者服务手续费等。这就使城市居民也要承受负担。使用费、手续费（保育费、户口簿手续费、公共设施使用费等）、国民健康保险费等征收国家基准类似地方政府中的最高额度，这种情况关系着市民负担的增加。在政府支出方面，成为财政重建团体的结果是不得不节制政府支出。而法律规定的一些地方政府必须负担的费用很难削减。但无论如何也必须削减法律规定外的对各种团体的补助和公共事业投资的经费，特别是地方政府独自实施的公共事业的废止和对各种组织团体补助金的削减。从环境、福利、教育等方面来看，可以预计的是将缩减到附近同规模、类似的地方政府中的最低水准。投资性经费上看，财政重建团体无法对面向未来的城市基础设备进行投资，学校设施、道路等居民生活上不可缺少的公共设施的更新、修复等会无法实施，或者比预定时期大幅度延迟。可以预料到行政服务质量最终会显著地下降，对城市居民产生消极影响。对政府和城市居民而言非常严峻的是，成为财政重建团体以后，债权人的支付条件将会恶化，政府会做出抑制对居民的各种供给的决策，并且延迟支付或减少公务员工资津贴。

4. 财政重建的具体案例

前面提到了美国加利福尼亚州橘郡的政府破产案例，在这里简单介绍一下。1994年12月6日，橘郡申请政府破产。橘郡是全美第四大都市，这样的政府破产是从未有过的。让人们吃惊的是，即使是在加利福尼亚州，橘郡也是非常富裕的自治体。这样即使是在全美都屈指可数的自治体，为什么会陷入财政危机，而且必须申请破产以寻求保护呢？

橘郡的破产与任何案例都不同，它并不是因为经济恶化使税收减少或者年度支出增加等普遍原因破产的。其原因是橘郡财务负责人投机失败造成的大额损失。当时的财务负责人鲍伯·西顿由于经营有方被喻为英雄，七届连任。在1994年的危机发生前，橘县财政投资总规模最高达到206亿美元。鲍伯将这些资金投资于高风险的华尔街债券市场，以博高利。但1994年，美联储持续提高利率，原本成功的投资策略陷入了困境，到 1994 年下半年，橘县财政损失了 17 亿美元。资金周转不灵引起了支付危机，1994 年 12 月 6 日橘县不得不宣布财政破产，走上了财政重建之路（李子旸，2007）。美国橘郡用一年半的时间，于 1996 年 6 月 12 日迅速地完成了财政重建。橘郡削减预算约 40%，大幅度缩减公共服务和公共事业，卖掉郡政府财产，节约近 1800 万美元以偿还债务。

从实证研究角度来看，日本地方政府的大部分都在努力进行财政重建。由于债务过大，后果将十分严重，一些有巨额的法人税滋润的地方政府也致力于政府支出的削减。日本国家政府为了偿还数额庞大的国债，也在努力进行着财政重建。

日本近些年成为财政重建团体的地方政府的例子有福冈县的赤池町、北海道的夕张市、福岛县南部的泉崎村。福冈县赤池町由于借债修建公共事业导致地方债累积过大，于 1992 年成为财政重建团体，经历两年时间 2001 年重建结束。北海道夕张市于 2006 年夏募集贷款引起财政危机表面化，由于财政赤字巨大，自主重建困难，申请成为财政重建适用团体，于 2007 年 3 月 6 日得到认定。福岛县泉崎村的例子是比较特殊的，福岛县泉崎村实际上已经满足了前文提到的适用重建团体的标准，赤字额已经超过了标准财政规模 20%（市町村），处于财政失败状态状态，于 2000 年陷入成为财政重建团体的危机状态。但泉崎村并不希望成为适用重建团体，因此被限制发行地方债，得不到福岛县的重建指导，实行自主重建。

下面将以夕张市政府破产作为个案对政府破产与财政重建问题做进一步的详细分析和研究。

二、夕张市概况与政府管理

本部分针对夕张市的概况、日本的地方自治制度及财政制度做一下介绍。

（一）城市概况

夕张市是日本北海道空知支厅东南部的城市，位于北海道中部地区，东西24.9公里，南北34.7公里，行政面积763.2平方公里，森林和水资源丰富，以山地为主。市内95%是山林，其中90%是国有林。近年以生产哈密瓜而闻名。夕张市的最高峰是"夕张岳"，海拔1688米。夕张的地名来源于阿伊努族语的"yubaro"，意思是矿泉涌出的地方，发源于夕张山的夕张河及其支流流经城市的中央，夕张市是沿着这个流域形成的带状城市。

夕张市的历史与煤炭产业的发展有着密切的关系。明治7年（1874年），日本明治维新后不久，美国地质学家带领的探险队开始对夕张的煤炭资源进行考察，推定夕张川上游有煤炭资源。但由于夕张的自然环境险峻，在之后很长的时期没有对煤炭资源继续勘探。到了明治21年（1888年），探险队成员坂市太郎发现了夕张内的大炭层。明治22年（1889年）11月创立了北海道炭矿铁道公司（北炭的前身），明治23年（1890年）4月着手开始发掘夕张煤矿，1891年第一座煤矿建成投产。之后又在夕张发现了新夕张、若锅、真谷地、大夕张、登川等新矿脉。昭和18年（1943年）夕张町升级为市。第二次世界大战后，为了工业复兴，作为国家经济政策中央采用倾斜生产方式，重视煤炭产业。与此相伴，夕张在昭和35年（1960年）迎来了全盛期，有矿山24个，人口超过10万人，成为北海道第一（桥本行史，2001）。夕张市成为日本煤炭产量之峰。

但昭和30年（1955年）日本国家能源政策开始转变，由煤炭转为石油，逐渐开始影响以煤炭产业为支柱产业的夕张市。昭和48年5月（1973年）三菱大夕张煤矿闭山，昭和50年（1975年）北炭平和煤矿闭山，昭和57年（1982年）新矿北炭夕张新煤矿由于灾害闭山，昭和62年（1987年）北炭真谷地炭矿闭山。代表性的煤矿一一关闭。由于夕张煤矿成本较低，与九州地区的矿山闭山相比要晚，到平成2年（1990年）3月，最后一所煤矿三菱南夕张煤矿闭山。自然环境险峻不受地形恩惠的夕张市，难以培育接续产业，煤矿连续关闭导致人口流失,为应对人口减少化以及增加雇佣的形势,又正值泡沫经济国家推崇观光旅游产业,夕张市政府以旅游产业作为核心培育接续产业,打出了积极的地域振兴政策牌。他们利用矿山留下的矿坑模拟坑、坂市太郎发现的煤矿原址等开发煤炭观光产业,定名为"煤炭历史村",昭和58年6月(1983年6月)开业。旅游项目整备由市政府进行,运营则交给昭和55年(1980年)设立的第三部门,旅馆运营交给了平成6年(1994年)设立的"夕张观光开发"部门。大型民企松下兴产等也加入了开发(桥本行史,2001)。夕张市政府为了吸引游客投资建设了观光设施和运动设施,还开展了夕张国际电影节活动。实施旅游产业的同时还支持农业,培育出了夕张特产梅陇蜜瓜。

光鲜的旅游事业背后隐藏着城市财政恶化的现实,夕张市政府为什么在2006年宣布破产,临时成为中央直管市,并于2007年3月6日被列为财政重建团体呢?是我们后文要详细阐释的。

(二) 政府架构

日本的行政系统分中央政府、都道府县、市町村三级,中央省厅根据2001年1月6日的行政改革,开始了新的一府十二省厅体制。根据日本1955年宪法第八章,日本实行地方自治制度,所谓地方自治制度,是指中央政府依法将一部分涉及地方利益的权力及行使这些权力所必要的物质手段转交给直接普选产生的地方自治机关,由该自治机关对本地区自治范围内的公共事务实行自主管理的一种制度(柯敏,2005)。日本经过长期的地方自治制度上的演进,在宪法和基本法律上明确地方自治体的权利和义务。地方政府也被称为地方自治体,具有该地区内的行政管理的职能,是独立于中央政府的法人。地方政府与中央政府不是隶属关系,而更接近于分工协作。自治体可以自行发债筹集建设资金而无需经过中央政府的审批(国家发展改革委外事司,2006)。

夕张市政府作为地方政府,那么它就是具有该地区内行政管理的职能的独立于中央的法人。所以夕张市政府可以规划城市发展,自行发债募集资金而无需经过中央政府的审批。于是他们可以为了城市规划大量借债。

1. 日本中央与地方关系特征

"二战"以后,美国占领当局推动日本制定"日本国宪法",地方自治的制度得以重新确立。在宪法中明确规定了地方自治的一章,但是在实际的政府运作中,中央政府与地方政府间的关系是在"集权与分权""集权与融合"的轴心关系中循环着的。"集权与分权"实际上是科学的集中管理与合理的分而自治的有机分工管理,进而又在国家总体发展目标一致的前提下引起"集权与融合"的统一,这就是日本中央政府与地方政府间关系的基本框架(孙世春,1993)。根据《日本国宪法》的规定,日本地方自治政府的职权主要有:(1) 管理地方财产。地方自治政府有权维护、保存和使用属于自治体的财产。(2) 处理公共事务。主要指有关消防、清洁、美化以及防止公害污染等地方"福利"事务。(3) 执行行政权。主要是办理户口、登记注册、支配地方警察、执行国家政策与法令、监督公债的偿还等(于云汉,1994)。虽然日本地方政府自治权限很大,但在实际的行政管理运行中,中央政府通过必要的行政手段和财政手段,对地方自治范围内的事务进行监控。这些手段具体是个别法令、补助金、行政指导以及机关委托事务等,因此中央政府仍对地方政府拥有相当的监控权和制约能力。

2. 中央与地方关系的联系纽带——总务省

在日本,省是行政机构,类似我国国务院的各"部",与我国的国务院办公厅相对,是由邮政省、总务厅、自治省合并而来的。总务省是中央与地方的联系纽带。它代表中央统辖、控制地方政府,也是地方的代表,反映地方的利益要求。日本《总务省设置法》规定,"总务省在政府间的联络、协调和调整事务,一是对地方自治行政制度的规划、法律草案的拟定、日常管理、信息收集以及中央对地方政策的综合协调。二是地方公务员制度建设,对地方政府人事行政给予协助或技术性建议。三是地方财税制度的制定,对出台涉及地方政府负担的各项法令进行评估,向相关大臣提出意见。四是进行资金分配。包括地方交付税、地方让与税的分配;对落后地区采取特别财政措施;对财政收支明显不平衡地区实施财政重建;对地方财政资金的筹集与调节进行斡旋,提出

建议或给予其他形式的协助。五是对地方政府财务资料的调查与建议等。"（项中新，2003）

夕张市的财政重建计划是总务省帮助制定的，并且提出破产申请后要得到总务省的同意，接受总务省的调查。

（三）财政体制

在探讨夕张市政府财政破产问题以前，有必要首先交代其财政体制，即夕张市政府作为地方政府，与中央之间是何种关系，中央财政对地方财政的补助方式是怎样的。

1. 中央财政与地方财政的关系

相对于中央政府和地方政府在职责上按3∶7的比例分配，税收额方面却按7∶3比例征收，从而使得中央政府获得财政方面的主导权，而地方政府只保留三成财政权利。由于中央政府集中的资金，能够根据中央政府、县政府的权限分配给地方政府，则出现了中央机关文件束缚地方政府的趋势，虽然《地方分権一括法》的施行消除了中央文件束缚的问题，中央政府仍然掌控着很大的财政权限。夕张市地方政府收入由地方税、地方让与税、地方交付税、国库支出金、地方债等构成。政府课税主体是地方政府，地方税由居民税、固定资产税、市町村烟税、都市计划税等构成。地方税占政府收入的比重是35.9%，地方政府自由使用的税收低于政府收入的36%。① 夕张市地方政府在收入方面受到中央很大的控制，其原因是地方政府收入的主要来源是中央财政的地方税返还和国库辅助支出金等转移支付手段。而由于政府在行政管理的职责上负有大部分权限，政府在支出上达到了七成。

2. 中央财政对地方财政的补助方式

中央财政对地方财政的补助方式分为地方交付税、地方让与税、国库支出金三种，夕张市地方政府财政收入的很大一部分源于中央财政补助。国库支出金是中央政府指定支出方向和附加支出条件的资金，它是

---

① 若林たけと：『夕張市の財政破綻に思う』，http://homepage2.nifty.com/taketo_noda/Hyper_link/01yubari_menue/01yubari_cause_1.html。

通过地方政府来实现的中央支出。国库支出金制度是在中央与地方之间的财源再分配,是日本财政调整制度的一种形式。"地方财政法"虽然有"地方事务地方出资"的原则,但该法也规定了,中央必须对那些有共同利害关系的事务、符合国民经济发展方向的公共事业等地方事务提供经费,这就是国库支出金制度。① "地方让与税,就是中央把中央税中几个特定税种的收入征收上来之后再按一定的目的和标准把其中的一部或全部转让给地方政府的一种财源再分配形式。数额在地方财政收入中所占比重很小,然而却是为特定目的而在中央与地方及各地区间进行财政调整的必不可少的一种形式"(宋文献,2004)。地方让与税是横向财政差异调整的形式之一。

研究夕张市政府破产问题,有必要提一下日本的地方交付税制度。

日本的地方交付税制度属于"收支均衡型"转移支付制度。地方交付税即将一定比例的国税作为地方政府的公共财源,按照一定的比例分配给各个地方政府。通过这一制度从产业繁荣、人口稠密的大城市等富裕地区向人口稀疏的偏远地区进行财富的再分配,缩小因税源不均而导致的地方政府之间的财力差距。地方政府辖区的人口数量是确定地方交付税的重要依据之一。近年日本对地方交付税制度进行了改革,改革后称为"新型交付税",主要是根据人口和面积确定交付税的额度。由于人口的大量迁出和老龄化的趋势导致夕张市收入的重要来源的地方交付税获取能力降低,地方财政收入锐减(国家发展改革委外事司,2006)。

实际上,夕张市虽然财政持续恶化,但财政赤字问题得以掩盖,到了2006年问题才浮出水面的一个原因也是由于地方交付税填补了政府税收不足。因为地方交付税制度相当于中央政府向地方政府注入资金,补偿地方政府资金不足。矿山关闭以后,以矿山关闭后的地域振兴为目的,国家曾给予夕张市地方交付税中的《煤炭产地补正》的财政救济。

---

① 参见《日本中央与地方政府间财政关系》,中华人民共和国财政部网站,http://www.mof.gov.cn/yusuansi/zhengwuxinxi/guojijiejian/200810/t20081008_80892.html。

夕张市政府把这项资金也投入了旅游事业中。

三、夕张市政府破产过程及原因剖析

夕张市煤炭产业衰落以后，政府大力扶持和发展旅游业，但在这一过程中隐藏着巨额的政府债务危机，危机进而导致了夕张市一步一步走向破产。

（一）夕张市的政府破产过程

夕张市是作为煤矿城市而繁盛的，在20世纪40年代到60年代初达到鼎盛时期，曾经有日本"煤炭之都"的美名。但是，世界能源使用结构发生了变化，主要燃料成了石油。日本国家的能源政策发生了转换。同时廉价的外国煤炭流入日本，而且日本劳动力成本高，煤炭产业逐渐失去了竞争力。从昭和40年（1965年）开始，煤矿相继封山。平成2年（1990年），最后一个煤矿三菱矿业南大夕张煤矿封山，人口由顶峰时期的10.8万人，锐减到约1.4万人。煤矿封山进行之中，市政府不仅负担煤矿工人的退休金，而且做了买进煤矿的土地、把煤矿公司所属的医院接管到市立医院等附属基础设施的封山处理。从昭和54年（1979年）到平成6年（1994年），市政府的封山处理对策费总额达到了583亿日元（其中募集贷款332亿日元）。这样，夕张市政府财政支出扩大了。但是，由于煤矿的封山和主力产业的消失，原本丰富的矿产税、居民税等政府收入锐减。昔日的辉煌已然消失。于是夕张市政府试图进行产业转型，把新兴产业定为旅游业。当时处于泡沫经济的日本政府采取了鼓励地方政府借债发展的政策，投入120亿日元，以"从煤矿到旅游"作为广告标语，积极修建主题公园、旅游宾馆等设施，并且积极投资打造夕张国际电影节（前泽贵子，2007）。但是旅游振兴政策失败了，由于投资过大，财政恶化。

夕张市把由旅游事业和医院事业等引起的收支赤字，利用了短期借款的一般会计与特别会计之间的跨年度的借出、偿还加以处理，进行了赤字隐藏。这种不适当的会计处理使得夕张市财政赤字更加膨胀。

同时，产炭地区振兴临时措施法完全失效，由该法规定的补助金措施也没有了。平成13年（2001年）开始，夕张市在没有北海道知事许可的情况下长期借款，在重建计划制定的过程中也大白于天下。赤字额达到了353亿日元的夕张市政府决心重建财政，平成18年（2006年）6月20日，后藤健二市长在市议会上，依据现行重建法明确提出了申请成为财政重建团体的想法。①

（二）夕张市政府破产的原因

从夕张市政府的破产过程来考察，夕张市政府破产的原因有三。

1. 巨额的煤矿矿山关闭费用

夕张市经济状况由兴盛走向衰落与国家的能源政策有着莫大的关系。从第二次世界大战以后，日本经过短时间的重建，获得了经济上快速发展的时期。在经济高速发展时期，日本制定的能源政策放弃了高污染、低效率的煤炭作为主要能源，而采用国际市场更为廉价的石油作为主导能源。作为煤炭之都的夕张市由于国家能源政策的影响只得放弃煤炭产业，另外多次发生的瓦斯爆炸等事故也促成了煤矿的关闭。从1965年开始逐步对本市的煤矿关闭，到了1990年，所有的煤矿都关闭了。但是煤炭产业所属的大量产业，如土地、住宅、医院、学校等公共设施被市政府收购，为此夕张市政府花费财政资金583亿日元，为此发行的市债达到了332亿日元。这些事项的处理责任，本该由制定转换能源政策的国家承担大部分，但夕张市自己负担了很大的财政责任。这是政府财政破产的第一个原因。

2. 观光旅游开发及由此而生的财政负担问题

矿山关闭，夕张市失去了原有的主导产业。其转换轴心产业的行动过晚，主导产业的转换过程出现决策失误，所选择的旅游业范围扩张过大，远离了夕张市自身综合条件和经济实力所能容纳的产业空间。

夕张市在关闭矿山后，把轴心产业定位在观光旅游产业，试图实现

---

① 森重昌之：『地域主導の観光の視点から見た夕張市の観光政策』，北海道大学大学院国際広報メディア・観光学院観光創造専攻 博士後期課程，第2—3页。

从煤都到观光城的转变，实现经济结构的转型。夕张市政府非常重视旅游业的开发，在旅游观光方面投入达到120亿日元。夕张并不具有天然旅游资源，但他们围绕"煤炭之都"的历史背景策划旅游景点，利用矿山留下的矿坑模拟坑、坂市太郎发现的煤矿原址等开发煤炭观光产业，定名为"煤炭历史村"，开发了煤炭博物馆，还通过多媒体手段真实再现采煤现场。看着仿真蜡像人物的采煤场景展示，耳边听着大型挖掘机的轰鸣，使人身临其境。夕张市具有作为煤矿城市的历史，煤又在北海道具有独特性，这些很具吸引力，而且是其他地区难以模仿的。

20世纪80年代夕张市的旅游产业，有过每年游客超200万人的繁盛时期。但是随着日本泡沫经济崩溃后，夕张市政府的产业发展政策越来越脱离了踏实的旅游开发的轨迹，从经营失败的民间资本手上买回宾馆和滑雪场，进一步地染指了"乡愁之丘博物馆"等巨大旅游开发事业。夕张为了进一步扩大旅游业的规模和影响，通过政府大量举债，相继建设了动物园、游乐场、机器人科学馆、冷水山滑雪度假村等旅游设施，修建旅游宾馆，还每年举办夕张电影节。夕张的旅游业范围扩张过大，产业追加了大量的资金，产业规划政策远远超出了一个不适宜大规模集聚的小城市的产业发展空间，并且远离了煤炭特色，而这个规模很小的城市的消费能力无法与这样庞大的旅游业相匹配，旅游设施难以发挥作用。导致夕张市旅游业发展最大的困境在于发展的项目缺少特色，夕张滑雪场在滑雪场遍布的北海道并无特色，没有什么吸引力。政府通过巨大的投资进行发展经济，但是却没有起到应有的效果，这在一定程度上使得本来财政紧张的夕张市政府更是雪上加霜，并且远远超出了政府的清偿能力。

3. 国家的财政改革对夕张市产生不利影响

夕张市政府的破产曾被一些人看成是地方政府财务制度有缺欠，或者是缺乏经营管理方法，有的归罪于地方居民，认为是城市居民选出了权力过大、放纵经营的政府，而且没有对政府实施有效的监督，应由住民本身负责，这实际上是不全面的。

夕张市经济兴衰的背后是国家政策变化的影响。前文在夕张概况中介绍，夕张能因为煤矿产业而兴盛是因为国家能源政策重视煤炭能源。当国家能源政策重点变为石油的时候，作为"煤炭之都"的夕张就开始衰落，不得不进行产业转型。选择接续产业时虽然有不切合夕张市实际之嫌，实际上当时泡沫经济下国家鼓励借债发展旅游业的政策也对夕张市政府选择旅游业作为接续产业有很大的影响。

从以前日本中央和地方政府的关系中可以看出，日本实行地方自治制度，地方政府具备很大的自主权，但地方交付税等中央分配的税收是地方政府的重要财源。矿山关闭以后，以矿山关闭后的地域振兴为目的的《产炭法》在2001年时到期失效。国家行政财政改革削减了地方交付税，不再有地方交付税中的《煤炭产地补正》的财政救济。旅游业是一种什么样的产业？那是一种为了抓住容易变化的顾客需求，确保回头客，必须在具备敏锐的经营直觉的同时，加以持续性的投资的产业。无论夕张市自身财政状况怎样，一旦选择了旅游业，只有继续进行旅游投资。华丽的夕张市的旅游事业，实际上是由以旧产炭地区为对象的财政救济这种特殊财源（地方交付税中的《煤炭产地补正》）推进的，这样就隐含着如果这个支援措施停止，该产业就无法成立的危险性。此外，由于人口减少引起的市税、地方税的减少也是夕张市政府破产的一个重要原因。

以上都是夕张市政府破产的重要原因，然而，夕张市政府破产的最大的深层次原因是：不适当的财政处理。这种财政处理为避免赤字真实状态表面化而不断扩大赤字。

夕张市的财政失败，其中很大的原因是利用短期借款的不合适的会计操作、巨额的实质赤字、无先例的严峻的重建方案等，是目前的财政重建例子中极为异常的事例。夕张市的实质赤字在2005年度决算是257亿日元，2006年度末约360亿日元。2005年的标准财政规模是约44亿日元，实质赤字额是标准财政规模的5.9倍。1992年成为重建团体的赤池町的实质赤字与标准财政规模大体上相同，是32亿日元。与此相比，足见夕张市的赤字何其大（雨宫照雄，2007）。

截至2006年年底，夕张市的借款总额为该市财政规模的14倍。为了隐瞒巨额借款,市政府从民营金融机构借入短期资金。短期资金在该市的预算和决算报告书中都被隐去。2005 年,夕张市的这种被隐瞒的短期借款竟高达 290 亿日元,为该市标准收入的 6.4 倍(雨宫照雄,2007)。这样的巨额的赤字是使用了短期借款的不正当的会计处理产生的。通过这种处理,2005 年该市决算的账面上竟然是黑字。根据北海道的调查,夕张市把由旅游事业和医院事业等引起的收支赤字,利用了短期借款的一般会计和与特别会计之间的跨年度的借出、偿还加以处理,进行了赤字隐藏。

这样的财政营运,在普通会计和公共下水道事业会计之间,从 1992 年开始,此后,向其他的会计扩大。短期借款余额,1990 年最后的煤矿关闭时达到约 28 亿日元。1996 年购买了游览胜地旅馆时约 124 亿日元,在 2002 年购买了宾馆、滑雪场,此时急速增加到 205 亿日元。然后进一步滚雪球式地增长到 2003 年的 250 亿日元,2005 年度为 292 亿日元。还有,从 2001 年到 2005 年的 5 年之间,实质赤字额从 138 亿日元增加到 257 亿日元,足足增加了 119 亿日元。在这样的赤字隐藏的手法下继续着财政状况越发恶化的状况(雨宫照雄,2007)。

四、夕张市的财政重建

直面政府破产,夕张市进行了财政重建,目的是夕张重生,恢复政府的正常运转。

(一)夕张市的财政重建举措

政府财政赤字超过一定限度,一旦成为财政重建团体,就要优先考虑偿还债务的问题。本文所提出的个案中,成为财政重建团体的夕张市的政府和城市居民甚至被某个评论家评论为:体味着涂炭的痛苦。这是怎样的一种痛苦呢?

简单地说,从西方典型国家的破产法的共性中可以看出,对于个人破产而言,就要限制其个人的消费活动,特别是高档品的消费,并且要把其高档商品进行拍卖,但是维持其个人基本生活的用品却不在拍卖之列；对于地方政府破产而言，虽然地方政府可以破产，但是其基本的职能却不能破产。在地方政府破产期间，禁止政府兴建豪华的办公楼，大量的公务用车被迫拍卖，而地方政府的基本职能，比如维护社会治安，提供基本的教育、医疗等公共产品的服务却不能减少。地方政府要在提供基本公共服务的同时尽量减少公务支出和减少公职人员，以降低行政成本。并且要大幅度削减人事经费，减少公务员的工资。

而对于城市住民，由于政府必须压缩公共服务的开支，仅能供给最基本限度的公共服务，没有资金满足住民对公共服务更高层次的需要。同时为了还债，还有增税的可能。

下面看一下夕张市财政重建的具体举措。

第一，人事经费的大幅度削减。

政府公务员数量在人口规模同等程度的城市镇村中保持最低水准，工资待遇等在全国市镇村中最低。在这样的思想指导下，夕张市公务员的工资与2007年4月相比平均减少30%，四年间，公务员数量也从309人减少到了现在的127人。退休金在这四年里也阶段性地减少了四分之一。

第二，降低公共服务水平。

除了市民生活必需的最小限度的公共事业，其余均缩小或停办。各种文体活动场所关闭，市图书馆、市民会馆等近30处的公共设施被封闭。缩小医院规模，探讨市属医院民营化的问题。在中小学校方面，计划四年后由现在的11所变为中小学校各一所。投资性事业除必要以外的，不进行投资。一般政府开支维持全国最低水准，并且政府资助给各类团体的补助金削减了约八成。削减了老人福利和青少年教育经费。

第三，市民负担的增加。

夕张市政府在控制服务支出的同时，也计划着增加市民负担。政府要增加市民税，上下水道和幼儿园教育费用也要大幅提高。试着计算一下，夫妇和孩子两个人的四人家庭，有上幼儿园的孩子的，一年大概要增加16.5万日元的负担，合人民币1.1万元左右。夕张市市民，和市公务员一起投入重建的暴风雨中。①

把30亿日元在20年间返还的夕张市的财政重建计划方案表②：

（1）废止的事业：医院交通费的补助、敬老免费券、育儿支援中心营运费补助、旅游活动等20项。

（2）缩减的事业：扫雪和保育所营运费补助、公园维持管理费等8项。

（3）公共设施撤消与合并：把现有7所小学和4所初级中学各自合并为1所。

（4）公共设施废止：包含图书馆、美术馆、青年妇女协会馆、市营棒球场、游泳池、养老院等的12所公共设施被废除。算上休业的公共设施的话则达到17处。道路、下水道等的城市基础整备停止。

（5）提高使用费，下水道使用费提高了60%，设施使用费提高了50%。

（6）征收的市民税超过标准税率。保育费、国民健康保险税、各种使用费、手续费等，费用率被提高到其他自治团体的最高程度，市民税和固定资产税提高，小型汽车税增加了1.5倍。

（7）职员数和人事费的削减。职员减半，工资上特别官职减少60%，普通官职削减30%。

（8）限制发行地方债。

财政重建的残酷，就体现在这些数字里。由于以上夕张市的财政重建计划，城市里蔓延着对未来生活的不安，计划案提出后的6月到12月的5个月间，离开夕张市的市民近300人。

（二）中央政府和地方政府的援助

夕张市财政重建计划方案是在北海道厅的指导下制定的，同时全部经过总务省的细心检验。一切控制支出的措施都贯彻了总务省的基本方针。同时国家和道厅应当有缓和财政破产对市民生活的直接影响的对

---

① 『夕張市の財政破綻と日本の明日』，『資料室報』，2007年1月，第3页。
② 夕張市政府：『夕張市財政再建の基本的枠組み案について』，www.city.yubari.lg.jp/contents/municipal/rebuilding/documents/1223347758.pdf，2006年11月。

策。夕张市也有生活贫困的人群,应有保障措施。作为维护基本人权的生活权的保障,是遵守日本国家宪法的政府的责任和义务,与居民所在的城市是否成为财政重建团体无关。那么,财政重建的过程中,需要降低行政服务质量,增加市民负担。这其中关于社会弱势群体的必要的福利和教育医疗等,必要时应当由北海道道厅、国家予以代行。

夕张市政府破产不仅归因于市政府,也与中央政策和道厅有关。为了促进夕张市重建和维护以市民的生存权为首的基本人权,北海道下定决心对夕张市进行大幅度的债务免除,而国家也需要量力代替市政府偿还债务。夕张市政府成为财政重建团体后,公务员、第三部门职员等都可能会失业,为了能使其继续在夕张生活,需要国家、道厅、企业的协助,制定紧急就业对策、收入对策。

日本国宪法第二十五条第一项规定,要积极地补偿国民最低限度的生活的权利。国家不能侵害国民最低限度的生活权利。同时,基于对宪法九十二条"地方自治的宗旨"的要素包含对国家的财源补偿请求权,国家必须补偿处于困境的地方政府的财源。与此同时,国家的能源政策转换和休养地开发推进策略的推行使得夕张市的财政债务扩大,政府的财政汲取能力下降,因此国家负有补偿责任。并且,财政再建过程要求市民做出很大的牺牲,参照宪法二十九条第三项及宪法第十四条,国家应该负有为确保夕张市民的生活和福利进行积极的财政支援的责任。[①]

(三) 民间的支持

公共服务质量的降低可以由 NGO 等民间组织予以补充,缩小、废除、增负等公共服务项目的选择,其优先度的决定要与市民商量协调,充分参考市民的意见,取得市民的支持。夕张市民可以积极参加自身所在的住宅区的志愿者活动,进行一些扫雪、街道清扫等活动。

国际知名的 NGO 无国界医疗队中,高工资的职员和完全没有工资的志愿者一起工作,这种同工不同酬现象其实并不奇怪,志愿者们是怀

---

① 自由法曹团札幌常任干事会:『夕張市の再生と市民の権利擁護のため、国と北海道に対し支援を求める特別決議』,http://www.jlaf.jp/jlaf_file/070915yuubari.pdf, 2007 年 9 月 15 日。

着救助与纷争国无关的无辜受伤者的使命感,才接受这样的无报酬的工作。由此类推,有学者做出了这样的展望,在夕张市政府,完全不要报酬的员工,月薪 5 万到 10 万日元的员工,只拿 7 成薪水的员工,为了夕张市的重建一起努力工作的事也是可能发生的。民间可以成立由退休老人组成的具体保障市民生活的组织,原则上是不计薪水的。[①] 他们有工作的热情和时间,与做志愿者的品格。

随着政府行政范围的缩小,增加了社会福利协议会、工商会所、观光协会、农协等公共性高的地域机能组织的活动的重要性。各团体作为夕张实践性居民自治的担当者而活跃的同时,也可以期待其以夕张重生为目的的相互之间的合作。

五、夕张市经验的启示

这一部分概括描述了我国地方政府负债状况,并提出了夕张市政府破产对我国财政建设的启示。

(一)我国地方政府负债状况——潜在的地方政府破产危机

中国改革开放的成果有目共睹,在我国各级地方政府对内改革、对外开放的过程中,债务规模也呈快速上升趋势,债务风险越来越大。"目前,我国地方政府所负各种债务的总体规模已经相当庞大,在某些地方,地方财政已经超负荷运转,地方政府所背负的债务负担已经到了债务危机的边缘,潜在威胁着我国经济安全与社会稳定。据权威研究报告显示,我国省级政府的直接负债可靠且保守的估计约为 6000 亿元,县(市)级地方政府的负债规模,据里昂信贷证券的估计,应为 3 万亿元左右。乡镇一级地方政府的负债每年以 20% 的速度增长,目前保守估计在 1 万亿以上。"(曹思源,2008)参考很多地方财政收支状况和美日等国的"破产标准",我国乡镇一级很多政府都已具破产之实。

---

① オホーツク地域自治研究所,まちづくり・行財政研究会:『夕張市の財政再建にかかる具体的支援策(提言)』,http://members.at.infoseek.co.jp/okhotsk_lab/proposal-yuubari.pdf,2007 年 2 月 16 日,第 11—12 页。

当前我国地方政府所负各种债务规模过大严重影响了地方经济的发展。夕张市的案例对我国减少地方债务、防范地方政府财政危机，具有重要启示。

（二）夕张市的案例对我国的启示

在具体分析夕张市政府破产的案例，初步对我国地方政府债务状况有了一定了解以后，通过对这一典型案例分析，从中总结其对中国的启示如下：

1. 提升地方政府破产意识

我国实行的是各级财政预算分离制度，各级财政独立。理论上政府财政破产也是可能的。而关于政府破产，不仅没有形成法律或规定，就连政府破产概念我国都非常缺乏。由于中国政治结构的特殊性，人民民主专政的社会主义性质的国家的基本特点，政府部门并不存在破产的制度设计。但是对于地方政府而言，财政危机却是对于地方政府职能的重要影响因素。但是在我国，地方政府缺少财政危机的风险意识，导致地方政府借用各种名义大举债务，这样不仅影响政府部门的正常工作，也对政府的健康持续发展产生隐患，以至于债务危机越发严重。地方政府债务过大的一个原因就是没有政府破产意识。政府破产形成法律或法规需要时间和实践，但至少我们必须要具备政府破产意识。

2. 避免高风险的战略性投资

为了城市发展，投资行为是必不可少的。如果为了新发展进行的投资失败了，不仅要受到财政失败的困扰，增加投资负担，甚至可能政府破产。如果是民间企业的话，可能导入新技术、开发出具备竞争力的新产品，寻找新的发展机会以避免破产。但对于政府而言，是不具备那样即效性的回复策略的。无论是在建立工厂上，还是打造观光旅游产业上，政府本身都不能进行直接的商务活动。在经济层面上看，政府作为一个重要的投资主体，必须慎重进行发展投资，这更是财政恶化的政府最基本的态度。

我们应该理解，与民间投资相比，政府的发展战略投资是高风险的投资。例如以保证用地、基础设施建设来招揽企业的方式在日本风险相当高。投资基金能收到预定收益的案例非常稀少，比如在离开具有高向心力的观光地带创建旅馆业就有风险。像夕张市这样的对以新产业为核心的观光开发的投资，可以算作是企业对新技术市场先期投资的投资类型。民间企业如果要进行这种投资，就要充分评估技术差别和管理者的能力。即便如此，成功概率也不高。进行高风险的发展投资失败，直到破产，以至于到了对居民的公共服务进行削减的状态，会造成居民对政府的不信任、政府信用降低、居民背离政府的负面效果。一种能够给予城市居民稳定的发展，可以打造持续安定的生活基础，良好运用所在地域的资源，合理借债，逐步推进公共设施建设的积极稳妥的政府，才是能够获得市民支持的好政府。

有鉴于此，我国今后的地方政府运营应当结合自身的实际情况，首先必须正确评估发展战略的投资风险，提高自身的风险管理能力。有必要引入对高风险的投资注入公共资金是否正确的评估流程。以市民的税金运营的政府与民营企业完全不同，不应当随便投入资金。这也要求政府责任感的提升。

3. 制定城市发展战略要结合城市实际条件

夕张市政府的城市发展战略是失误的。如果没有煤炭资源，以夕张小城的地理状况和城市条件是无法进行大规模人口集聚的。于是国家能源政策转换导致煤矿关闭后，政府大力发展旅游业作为接续产业以图集聚人口、振兴夕张、恢复原来的煤炭城市的繁盛就是不现实的。另外，夕张市没有充分考虑城市自身的实际条件，不懂得因地制宜。例如夕张市本身就是一个没有什么高等院校、科研机构的小城，其建立的机器人科学馆缺乏后盾和科学创造性的吸引力。夕张市政府制定的城市发展战略没有充分结合城市自身实际条件，违背了城市发展的客观规律，预示着后来财政失败的恶果。这一点对我国的启示就是，制定城市发展战略要结合经济、社会和环境的现状和未来发展趋势这些城市发展综合条件，应充分考虑战略投资风险，科学制定。

夕张市矿山闭山后，城市面临选择接续产业的严峻问题，我国资源枯竭型城市也面临着这样的挑战。资源枯竭型城市制定城市发展战略、制定地域振兴政策的重点是选择接续产业，这就需要及早考虑接续产业的培育，同时接续产业的选择和培育也要因地制宜。

4. 负债处理要优先于投资策略

在夕张市的案例上我们还可以看到，夕张市是在背负着处理矿山关闭事务的债务的状态下开始对旅游业进行投资的。我们可以假设，如果夕张市可以在没有旧债的状态下对旅游事业进行战略投资的话，或许可以避免沦落为财政重建团体。这件事提示我们：想要进行新的投资行为，应该先进行原有债务的负债处理。如果不看清原有债务的负债原因，不总结失败经验，新的投资也可能以同样的理由失败。

我国的地方政府又何尝不面临这样的问题，比起处理负债，往往是投资在先。债上加债的结果就是滚雪球般庞大数字的债务。我国经济发展迅猛，正是处于积极投资时期，在这样的潮流里也必须注意原有债务的处理。相对于中国地方政府来说，特别是乡镇政府来说，沉重的债务负担已经使得乡镇政府的某些职能不能够有效发挥，因此必须严格控制地方政府的债务规模，防止产生新的不合理债务。切实贯彻国务院"制止新债，摸清底数，明确责任，逐步化解"的原则。地方政府债务规模应该与本地区经济与社会发展水平特别是地方财力相适应，年度债务余额已经达到或超出当年财政可支配财力的地区，不得再直接或变相举债或担保。除经国务院批准外，各级政府及其部门不得提供融资担保，切实防止将市场主体经营性债务风险转嫁到地方政府（范柏乃、张建筑，2008）。按照"谁举债、谁偿还"的原则，严格确定偿债责任单位，确保落实偿债资金来源，并按合同规定按期还本付息。没有稳定、可靠的资金作还债保障的项目，各级政府不得负债建设。各级地方政府要设立相应的偿债准备金（范柏乃、张建筑，2008）。地方政府的债务问题是影响中国地方政府和地方经济发展的重要问题，地方政府的债务状态也影响着地方政府效能的发挥，因此应该有效地避免我国地方政府的债务问题，有效化解债务危机。

5. 谨慎使用国家财政救助，解决自身问题需要自力更生

夕张市的旅游事业，实际上是由政府的旧产炭地区财政救助这种特殊财源推进的，这样就隐含着如果这个支援措施停止，或者没有其他项目资助的情况下就会导致地方政府财务危机。

我们可以看到，完全依靠国家财政救助解决财政问题是不明智的，解铃还需系铃人，真正要解决问题还得靠自己。养成依赖国家财政救助的习惯，靠伸手要饭吃，一旦国家由于政策转换等原因收回这项救助时，这项救助隐藏下的一切弊端都会显现出来，饭来伸手的地方政府就会陷入财政困境中。这正是夕张市给我们的一个引人深思的启示。不适当地滥用财政救助，很容易养成被救助单位的依赖性，而且非常容易因为攀比心理，造成财政不能承受之重。即便是艰苦创业，也要不畏惧艰难，自力更生。

6. 形成地方政府债务信息公开制度

中国政府的债务问题也相当突出，有些地方的乡镇政府由于大量举债，导致政府职能弱化，很多当地的教育、医疗等公共物品的提供都出现了严重的问题。然而，由于长期以来的计划经济体制形成的政府惯性，政府缺乏信息公开的动力，导致地方政府大量举债，然而当地的公众由于不了解政府的财政状况，不能够有效地对其进行监督。地方政府的财政报表往往出现弄虚作假的情况，地方政府应该编制政府债务收支计划。在不改变地方政府财务报告模式的前提下，通过设置附表或增加附加信息的方法对外提供债务信息，其中包括债务当年偿还情况、债务余额、偿债能力和债务风险指标等，对于担保等或有负债的信息也应予以发表（牟放，2008）。只有地方政府明确地把政府财政状况以政务公开的方式进行，才能够及时发现政府财务问题和其他方面的问题，才能够自觉接受人大、新闻媒体和普通公众的监督。

此外，夕张市能够利用短期借款作假弥补赤字也与国家监督不充分有关，因此我国要加强对地方政府借债的监督。地方政府债务信息公开有利于国家和人民的监督，也有利于地方政府自身的可持续发展。

结 论

　　笔者通过研究日本夕张市的城市破产的案例，归纳出了政府破产的定义以及财政重建的内涵。认为政府破产一般而言，指的是地方各级政府财政运作失败，政府支出远远高于政府收入，资不抵债，现在及将来都无法偿还债务时应当被视为政府破产。而财政重建是对于赤字额超过一定范围，处于财政失败状态的公共机构，通过各种控制支出、增加收入的方法，致力于使由赤字和债务等恶化的财政状况得以改善，解除赤字，还清债务，让政府财政恢复到收支平衡的健全的形态。通过典型个案的介绍，深入剖析政府破产产生的深层次的原因及财政重建对于政府破产的价值与意义。通过日本夕张市的案例可以清晰地看出政府破产的原因及如何挽救政府摆脱财政危机的状态，探讨通过财政重塑来使政府摆脱破产的命运，使得政府具有生存的压力，思考如何更好地走出财政困境的有效途径。虽然在中国政府破产是一个崭新的话题，但是从日本夕张市的个案我们可以清楚地看出政府如果"经营"不善，也面临着破产的危机，通过这项研究可以使我国地方政府增强自身的危机意识，使得政府具有节约的观念，避免债务危机，增强政府自身的活力。应该说近些年中国地方政府的债务危机有的已经相当严重，虽然中国没有关于政府破产的相关政策法规，但是借鉴日本的经验，可以使地方政府增强自身的成本节约的意识，更好地促进政府以更少的钱来为纳税人更好地工作。必须防止地方政府债务过大，不合理负债，敲响政府破产的警钟，并且不断完善中国地方政府财政制度。

【参考文献】

　　岸道雄：『財政再建に向けての視点』，『FRI 研究レポート』，2000 年 9 月，第 1 页。

　　白川一郎：《自治体破産—再生の鍵は何か》，東京：日本放送出版協会，2004 年 11 月。

坂田和光：『米国の自治体破綻と州の関与—連邦破産法第9章をめぐって』，『レファレンス』，2007年1月，第80頁。

保母武彦、河合博司、佐々木忠、平岡和久：《夕張—破綻と再生—財政危機から地域を再建するために》，東京：自治体研究社，2007年2月。

本間義人：《地域再生の条件》，東京：岩波書店，2007年。

曹思源：《直面地方政府财政破产》，载《观点》2008年12月，第24页。

曹思源：《直面地方政府财政破产》，载《观点》2008年12月。

出井信夫：《基礎からわかる自治体の財政再建》，東京：学陽書房，2007年。

読売新聞北海道支社夕張支局：《限界自治—夕張検証 女性記者追がった600日》，東京：梧桐印書院，2008年3月。

范柏乃、张建筑：《地方政府债务与治理对策研究》，载《浙江大学学报（人文社会科学版）》2008年3月。

范柏乃、张建筑：《地方政府债务与治理对策研究》，载《浙江大学学报（人文社会科学版）》2008年3月，第55页。

福岡政行：《自治体再生へ舵をとれ》，東京：学陽書房，2002年。

高寄昇三：《地方財政健全化法で財政破綻は阻止できるか—夕張 篠山市の財政運営責任を追及する》，東京：公人の友社，2008年。

国家发展改革委外事司：《一个日本小城市的破产》，载《中国经贸导刊》2006年第17期，第54页。

华林：《美国杰佛逊政府破产的启示》，载《金秋》2008年12月。

樺嶋秀吉：《自治体倒産時代》，東京：講談社，2007年9月。

井熊均：《自治体再生—資産リストで財政破綻を回せよ》，東京：学陽書房，2008年9月。

井熊均：《自治体破綻 再生への処方箋》，東京：日刊工業新聞社，1999年。

鷲田小弥太：《夕張問題》，東京：祥伝社，2007年。

柯敏：《中日地方自治制度之比较》，载《湖北职业技术学院学报》2005年9月，第57页。

李建英、于科：《地方政府财政危机国际经验综述》，载《工商管理》2007年第10期，第74页。

李琳：《日本地方财税管理体制探析及借鉴》，载《各国税收纵横》2007年9月。

李子旸：《政府是可以破产的》，载《财经时报》2007年8月6日，A06版。

刘汉屏：《地方政府财政能力问题研究》，中国财政经济出版社2002年版。

刘通、韩丽亚：《日本夕张市政府破产对中国资源型城市经济转型的启示》，载《宏观经济研究》2007年第1期。

牟放：《化解我国地方政府债务风险的新思路》，载《中央财经大学学报》2008年6月，第12页。

前澤貴子：『地方自治体の財政問題と再建法制』，国立国会図書館，2007年5月，第3页。

橋本行史：『財政再建団体　何を得て　何を失うのか―赤池町財政再建プロセスの検証』，公人の友社，2001年版，第36页。

橋本行史：《財政再建団体―何を得て　何を失うのか　赤池町財政再建プロセスの検証》，東京：公人の友社，2001年10月。

橋本行史：《自治体財政破綻からの脱出》，地方自治土曜講座，2007年8月。

橋本行史：《自治体破たん「夕張ショック」の本質　財政論 組織論からみた破たん回避策》，東京：公人の友社，2007年。

日本経済新聞社：《地方崩壊―再生の道はあるか》，東京：日本経済新聞出版社2007年6月。

松本武洋：《自治体連続破綻の時代》，東京：洋泉社，2006年11月。

宋文献：《日本的分级财政体制及评析》，载《财经论坛》，2004年3月第108页。

孙世春：《日本地方政府行政体制的建立及其管理机制》，载《日本研究》1993年第4期，第20—21页。

王加林：《地方财政——跨世纪改革与发展》，经济科学出版社1999年版。

五十嵐敬喜：《立法学ゼミ，破綻と再生―自治体財政をどうするか》，東京：日本評論社，1999年。

项中新：《日本中央地方关系的特征与启示》，载《财政研究》2003年第4期，第61页。

小西砂千夫：《自治体財政健全化法制度と財政再建のポイント》，東京：学陽書房，2008年。

亚当·斯密：《国民财富的性质和原因的研究》（下卷），郭大力、王亚南译，商务印书馆2008年版，第474页。

于云汉：《浅谈日本的地方自治制度》，载《地方政府管理》1994年第5期，第38页。

雨宮照雄：《夕張市の破綻と財政再建制度》，地研通信，2007年8月。

袁东：《公共债务与经济增长》，中国发展出版社2000年版。

月刊「地方財務」編集局:《スラスラわかる！自治体財政健全化法のしくみ》，東京:《ぎょうせい》，2008年。

中田実:《小木曽洋司，地域再生と町内会 自治会》，東京：自治体研究社，2009年。

自治労連・地方自治問題研究機構:《自治と分権》，東京：大月書店，2004年。

公共预算研究系列
Public Budgeting Research Series

公共预算与社会政策

转型财政学与中国特色公共福利财政制度框架建设[*]

刘继同[**]

内容摘要： 中国财政制度框架与财政职能正处于全面性、系统性、结构性和革命性转型过程之中，财政学转型与转型财政学学科建设议题应运而生。转型财政学是研究财政制度价值、目标、结构、功能、地位、角色转变的新型财政学科，核心是探索现代财政制度结构功能转变、财政职责范围内容、发展阶段与优先领域、基本途径与财政收支的普世规律。中国财政制度结构转型实践的重大制度创新是公共财政、公共福利财政和应急、社会救助财政三类制度框架形成，相关的公共政策、公共财政与社会政策、公共福利财政分类化的趋势日趋明朗。现代财政制度三类体系的划分，反映现代财政制度结构功能分化与政府职责范围内容变化。中国公共财政制度框架建设实践证明，财政职能角色转变状况决定政府职能角色转变状况。中国财政制度结构转型趋势与财税体制改革实践说明，中国特色公共福利财政制度框架建设是公共财政制度改革发展战略重点与基本方向。本文首次简要界定中国特色公共福利

---

[*] 此文已发表于《学习与实践》2012年第3期。

[**] 刘继同，男，北京大学教授，主要从事全球卫生与卫生外交、社会政策与社会福利、宏观卫生政策与健康照顾服务、公共财政与卫生财政学、医院管理、医学社会学与医务社会工作、儿童福利与妇幼保健、宗教社会服务与慈善公益事业等研究。

财政制度框架范围内容与优先领域,为社会建设和中国公共福利财政制度框架建设提供理论指导。

关键词: 财政转型　转型财政学　社会政策　公共福利财政制度　财政职能角色

一、中国社会结构转型与财政制度结构转型议题

改革开放 30 年来,中国社会处于全面性、系统性与结构性转型过程之中,社会现代化建设与构建和谐社会成为国家发展核心战略目标。中共执政理念转变、科学发展观深入人心和以改善民生为重点的社会建设,"不约而同"聚焦公共财政制度框架建设与政府职能转变。众所周知,未来 30 年是全面建设小康和谐社会并走向共同富裕的关键时期,核心是国家治理结构的转型,其中财政改革和转型将成为重点和关键,并决定着国家治理转型的成功与否。改革开放 30 年正反两方面经验说明,必须遵循国家治理转型的路径确定财政改革的逻辑,并通过政治改革为财政转型以至于国家治理的转型提供保障,实质是政府职能与角色转型(郭小聪,2010)。更为重要的是,中国财政体制改革和财政结构转型实践迫切需要崭新理论观点和学科视角。例如,当前在经济学学科体系中,将财政学定位为经济学的一个分支,这样的定位既不能满足财政学科自身发展要求,使财政学失去指导财政工作的能力,也不能满足中国现实政治发展对财政学的要求。因此,有必要延续国内外探讨财政学政治属性的传统,探索财政研究的政治学路径,发展财政政治学学科。财政政治学是财政研究重要组成部分,学科属性上归为政治学。当前财政政治学研究至少可划分为财政运行政治学和财政转型政治学两个分支(刘守刚、刘雪梅,2010)。简言之,社会结构转型带来财政制度结构转型,财政制度结构转型实践催生转型财政学学科建设与财政学转型议题。转型财政学学科建设与财政制度结构转型实质是政府职能转型(刘继同,2010)。

二、转型财政学与中国财政制度职能战略性转型

转型财政学是中国财政体制改革发展实践的独特创造,为观察中国财政体制结构转型、政府职能转变和财政学学科转型提供最佳的理论与学科视角,具有特别重要现实政策意义。目前,中国学术界流行研究视角是"财政转型"。截至 2010 年 8 月 20 日,CNKI 文献检索的结果是,"财政转型"的文献共计 33 条,"税制转型"的文献 2 条,"转型财政学"和"转型财政"的文献 0 条,说明"转型财政学"视角的原创性和独特性,凸显其与财政转型的差异。财政转型是指整个财政分配体系为适应现实经济的变化和未来经济发展的需要而做出的根本性调整(罗美娟,1996)。财政转型的主要问题是其"描述性视角",而且尚未成为一种独立学科视角。由于财政分配具有集中性和强制性特点,财政分配既涉及国家宏观经济运行,又作用于微观经济领域。因此财政转型势必会对我国市场经济体制完善和经济结构调整产生深远意义。简言之,中国财政改革与财政转型实践殷切呼唤新型"转型财政学",而非传统"财政转型"。

目前,国内外学术界有关财政转型的理论模式主要有三,典型反映财政转型的理论取向。中国财政体制改革实践与政府职能转变的客观需要,推动"财政转型"向"转型财政学"转变。综观目前财政转型研究现状,理论界与财政部门普遍接受的有关财政转型的理论模式有三,一是指特定国家、社会或地区取向,如苏联和中国社会主义计划经济的财政改革实践(Allen & Tommasi,2009)。二是指苏联和中国等社会主义国家,由计划经济向市场经济"转轨"的转变过渡性状态(刘溶沧、李茂生,2002)。三是指财政体制全面性、系统性与结构性转型的过程与状态,制度性与结构性取向明显(李邦富、王国清,2007)。比较而言,转型财政学比财政转型模式具有更多明显的优点,可以弥补财政转型模式的不足。某种意义上说,"转型财政学"的基本涵义等同于"发展财政学或财政发展学",主要宗旨是研究探索现代财政制度发展变迁

普遍规律，预测财政制度的发展趋势，指明未来发展方向，而不像财政转型模式只关注中国、发展中国家和转轨国家，只关注特定的转轨时期和地区。转型财政学是财政学学科体系的新成员，是指研究财政制度发展变化普世规律的社会科学。总体来说，转型财政学基本特征是研究性质的财政政治学，研究目标定位是探索普遍规律，研究设计突出跨学科性质、研究视角的系统性、研究对象广泛性、研究范围和内容综合性、研究时限和关注财政发展周期的长期性，而非局限于特定时空处境下特定转轨国家与地区。简言之，转型财政学为探索人类社会现代财政制度发展变化的普遍规律提供最佳理论视角。

转型财政学关注的基本问题是现代财政制度结构与功能的战略性转型规律，核心是政府职能与社会治理方式转变规律，关键问题是责任的社会划分与政府财政支出责任范围顺序。毫无疑问，责任的社会划分是基础性政治哲学、财政哲学、福利哲学和社会福利政治学议题。现代财政制度的结构功能典型反映在政府职能定位、政府财政支出责任范围内容等议题上。长期以来，中国财政制度结构特征是"双元财政"，经济生产型财政与公共财政制度并存（叶振鹏，2004）。这种状况既反映了计划经济的时代特征，又反映了计划经济体制处境下政府职能角色定位状况。改革开放30年来，中国社会环境、社会需要、社会结构、社会问题均发生重大的结构变迁，传统生产型财政体制与政府职能角色定位正在经历全面性、系统性和结构性转变的过程（贾康、刘微，2007）。中国学者最具代表性的有关中国财政制度结构与功能转型规律的研究发现，建国60多年来，中国财政制度结构与功能，尤其是政府职能角色可划分为五个截然不同和特征鲜明的阶段：一是建国初期经济恢复时期的"过渡型财政"，二是大规模经济建设时期"生产建设型财政"，三是有计划商品经济时期"分灶吃饭型财政"，四是市场经济体制下的"公共财政"体制，五是科学发展观处境下的"公共福利型财政"，首次明确提出"公共福利财政制度"概念（叶振鹏、赵云旗，2009）。简言之，"公共福利财政制度"指明中国公共财政体制改革发展与结构性变迁的趋势、方向。

最重要的是，现代财政制度结构功能转型普遍规律涉及财政制度基本职能与政府角色，尤其是财政制度的类型划分，财政制度的范围内容和战略重点，财政支出变迁的普遍规律。长期以来，人们普遍认为公共政策、公共财政、公共产品、公共管理、公共服务是一个整体。1998年政府提出建立"公共财政制度框架"以来，并未解决公共财政制度范围分类问题（刘继同，2008）。综观西方国家政府职能定位，尤其是现代财政制度发展演变的趋势和结构转型的普遍规律，我们首次将现代财政制度与政府职能角色分为三大类型，一是古典的国家财政与政府财政，二是公共福利财政，三是应急和社会救助财政。公共财政制度类型三分法的实质是财政职能结构细化，现实意义是指明中国财政结构功能战略转型范围与战略重点，社会政策应运而生。

三、中国特色社会政策与公共福利财政制度框架

改革开放 30 年来，中国特色的社会政策"脱离"公共政策框架，浮出水面。社会政策既指明以改善民生为重点社会建设的范围内容，又为公共福利财政制度奠定社会政策基础。按照英国学术传统，公共政策与社会政策是两类性质、目标、范围与对象有所不同政策体系。社会政策泛指一切有助于促进个人福利与社会总体福利的政策努力，政策范围与内容明确。但是，由于中国社会结构分化程度尚低，引入公共政策概念与社会工作教育发展时间不长，尤其是匮乏社会福利理念与政策实践，社会政策框架与福利制度尚未成为中国的主流（希尔，2003）。目前，在贯彻落实科学发展观，以改善民生为重点的社会建设和构建和谐社会的社会处境下，这种公共政策与社会政策相互交织，边界不清，尤其是社会政策"隐藏"在公共政策中的状况已严重影响政策设计、政策过程、政策实施和政策效果，将社会政策独立出来成当务之急。笔者根据中国社会发展实践，首次提出中国特色的社会政策框架，描绘社会福利制度框架。

表1 欧美国家与当代中国社会政策框架范围、内容比较一览表

政策框架范围	欧美国家	当代中国	备注
社会保障	社会保障	社会保障	中西概念内涵不同
教育政策	教育政策	教育政策	中西国家基本一致
福利政策	福利服务	福利服务	中西概念内涵不同
住房政策	住房服务	公共住房服务	中国属于公共政策
健康政策	健康服务	医疗健康服务	中国不属社会政策
就业政策	就业服务	就业服务	中西国家基本一致
人口政策	家庭政策	人口政策与计划生育	中国特有社会政策
优抚安置	军人福利	军人福利与优抚安置	中国特有社会政策
环境保护	环境保护	环境保护	中国特有社会政策
市政工程	市政工程	市政工程	中国特有社会政策
宗教政策	宗教信仰	宗教政策	中国特有社会政策

更重要的是，中国特色社会政策框架范围内容决定公共福利财政制度框架的范围内容，中国特色社会政策框架出现预示中国特色公共福利财政制度框架形成，二者互动关系明显。中国公共福利财政制度框架主要由卫生保健与医疗保障财政，环境保护与绿色 GDP 财政，基础教育与人力资源财政，社会保险与就业服务财政，市政工程与保障住房财政五大部分组成。通常公共政策对应于国家财政、政府财政、公共财政、公共产品、公共管理和公共服务体系，社会政策主要对应于社会公共福利财政制度、准公共产品、社会管理体制和社会服务体系，突发重大事故、自然灾害、公共卫生和公共安全事件对应于应急财政和应急救援性服务（冯俏彬，2009）。社会救助政策对应于最低生活、相对、绝对贫困和所有缓解贫困各种努力的社会救助财政。据此我们可以看到现代财政制度的类型划分、结构功能层次、政府职能角色和优先发展领域。比较而言，在三类财政制度之中，公共财政和社会救助财政都是边界清晰、争议较少的领域。这两大类服务领域都是政府的基本职责范围，政府承担义不容辞的责任，扮演责任主体角色。同时，公共福利财政则是责任主体划分问题最大、理论政策争议最多、边界最模糊不清的领域。

这种模糊不清主要体现在责任主体确定、服务对象的资格，尤其是国家与市场的边界划分上。理论上说，社会政策与社会服务性质是"去商品化"的"社会福利"性质与社会公平目标，但是，由于20世纪70年代以来西方国家新自由主义和管理主义思想盛行，许多国家都将"市场或准市场"因素引入社会福利服务提供过程之中，更多运用私人和市场机制提供准公共产品，从而导致人们对公共福利财政制度和国家责任主体角色的诸多误解与非议，扰乱人们思想。

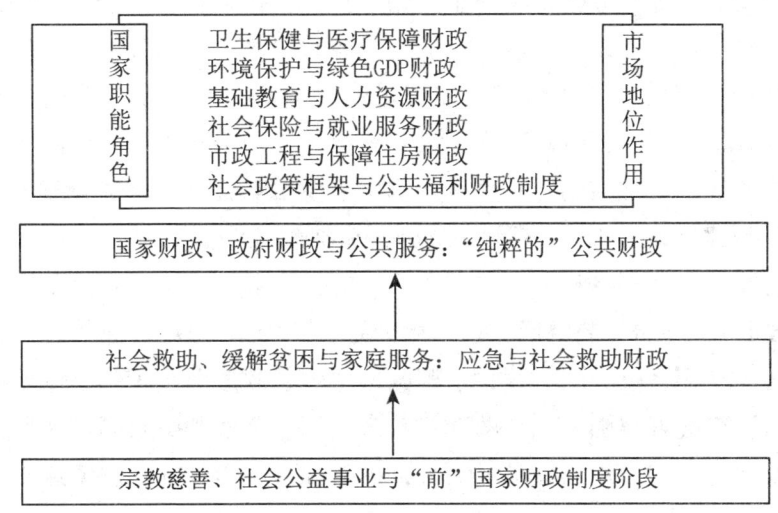

图1　现代财政制度结构功能的三大类型与政府职能角色的社会定位

现代财政制度与体系的结构功能分类，尤其是公共福利财政制度框架范围内容的确定，具有特别重要的现实、理论、政策意义和国际意义，它既是财政基础理论研究的重大创新，又为中国公共财政制度框架建设指明方向，既明确规定政府的职责范围，又清晰划分公共财政制度框架建设优先领域与战略重点，为以改善民生为重点的社会建设奠定财政制度基础。长期以来，现代财政制度或体系的内部结构与功能、类型与层次划分等基础性理论研究无大进展，进而直接影响现代社会生活中财政制度结构、职能、角色、地位、作用的理论研究（赵聚军，2008）。本文从结构功能分化角度，首次将现代财政制度类型划分为公共财政、公共福利财政、应急和社会救助财政三大类，实质是明确规定政府的职责范围内容和承担福利责任的社会边界，对解决目前政府工作中普遍存在的"越位、缺位、错位"问题提供理论基础，指明发展方向。

更为重要的是，公共福利财政制度框架范围内容和层次结构的理论概念，说明妇孺皆知和通俗易懂的"民生财政"基本等同于学术界定的"公共福利财政"，而且公共福利财政制度框架建设是公共财政制度框架建设的主体部分。社会政策框架、社会立法、社会服务、公共福利财政制度与社会建设有机联系，成为以改善民生为重点社会建设的财政制度基础。目前，环境保护、住房难、上学难、看病难、看病贵和道路、桥梁、下水道等市政工程建设问题突出，成为百姓日常生活与工作中面临的最主要社会问题，严重影响生活质量与福利。改革开放尤其是2000年以来，政府加大在环境保护、基础教育、医疗卫生、保障性住房和公共服务领域的财政投入，高举"民生财政"大旗，旨在构建服务型政府和中国式福利社会（中国发展基金会，2009）。总体来说，比起国防、外交、政府间财政关系等国家财政、政府财政工作，以及应急财政和旨在缓解贫困的社会救助财政来说，公共福利财政制度建设是公共财政制度框架建设的关键。而且，由于社会政策与社会服务通常涉及服务对象公民权利身份的资格限制、家庭收入审查、福利文化，社会服务提供方式等诸多社会性议题，是典型的"权益—伦理型准公共产品"（冯俏彬、贾康，2010），公共福利财政制度建设已成为考验政府的执政理念、执政能力和社会治理水平的最佳领域。简言之，中国特色社会政策框架决定公共福利财政制度框架，公共福利财政制度建设状况既决定以改善民生为重点社会建设的状况，又决定中国特色公共财政理论与制度创新的状况。

四、简要讨论与基本结论

中国社会正处于史无前例的全面性、系统性与结构性转型过程之中。社会结构转型的核心是社会权力结构与社会资源配置制度的结构转型。社会权力结构与社会资源配置的核心主要体现在财税制度上，因此财税制度结构转型质量是衡量社会结构转型质量与权力结构质量，尤其是社会发展整体质量、社会总体性福利状况、全民生活质量和个人全面发展的最佳视角。社会质量、社会政策、社会立法、社会福利、以改善民生为重点社会建设等理论应运而生（Beck, Maesen, Vander & Walker, 1997）。社会公平、科学发展、社会质量、社会政策、社会建设、社会服务不约而同聚焦"财政质量"。财政制度质量主要体现在财政学科体系与理论基础、财政制度结构功能与职责角色等领域。中国社会与财政制度的结构转型是人类社会历史上最伟大的事业和意义最深远的重大国际事件。众所周知，中国社会结构与财政制度结构转型实践，尤其是 30 年来财政制度改革发展实践，已经在财政发展实践经验上创造独特的"转型财政学"新学科，深化当代世界财政理论研究。转型财政学的优越之处是超越国家、社会"性质"，超越特定的时空限制，超越东西方界限，旨在探索财政制度发展变化普世规律，尤其是税收制度和财政支出责任发展变化普世规律，科学界定财政职能与政府职责角色、责任的社会边界，不断调整国家、社会、市场间的关系。

综观欧美福利国家财政制度发展变化的规律，尤其是中国财政体制与预算管理改革发展经验，我们首次将现代财政制度框架划分为纯粹的公共财政、公共福利财政、应急和社会救助财政三大体系类型，实质上是清晰界定政府财政的公共政策、公共财政与公共服务的职责，社会政策、公共福利财政与社会服务的职责，应急救援、社会救助财政与缓解贫困的责任。三种财政类型的划分具有特别重要的现实意义、理论意义、政策意义和国际意义，影响深远。公共政策与社会政策边界的划分，有助于解决"公共服务均等化"议题中包含的诸多问题，纯粹公共财政与公共福利财政的区分，有助于解决国家财政职能范围与内容的科学界定问题，应急财政和社会救助财政有助于解决财政部门在维护社会稳定、确保公共安全中的角色问题，进而有效地避免政府财政的"越位、缺位、错位"问题，构建公平化和福利化的和谐社会。更重要的是，公共福利财政制度框架范围内容的确定指明中国公共财政制度框架建设的优先领域与战略重点，为科学合理确定财政职能定位指明方向、划定范围和奠定财政政治学基础。这意味中国特色公共福利财政制度框架建设是公共财政制度框架建设的最核心和主体部分。"公共福利"概念的高明之处是其既充分体现现代公共财政制度的福利本质属性与宗旨目标，又充分体现现代公共财政制度的精髓、实质、战略重点与优先领域，确定国家责任承担范围。

中国特色社会政策框架与公共福利财政制度框架为贯彻落实科学发展观，全面建设小康社会，统筹城乡发展，实现"发展为了人民，发展依靠人民，发展成果由人民共享"的理念，加快政府职能与社会管理方式转变，构建公平、和谐社会奠定理论政策基础与财政制度基础。中国公共福利财政制度框架主要由卫生保健与医疗保障财政，环境保护与绿色 GDP 财政，基础教育与人力资源财政，社会保险与就业服务财政，市政工程与保障住房财政五大部分组成。比较而言，中国公共福利财政制度框架中，教育财政制度和教育财政学学科建设状况最佳，环境保护与绿色 GDP 财政制度建设刚刚起步，社会保险与就业服务财政稳步发展，日趋成熟，市政工程与保障住房财政异军突起，唯有卫生保健与医疗保障财政制度建设最为滞后（刘继同，2008）。与此同时，身心健康需要已成当前中国人最重要的社会需要，是政府最应该承担责任的领域。更为重要的是，在生态文明建设、政治文明建设、经济建设、社会建设与文化建设体系中，生态文明建设旨在营造宜居的环境，政治文明建设旨在确立良好权力结构与资源配置机制，经济建设旨在为社会发展提供物质基础，文化建设是社会发展状况的综合性外在表现形式，唯有社会建设与公共福利财政旨在建设社会，增进全体国民的社会福利，提高生活的质量。

【参考文献】

Beck W Maesen L Van der & Walker, A. (eds.), *The Social Quality of Europe*, London: Kluwer Law International, 1997.

R. Allen & D. Tommasi:《公共开支管理：供转型经济国家参考的资料》，章彤译，中国财政经济出版社 2009 年版。

冯俏彬、贾康:《权益—伦理型公共产品：关于扩展的公共产品定义及其阐释》，载《北京：经济学动态》2010 年第 7 期。

冯俏彬:《我国应急财政资金管理的现状与改进对策》，载《北京：财政研究》2009 年第 6 期。

郭小聪:《财政改革：国家治理转型的重点》，载《北京：人民论坛（中旬刊）》2010 年第 2 期。

贾康、刘微:《注重民生、优化结构、创新制度、促进发展——中国公共财政的转型之路》，载《北京：经济与管理研究》2007 年第 10 期。

李邦富、王国清:《英国财政权的演变及其对宪政传统的影响》，载《安庆：安庆师范学院学报（社会科学版）》2007 年第 2 期。

刘继同:《卫生财政学概念的涵义、范围领域、基本特征与地位作用》，载《哈尔滨：中国卫生经济》2008 年第 1—3 期。

刘继同:《中国公共财政的范围类型与健康照顾服务均等化的挑战》，载《武汉：学习与实践》2008 年第 5 期。

刘继同:《中国特色公共财政制度框架建设与构建福利化和谐社会》，载《武汉：学习与实践》2010 年第 1 期。

刘溶沧、李茂生:《转轨中的中国财经问题》，中国社会科学出版社 2002 年版。

刘守刚、刘雪梅:《财政研究的政治学路径探索》，载《南京：江苏教育学院学报（社会科学）》2010 年第 3 期。

罗美娟:《论财政转型》，载《思想战线》（昆明）1996 年第 3 期。

迈克尔·希尔:《理解社会政策》，刘升华译，商务印书馆 2003 年版。

叶振鹏、赵云旗:《新中国 60 年财政转型之研究》，载《北京：中国经济史研究》2009 年第 3 期。

叶振鹏:《中国财经理论与政策研究：叶振鹏文选（上、下卷）》，经济科学出版社 2004 年版。

赵聚军:《政府间核心公共服务职责划分的理论与实践——OECD 国家的经验和借鉴意义》，载《中央财经大学学报》2008 年第 11 期。

中国发展基金会:《构建全民共享的发展型社会福利体系》，中国发展出版社 2009 年版。

新型农村养老保险财政管理问题研究
——以一个省会城市四个县区的改革试点为例[*]

范永茂[**]

一、前　言

农村养老保险是我国社会保险的一个重要组成部分，它是指农村户口人员支付一定的劳动所得，在达到法定年龄而退出社会劳动后，在养老期间得到养老金，用以保障基本生活需要的一种社会保险制度，其根本目的就是为了解决农村老人的晚年生活问题。我国的农村社会养老保险起步于上个世纪80年代，在此之前很长时间，由于特殊的城乡二元制的养老制度的存在，除了极少数人能享受五保的福利待遇外，广大农村人口的养老问题主要还是靠家庭承担。但是80年代开始的农村养老保险的探索之路经过近20年后在90年代后期陷入了僵局。2003年，党的十六届三中全会通过的《中共中央关于完善社会主义市场经济体制若干问题的决定》，对于农村养老问题提出了方向性的要求，即农村养老保障以家庭为主，同社区保障、国家救济相结合，有条件的地方探索

---

[*] 此文已发表于《中山大学学报社会科学版》2011年第4期。
[**] 范永茂，男，中国人民大学公共管理学院副教授，主要从事公共预算、财政管理公共政策研究。

建立农村最低生活保障制度。

与政策的滞后相比,我国农村社会形态处于快速转型期,农村城镇化速度加快,农村青壮年劳动力大量外流,使得传统的小农经济出现萎缩和分化,也使得农村家庭、社区和社会结构和功能开始瓦解或重组。而且,农村人口老龄化的比重却逐年大幅度上升,靠家庭储蓄养老的功能在减弱,以家庭为主的养老模式已经不能适应现在农村养老的需求。加快建立农村社会化养老体系成为保持农村社会稳定、构建和谐社会迫在眉睫的问题。

2009年8月起,中国政府开始在全国推行新型农村社会养老保险("新农保")试点改革。建立新型农村社会养老保险制度,为农村居民提供老年基本生活保障是中国政府继全面取消农业税、实行农业直接补贴、免除农村义务教育学杂费、建立新型农村合作医疗制度等改革之后的另一项重大惠农政策,同时也是体现"公共财政,阳光普照"和国家朝着促进社会公平正义、破除城乡二元结构、逐步实现基本公共服务均等化的一个重大步骤。如果这项改革能成功完成,将会使中国千百万农民在享受"种地不交税"、"上学不付费"、"看病不太贵"之后,实现"养老不犯愁"全方位的社会福利,根本上解决他们的后顾之忧。当然,这项改革还会对应对国际金融危机、扩大国内消费需求、加快完善覆盖城乡的社会保障体系、推动和谐社会建设和国家的长治久安,产生重要意义。

目前,新型农村社会养老保险试点的主要内容包括两个方面,一是实行基础养老金和个人账户养老金相结合的养老待遇,国家财政全额支付最低标准基础养老金;二是实行个人缴费、集体补助、政府补贴相结合的筹资办法,地方财政对农民缴费实行补贴。中央财政对中西部地区最低标准基础养老金给予全额补助,对东部地区补助50%,确保同一地区参保农民将来领取的基础养老金水平是相同的。地方财政也要对所有参保农民给予缴费补贴,对农村重度残疾人等困难群体代缴部分或全部最低标准保险费,对选择较高档次标准缴费的农民给予适当鼓励。农民个人账户养老金依据本人缴费多少和年限长短,有高有低,多缴多得、长缴多得。与此同时，此项改革还要求中央财政和地方财政相结合的基础养老金必须到位，地方政府对农民个人缴费的补助必须到位，在国家财政困难的情况下，宁可压缩其他方面的开支，也要挤出钱来把这项试点改革做好。此项试点在 2009 年覆盖了全国 10% 的县（市、区、旗），以后逐步扩大试点，到 2020 年前基本实现全覆盖。

新型农村养老保险作为一项时间跨度长、空间跨度广的再分配公共利益的公共政策，其试行阶段作用重大。各试点县、区所暴露出的问题和成功的经验对下阶段新农保的全面推广有重要的探索价值。经过一年的试点，有的试点地区已经发现了一些在"新农保"政策运行中存在的问题。这项研究主要是针对"新农保"改革对中国地方的财政管理和政策管理进行探讨，特别是想发现"新农保"运行过程中出现的管理问题。比如，从财政管理的角度来说，这项改革是一项要求中央财政和地方财政相结合，共同参与的政策项目。在目前分税制的体制下，中央和地方有着不同的财政能力。那么这项政策是否又会造成另一个"中央请客、地方买单"的情况？地方政府的配套财力是否足够？特别是对于很多地方政府尚处于"吃饭财政"的状况，他们将如何处理这样的新政策？如果地方财力有困难，那么他们怎么通过怎样的机制解决？对政府间财政关系和财政管理的影响有哪些？"新农保"在各地区的进展情况怎样？能否实现公共服务均等化的目标？

这是一项实证研究。鉴于"新农保"是一个新的政策项目，目前暂时还没有大量的研究成果和政府公开公布的统计数据，所以这个研究主要依靠定性访谈和政府相关文件研究，在养老保险与国家财政的基本关系的理论分析框架之内，通过对山西省太原市四个县、区的实地调查和分析来揭示问题，同时也进行案例研究的理论性总结，最后提出政策性建议。

二、养老保障与国家财政

养老保障是社会保障的一个主要组成部分，而社会保障作为政府财政转移性支出，又是政府最基本的财政分配之一。现代养老保障制度作为一种代际交换的社会化形式,直接影响着国民收入的分配和再分配,制约着经济积累和消费结构和国家财政收支水平。实际上,古典经济学的大师们就已经开始探索社会共同保障问题。但谈到国家保障的理论渊源,首先要提到是德国的新历史学派,如施穆勒、瓦格纳和布伦坦诺等。他们认为,在进步的文明社会中,国家的公共职能应该不断扩大和增加,凡是个人努力达不到或不能顺利达到的目标,都应由国家承担。而后的学者如贝费里奇①(W. T. Beveridge)勾画了影响深远的福利国家框架,他主张实行政府为主体的社会保险制度,促进社会稳定,并提出了"普遍性、最低需求、充分就业与费用共担"原则,其特点是不过分强调保险原则,主张福利的普遍性和统一性;不过分强调权利和义务的对等;将税收作为筹措保障资金的基本来源。具体来说,养老保障和财政有着如下几方面的关系:

(一)养老保障分配和财政分配有密切关系

政府养老保障职能的发挥,是以财政分配为其物质基础的。在市场经济条件下,财政的职能之一,就是承担一定的社会保障任务。而在提供公共产品和服务、弥补市场缺陷、调节收入分配差距、稳定社会等方面,社会保障分配和财政分配是一致的。在养老保障社会化条件下,养老保障是财政分配的主要内容。但和财政分配比起来,养老保障首先以公平为原则,与效率成负函数关系。实施力度越大,公平程度越高,对效率的否定性越强(阎坤,2000)。另外,养老保险分配具有广泛的社会性,其资金来源应由国家、企业(集体)、个人合理负担,而不是由国家财政大包大揽。

(二)养老保障收支对国家财政收支影响巨大

1. 从养老保险对财政收支结构的影响看,养老保险基金是一种社会消费基金。其中基金不足将增加财政负担,基金结余属递延的消费基

---

① 贝费里奇(W. T. Beveridge),英国牛津大学教授。1941年,英国成立以贝费里奇为主席的社会保险和相关服务部际协调委员会,着手制定社会保障计划。第二年贝费里奇提交了题为"社会保险和相关服务"的报告。他还曾经受英国内阁委托起草战后福利制度重建基本框架。

金，则可增加财政可支配资金并减少负担，从而影响着财政收支结构。同时，养老保障基金的规模也影响着财政的收支规模。在国民收入一定的情况下，养老保障基金规模越大，财政集中的社会财富总量就要制约，二者存在此消彼长的关系（阎坤，2000）。如果养老基金支出的规模有变化，就会对财政负担总量和财政总规模发生影响。此外，养老基金来源于政府、企业（集体）和个人，这就对不同级别的政府、企业（集体）和个人产生不同的负担影响，进而对财政收入规模和结构又有影响。

2. 从养老收支形式来看，对财政也有影响。首先，养老收入的形式有缴税、缴费和储蓄三种主要形式。很多国家都通过开征社会保障税的形式来筹集养老保障资金。这样做的好处是，社会保障税具有强制性和固定性，能够纳入国家预算管理体系，有益于政府集中财力，更好地规划社会保障事业，调整收入分配政策，为发展积累资金（阎坤，2000）。以缴费的形式筹集养老保障资金，其强制性较弱，更多地靠行政手段完成，同财政的关系也不太密切，有时会作为预算外资金管理。储蓄式的方式对财政影响最小，国家不需要承担财政直接开支，仅需要承担担保责任。其次，养老保障的支出形式有预算管理内支出和预算管理外支出。如果养老保障资金纳入到国家预算管理里面，养老保障支出就成了财政的重要支出内容，财政必须按照制度及时拨付支出。如果养老保障支出没有纳入国家财政预算管理内，养老保险支出对财政的影响就比较小，国家预算只反映政府承担部分，可能只在养老保险基金出现入不敷出的情况下，财政才需要增加临时补贴或拨补。

（三）财政部门有责任积极参与养老保障基金管理

首先，因为社会保障预算是国家财政进行宏观调控的手段，国家财政必须管理养老保险基金。国家财政对经济发展宏观调控的基本目标是实现总供给和总需求的平衡，而养老保障资金作为一种特定用途的专项资金，带有收支流量大、冲击性强的特点。它对国民经济影响很大，不仅危及总供求关系的平衡，也能影响到社会再生产的运营（阎坤，2000）。财政部门应参与养老保障基金的管理，引导养老保障资金的流向，规范和约束其用途，使社会总供求趋于平衡。其次，养老保障是政府实行的一项重要的社会政策，是实现社会再分配的重要途径，因此客观上需要国家的社会分配政策指导。而财政是国家的主要分配职能部门，养老保障事业要想健康发展，就必须有国家财政分配政策的指导。财政部门必须从社会分配与再分配角度对养老保障事业进行管理和政策指导。第三，由于养老保障收支对财政影响很大，财政的总担保地位客观上要求它必须积极参与养老保障事业的管理。养老基金由不同级别的政府、个人以及社会共同负担，这实质上就包括了政府财政资金的转移（阎坤，2000）。另一方面，在养老保障基金入不敷出时，国家财政就需要采取措施给予补贴。因此，财政只有参与到养老保障事业的管理，强化保障资金的预算约束和财务管理，变事后参与为事前管理，才能达到既管理好养老保障事业，又促进财政良性循环的目的（阎坤，2000）。

三、新农保财政管理状况和问题讨论

国务院于2009年9月1日发布了《国务院关于开展新型农村社会养老保险试点的指导意见》（国发〔2009〕32号）的文件，正式启动了新农保在全国范围内的试点改革工作。山西省在2009年12月份公布《山西省人民政府关于开展社会养老保险试点实施意见》（晋政发〔2009〕37号）的文件，根据国务院的指导意见制定了本省开展新农保试点工作的意见。太原市根据国务院和山西省政府的文件，于2010年4月提出《太原市人民政府关于全面建立新型农村养老保险制度的实施意见》（并政发〔2010〕14号），目标是在2010年全面启动新农保，基本实现全市范围内农村适龄居民的全覆盖。到2010年9月，新农保在该市的全部十个县、区、市全面展开，并且有一县、一区和一市三个县级单位成为首批国家新农保试点县（市、区）。本研究的数据信息就来自对太原市农村社会保险基金管理中心和四个县、区的实地调研考察，这其中包括两个国家试点县（区）和两个非试点区，这四个地方政府财政状况也不相同，有的财政收入较好，有的收入较差，具有一定的样本代表性，文中将用 A、B、C、D 四个字母代替。本文将从三个主要方面讨论"新农保"的管理问题。

（一）基金筹集和养老金待遇

"新农保"是一种把个人缴费、集体补贴、政府补贴相结合的养老保障制度，实行社会统筹和个人账户相结合，基金来自于个人缴费、集体补助和政府补贴。

个人缴费方面，参加新农保的农村居民按规定缴纳养老保险费。缴费标准为每年100元、200元、300元、400元、500元等5个档次。太原市要求各县（区、市）可根据实际情况增设缴费档次，但最高不超过1000元。参保人自主选择缴费档次，多缴多得。

集体补助方面，该市鼓励有条件的集体对参保人缴费给予补贴。补贴标准由村民委员召开村民会议确定。政府鼓励其他经济组织、社会公益组织、个人为参保人缴费提供资助。

政府补贴方面，地方政府的补贴分为基础养老金补贴（出口补）和缴费补贴（入口补）两部分。

政府对符合领取条件（年满60岁、未享受城镇职工基本养老保险待遇）的人员全额支付新农保基础养老金，每人每月55元。国家或省级试点县（市、区）基础养老金由中央或省级财政金额补贴；未列入国家级或省级试点县（市、区）的基础养老金由市、县（市、区）两级财政共同全额补贴，其中市级财政每人每月补助35元，县级财政每人每月补助20元。县（市、区）政府可以根据本级财力适当提高基础养老金标准。

市政府对参保人个人缴费每人每年十元补贴，县（市、区）政府对参保人个人缴费分别给予缴费100元补20元、缴200元补25元、缴300元补30元、缴400元补35元、缴500元及其以上补40元。有条件的地方可以适当提高补贴标准。

尽管市级政府在参考国务院和省政府的指导意见后制定了政府补贴的标准，但四个参与调研的县级政府在具体执行中各自在出口补和入口补的标准都不尽相同，如表1和表2所示。

表1 新农保基础养老金（每人每月）来源表（单位：元）

地区		基础养老金补贴（出口补）					
		中央	省	市	县（区）	集体	合计
试点县（区）	A县	55	0	0	10	30	85
	B区	55	0	0	10	/	65
非试点区	C区	0	0	35	20	/	55
	D区	0	0	35	65	/	100

注释1：有的村集体给享受新农保的老人每人每月补助30元。

注释2："/"标示没有调查发现或无数据。

表2 参保人员保险基金（每人每年）来源表（单位：元）

		试点县(区)												非试点区													
		A县						B区						C区						D区							
		中央	省	市	县(区)	集体	合计	中央	省	市	县(区)	集体	合计	中央	省	市	县(区)	集体	合计	中央	省	市	县(区)	集体	合计		
个人缴费	100	100	0	0	10	20	/[1]	130	0	0	10	20	100	230	0	0	10	20	/	130	0	0	10	80	同区标准[3]	190		
	200	200	0	0	10	25	/	235	0	0	10	25	100	335	0	0	10	25	/	235	0	0	10	90		300		
	300	300	0	0	10	30	/	340	0	0	10	30	100[2]	510	0	0	10	30	/	340	0	0	10	100		410		
	400	400	0	0	10	35	/	445	0	0	10	35	100	610	0	0	10	35	/	445	0	0	10	110		520		
	500	500	0	0	10	40	/	550	0	0	10	40	100	710	0	0	10	40	/	550	0	0	10	120		630		

注释1："/"标示没有调查发现或无数据。

注释2：该区有41%的村集体给予参保人员每人每年100元补贴。

注释3：该区某些村集体给予参保人员的补贴标准和区政府的标准一致，但统计时没有计算进去。

上述统计数据可以清晰反映出生活在同一城市但不同县、区在待遇上有着很明显的差距，产生了事实上的养老保险不均衡发展。这种不均衡既存在在试点和非试点地区之间，也存在在自身财政状况不相同的地区之间。造成这种不均衡性的原因是多方面的，首先是试点和非试点地区的待遇不一样。但更重要的是新农保较之过去一个人缴费为主、完全个人账户的农村社会养老保险（"老农保"）管理权力从市级政府下放到县级政府,"新农保"基金暂时实行县级管理,并以县级为合算平衡单位,各县自主管理、制定补贴政策。这样一来,由于各地财力的差异,造成了补贴基数的不平衡,也就导致了参保农民虽同在一片蓝天下,但待遇不同;在同一阳光下,公共财政却无法阳光普照。除了县级政府的财力差异外,村集体经济的差异也是造成同一县内村与村之间不平衡性的一个重要原因,如 B 区就是这样的情况。有的村集体在"城中村"改造过程中,通过集体土地的转让和接受开发商的高额开发费,自身的集体经济实力很强大,可以给本村的参保人员提供更高标准的补贴待遇,但这也成为了中国城镇化进程中的新矛盾和新问题。而且,村集体经济对新农保的补贴稳定性相对政府补贴来说要差很多。比如,实行"村"(村民委员会)改"居"(居民委员会)后,村集体所拥有的土地这样一大块资产变为了国有,村集体就少了这样很重要的收入来源。以后它们还拿什么给新农保提供补贴就是一个问题了。由此而衍生的另一个问题是,在新农保处于试行的阶段,村委会的干部可以利用参与新农保的时机在村委会换届时吸引村民的选票。比如有的村在换届时,现任的村干部就可以承诺凡参与新农保村民,村集体经济给予相当数额的补贴,以换取村民对其竞选连任的支持。这样,一个普惠性的公共政策问题就和农村基层政权和社会稳定问题发生了联系,一个看似经济的问题就变成了政治性的问题。

(二) 构建运行机制的成本费用问题

"新农保"要求加强农保经办机构能力建设,建立市、县(市、区)、乡镇(街道办事处)和行政村四级农保经办机构管理体系。从调研的四个县、区来看,他们在本级劳动和社会保障局设立了专门的农保管理中心,负责建立农村居民参保档案,记录农村居民参保缴费和领取待遇情况,也负责保费收缴、支付和其他管理工作。这些农保经办机构人员工资和工作经费由同级财政根据工作实际需要安排,纳入财政预算,不从"新农保"基金中开支。除了在县级政府设立经办中心外,在乡镇(街道办)也设立了农保站作为固定的农保业务办公场所,在各村设立了农保代办员,配备必要的人员和设备,建立了与服务人群和业务量挂钩的经费保障机制。在预算上，原则上按照每位服务对象每年补助三至五元的标准纳入县级财政年度预算，通过购买服务的方式，解决基层经办人员的经费开支问题。

除了机构建立的要求外，"新农保"也要求建立覆盖市、县（市、区）、乡镇（街道办事处）和行政村的计算机网络系统，使用全国统一的新农保信心管理系统，把"新农保"信息网络建设纳入到社会保障信息管理系统（金保工程）建设。"新农保"还要求大力推行社会保障卡来加强管理。

在基金管理方面，新农保基金纳入县（市、区）社会保障财政专户，实行收支两条线管理，单独记账、核算，按规定实现保值增值。保险基金收不抵支时，由县级政府财政承担。县级农保经办机构设立新农保基金收入户和支出户，用于新农保保费收入和养老保险金的发放。各级人际资源和社会保障部门负责落实新农保基金管理职责，负责制定和完善新农保各项业务管理规章制度，规范业务程序，建立健全内控制度和基金稽核制度，检查基金筹集、上解、划拨、发放等环节的监督和检查，并定期披露"新农保"基金筹集、支付信息。

上述的"新农保"管理工作要求地方政府必须建立和逐步完善一套良好的运行机制，而这首先要给县级政府带来新的成本费用。除了对适龄农村老人进行基础养老金的出口补贴和参与农民的入口补贴外，县级政府还要必须对设立在县级政府和县级政府一下的农保经办机构和人员从本级财政里安排预算，其成本费应包括运行成本、入口补贴和出口补贴这样三个主要的内容。我们以C区为例考察"新农保"的运行费用，因为C区在四个调查的县区中既未列入国家级试点地区，也是财政收入较差的地区，它在整个太原市各县区的财政收入中属于中下。但从全国范围来看，财政状况比该区还差的县、区不在少数，因此该区在统计分布上具有中位数的特征，基本能代表多数县、区的基本情况。下表计算了该区运行"新农保"的基本成本：

表3 C区"新农保"运行成本

		人员编制	工资	办公经费	合计
机构	1个县农保中心	6人	2万/人/年	1万/人/年	18万
	6个乡镇社保站	3人/站	2万/人/年	1万/人/年	54万
	90个行政村	至少1代办员	100元补助/月	0	12万
总计		118	60万	24万	84万

注释1：有的大的行政村实际需要2—3个代办员，这里为计算简便，就按90各村100个代办员计算。

根据粗略计算，C区要开展"新农保"至少需要84万的运行费用。

再看对参保人员的入口补贴。该区截至2010年8月有约77000名参保农民，如果按照最低的补贴标准计算的话，即每个农民缴费100元，区政府每年补贴20元，区政府一年需要：77000人*20元/人=1540000元，约为160万。

从对60岁以上的老年人的基础养老金出口补贴看，该区有约12000名适龄老年人可以领取基础养老金，每人每月接受区政府的20元补贴，那区政府一年需要：12000人*20元/月*12月=2880000元，近300万。

上述三项合计：

运行成本+入口补贴+出口补贴=84万+160万+300万=544万

这也就是说，该区一年要为"新农保"至少准备544万预算。该区在2009年的可用财力大约为1.4亿元，那么"新农保"的预算占到了可用财力的约3.6%。同时，"新农保"还要求建立起从县政府到村的"新农保"计算机信息网络系统。根据该区劳动部门估计，网络建设的软件费用至少要20万—30万元，如果加上硬件设备、人员培训、设备保障等其他支出，"新农保"所需要的费用一年最少要600万元，肯定超过了该区可支配财力的4%。

实际上，一年500万的"新农保"开支已经给该区带来了一定的财政压力。劳动部门的预算申请得不到区政府和区财政局的足额批复,有的工作人员反映一项涉及"新农保"80万元的预算申请最后只能批下来18万元,而且达到了区政府能够批复拨款的最大极限。但是"新农保"作为一项重要的惠农工程,要在全市范围推广,并且县级政府要力争达到上级政府规定的2010年各县、区80%的农民参保率,那么县级政府在面临这样一个刚性的政治任务时,就必须从其他渠道筹集资金。地方政府可以通过向本地有实力的私营企业家筹资,通过社会性资金的周转,暂时解决新农保资金的困难。但是,从C区的情况看,该区产业经济在转型,很多民营能源型企业在整合重组,本地很少再有大型的民营企业,这样就对筹资带来了不少困难,也影响到了地方官员开展新农保工作的积极性。从全国范围而言,财政状况不如C区的县级政府还有很多,他们也必将面临在推进新农保过程中更为严峻的财政压力和困难。

此外,"新农保"还有隐形的运行成本开支。比如新农保要求通过社保卡和银行卡实现对参保人员的基金管理。农村地区的主要金融机构是中国农业银行和农村信用社。后者在农村分布较为广泛,能方便参保农民,但有关规定要求政府基金只能存放在四大国有商业银行,而它们在农村地区普遍缺乏商业网点,即便是农业银行也不可能遍布每个乡和每个村。由于银行网点的不到位,对农保基金的收缴和发放带来了很大的不便。甚至是给每个参保人员办理银行卡的经费来源都是问题,因为农保基金对银行没有特别的吸引力。有的时候,地方政府只能临时通过邮政储蓄和农村信用社代发养老金,也有时候是工作人员下乡进村发放养老金。这就必然造成新农保管理的额外成本,特别是那些面积更大、更贫穷的县、区,这样的工作成本更高。

(三) 相关制度衔接问题

在"新农保"以前,我国农村地区实行的是一个人缴费为主、完全个人账户的老农保制度,"老农保"的主管部门是民政部门,县级政府的"老农保"的管理由市级政府统一安排。除此以外,在中国的广大地区还存在其他涉及农村居民的社会保障政策,比如被征地农民社会保障、农村五保户供养、农村计划生育家庭扶助政策、农村幼儿教师社会保障政策、农村最低生活保障制度等。所有这些涉及农村居民的政策应该和"新农保"政策有合适的对接和过渡，或者应该做到政策的统一。从目前国家、省、市制定的"新农保"实施意见来看，也只是提到对于"老农保"要在妥善处理基金债权问题的基础上，做好与"新农保"制度衔接。"新农保"与城镇职工基本养老保险等其他养老保险制度的衔接办法，由人力资源和社会保障部会同财政部制定。"新农保"与其他农村社会保障制度的衔接工作，具体办法由人力资源和社会保障部、财政部会同有关部门研究制定。实际上，并没有具体的政策衔接办法和相关规定，这就在实际工作中带来很多问题。

比如，"新、老农保"的衔接问题上。由于"老农保"政策规定50周岁、55周岁、60周岁的参保农民都可以协议领取养老金，"新农保"政策规定，不分男女，均为60周岁开始领取养老金，使得部分县、区的参与到"旧农保"的人员从2009年1月以来未能享受老农保待遇。另外，"老农保"的基金存款利息较高为12%，而"新农保"的存款利息仅为2.25%。因为国家财政金融政策的变化和银行利息的降低，使得加入"旧农保"的参保人员遭受了经济损失，损害了政府在农民中的信用，也给"新农保"的开展工作带来了一定阻力。而且，"新、旧农保"的管理机构不同。"旧农保"的主管部门是民政部门，"新农保"主管部门是劳动部门，特别是县、区的劳动部门。从调查的情况看，"旧农保"基金里的大量结余全部转到了市级政府的农保基金管理中心，县级"新农保"的管理部门无法使用这笔基金，这就降低了农保基金的使用率。

再比如，在"新农保"和城镇职工养老保险的衔接上，"新农保"要求农民回到户籍所在地参与"新农保"缴纳费用。但是农村地区有大量青壮年劳动力进入城市工作。由于城镇职工养老保险的保障水平要明显高于农村社会保障水平，进城工作的农民工可以选择加入城市职工养老保险或其他商业保险。这样就形成了一个农民可以在两地加入社会保险，形成"投资养老"。一个居民应该只享受一套养老保险，如果享受两套养老保险，这对国家的财政来说也是一种资源的浪费。

再比如,"新农保"和被征地农民和"城中村"改造后的农民的养老政策的衔接也没有到位。"城中村"改造后,农民仅仅是户口的转移,其对农民的影响也仅仅是户口本上身份牌的变化,城镇职工养老保险和城镇居民最低生活保障待遇他们不能参加,农村养老保险也不算,这部分农民的养老反而成了空白和政策的盲区。在"村改居"后,有些非农业人口也希望参加"新农保",这里也没有相关的政策规定。所以彻底消除城乡二元制是一个很漫长的过程,如果政策衔接问题处理不好,又有可能加剧城乡二元差距。

四、初步总结

"新农保"采取的是一种缴费型给付确定的养老保险的模式。这种模式强调养老金待遇与缴费相关联,即只有参加养老保险计划并且达到制度所确定的最低缴费年限后才有资格领取养老金(汤普森,2003)。养老金来自不同渠道,把从政府、社会、个人筹集的资金作为养老基金的支柱。其"保基本、广覆盖、有弹性、可持续"的原则也基本符合经济学里福利国家"普遍性、最低需求"这样的原则。政府在养老保险的投入,也在提供公共服务、弥补市场缺陷、调节收入分配和社会总供求方面发挥了作用。"新农保"主张建立个人账户,这也体现了"个人应该承担更多责任"这样一种理念,同时也隐含着削弱养老保险体制通过再分配促进社会团结的作用。从国外的经验看,建立个人账户,将参与这一计划的成员过去的缴费和未来所能享受的养老保险待遇挂钩成为了一种趋势(汤普森,2003)。

从实际调查的情况看,"新农保"存在"上级请政策的客,下级买配套的单"的现象,会增加县级政府的运行成本,也给地方政府造成了财政上的压力。这个影响的程度不尽相同,富裕的县、区基本可以保证地方政府的配套资金,有的甚至在补贴和待遇标准上大大超过国家制定的基本标准。但对于很多地区,特别是对于很多贫穷地区的县级政府来说,筹集政府配套基金是个很大的问题。同时,"新农保"也存在待遇不均衡的问题，地区之间的差异性表现明显，这就违背了养老保险要以公平为原则的前提思想。同时，"新农保"还存在与金融政策和机关的衔接以及和其他有关农村居民社会福利政策的对接问题。针对以上问题，本文提出几点对策建议：

第一，上级政府要更多地发挥"填平补齐"的作用，通过转移支付等手段，做到在一个地区内养老待遇基本平衡。比如在同一个城市内，市级政府可以加大转移支付力度，基本平衡各区、县之间的差异；在一个省内，省级政府也应该在全省范围内加大转移支付，弥合各地市之间的差距；国家也是一样，要减少全国各地之间的差距。这样才能真正做到"公共财政要阳光普照，但更要阳光普惠"。

第二，财政部门应该更积极地介入到"新农保"的基金管理工作中。现在的"新农保"的管理主要依靠劳动部门，鉴于农村养老基金和财政的密切关系，财政部门应该逐步成为"新农保"基金的主要管理部门。财政部门管理、监督农保基金可以使基金运行、使用更健康，也能较容易地理顺养老保险政策和财政金融政策的衔接。

第三，要统一"新农保"和其他涉及农村居民养老保险的政策，尽快出台相关的政策规定，保证不同的政策制度要一致，避免"外行听不懂，内行不明白"和养老保险"多龙治水"的局面。同时，政策的制定要有利于社会各界包括权力机关对"新农保"管理的监督。

第四，在财政管理上，"新农保"要考虑出口，兼顾入口。基本的政策指导应定在出口补贴上，制定不低于农村低保标准的待遇，在考虑农村居民实际收入和县、区政府的实际财力的情况下，逐步提高养老待遇和补贴标准。通过深化外部的政府间财政税收体制，增强地方政府财政能力，使得一级政府有一级财政的阳光点，做到真正意义上的"公共财政，阳光普照"。一个市、一个省在其范围内，要尽力缩小城乡差距，缩小相对人群差距，要以人口流入地为主，加大财政支持力度。

最后，"新农保"是一项政策性和业务性都很强的工作，大量工作需要依靠乡、村两级政权，依靠农村集体经济。所以，在鼓励大力发展农村集体经济的同时，政策执行也要坚持走群众路线，紧密依靠乡、村两级专门机关,运用民主管理,依靠农民群众、依靠"两委"(村党支部和村民委员会),才能降低运行成本,落实好这项惠民工程。

【参考文献】

[美]劳伦斯·汤普森:《老而弥智—养老保险经济学》,孙树菡等译,中国劳动社会保障出版社 2003 年版。

阎坤:《中国养老保险制度研究》,中国社会科学出版社 2000 年版。

中央政府卫生部门预算制度与医药卫生体制改革研究

缪建春[*]

内容摘要： 本研究采取文献回顾、统计资料分析相结合的方式，以定性研究为主、定量研究为辅，从卫生财政学的理论视角研究我国的卫生部门预算与医药卫生体制改革，有别于当前卫生领域普遍的经济学视角研究。本文将卫生部部门预算置于国家整体财政体制变革的背景下，结合我国的医药卫生体制改革与我国财政部门预算改革进展，全面系统了解卫生系统部门预算的现状及其改革发展的历史变迁过程；简要、客观、全面、清晰描绘卫生部门预算的涵义、范围和特点；深入分析卫生预算投入的定位、分配逻辑；探讨卫生部门预算在医药卫生体制改革中的定位，以及部门预算改革以来，中央政府卫生部门预算的特征、主要影响因素、现存的主要问题、成因，最后提出相应的对策。

关键词： 卫生财政　卫生部门预算　医药卫生体制改革

当前医药卫生体制改革核心在于医疗卫生服务筹资渠道和医疗机构补偿机制的改革，实质上是钱的"性质"和钱的"支付形式"的改革（刘继同，2009）。解决当前基本医疗卫生服务提供中的"看病难、看

---

[*] 缪建春，男，北京协和医学院与中国医学科学院助理研究员，主要从事预算研究。

病贵"问题，核心在于实现卫生的公平性和可及性，其本质上是政府在卫生发展中承担相应的责任、义务。由于卫生经费投入不仅仅具有经济职能，同时还是政府的管理工具，具有重要的政治特征，政府在卫生发展中所承担的责任、义务，主要通过政府的卫生预算表现出来。本研究以卫生部为典型，从卫生财政的视角出发，在医药卫生改革的背景下研究政府卫生预算的历史和现状，以期促进对卫生预算的关注及相关规律的认识，提高政府卫生财政保障水平和经费使用效率。

一、改革开放以来我国卫生预算体制变迁及相关研究情况

我国卫生财政预算管理体制的变迁既是政府宏观公共财政预算管理体制改革的一部分，又与医疗卫生事业的改革联系密切。以财税改革与卫生改革的相关体制结构转型为标志，1978年以来我国卫生预算管理体制调整变化大致可以分为三个阶段。

第一阶段（1978年—1991年）：分级包干财政机制下的卫生预算

改革开放前，我国医疗卫生机构作为统收统支的事业单位，实行计划经济预算模式，其运行经费基本都来源于政府的卫生财政预算。改革开放后，在整个80年代，作为缓解中央财政赤字的手段，我国财政预算管理体制先后形成了"划分收支、分级包干"，"划定税种、核定收支、分级包干"等多种分级包干模式。在此财政模式下，卫生财政支出按照财政改革的分配框架，依行政隶属关系进行了调整，中央政府财政负责中央所属医疗卫生机构预算经费，各省、市、自治区、直辖市的医疗卫生机构经费由相应层级的地方政府财政负责。这个时期，政府预算为单一预算形式，预算管理总体上比较粗放，预算编制透明度不高（马蔡琛，2002）。在财政包干过渡政策下，卫生预算基数小、增长慢，并在增量预算的模式下有所固化，使得后来在政府财政改善、经济全面发展的形势下，卫生财政预算经费依然处于较低增长水平。

该时期卫生预算研究主要集中在改变卫生预算收支核算方法，提高

经费使用效率（遇勇人，1984；赵建中，1984），在卫生预算的结构方面，呼吁调整卫生事业费的比例，避免重"医"轻"防"，促进各类医疗卫生机构按比例协调发展（富新友，1985）。

第二阶段（1992年—1998年）：预算改革与卫生财政格局变化

1992年随着国务院颁布《国家预算管理条例》，国家预算实行复式预算编制。在1994年财政分税制改革的基础上，1995年国家出台了《中华人民共和国预算法》《中华人民共和国预算实施条例》。此后中央预算和地方预算各划分为政府公共预算、国有资产经营预算、社会保障预算和其他预算四部分，卫生预算从属于政府公共预算。在财政格局上，该时期卫生财政规模总体延续上一阶段的分配格局，卫生财政预算占总财政预算的比例仍偏低，卫生事业财政预算规模增长缓慢。与上一阶段的区别在于，此时医疗卫生机构的卫生财政补助源头：中央、地方财政，在财政收支的比例与结构上已发生了较大改变。随着分税制的确立，中央政府的财政收入占国家总体财政收入的比例增大。

这个时期的卫生财政预算收支政策也大体延续分级包干时期的做法，实行"核定收支、定额或定项补助、超支不补，节余留用"。虽然卫生系统财政资金补偿方式变化不大，但随着改革开放和市场经济的发展，医疗服务领域各种成本消耗、经济运营方式等发生了较大的改变，各级财政下拨的预算经费与全额卫生单位实际经费支出比例间有较大差距，经费开支缺口往往需要通过预算外的创收来弥补（卞正鹏，1994）。该时期卫生预算研究主导思想认为应该重视医疗服务的经济性。卫生系统面临着从全额拨款单位向差额单位过渡，研究者主要探讨如何弥补资金缺口（李静，1990；王骏基等，1996；岳萍、刁昕，1992），调动医疗卫生机构的工作积极性，提高卫生事业费的使用效益（张绍军，1994；赵培元、白和宗，2002）。部分学者讨论了零基预算的优势及卫生事业单位零基预算编制的原则、方法、步骤等（刘桂春、彭卓，1998；申相臣、赵玉琴，1996）。

第三阶段：（1999年至今）部门预算体制改革与卫生预算发展

以1999年9月财政部在《关于改进2000年中央预算编制的意见》

为标志,我国预算体制逐步由国家预算转变为以部门为单位的部门预算。2002年,财政部发布《中央部门预算基本支出预算管理试行办法》《中央部门预算项目支出管理试行办法》,对部门预算中基本支出进行定员定额管理,对项目支出尝试实行滚动的项目预算管理模式。2003年开始推行绩效预算试点。此后几年,随着部门预算改革及收支两条线、国库集中支付等配套措施的深化,国家开始推行政府收支分类改革,并强化了对政府一般预算、政府基金预算和预算外收支预算的管理。

部门预算改革后,各级政府的卫生行政主管部门作为同级卫生部门预算主体,属于该级政府的一级预算单位,负责管理本级及其下属的各医疗卫生机构预算。随着SARS后国家对卫生体制改革的反思,卫生预算经费的比重开始逐渐增加。2009年国务院发布《医药卫生体制改革近期重点实施方案(2009—2011)》,明确提出未来3年内各级政府将向医药卫生事业新增8500亿的财政投入,卫生部门预算在医药卫生改革中的重要意义开始逐步凸显。该时期一些学者探讨了收支分类改革等对改进卫生预算绩效管理,提高卫生预算的使用效益的影响(陈宏明、林艳青,2006;郑风春、郭爱华,2006),并重新提及医疗卫生,尤其是公共卫生领域财政的重要性,提出充分利用财政增量,提高卫生预算在总体财政预算的比例(阮云洲等,2009a,2009b;阮云洲、李卫平,2009)。

二、卫生预算与医药卫生体制改革

与其他公共事业相比,在医疗卫生事业同时具有福利性、公益性的等属性。福利性要求政府在医疗卫生提供的公平性、可及性上承担责任,而公益性要求医疗卫生服务的筹资渠道多元化。医疗卫生服务由于范围广泛、产业链长,涉及政府、市场和公民社会三大领域,根据公共程度和外部性强弱不等而存在着不同有偿服务空间,其服务提供的资金补偿一方面需要政府财政预算经费予以扶持,另一方面也可以通过市场进行筹集。医疗卫生事业的这两种不同性质使得在机构内部能通过不同收入来源进行交叉补偿。

从医疗卫生预算体制改革历程不难看出，上个世纪八九十年代，由于对卫生特殊属性认识的不足，医疗卫生服务发展所需经费主要通过市场筹资途径获得，政府财政投入显著滞后于医疗卫生事业的发展，加上当时医疗保障体系不够健全，由此带来的社会问题是，在医疗服务和高新技术快速提高的同时，个人支付的医疗费用也随之高涨。近年来，随着国家对医疗卫生服务性质认识的进一步深入，2006年，国务院颁布《中华人民共和国国民经济和社会发展第十一个五年规划纲要》中就系统阐述了卫生事业的发展规划目标，强调政府主导、社会参与；强化政府在公共卫生和基本医疗服务提供方面的责任，建立各级政府间规范的责任分担与资金投入机制，逐步建立投资主体多元化、投资方式多样化的办医体制；完善公立医疗机构运行机制、激励机制和补偿政策。因此在当前政府加大医疗卫生财政投入的背景下，正确认识医疗卫生特殊性，改革医疗卫生机构运行机制、界定政府责任显得尤为重要，其直接影响卫生财政预算经费的使用效果。

医药卫生体制改革中，卫生预算作为促进国家卫生整体协调发展，有效地筹措、分配与使用有限的各种卫生资源以实现预定的卫生目标的重要工具，在卫生规划、宏观调控中居于主导地位。卫生预算管理体制改革与完善，有助于规范卫生部门与其他政府部门及卫生部门内部各职能机构的关系，提高卫生预算执行效率，在医药卫生改革的背景下具有重要的现实意义。

三、中央政府卫生部门预算的基本特征

（一）中央卫生预算

我国当前实行的是分税制为基础的分级财政体制，一级政府、一级预算主体，各级预算相对独立，自求平衡，预算收支上可粗略分为中央政府预算和地方政府预算。在中央层面，中央财政相应的卫生预算支出

构成中央卫生预算经费。

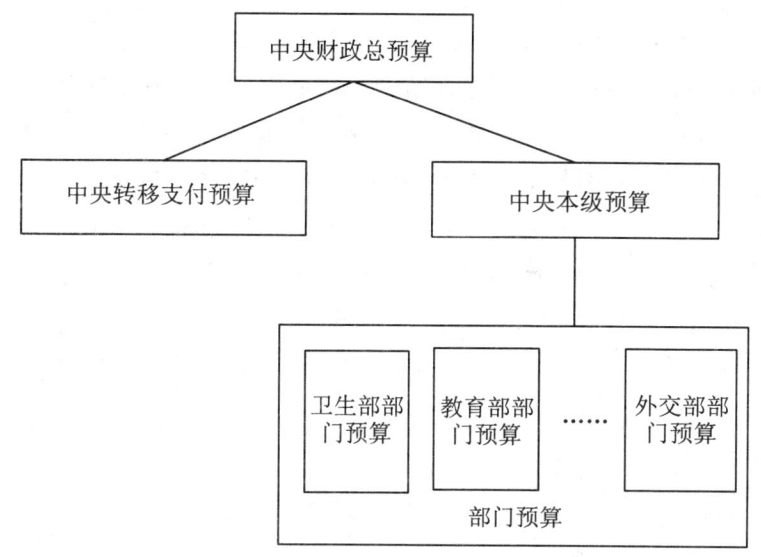

图 1　中央财政预算的结构

（二）中央本级卫生预算

在分级财政制度背景下，中央财政通过转移支付的方式对经济发展薄弱的地方进行补助。在中央卫生预算支出上，除去中央向地方转移支付的卫生预算经费后，余下供中央本级政府使用的卫生预算经费，称为中央本级卫生预算。

（三）卫生部部门预算

2000年部门预算改革以来，政府财政预算按照相关职能部门进行划分。各级政府的卫生行政主管部门作为同级卫生部门预算主体，属于该级政府财政部门直接发生缴、拨款关系的一级预算单位，负责管理本单位及其下属的各医疗卫生机构预算，反映本级政府卫生部门的全部收支状况。因此，在"一个部门一本预算"的部门预算制度背景下，卫生部部门预算指财政部按相关法律法规与预算程序，将财政大盘中划拨到卫生部部门的相关预算。

(四) 三者的联系和区别

三者间既有联系，又有较大区别：首先，中央卫生预算与中央本级卫生预算是按照预算经费用途性质进行的分类，中央卫生预算包括了中央本级卫生预算，同时还包括中央向地方转移支付中的卫生专项预算。而卫生部部门预算则是从中央各部门的角度分割财政总预算。其次，中央本级卫生预算经费分布在中央各部门预算中涉及卫生的领域，如教育部门下属医科大学附属医院支出、其他各机关事业单位的医疗卫生支出等（主要为医疗保障支出）。其三，卫生部部门预算中，除了相关的卫生职能预算外，还包括部门涉及其他涉及非医疗卫生职能的经费，如卫生国际交流、下属医学院校教研等方面。例如，卫生部所属的卫生院校支出。这些经费不属于中央本级卫生预算，但是卫生部部门预算的一部分。如图 2 所示：

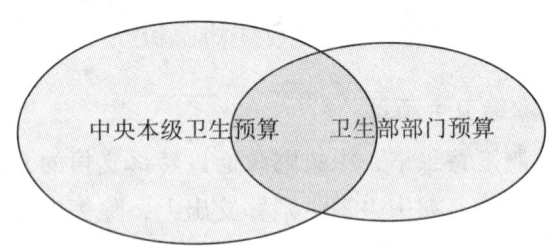

图 2　中央本级卫生预算经费与卫生部部门预算经费二者关系图

(五) 卫生部部门预算的管理主体

根据《中华人民共和国预算法》，我国与中央卫生部预算直接相关的组织机构涉及：全国人民代表大会、全国人民代表大会常务委员会、国务院、国务院财政部门、卫生部及其直属机构，主体间的关系如图 3 所示。

作为卫生系统的重要部门，卫生部承担了国家层面上的医药卫生体制改革，卫生人才培养与卫生资源配置与卫生事业发展等重要内容，其卫生预算的战略和策略对整个卫生系统的发展有着举足轻重的作用。

从部门预算管理的职能角度，卫生预算中，卫生部作为最主要的部

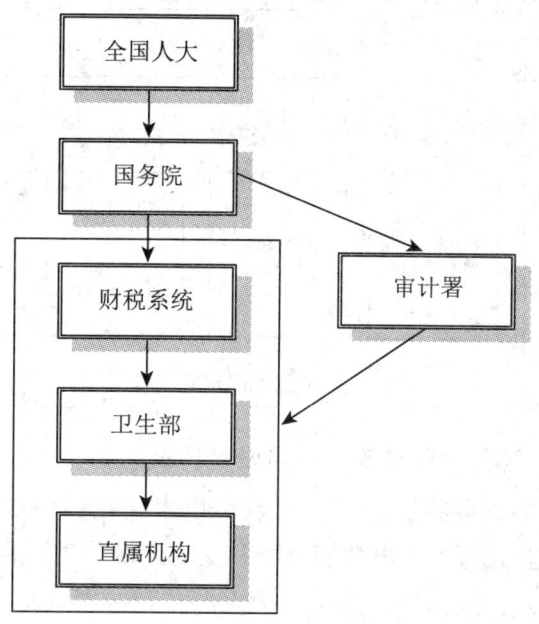

图 3　部门预算各管理主体间关系

门预算主体,其部门预算编制的组织结构以部门党组为统一领导,规划财务司牵头组织、其他业务司局分工负责。其中,规划财务司下设办公室、规划与价格处、财务与资产处、基建装备处、机关财务处、审计处等六个职能处室。①

（六）卫生部部门预算的范围

卫生部部门预算由卫生部机关单位预算及卫生部下属事业单位预算②、卫生部主管机构单位预算组成。截至2008年,卫生部部门相关预算单位共有86家,其结构情况如图4所示。依照当前的司局设置,国家食品药品监督管理局与国家中医药管理局两局的卫生预算单列,不纳入卫生部部门预算中。

---

① 资料主要来源于：中华人民共和国卫生部网站, http://www.moh.gov.cn。
② 需要指出的是：健康报社、卫生出版社等直属机构属于卫生部属企业,其预算不纳入卫生部部门预算。

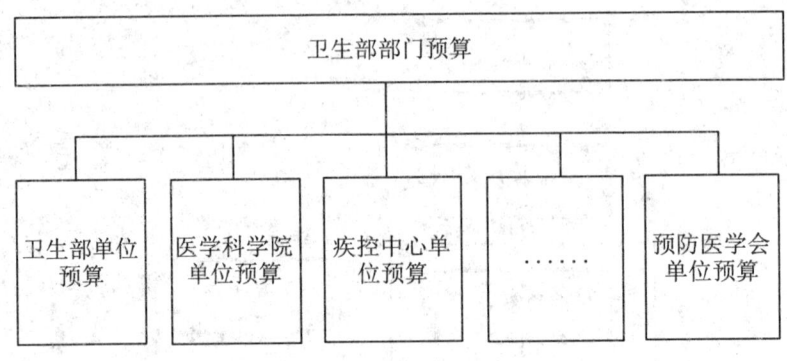

图 4 卫生部部门预算构成

（七）卫生部部门预算支出科目设置情况

2007年部门预算收支分类科目改革以来，我国的部门预算支出科目在内容性质上分为了支出功能分类和支出经济分类两种形式，在支出功能分类上设类、款、项三级（中华人民共和国财政部，2009）。卫生部门预算支出科目主要涉及"外交""教育""科学技术""社会保障和就业""医疗卫生""其他支出"等类。其中"医疗卫生"类科目，共设10款：（1）医疗卫生管理事务（2）医疗服务（3）社区卫生服务（4）医疗保障（5）疾病预防控制（6）卫生监督（7）妇幼保健（8）农村卫生（9）中医药（10）食品和药品监督管理事务。由于国家食品药品监督管理局与国家中医药管理局两局的卫生预算单列，因此在"医疗卫生"类支出中，卫生部部门预算主要涵盖前8个款级科目，这些款项与卫生部的业务司局分类与设置情况基本一致。

需要指出的是，"医疗卫生"支出科目并不仅仅局限在卫生职能机构，还涵盖了跨功能的部门医疗卫生支出上，如教育部门下属医科大学附属医院支出等。

四、中央财政卫生预算经费的历史及现状

随着我国的宏观经济的发展，我国财政收入不断提高，科、教、文、卫等相关领域的财政预算经费呈逐年上升趋势。从图5可直观地看

出，90年代以来中央财政文教、科学、卫生领域事业费用的预算支出情况，其中科学、教育相关事业费预算呈显著增长趋势，卫生事业从2000年以来有较大提高，但增速和增幅都较小，卫生尚未成为财政预算支出的优先领域和战略重点。①

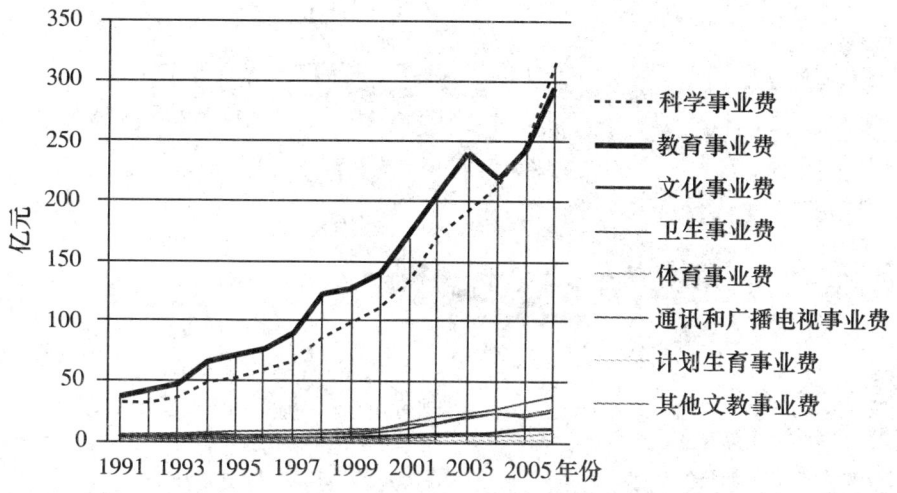

图5　1991—2006年中央财政文教、科学、卫生事业费支出②

从当前卫生支出的现状看：《2010年中央和地方预算草案》安排中央卫生预算支出1389.18亿元，增加112.04亿元，增长8.8%，高于中央财政支出平均增幅2.5个百分点。这些经费主要用于进一步提高新型农村合作医疗和城镇居民基本医疗保险参保率与财政补助标准；加大城乡医疗救助力度；健全城乡基本公共卫生服务经费保障机制，继续实施重大公共卫生服务项目；支持60%的基层医疗卫生机构实施基本药物制度；推进公立医院改革试点，健全基层医疗卫生服务体系；促进中医药事业发展等方面。

---

①　2007年，我国实行了政府收支分类改革，实行这项改革后，国家财政用于农业、教育、科学研究、抚恤和社会福利、政策性补贴等方面的支出口径需要重新研究设计。因此图5数据的统计口径与2007年以后的数据统计口径有较大差异，特此说明。

②　根据《中国财政年鉴1999》和《中国财政年鉴2007》相关数据整理而成。

虽然卫生支出有了较大增长，但由于长期以来历史原因造成的政府卫生预算投入基数较小，卫生预算投入远远落后于科、教、文体等公共事业投入（王俊、陈共，2007），如图6、7所示。

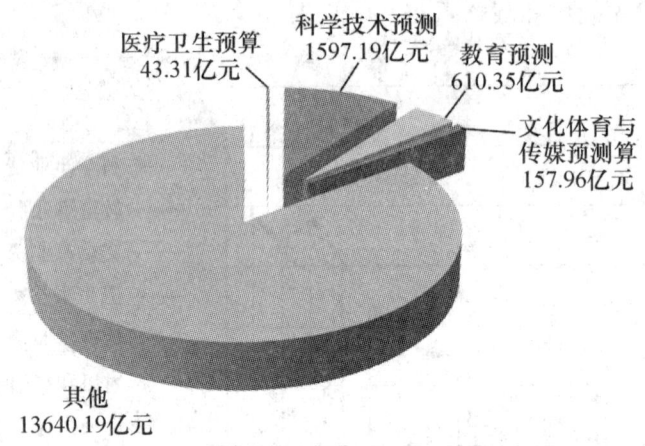

图6 2010年中央本级支出预算构成①

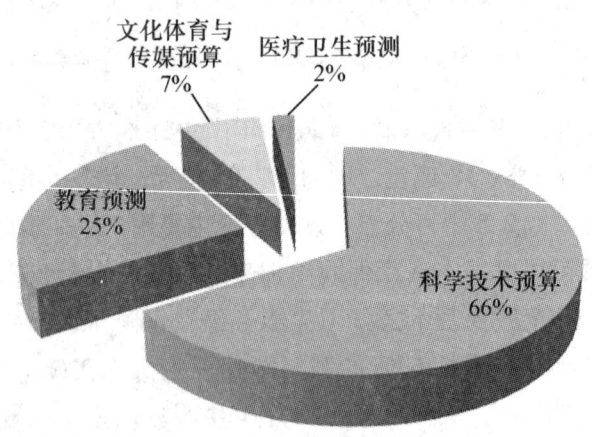

图7 2010年中央本级科、教、文、卫预算构成②

---

① 依据财政部《2010年中央和地方预算草案》相关数据整理而成。
② 依据财政部《2010年中央和地方预算草案》相关数据整理而成。

从中央本级卫生预算的构成上看，当前政府对公共卫生的投入开始逐步加大，医疗机构预算支出在政府卫生预算支出中仍占据优势，公共卫生的预算经费处于第二大支出领域。但若从医疗机构看，政府卫生预算投入仅占医疗机构总预算很小的一部分比例（孙健夫、要敬辉，2005），政府卫生预算投入与在基本医疗卫生提供中的主导地位还有较大差距。即便是全额拨款的公共卫生防疫机构，其经费来源中仍存在缺口（阮云洲、李卫平，2009），如图 8 所示。因此卫生预算一方面需要进一步优化内部结构，增加公共卫生、基本医疗服务、医疗保障等领域的支出比重，另一方面仍需要提高预算整体规模，适应当前医疗卫生事业的发展。

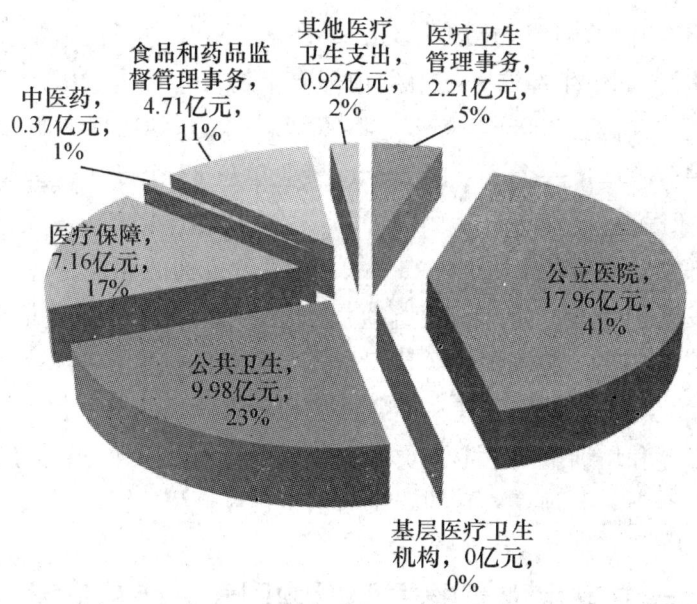

图 8　2010 年中央本级卫生预算构成①

从卫生部部门预算支出现状看，依据卫生部政务公开办公室答复材料，卫生部 2008 年财政批复预算支出共分为六类，如表 1 所示：

---

① 依据财政部《关于 2010 年中央本级支出预算的说明》相关数据整理而成。

表1 2008年财政批复卫生部部门预算一览表（单位：万元）①

科目编码	预算收支科目	预算批复		基本支出		项目支出		事业单位经营支出
		总计	其中：财政拨款	小计	其中：财政拨款	小计	其中：财政拨款	
	合计	3894216.09	476474.58	3451079.73	183602.45	426497.36	292872.13	16639.00
202	外交	55815.91	52815.91		55815.91	52815.91		
205	教育	7320.00	5910.00	5187.00	4890.00	2133.00	1020.00	
206	科学技术	68917.60	42382.75	40313.60	14744.75	27992.00	27638.00	612.00
208	社会保障和就业	42309.29	41132.16	42309.29	41132.16			
210	医疗卫生	3611768.45	268083.76	3255185.00	56685.54	340556.45	211398.22	16027.00
229	其他支出	108084.84	66150.00	108084.84	66150.00			

2008年中央本级医疗卫生支出38.87亿元（中华人民共和国财政部，2008），而卫生部的医疗卫生预算支出约占中央本级医疗卫生支出的三分之二；截至2008年末，卫生部直属（管）的独立编制单位有86个，其中行政单位一个、社团2个、事业单位83个。在这些事业单位中有44家医院，全部为三级甲等医院，分布在全国11个大城市，占卫生部全部主管单位的51.16%。②从中央卫生机构的职能特点与医疗卫生事业发展趋势看，当前卫生部直属（管）的卫生机构规模、卫生预算总量与国务院《关于深化医药卫生体制改革的意见》"优化医院布局和结构，充分发挥城市医院在危急重症和疑难病症的诊疗、医学教育和科研、指导和培训基层卫生人员等方面的骨干作用"的目标还有差距，需进一步加强相关预算科室的建设与卫生预算规模。

五、当前卫生预算的主要影响因素与相应政策建议

（一）卫生预算的性质不够明确，卫生话语权缺失

在人们传统观念中，习惯把卫生财政理解为各级医疗卫生机构为完成

---

① 来源：http://xzfl950.blog.sohu.com/135003177.html 2009.11.12，2008年10月27日。
② 资料来源：卫生部规财司内部材料。

其本身工作任务而对国家财政预算资金的调拨、分配与使用，忽视了卫生财政及其预算体制首先是国家职能的重要体现，是卫生资源公平性和可及性的重要保障。卫生预算体制涉及卫生体制改革与财政预算体制改革，是政府卫生施政行为与执政理念的最直接的体现。卫生预算经费比例、方向本质上是国家对不同公共部门在国家发展中重要性的理念认识。当前教育、农业、科技等相关部门都有针对本部门战略地位的理念表述，而卫生部门对自身重要性却缺乏清晰的表述、没有形成统一的话语共识，如表2所示。

表2 不同职能部门对自身战略地位的表述

部门	本部门战略地位的表述
教育	"科教兴国"，"先导性、全局性、基础性工作"
科技	"科学技术是第一生产力"，"科教兴国"
农业	"工业是主导、农业是基础"
卫生	失语状态

这种话语共识的缺失，直接影响国家卫生战略地位相关理念的形成，间接影响卫生在政府中的优先次序与预算支出比例，并最终影响医药卫生事业的健康发展。当前我国正处于医药卫生体制改革和构建和谐社会的卫生发展战略机遇期，树立卫生国策理念，强化卫生战略地位的话语表述，扩大卫生预算，尤其是卫生项目预算基数（阮云洲等，2009a）；调整政府财政增量的支出结构，形成卫生部门预算和项目规范发展的制度基础与制度力量等，具有积极的意义。

（二）保障卫生预算支出的基本法缺失

近年来卫生的预算经费增长高于同期财政支出的增长幅度，也出台了大量保障卫生预算经费的政策性文件，如2000年财政部、国家发展计划委员会、卫生部等三部委联合发文的《关于卫生事业补助政策的意见》、2009年中共中央、国务院发布《关于深化医疗卫生体制的意见》《医药卫生体制改革近期重点实施方案》等，但是与同处于高于同期财政支出增长幅度的农、科、教等公共领域比较看，卫生财政预算缺乏明确的法律保障。

纵观财政支出保障的主要部门法律，主要有：《农业法》第三十八条；《教育法》第五十四条、五十五条；《职业教育法》第二十七条；《高等教育法》第五十六条；《科学技术进步法》第五十四条；《科学技术普及法》第二十三条；《体育法》第四十一条；《文物保护法》第十条等。财政支出保障涉及了科、教、文、体等公共部门，唯独作为关系国民健康的卫生，没有相应的基本法及法律保障。

制定卫生基本法对卫生预算的影响，主要体现在明确政府在医疗卫生服务中的财政预算支出中的责任与分摊机制，改变医疗卫生领域财政支出责任承担过低的状况。因此，应尽快制定类似《中华人民共和国教育法》《中华人民共和国农业法》等属于基本法性质的卫生法律——《中华人民共和国健康法》，明确健康是公民的基本权利和义务，明确划分各级政府在医疗卫生服务提供中的责任和义务，为政府卫生预算经费增长提供法律依据和保障。

（三）政府卫生机构设置、卫生预算职能有待进一步优化

从当前卫生部内部看，当前卫生部规划财务司机构设置中，预算职能在财务与资产处。从政府加大对医疗卫生和医疗保障投入力度、编制社会保障预算、政府财政预算资金数量不断增加的客观需要出发，建议在卫生部规划财务司机构设置中增设"预算处"和"卫生部预算编审中心"，以增强卫生部及卫生财政的预算能力，增强卫生项目的科学设计和编制能力，大幅度提高卫生部门预算项目在国家总体预算框架中的基础地位、主导作用和所占比重关系。

部门预算中的部门，在英文中为"sector"，其概念范围宽泛，泛指某个社会生活领域。"Health Sector"泛指有助于改善公民身心健康状况的所有政策和服务，超越行政管理机构设置。例如，日本的厚生省、美国健康与人类服务部（HHS），涉及了人口、环境保护、公共卫生、医疗服务、药品研发、社会救助等诸多与健康相关的领域。[1] 而从中国条条块

---

[1] 资料来源：美国健康与人类服务部（HHS）http://www.hhs.gov；日本厚生省http://www.mhlw.go.jp。

块的社会组织结构看，部门概念往往容易窄化为某个"系统"。由于卫生领域广泛、内容丰富、产业链长、机构特征性质差异性巨大，分散的政府机构设置往往存在职能交叉，行政成本较高，不利于卫生（国民健康）政策的综合制定以及相应干预措施的客观评价。因此，要把握大部制改革契机，完善卫生领域部门改革与机构重组，整合卫生相关部门与资源，提高卫生预算的使用效率。

（四）卫生财政预算体制建设需要不断完善

1. 开发卫生财政充足度指标评价体系与测量方法

卫生财政充足，指在国家层面上卫生总费用投入与整体社会发展、卫生发展需要一致的情况下，政府所承担的财政费用与政府在医疗卫生服务提供中的责任和义务相一致。具体而言，可以理解为政府为公民提供足够的医疗卫生资源，实现卫生资源的公平性和可及性，使每个公民都能平等获得基本的医疗卫生保健服务机会。应从卫生财政学视角出发，分析财政收支规模、公共资源配置与政策、人口疾病负担程度、国家的卫生发展目标等方面，借鉴不同部门领域与国家的经验，开发出中国特色的卫生财政充足度指标评价体系与测量方法，对当前政府卫生财政预算保障机制发展具有重大战略意义。此外，与卫生财政充足度指标体系建设相对应，应逐步明确政府的卫生投入目标[①]，改变卫生财政预算比例低、基数小的现状。

2. 完善卫生项目库，扩展卫生项目绩效评价指标体系

政府预算的制度基础与社会前提是对预算目标领域客观发展规律的深刻认识。由于卫生项目涉及大量的生物医学领域，其专业性和复杂性使得卫生部门预算编制和预测面临诸多困境，尤其是卫生部门预算编制与其他部门缺乏横向的比较指标，难以找到一个客观方法判断项目优先次序。同时医疗卫生、传染性疾病等突发卫生事件难以提前准确预测。

---

① 分析教育经费增长背后的保障机制不难看出，教育有着明确的财政投入目标，如2010年国务院发布《国家中长期教育改革与发展规划纲要（2010—2020年）》指出，要进一步强化教育改革发展的保障措施，增加教育投入，逐步提高国家财政性教育经费支出占国内生产总值比例，到2012年达到4%。

因此科学合理设计、编制卫生服务项目显得尤为重要。

此外，当前卫生项目预算绩效评价主要集中在项目实施规范性指标以及微观经济学本量利的框架内。但从医疗卫生的特殊性看，相关卫生绩效更需要从宏观社会层面进行测量，例如与疾病发病基线比较，所预防和减少的疾病、伤残人年，增加的期望寿命和健康期望寿命，以及由于重大疾病和传染病的及时预防救治所节约的社会经济成本和人力成本等方面。

卫生预算建设需要加强对医疗卫生服务规律性的研究，探索卫生部门预算和卫生项目预算的结构特征，完善卫生部门项目库管理。对卫生项目实行分类管理和类型学研究，提高卫生项目的横向比较，加强卫生部门与财政部门的相互理解与沟通协商，科学合理确定不同项目的优先次序和战略重点。

卫生系统需要与财政相关部门沟通协商，加大对卫生社会效益指标的量化研究，通过对宏观社会成本效益指标与微观的工作量指标的有效衔接，将这些社会效益纳入卫生绩效中，为预算经费拨付提供有力的效益证据。

3. 完善预算收支分类科目中的"医疗卫生"相关类目

从2006年起，财政部着手实施收支分类改革，目标是建立"体现完善、反映全面、分类明细、口径可比、便于操作"的新型收支分类体系（中华人民共和国财政部，2007）。从2009年政府收支分类科目看，在支出功能的设置中，"类"级科目数量达30类之多，且科目设计尚不全面系统。[①] 因此，随着政府部门改革的深入与医疗卫生体制改革深化，不断及时调整分类科目，细化医疗卫生相关款、项、目。树立大卫生理念，将健康相关的所有支出的指标都纳入"医疗卫生"类目进行管理，使预算收支分类更全面、客观地反映各类卫生活动的性质和功能。

4. 加大卫生领域成本核算的力度

医疗卫生机构成本核算与卫生预算编制、卫生项目支出结构优化、

---

① 例如政府收支分类科目中缺乏"顾问及助理劳务费用"、"研究与发展合同"等政策研究款级科目，致使许多政策缺乏政策研究和科学基础。

卫生项目财务审计及绩效评估密切相关，是卫生部门预算的前提和基础。当前卫生项目绩效评估方法较为粗放，医疗卫生机构的成本核算信息和其他相关数据不够精确到位，尤其是公立医院的财务收支状况与医疗财务预算透明度较低，是医院质量管理普遍存在的瓶颈问题（赵自林司长在全国卫生规划财务工作座谈会上的讲话，2007）。

因此，应将成本核算与成本研究、定价政策区分开，加大卫生领域成本核算力度，整合医疗卫生机构的财政补偿来源，有效衡量医疗卫生机构实际财政补偿程度。此外，通过成本核算进一步完善医疗卫生机构定员、定额制度，调整机构资源配置，提高卫生经费使用效率。

（五）卫生财政预算的研究工作有待加强

跨部门比较看，同作为公共支出领域，教育部门对财政预算认识较为深刻，其研究的系统性远远超出卫生部门（表3）。

表3　卫生与教育的财政预算研究情况比较①

	卫生	教育
研究演进	从卫生经济学研究、卫生总费用研究到卫生财政学研究	从教育经济学到教育财政学研究
学科提出	2009年前后	20世纪90年代末
研究成果	刘继同著《中国卫生保健财政体制现状与对策研究》；陈共、王俊著《论财政与公共卫生》；尚未有以"卫生财政学"命名的专著	梁忠义等主编《教育财政》，廖楚辉著《教育财政学简明教程》，戴罗仙等著《公共经济与教育财政研究》，陈彬等编著《教育财政学》，冒瑞林等主编《教育财政学》，李子彪等编著《教育财政学研究》，盖浙生著《教育财政学》《教育财政与教育发展》，徐添明著《教育财政制度新论》，林文达著《教育财政学》，陈国良编著《教育财政国际比较》，陈丽珠《美国教育财政改革》，吕伟著《高等教育财政：国际经验与中国道路选择》

---

① 表格中教育相关内容来源于粟玉香：《教育财政学》，经济科学出版社2009年版。

建议应尽快成立相关的卫生财政研究机构,组建相关卫生财政预算理论、政策研究队伍,为财政系统与卫生系统的专业交流搭建平台,增进系统间的相互理解和交流,培养卫生财政和卫生部门预算的高级专业人才。① 卫生系统应大力普及公共财政与卫生财政学的理念、知识,培养卫生系统决策者、管理者和服务提供者的卫生财政思维模式和工作能力,进一步提高卫生系统的预算编制能力和卫生项目设计能力。

【参考文献】

《卫生规划财务工作要为卫生改革与发展服务——赵自林司长在全国卫生规划财务工作座谈会上的讲话(节选)》,载《卫生经济研究》2007年第1期。

卞正鹏:《强化全额预算卫生单位的经济管理》,载《卫生经济研究》1994年第6期。

陈共、王俊:《论财政与公共卫生》,中国人民大学出版社2007年版。

陈宏明、林艳青:《政府收支分类与部门预算改革关系研究》,载《事业财会》2006年第1期。

富新友:《改革卫生事业费预算结构和分配方法的探讨》,载《卫生经济》1985第12期。

黄志强、回军、张丽荣:《政府收支分类改革对卫生预算执行的影响》,载《地方财政研究》2006年第7期。

李静:《对全额预算单位实行差额管理的看法》,载《中国国境卫生检疫杂志》1990年第3期。

刘继同:《中国卫生保健财政体制现状与对策研究》,内部资料,2009年。

马蔡琛:《中国预算管理制度变迁的经济学分析》,载《税务与经济》2002年第2期。

彭卓:《利用零基预算法编制卫生事业费预算的设想》,载《中国卫生经济》1998年第4期。

阮云洲、黄二丹、李卫平:《卫生机构公共职能与政府卫生投入责任:以浙江省卫生投入测算与分析为例》,载《中国卫生经济》2009年第1期。

阮云洲、黄二丹、李卫平:《完善卫生资金管理的探讨》,载《中国医院管理》

---

① 中国财政研究会副会长兼秘书长贾康教授,非正式深度访谈资料。

2009 年第 1 期。

阮云洲、李卫平：《公共卫生政府间责任与预算管理改革探讨》，载《中国卫生资源》2009 年第 2 期。

申相臣、赵玉琴：《财政零基预算有利于卫生事业发展》，载《中国卫生经济》1996 年第 3 期。

孙健夫、要敬辉：《公共财政视角下中国医疗卫生支出分析》，载《河北大学学报：哲学社会科学版》2005 年第 3 期。

王骏基、刘兆龙、刘健、孔令泉、王晶、李岩、方书华：《卫生事业经费分配改革的尝试》，载《中国卫生经济》1996 年第 1 期。

遇勇人：《中国卫生经济研究会计划、预算学术讨论会综述》，载《卫生经济》1984 年第 10 期。

岳萍、刁昕：《改革卫生事业单位经费分配办法的尝试和设想》，载《中国卫生经济》1992 年第 7 期。

张绍军：《卫生事业预算管理及今后设想》，载《中国卫生经济》1994 年第 11 期。

赵建中：《在卫生医疗单位中试行"定额管理、本票核算"的探讨》，载《卫生经济》1984 年第 7 期。

赵培元、白和宗：《改变预算方式，提高卫生事业费的使用效益》，载《中国卫生事业管理》2002 年第 2 期。

中华人民共和国财政部：《财政部关于印发政府收支分类改革方案的通知》，2006 年。

中华人民共和国财政部：《中国财政年鉴 2008》，中国财政杂志社 2008 年版。

中华人民共和国财政部：《2009 年政府收支分类科目》，中国财政经济出版社 2008 年版。

新型农村合作医疗财政政策的相关思考
——基于辽宁省 W 县的调研*

崔惠玉**

内容摘要： 新型农村合作医疗（以下简称"新农合"）作为新世纪以来我国一项重要的惠农政策，自 2003 年开始试点以来，在解决我国农村长期存在的因病致贫、因病返贫等方面取得了明显成效。为了了解新农合的实施情况，我们选取辽宁省 W 县的两个乡镇四个村进行实地调研，旨在通过本次调研，能够发现财政支持新农合实施过程中存在的问题，并能提出一些完善新农合政策的具体措施。

关键词： 新型农村合作医疗（新农合） 补偿机制 财政政策

一、W 县实施新型农村合作医疗的基本情况

新型农村合作医疗（以下简称"新农合"）作为新世纪以来我国一项重要的惠农政策，作为建设新农村、构建和谐社会的制度保障之一，自 2003 年开始试点以来，在解决我国农村长期存在的因病致贫、因病

---

* 此文已发表于《财政研究》2011 年第 3 期。
** 崔惠玉，女，东北财经大学财政税务学院教授、财政系主任，主要从事财税理论与管理研究。

返贫等方面取得了明显的成效。为了了解近年来新农合在辽宁省的实施情况,我们针对新农合实施状况进行了相关调研。此次调研在辽宁省W县展开,调研对象分别为A乡的D村和N村以及B乡的H村和T村的村民,其中A乡经济状况明显好于B乡,但A乡中的D村经济状况好于N村,B乡的H村和T村都相对较差。本次调研历时两天,共发放问卷190份,收回有效问卷170份,全部采用面访的形式一对一进行。

辽宁省W县于2005年10月1日正式进入新型农村合作医疗全面实施阶段,在15个乡镇、街道办事处进行试点,取得了良好效果,当年实现参合率86%。2006年新型农村合作医疗在全县全面铺开,农民群众参与热情高涨,参合率达90.5%。该县近年来逐步规范统筹模式,采取以住院统筹为主,兼顾门诊统筹和大病统筹的模式,取消门诊家庭账户的新型农村合作医疗制度。2009年,W县参合人数达582735人,参合率达95.6%。截至2010年9月,全县参合率达到99%,已实现了在全县建立基本覆盖农村居民的新型农村合作医疗制度的目标。根据调查问卷的分析及自由访谈的内容,大家都充分感受到农村实行新型农村合作医疗的好处,同时也发现了在高参保率下隐藏的若干问题,应该说,这些问题是目前我国"新农合"实行中的共性问题。

二、W县实施新型农村合作医疗成效显著

(一) 新型农村合作医疗的保障水平不断提高

W县新型农村合作医疗的筹资主要有两个来源,农民个人所缴纳的参合费用和各级政府的财政补助,从表1中可以看出,W县从2005年在个别乡镇试点新型农村合作医疗到2010年实现全县覆盖,各级财政不断加大对新农合的投入力度,市、县级以上财政补助标准逐年提高,乡镇补助一直维持在5元,个人缴费标准近两年也有显著提高,W县新型农村合作医疗最低筹资标准由2005年每人每年35元提高到2010年每人每年160元。同时农村五保户、低保户和丧失劳动能力的残疾人

全部纳入新型农村合作医疗，个人缴费部分由县级财政全额补助。这在很大程度上增大了合作医疗基金这个大池子，同时也增强了农民抵抗风险的能力。

表1 2005—2010年W县新型农村合作医疗资金筹集情况   单位：元

年份	市级以上补助标准	县级补助标准	乡镇补助标准	个人缴费标准	合计
2005	10	10	5	10	35
2006	30	10	5	10	55
2007	50	15	5	10	80
2008	80	25	5	10	120
2009	90	25	5	20	140
2010	100	30	5	25	160

*以上数据通过网络资料整理。

（二）农民医疗费用负担减轻，健康水平得到改善

长期以来，由于城乡经济二元结构的制约，农村医疗保障水平普遍较低，农民抵抗大病的风险的能力较弱，面对昂贵的医疗费用，轻易不敢去医院看病。随着筹资标准的提高，2010年W县对住院医疗补助和起付线标准进行调整，逐步提高农民的受益水平。本县一、二级定点医疗机构住院医疗补助起付线分别为100元和300元，参合群众全年累计住院医疗补助最高额为6万元，住院补助比例分别为60%和50%；该县所在市三级定点医疗机构及市域外医院住院医疗补助起付线分别为800元和1000元，住院补助比例均为40%。同时，W县在继续实施住院统筹的基础上，逐步在个乡镇医院实施门诊统筹，农民门诊看病报销比例为30%，参合人员全年门诊补助累计不高于200元。通过与W县某发达乡镇医院院长座谈了解到，该院2009年住院人数为1070人次，截止到2010年上半年，住院人数就已达到788人次，3月至9月门诊就诊5000多人次。实施新型农村合作医疗后，参合群众均可按照规定得到医疗费用补助，这就大大地解决了农民看病的后顾之忧，农民健康防范意识也随之增强，因病致贫和因病返贫现象在一定程度上得到缓解。

(三) 乡镇医疗机构走出困境，医疗卫生供给水平逐渐提高

W县在实施新农合后，将全县25家乡镇医院设定为定点医疗机构，各级财政逐年加大对新农合的转移支付力度，参合人数的逐年增多，在乡镇医院就诊住院的起付线低于县及县级以上医疗机构，并且报销比例也高于县及县级以上医疗机构，同时乡镇医院的收费水平一般来说要比县及县以上医疗机构便宜，这就很大程度上鼓励农民选择较近的医疗机构。乡镇县镇医院就诊人数和收入也随之增多，给已经面临生存危机的乡镇医院注入了生机和活力。从走访的几家乡镇医院来看，各乡镇医院均配备了救护车、住院楼、门诊楼等基础设施，服务条件也得到很大改善，条件较好的乡镇医院还增加了化验设备、B超、X光机、配备了手术室及相关急救设备等，病床数以及医疗卫生技术人员数也有显著增多。

二、新型农村合作医疗实施过程中存在的问题

(一) 新型农村合作医疗制度有待进一步完善

1. 新型农村合作医疗筹资水平较低，保障能力仍显不足

W县自从2005年实施新型农村合作医疗以来，虽然筹资水平逐年提高，但是仍不能满足农村群众的医疗卫生需求。在W县访问调研的对象中有72.2%的年家庭收入在1万元以下，83%的家庭储蓄在1万元以下，除去每年的农业生产投入和必要的生活开支，基本维持在年吃年用的状况，自身抵御疾病风险的能力较弱。受访村民中有10.9%的人表示有过通过新农合报销医药费的经历，有79.4%的人表示自己住院后从未获得过补偿，由此可见新农合的保障水平还是较低的。在被问及各级政府在现有筹资标准的基础上进一步提高新农合的筹资水平的同时，个人是否也愿意适当地提高个人交费的水平时，有17.65%的人表示不能接受，12.25%的人选择多交1—10元，有19.35%的人表示不知道，这就反映出目前农民对新农合的实施满意度并不高。新型农村合作医疗筹资水平与上级财政补助、当地财政收入和农民的支付能力密切相

关，目前的新型合作医疗一直维持在一个低筹资的水平上，从筹资结构来看，主要是靠市级以上财政补助，而县乡补助和个人的缴费水平都比较低，所筹集的基金数额有限，这必然导致补偿比例和保障能力偏低，特别是遇到大范围的疾病爆发，有限的资金更是难以满足对患者巨额补偿的需求，难以满足农民多层次的医疗服务和医疗保障需求，更不能真正解决农村低收入群众大病致贫和因病返贫的问题。

2. 新型农村合作医疗报销补偿机制不合理

农民能否及时足额地领到医疗补助，直接影响到农民对新农合制度的认同和参合的积极性。新型农村合作医疗报销补偿机制不合理主要体现在以下几方面：

（1）报销项目范围窄。在调研中很多患者抱怨报销项目不包括慢性疾病，然而慢性病具有病情长、易反复，往往不需要住院但必须长期服药、治疗和花费高，导致医药费用负担过重的往往就是这些慢性病，并且随着农村老龄化程度加剧，慢性病医疗费用支出也会逐年增加，将一些慢性病规范后加入可报销项目是有必要的；同时，一些可由第三方负责的医疗支出不被包括在保险范围之内。如被狗咬伤、被车撞伤或骨折等，如果发生以上情形后确实有第三方责任人来负责，当然不需要合作医疗来承担责任，关键是很多情况下农民是找不着第三方责任人来负担医疗费用。在采访中有一位妇女表示明年坚决不参加新农合了，原因就是她腿摔骨折后发生的费用，新农合一分钱也不能报销。

（2）报销药品种类少。目前调研中农民说得最多的就是报销药品目录过窄，甚至连一些常用药也没有包括在目录内。访谈中某乡镇卫生院院长提到目前可报销药物是307种（西药），而我们看到的辽宁省统一的《新型农村合作医疗药品目录》中则包括西药1075种、中成药677种、蒙药23种。有一位长期从事新农合工作的人员介绍新型农村合作医疗的报销药品实在太少了。同时，由于在县级或市级以上医院实行的是《辽宁省城镇职工医疗保险药品目录》，同新农合的基本药品目录相差较大，造成的结果就是：当农民到县及县医院以上看病，医生按照用药习惯开出的药，往往是不在《辽宁省新型农村合作医疗保险药品目录》中的，给农民造成的认识就是"医院总会给我们开很多价格昂贵的好药"，造成大量药费无法报销，加重了农民的医药负担，使农民感觉新农合不实惠，限制太多，极大地影响了农民对新农合的认可度。

（3）转诊报销手续繁琐。目前，W县在本县范围内就诊采取"随就诊随报销"模式，这种模式既简单又方便，很大程度上提高了参合群众的收益水平。但是如果病情较严重，农民没有在乡镇一级卫生院就医而选择了市内或者市外的其他定点医院，一方面需要办理各种转诊手续，另一方面必须在指定的时间内，一般不超过五天必须到指定机构办理认证，否则就不予以报销。在调研中发现很多人都因为不清楚这些程序而被拒绝报销医疗费用。同样一位在乡政府从事新农合工作的女性工作人员对我们说，应该改革这种复杂的转诊手续，其实如果是小病，农民肯定不会到县级或市级医疗机构就诊，往往都是一些急病和大病才会到上级医疗机构，因此不必要通过转诊来限制。

3. 新型农村合作医疗中存在的逆向选择和道德风险

由于农民互助意识比较差，认为合作医疗就是"自己交费，替别人看病"，所以很多青壮年对参与新农合表现得不是很积极，这种逆向选择的存在无疑加大了基金的运行风险。有些本来可以看门诊花几十元就可以好的病，却要住院治疗，或者本来可以在乡镇医院治疗的却去县级以上医院治疗，这就造成医疗资源的大量浪费。从调研的情况看，越是经济状况好的地方，农民参合的热情越高，这些参合群众往往离乡镇一级医疗卫生机构较近，能够接受医疗补助的机会要远远大于离医疗机构较远、交通不便的参合群众，其实这一部分的参合群众通常有较高的医疗卫生需求，结果造成了由于距离遥远，得了病也只是就近在村卫生所看看病，而不愿意坐车花钱到乡镇卫生院去看病。在调研中，A乡的N村经济状况明显比D村差，N村的一位老年人说坐车到A乡的乡镇卫生院需要车费6元钱，加之自己腿脚不便，怕有闪失，不如在村私人卫生所拿点药算了。而D村的村民经济条件好，A乡的乡镇卫生院就在他们家门口，轻松地就可以享受到新农合的好处。在采访中也发现，经济条件好的村,个人的 25 元缴费实际上是由村里统一支付的。同时,由于乡镇医院大都位于经济状况较好的镇上,而越是经济状况不好的村越是离乡镇医院远,所以调研中发现有 79% 的人会首先选择临近的一些并不能报销医药费的个体诊所和村卫生室。同时,由于新农合制度设立了较高的自付率,贫困家庭依然无力支付得大病时的自付医疗费用部分。因此,政策在一定程度上产生了受益的累退性,即越穷的人实际上享受到的好处远远少于富人,而恰恰这些穷人在得病时承受能力是最弱的。

(二) 乡镇医院医疗资源呈现非均等化

1. 乡镇医院医疗人员、设备普遍不足,医疗保障水平低

由于长期以来一直实行城乡"双轨制"的医疗卫生供给制度,造成目前的城乡医疗卫生资源分配不公,虽然随着新农合的开展,政策上对乡镇医院有所倾斜,乡镇医院条件有所改善,但是乡镇医院的条件与县级医院相比差距仍然很大。在调研中发现,一些乡镇医院连基本设备和仪器也不具备,如 X 光机和 B 超机等等。25 家乡镇医院中只有 4 家医院可以实施剖宫产,经济条件和发展状况最好的 A 乡乡镇医院也只有主任医师 4 人,副高医生 1 人,医护人员学历低,医疗技术人员的流失严重。

2. 乡镇医院医疗卫生资源呈现非均等化态势

由于不同乡镇卫生院医疗卫生条件差异较大,导致一些落后乡镇医院就医人数寥寥无几,另外一些发达乡镇医院就诊人员很多,出现非均等化发展态势。这些落后的乡镇医院既缺人才,又缺设备和技术,只能给农民开开药、输输液,提供的医疗服务项目非常有限,处于"大病看不了,小病看不着"的尴尬境地,无法满足农民的需求。虽然乡镇医院的报销比例高,但是农民得了大病还是要去其他乡镇医院或者县医院以及市医院,路费、住宿、药费等花销算下来,就很多了,导致农民未能真正得到实惠,而且造成医疗资源大量浪费。

(三) 存在分食农民医疗财政补贴的情况

从调研的情况看,W 县目前的乡镇医院都是采取承包经营的方式,

这就难免造成医疗服务的提供方为获取额外利润分食对农民财政补贴的情况。由于医疗服务的特殊性、医患双方信息不对称等原因，尽管有物价等相关部门监督药品和服务价格，但医疗卫生机构常常会采用不合理用药、违规用药、提供过渡服务以及有意延缓出院时间等方式提高农民就医的总体价格，从而达到分食国家对农民财政补贴的目的。本次调研接受访问的60%的农民反映医院里的药明显要比外面卖的贵，或者本来并不是很严重的感冒，医生却给开了很多同类的药物，做一些不必要的检查。针对前面的情况来说，反映药贵实际上只是农民的一种感觉，我们走访了W县主管新农合的相关领导同志，药品价格和单项服务价格肯定是遵照物价部门的规定来执行的，关键是医疗服务的信息不对称，每当新农合的补贴标准提高，医院受其利益驱动会自然地增加提供过渡服务的情况，如多开药品，或多做检查。调研中发现，几年前一个简单的阑尾炎手术在乡镇一级卫生院只需要六七百元钱，而现在则需要一千五百元左右，如此使很多患者感到即使医药费用按比例报销完，个人承担的医药费用反而要比之前不参加新农合的时候高。这些分食财政补助资金的行为使本应全部由新农合农民获得的实惠却落在一些医疗卫生机构身上，违背了政策的主旨。

（四）宣传不足使农民对新农合政策了解程度不高

在调研中发现，虽然各级政府采取了多种方式来宣传新农合政策，如向各村各户发放宣传册、通过村广播宣传、医务人员和村干部逐户介绍住户等，但170份调研问卷中仅有2人选择知道新农合的筹资情况，34.11%的人了解新农合的起付线，33.52%的人知道报销比例，仅有3.5%的人了解新农合的具体报销期限，对于具体哪些医疗项目、哪些药品可以报销以及各级医院的报销的比例和程序如何都回答说不清楚。新农合政策的不断变化，农民却知道很少，不少抱怨报销比例太低，而据该县新农合负责人介绍，实际上W县于2010年3月就已经开始在各乡镇医院实施门诊医药费可报销30%，全年累计不超过200元的政策，但在我们8月调研时，没有一人知道该项政策。造成这种宣传效果不好的原因，从政府的角度看，一方面是由于政府在宣传新农合时也只是按照文件宣读，也不管群众是否听懂了；另一方面是由于多数的宣传工作都是临时找医院的工作人员或者村干部来完成，要做到逐户讲解难度太大。从村民方面看，调研的四个村中初中及以下学历的村民占到了87%，有些甚至是文盲，根本看不懂宣传册，因此新农合制度在农村中的宣传任务十分艰巨。

三、完善新型农村合作医疗保险制度的相关建议

（一）完善财政资助为主体多方筹资的长效机制

我国医疗卫生改革明确了地方政府要逐步提高政府卫生投入占卫生总费用的比重，逐步提高政府卫生投入占经常性财政支出的比重，政府卫生投入增长幅度要高于经常性财政支出的增长幅度。因此，市级以上财政应当承担起筹资的主要责任。在财力允许范围内加大对农村合作医疗基金的扶持力度，同时建立新型农村合作医疗的政府筹资水平随财政收入增长而动态增加的制度。另一方面，虽然目前农民对于提高个人筹资标准可能会有抵触，但是在适应的机会仍然需要适当提高农民自缴标准。农民作为新农合的直接受益人和筹资人，自己缴费的比例应当随着收入水平的提高适当提高，建立动态增长机制。最后，建立多元化的筹资机制。除依靠政府和农民出资外，还可考虑从其他组织吸收资金，拓宽资金筹集渠道，如企业、社区、民间组织、社会慈善机构、社会捐赠、彩票公益金等。

（二）完善补偿机制，简化补偿手续

设计科学合理的补偿标准和范围，简化报销程序是影响农民参保满意度的重要因素。第一，在充分考虑筹集基金总额、参合人数、各种疾病的发病率等因素的基础上，适当降低起付线，提高补偿比例和封顶线，并根据实际情况及时调整；第二，严格执行《新型农村合作医疗保险药品目录》，适当提高中医药的补偿比例，鼓励采用中医诊疗项目和中药品种，引导农民选择廉价有效地中医药服务；第三，完善门诊补偿制度，将一些给农民造成较重负担的慢性病、特殊病种纳入门诊补偿

范围,并设计合理的补偿比例;第四,简化补偿手续。除了进一步加强新农合的网络信息化建设,提高审核速度,还可以根据当地情况在各医疗机构建立备用金制度,先给医院一定数额的基金,由医院直接对患者进行补偿,患者只需交补偿后剩余的费用,然后由医疗机构和新农合管理部门进行核销结算,这样就可以极大地方便患者。

(三) 合理配置乡镇卫生院资源,提高医疗服务水平

首先,要收回乡镇卫生院的经营权,改变目前承包经营的做法。明确乡镇卫生院公立医院的属性。其次,根据农村人口居住的现实情况合理配置乡镇卫生院,保证乡镇卫生院的基础医疗功能。最后,逐步加大对乡镇卫生院的投入力度,为乡镇卫生院配备必要的基础性医疗设备,引进具有较高素质的医疗卫生人员,制定切实有效的优惠政策和配套措施。调研中发现,从城市医院派来短期支援的医疗人员作用并不是太大。因此,应该在如何引导大学生毕业到乡镇、村级卫生机构工作、培养一批留得住的农村卫生人员上下工夫。同时,加强对农村卫生人员在职在岗培训,促进乡镇卫生机构医疗服务水平的提高。

(四) 建立农村医疗救助制度与新农合制度的有效衔接

由于新农合制度受益的累退性,应该尽快完善农村医疗救助制度,使农村的贫困人员真正享受到政策所带来的好处,提高政策的公平性。

目前W县所在市规定对于享受农村居民最低生活保障待遇且参加户籍所在地新型农村合作医疗的人员,列为医疗救助对象。救助对象在定点医疗机构门诊就医,其享受新型农村合作医疗补偿政策后个人承担的费用,由政府按照80%给予救助,每人每年的救助额度累计最高为100元;住院治疗期间享受新型农村合作医疗补偿政策后个人承担的费用,由政府按照50%给予救助,属于患有重大疾病的,每人每年的救助额度累计最高为6000元;属于患有其他疾病的,每人每年的救助额度累计最高为3600—4200元。而目前W县新农合的最高补偿线已经提高到6万元,相对于高额的医疗费用,农村的贫困人口仍然避免不了因病致贫或根本看不起病的结果。因此,应该尽快提高农村医疗救助的标准,使这部分人能够"病能所医"。

（五）建立健全科学的监督和管理制度

为了避免定点医疗机构损害参合群众利益，影响农民参与新型农村合作医疗的积极性和新农合制度的进一步发展，对定点医疗机构加强监督和管理是有必要的。首先，要加强农村药品质量和价格的监管力度，规范农村药品采购渠道，减少药品流转中的中间环节，降低药品进价成本，增强药品采购的透明度，防止贪污、腐败、暗箱操作和寻租行为，降低药品价格，切实保护农民利益，保证农民用药安全、有效，达到控制农村医药费用的不合理增长，减轻农民医药费用负担的目的。其次，加强定点医疗机构医疗环节管理，加强对供方的制度约束，规避不合理用药和不合理治疗检查现象，从而加大农民自付的医疗费用负担。应该说加强供方制度管理仍然是目前制度运行的一个盲点，而这一点正是我国目前财政资金投入年年增加而农民负担并没有减轻的症结所在。最后，财政部门应将新农合基金纳入社会保障基金统一管理。经办机构应当编制新农合基金预算，同级卫生和财政部门要做好审核和审批工作，并定期报告预算执行情况。审计部门应当加强对新型农村合作医疗资金收支的监管，定期公开审计结果，接受群众监督，制约新农合运行中的违法问题，从而提高农民对新农合制度的信任度。

（六）加大宣传以增强群众的接受性

做好宣传是搞好新型农村合作医疗工作的关键点。应当根据农民的特点设计出多种更利于农民接受的宣传方式和内容，除了常见的印发宣传册、广播电视外，还可以将新农的筹资情况、报销比例、报销程序编成顺口溜，方便记忆又便于传播。乡镇医院作为新农合的核心，除了提供医疗卫生服务的工作，还应当积极向农民介绍新农合的最新政策，多宣传农民从新农合中收益的实例，增强对农民对新农合的了解和对新农合的信任，强化农民的风险共担的意识，通过农民之间的信息传递达到宣传新农合的目的。

【参考文献】

刘军民:《新型农村合作医疗存在的制度缺陷及面临的挑战》,载《财政研究》2006年第2期。

孟翠莲:《关于山东省新型农村合作医疗试点情况的调查报告》,载《财政研究》2006年第8期。

史丹、杨一帆:《新型农村合作医疗制度实施状况调查》,载《劳动保障世界》2010年12期。

图书在版编目（CIP）数据

中国公共预算研究：第三届学术会议论文集（2010·北京）/谢庆奎，马骏，牛美丽主编. —北京：中央编译出版社，2016.6
ISBN 978-7-5117-3007-7

Ⅰ.①中…
Ⅱ.①谢…②马…③牛…
Ⅲ.①国家预算-中国-学术会议-文集
Ⅳ.①F812.3-53

中国版本图书馆 CIP 数据核字（2016）第 100554 号

中国公共预算研究：第三届学术会议论文集（2010·北京）

出 版 人：	葛海彦
出版统筹：	贾宇琰
责任编辑：	贾宇琰
责任印制：	尹　珺
出版发行：	中央编译出版社
地　　址：	北京西城区车公庄大街乙 5 号鸿儒大厦 B 座（100044）
电　　话：	（010）52612345（总编室）　（010）52612375（编辑室）
	（010）52612316（发行部）　（010）52612317（网络销售）
	（010）52612346（馆配部）　（010）55626985（读者服务部）
传　　真：	（010）66515838
经　　销：	全国新华书店
印　　刷：	北京溢漾印刷有限公司
开　　本：	787 毫米×1092 毫米　1/16
字　　数：	485 千字
印　　张：	33.75
版　　次：	2016 年 6 月第 1 版第 1 次印刷
定　　价：	98.00 元

网　　址：	www.cctphome.com	邮　箱：	cctp@cctphome.com
新浪微博：	@中央编译出版社	微　信：	中央编译出版社(ID: cctphome)
淘宝店铺：	中央编译出版社直销店(http://shop108367160.taobao.com)　（010）52612349		

本社常年法律顾问：北京嘉润律师事务所律师　李敬伟　问小牛
凡有印装质量问题，本社负责调换，电话：（010）55626985